Kyra Sänger
Christian Sänger

Photoshop Elements 15

Verlag: BILDNER Verlag GmbH

Bahnhofstraße 8

94032 Passau

http://www.bildner-verlag.de

info@bildner-verlag.de

Tel.: +49 851-6700

Fax: +49 851-6624

ISBN: 978-3-8328-0238-7

Covergestaltung: Christian Dadlhuber

Produktmanagement: Lothar Schlömer

Layout und Gestaltung: Astrid Stähr

Autoren: Kyra Sänger, Christian Sänger

Herausgeber: Christian Bildner

Wichtige Hinweise

Inhaltsverzeichnis

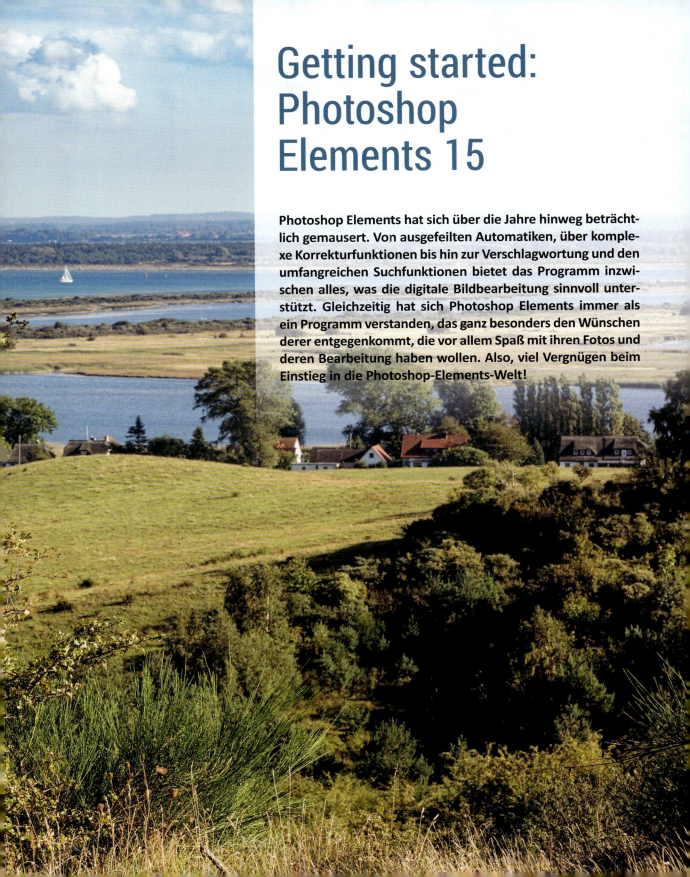

Getting started: Photoshop Elements 15

Photoshop Elements hat sich über die Jahre hinweg beträchtlich gemausert. Von ausgefeilten Automatiken, über komplexe Korrekturfunktionen bis hin zur Verschlagwortung und den umfangreichen Suchfunktionen bietet das Programm inzwischen alles, was die digitale Bildbearbeitung sinnvoll unterstützt. Gleichzeitig hat sich Photoshop Elements immer als ein Programm verstanden, das ganz besonders den Wünschen derer entgegenkommt, die vor allem Spaß mit ihren Fotos und deren Bearbeitung haben wollen. Also, viel Vergnügen beim Einstieg in die Photoshop-Elements-Welt!

1.1 Anliegen und Ziele

Von der Theorie bis in die Praxis ist es häufig ein langer Weg. Das soll in diesem Buch ausdrücklich nicht so sein, denn das Gelernte gleich in die Praxis umzusetzen, ist das Beste, was Sie machen können. Das ist im Grunde genauso wie beim Kochen. Hat man ein Gericht einmal zubereitet, gelingt das in der Regel immer wieder, und wenn man es ein paarmal wiederholt hat, beginnt man, kreativ zu werden.

Daher haben wir auch Wert darauf gelegt, die drei wichtigen Schritte kreativen Lernens in diesem Buch abzubilden. Erstens die ausführliche Erklärung aller Funktionen als Grundlage und zum schnellen Nachschlagen. Zweitens haben wir jede Menge Workshops integriert, die sich ausführlicher mit bestimmten Funktionen beschäftigen. Von da aus ist es dann auch nicht mehr weit den dritten Schritt zu vollziehen, nämlich eigene Bilder frei zu bearbeiten. Und sollten Sie dabei noch eine Frage haben, siehe Schritt eins oder schreiben Sie uns.

Bilder zum Mitmachen

Und schon sind wir in der Abteilung Mitmachen angelangt bzw. dabei zu erklären, wie es funktioniert. Die für die praktischen Übungen und Workshops benötigten Bilder können Sie sich direkt von der BILDNER-Verlagshomepage herunterladen und die einzelnen Schritte, genauso wie sie im Buch gezeigt werden, nachvollziehen. Alle Bilder dafür sind mit dem Symbol ⬇ und dem jeweiligen Dateinamen gekennzeichnet.

Die Download-Adresse für die Beispielbilder lautet:

www.bildner-verlag.de/00263

Scrollen Sie auf der Seite bitte nach unten bis zu „Verfügbare Downloads". Hier finden Sie die Downloads zu den Beispielbildern. Um die komprimierte Datei öffnen zu können, geben Sie das Passwort ein. Eine Erklärung dazu finden Sie ebenfalls auf der Download-Seite des Buches.

Tastenkürzel

Im Laufe unserer Elements-Sozialisation haben wir festgestellt, dass wir durch die Verwendung der Tastenkürzel eine Menge Zeit sparen und es auch nicht so schwierig ist, sich die wichtigsten Kombinationen zu merken. So können Sie beispielsweise mit Strg/cmd+L das Dialogfenster für die Tonwertkorrektur aufrufen. Diese würden Sie sonst nur mit drei Klicks erreichen, nämlich über das Menü *Überarbeiten/Beleuchtung anpassen/Tonwertkorrektur*. Wer die Funktion häufig benötigt, wird das Tastenkürzel lieben. Im Text werden Ihnen die Kürzel daher an vielen Stellen begegnen.

Und was ist mit dem Mac?

Da Photoshop Elements 15 natürlich auch auf den stylischen Rechnern mit dem Apfelsymbol läuft, haben wir diese mitberücksichtigt. Zum einen wird immer, wenn eine Info für Mac-Anwender im Text steht, ein spezieller Hinweis auftauchen. Zum anderen gelten die Windows-Tastenkombinationen ja grundsätzlich auch für den Mac, sodass beim Mac lediglich anstelle der Strg-Taste die bekannte Apfel- ⌘ bzw. Command-Taste cmd zu drücken ist.

Um das Kontextmenü aufzurufen, drücken Sie die Maustaste bei gehaltener ctrl-Taste. Einige Bedienfelder können bei Windows mit den Funktionstasten F2 etc. geöffnet werden. Beim Mac ist dafür der gleichzeitige Druck der Fn-Taste notwendig, also zum Beispiel Fn+F6 zum Öffnen des Effekte-Bedienfelds.

1.2 Was ist neu in Elements 15?

Sollten Sie bereits mit einer der Vorgängerversionen gearbeitet haben, ist es sicherlich interessant zu erfahren, welche Neuerungen Photoshop Elements 15 zu bieten hat. Welche funktionellen Unterschiede gibt es, und welche neuen Features hat Adobe dem Neuling mit auf den Weg gegeben?

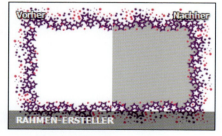

Neue Funktionen im Fotoeditor Assistent.

Nun, von den Arbeitsoberflächen her hat sich kaum etwas verändert. Aber das hat auch sein Gutes, man muss sich nicht umgewöhnen, viele bekannte Steuerelemente sind an gewohnter Stelle zu finden. Die Neuerungen sind also mehr im Detail versteckt. Dazu zählt beispielsweise die Touch-Fähigkeit. Fotos können im Organizer und im Modus Schnell des Fotoeditors nun auch auf Geräten mit Touchscreen durch Tippen und Wischen optimiert, gesucht und sortiert werden.

Des Weiteren hat der Assistent fünf neue Schritt-für-Schritt-Werkzeuge erhalten, um Actionaufnahmen noch dynamischer zu gestalten (*Geschwindigkeitsbildlauf*), Text für Kollagen und Schilder aus einem Bild zu erstellen (*Fototext*), Bilder mit künstlerischen Effekten freizustellen (*Effektcollage*), verschiedenen Effekte in einem Bild zu vereinen (*Effektcollage*) oder einen individuellen Bilderrahmen zu kreieren, der für Collagen aller Art eingesetzt werden kann (*Rahmen-Ersteller*). In diesem Zuge wurde auch die Steuerung der Filtergalerie verbessert, um die teils neuen Effekte intuitiver anwenden zu können.

Interessant ist die ganz neue Funktion *Gesichtsmerkmale anpassen*, die nicht einfach nur ein Gesicht erkennt, sondern Funktionen an die Hand gibt, mit deren Hilfe Gesichtszüge auf natürliche Art und Weise optimiert werden können. Zaubern Sie ein wenig mehr Lächeln ins Antlitz, ziehen Sie die Stirn etwas glatter oder vergrößern Sie die Augen ein wenig.

Gegen perspektivische Verzerrungen, die bei Architekturmotiven oft nicht zu vermeiden sind, hilft unter anderem das neue *Perspektivisches Freistellungswerkzeug* (🖼, C) Neu ist auch die Möglichkeit, Ebenen in Gruppen zusammen zu fassen, um bei umfangreichen Bearbeitungsprojekten mehr Übersicht zu erhalten.

Im Elements Organizer werden alle Bilder gesammelt. Um noch intuitiver die richtigen Bilder schnell aus dem Medienbestand herauszufischen, hat Adobe das *Suchfeld* 🔍 grundlegend optimiert. Dazu zählt auch die Suchmöglichkeit nach sogenannten *Smart-Tags* ⚡, also von Photoshop Elements automatisch den Bildern zugeordneten Stichwörtern. Diese Art der Verschlagwortung funktioniert inzwischen sogar richtig gut und es bleibt mehr Zeit für das eigentlich Wichtige, den kreativen Umgang mit Ihren Bildern und Filmen.

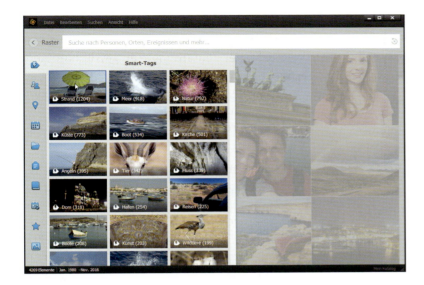

Verbesserte Suchfunktion dank Smart-Tags und übersichtlich aufgebautem Suchfeld.

1.3 Grundlagen – das Programm kennenlernen

Nach der Installation finden Sie das neue Elements-15-Icon  auf Ihrem Desktop bzw. in der Programmliste Ihres Computers. Um das Programm zu starten, klicken Sie dieses Icon einfach dop-

Startbildschirm von Photoshop Elements 15

pelt an. Danach öffnet sich der stylische Startbildschirm, der aber eigentlich nur dazu da ist, Ihnen eine Auswahlmöglichkeit für den Programmstart zu geben.

Wählen Sie hier also, ob Sie den *Organizer*, den *Fotoeditor* oder gegebenenfalls auch den *Videoeditor* öffnen möchten, sofern Sie das Videoschnittprogramm Photoshop Premiere Elements ebenfalls erworben haben, auf das wir im Rahmen dieses Buches allerdings nicht weiter eingehen können.

Der Organizer und der Fotoeditor arbeiten eng verzahnt miteinander. Dennoch handelt es sich um zwei Anwendungen, die Sie ruhig getrennt voneinander betrachten können.

- **Fotoeditor** : In diesem Programmbereich findet alles statt, was zum Thema Bildbearbeitung, Retusche und Composing gehört.

- **Organizer** : Dieser Programmbereich ist das Verwaltungsherz von Photoshop Elements. Hier können Sie sämtliche Mediendateien verschlagworten, sortieren, suchen und die Bilder für Diashows etc. bequem und übersichtlich zusammenstellen.

Das größere Gewicht liegt eindeutig beim Fotoeditor. Daher beschäftigen sich auch die meisten Kapitel dieses Buches stark mit diesem Programmbereich. Zum Organizer finden Sie natürlich auch zwei ganz spezielle Kapitel (16 und 17), denn der Organizer bietet viele praktische Funktionen, die Sie unbedingt ausführlich kennenlernen sollten.

Den Startbildschirm anpassen

Jeder, der sich länger mit Photoshop Elements befasst, kommt an den Punkt, an dem er sich fragt: Warum soll ich immer so umständlich über den Startbildschirm zum Organizer oder Fotoeditor gelangen? Geht das auch schneller?

Klar geht das. Wählen Sie dazu einfach das Einstellungen-Icon ⚙ ③ des Startbildschirms aus. Klappen Sie dann mit dem kleinen schwarzen Pfeil das Drop-down-Menü bei *Immer mit Folgendem starten* ① auf. Nun können Sie bequem eine der drei Optionen auswählen: *Startbildschirm*, *Fotoeditor* oder *Organizer*.

Bestätigen Sie dies schließlich mit dem Button *Fertig* ② und schließen Sie den Startbildschirm über ✕ in der rechten oberen

Ecke. Wenn Sie Photoshop Elements zukünftig aufrufen, gelangen Sie entweder direkt in den Fotoeditor oder zum Organizer und können sich den Extraschritt über den Startbildschirm sparen. Nicht schlecht, oder?

Anpassung des Startbildschirms

> ### ✓ Änderung rückgängig machen
>
> Mit der Befehlskette *Hilfe/Startbildschirm* können Sie später das Startfenster wieder aufrufen und erneut wählen, welches Programm automatisch gestartet werden soll.

Ein beispielhafter Workflow

Bei der folgenden Darstellung grundlegender Arbeitsabläufe gehen wir davon aus, dass Sie keine andere Software für die Verwaltung Ihrer Bilder und Videos verwenden. Der Organizer sammelt also zunächst einmal wie ein großes Regal sämtliche Informationen über Ihre Medienelemente und hält die Verbindung zu allen Dateien aufrecht wie ein Krake. Verbindung deshalb, weil die Fotos und Videos nicht direkt im Organizer gespeichert werden. Die Dateien liegen wie sonst auch in den Ordnern Ihrer Festplatte. Aber der Organizer weiß, dass sie da sind und wo sie liegen.

Der Bearbeitungsweg startet daher mit dem Import ① der Fotos und Videos in den Organizer (siehe Abbildung nächste Seite). Dort findet gleich einmal die Verschlagwortung mit Stichwörtern ② statt, was das spätere Auffinden bestimmter Bilder sehr erleichtern kann.

Aus dem Organizer heraus können die zu bearbeitenden Bilder dann mittels umfangreicher Suchfunktionen ausgewählt werden ③.

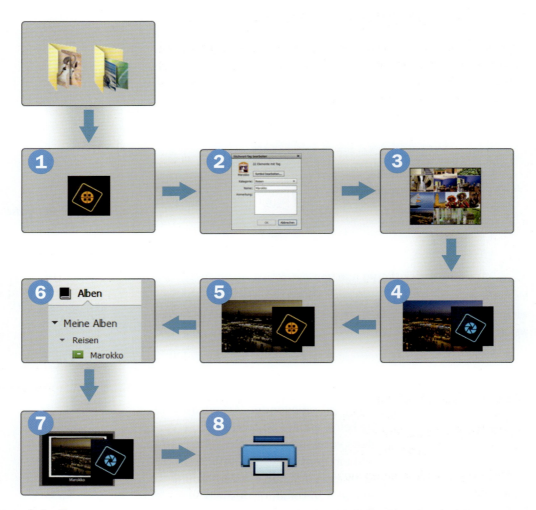

Schema der eng verzahnten Zusammen-
arbeit zwischen dem Organizer und dem
Fotoeditor.

Für die Bearbeitung der Bilder wechseln Sie in den Fotoeditor ⬙ **4**. Nach Abschluss der Bearbeitung und Speichern des Bildes wird die veränderte Version automatisch auch im Organizer ⬙ hinterlegt **5**.

Um mit den fertigen Bildern beispielsweise eine Grußkarte zu erstellen, wählen Sie die gewünschten Elemente im Organizer aus und sammeln sie in einem Album **6**. Mit dem Start der Grußkartenbearbeitung geht es nun wieder automatisch in den Fotoeditor ⬙ zur Bearbeitung **7**. Nach dem Speichern des Projekts können Sie die Grußkarte direkt ausdrucken **8**.

1.4 Die Leistung optimieren

Damit Ihrem Computer nicht vorzeitig die Puste ausgeht, können Sie einige Grundeinstellungen verbessern. So wird es möglich, Photoshop Elements auf die Rechnerleistung Ihres Computers oder Laptops optimal anzupassen.

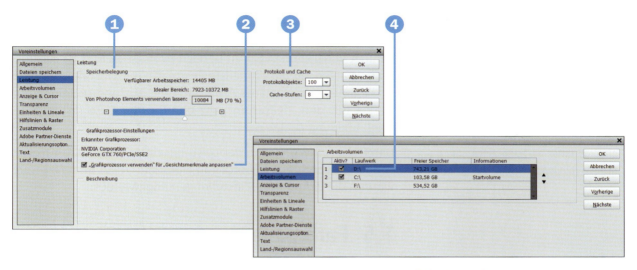

Die Leistungseinstellungen anpassen

Wählen Sie dazu im Fotoeditor *Bearbeiten* (Windows) bzw. *Adobe Photoshop Elements Editor* (Mac OS)*/Voreinstellungen/Leistung* (Strg/cmd+K). In der Rubrik *Speicherbelegung* ❶ lässt sich der verfügbare Arbeitsspeicher Ihres PCs ablesen.

Photoshop gibt zudem einen idealen Bereich an. Erhöhen Sie den Regler bei *Von Photoshop Elements verwenden lassen* auf bis zu 70 %, um dem Programm möglichst viel Arbeitsspeicher zur Verfügung zu stellen, gleichzeitig aber nicht die Performance anderer geöffneter Programme zu sehr zu beschneiden.

Im Bereich *Protokoll und Cache* ❸ können Sie die Anzahl der Protokollobjekte verändern (hier 100). Diese sind dafür zuständig, wie viele Arbeitsschritte im Zwischenspeicher gesichert werden. Wenn Sie theoretisch möglichst viele Schritte wieder rückgängig machen möchten, wählen Sie einen Wert von 100 bis 150. Soll der Arbeitsspeicher wenig belastet werden, nehmen Sie Werte zwischen 20 und 50. Erhöhen Sie die Cache-Stufen auf 8. Das beschleunigt die Anzeige und Verarbeitung größerer Dateien bei gleichzeitig nur marginal verringerter Darstellungsqualität am Monitor.

Wenn Photoshop Elements eine kompatible Grafikkarte in Ihrem Computer erkennt, lassen Sie die Option *„Grafikprozessor verwenden"...* ❷ am besten aktiviert, um die Gesichtserkennung im Organizer in vollem Umfang nutzen zu können.

Sollte der Arbeitsspeicher voll sein, lagert Photoshop Elements temporäre Dateien auf die Festplatte aus. Welche Festplatte dafür genutzt wird, können Sie im Bereich *Arbeitsvolumes* ❹ bestimmen. Wählen Sie die schnellste Festplatte mit viel Speicherplatz als sogenanntes primäres Arbeitsvolume aus und positionieren Sie sie mit den Pfeiltasten ganz oben in der Liste (in der Beispielabbildung *D:*).

Damit die Änderungen in der Leistungseinstellung in Kraft treten können, schließen Sie Photoshop Elements. Nach dem Neustart werden die geänderten Einstellungen angewendet.

Externe Arbeitsvolumes

Alle Arbeitsvolumes sollten direkt mit dem Computer verbunden sein, also zum Beispiel nicht über ein Netzwerk oder per USB-Anschluss gekoppelt sein. Sonst leidet die Performance des gesamten Programms unter der langsamen Übertragungsverbindung.

1.5 Farbmanagement von Anfang an

Damit die Farben Ihrer Bilder stets korrekt wiedergegeben werden, bietet Photoshop Elements einige Einstellungen zum Farbmanagement an, die Sie im Organizer oder Fotoeditor über *Bearbeiten/Farbeinstellungen* aufrufen können.

Farbeinstellungen im Fotoeditor

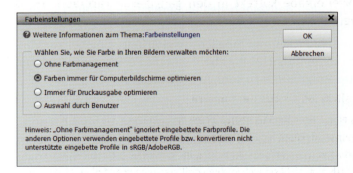

- *Farben immer für Computerbildschirme optimieren*: Mit dieser Einstellung werden die Bilder im sRGB-Farbraum verarbeitet. Dies ist der am weitesten verbreitete Farbraum, der aber gleichzeitig auch ein nicht ganz so großes Spektrum an Farben liefert.

  Mit sRGB sind Sie auf der sicheren Seite, wenn die Bilder beispielsweise bei Online-Druckereien in Auftrag gegeben werden sollen oder die Fotos im Internet präsentiert werden. Es werden in der Regel auch keine Konvertierungsschritte notwendig, und die Bilder haben immer noch eine sehr hohe Qualität.

- *Immer für Druckausgabe optimieren*: Sollten Sie sich an professionellen Maßstäben orientieren und auf höchste Qualität Wert legen, ist der Adobe-RGB-Farbraum die richtige Wahl. Adobe RGB ist inzwischen ein Standard für die Weitergabe von Bildern an Agenturen, Zeitschriften und Verlage und als Vorstufe für den professionellen Vierfarbdruck.

  Allerdings kann es Probleme geben, wenn ein Monitor verwendet wird, der den Adobe-RGB-Farbraum gar nicht darstellen kann, oder Sie selbst oder der Empfänger der Dateien kein durchgehendes Farbmanagement nutzt. Beispielsweise kann auch der Internet Explorer den Adobe-RGB-Farbraum nicht lesen. Bei fehlender Konvertierung können die Bilder im Internet dann farblich sehr flau wirken.

  Mit Adobe RGB muss man also immer den Verwendungszweck im Auge behalten und die Bilder gegebenenfalls vor der Weitergabe korrekt in den gängigeren Farbraum sRGB konvertieren.

 sRGB-JPEGs aus der Kamera

Viele der einfacheren Digitalkameras bieten gar keine Farbraumauswahl an und nutzen nur sRGB. Wenn Sie also mit JPEG-Fotos hantieren, die im sRGB-Farbraum vorliegen, wäre eine Konvertierung in Adobe RGB nicht sinnvoll, da der kleinere Farbraum nicht sinnvoll in einen größeren umgewandelt werden kann.

Fotoeditor: Zentrum der Bildbearbeitung

Bild ist nicht gleich Bild und Bildbearbeitung nicht gleich Bildbearbeitung. Jeder Fotograf hat andere Beweggründe oder Ziele und die Geschmäcker sind so verschieden wie bei der Wahl der richtigen Jeans. Daher muss der Fotoeditor auf alles gefasst sein und dementsprechend mit unzähligen Funktionen, Filtern, Effekten und Vorgaben aufwarten. Und das hat er auch wirklich drauf. Lernen Sie das Zentrum der Bildbearbeitung gleich einmal kennen, um anschließend mit Ebenen und allen notwendigen Funktionen gezielt zur Optimierung der eigenen Bilder überzugehen.

2.1 Die Benutzeroberfläche des Fotoeditors

Auch wenn der Fotoeditor so viele Funktionen und Möglichkeiten beinhaltet, die Arbeitsoberfläche präsentiert sich doch erstaunlich aufgeräumt, man möchte fast sagen: schick und schlicht zugleich. Jedenfalls werden Sie sich nach einer kleinen Einführung sicherlich schnell zurechtfinden.

Die Arbeitsbereiche in der Übersicht

Wenn Sie den Fotoeditor zum ersten Mal aufrufen, gelangen Sie in den Arbeitsmodus für die Schnellkorrekturen, zu erkennen an der dunkel hinterlegten Schaltfläche *Schnell*. Dieser Bereich ist darauf ausgelegt, die Optimierung der Bildhelligkeit, der Farbe und der Schärfe möglichst unkompliziert durchführen zu können. Auf dieser Arbeitsoberfläche stoßen Sie auf folgende Bereiche:

An oberster Stelle im Programmfenster finden Sie die Menüleiste ❶. Darin sind zum Beispiel die Befehle für das Öffnen und Speichern der Bilder, aber auch viele weitergehende Korrekturfunktionen anzutreffen. In der Modusleiste ❷ darunter finden Sie Schaltflächen zum Öffnen von Bildern (links) und zum Erstellen und Teilen von Projekten wie Diashows (rechts). Mit den Schaltflächen *Schnell*, *Assistent* oder *Experte* in der Mitte können Sie die drei Programmmodi ansteuern, die unterschiedliche Bearbeitungsmöglichkeiten bieten. Den größten Platz nimmt das Dokumentfenster ❸ ein, schließlich soll das Bild möglichst gut aufgelöst präsentiert werden, um alle Einstellungsänderungen genauestens verfolgen zu können. In der Bedienfeldleiste ❹ werden je nach Modus die Schnellkorrekturwerkzeuge oder andere Bedienfelder aufgelistet. Unterhalb des Dokumentfensters wird der Fotobereich angezeigt, der

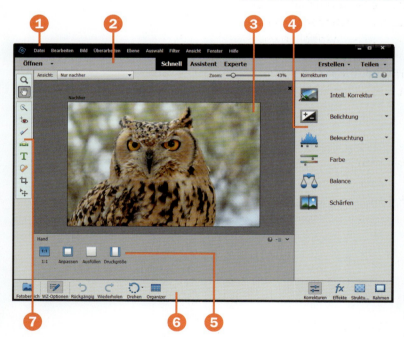

*Fotoeditor im Modus **Schnell***

die geöffneten Fotos in Miniaturform auflistet. Alternativ kann hier aber auch die Werkzeugoptionsleiste ❺ eingeblendet werden, in der die Anpassung der Werkzeuge stattfindet. Ganz unten befindet sich die Aufgabenleiste – neudeutsch auch als Taskleiste ❻ bezeichnet: Dort ist beispielsweise die Schaltfläche für den Wechsel zum Organizer aufgelistet. Schließlich können Sie über die links angeordnete Werkzeugpalette ❼ auf die Werkzeuge zur Bildbearbeitung zugreifen.

2.2 Die Funktionen der Werkzeugpalette

Von zentraler Bedeutung bei der Bildbearbeitung sind die Werkzeuge. Machen Sie sich daher am besten gleich zu Beginn ein wenig damit vertraut. Im Laufe dieses Buches werden die verschiedenen Werkzeugtypen immer wieder auftauchen und dann auch in aller Ausführlichkeit vorgestellt. Die Werkzeugpalette des Fotoeditors befindet sich am linken Rand der Arbeitsoberfläche. Daraus können Sie per Mausklick auf eines der Symbole die entsprechende Funktion auswählen. Wenn Sie den Mauszeiger kurz auf dem Werkzeug liegen lassen, verrät Ihnen die QuickInfo ❶, um welches Werkzeug es sich handelt und welches Tastenkürzel ❷ es hat.

Werkzeugpalette ein- und ausblenden

Es kann vorkommen, dass die Werkzeugpalette nicht eingeblendet wird, weil sie versehentlich geschlossen wurde. Ist dies der Fall, wählen Sie einfach *Fenster/Werkzeuge*. Schon erscheint die Leiste wieder an ihrem angestammten Platz.

Manche Werkzeuge treten gleich in einer kleinen Gruppe mit verwandten Funktionen auf. Zu erkennen ist dies an dem kleinen Dreieck oben rechts neben dem Werkzeugsymbol ❸. Dieses wird eingeblendet, sobald Sie mit der Maus über die Werkzeuggruppe fahren.

Die schwarze Eckmarkierung verrät, dass es dieses Werkzeug in verschiedenen Varianten gibt.

*Die Werkzeugpalette des Fotoeditors, hier im Modus Experte. Die QuickInfo verrät: Das Werkzeug heißt **Zoom** und kann mit der Taste ⓩ ausgewählt werden.*

Werkzeuge anpassen mit der Optionsleiste

Beim Aufrufen eines Werkzeugs werden die Einstellungsoptionen automatisch in der Optionsleiste eingeblendet. Das jeweils aktive Werkzeug erhält nach Art einer angeklickten Schaltfläche einen dunkleren Hintergrund. Sollte die Optionsleiste nicht eingeblendet sein, wählen Sie die Schaltfläche *WZ-Optionen* , um dies nachzuholen.

Die Werkzeuge zum Einzoomen ① und Auszoomen ② bilden eine Werkzeuggruppe, in deren Optionsleiste weitere Anpassungen vorgenommen werden können.

Tastenkürzel nutzen

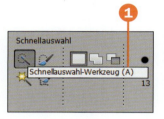

Mit der Ⓐ-Taste ① springen Sie in der Gruppe der Schnellauswahl von Werkzeugtyp zu Werkzeugtyp.

Jedem Werkzeug ist ein bestimmter Buchstabe zugeordnet. Das bedeutet, dass Sie die Funktion nicht nur durch Anklicken mit der Maus, sondern auch flink per Tastendruck aufrufen können. Liegt das Werkzeug in einer Gruppe vor, drücken Sie die Taste mehrmals hintereinander, um von Typ zu Typ zu springen. So gelangen Sie mit der Ⓐ-Taste beispielsweise vom *Schnellauswahl-Werkzeug* zum *Auswahlpinsel* , zum *Zauberstab* , zum *Auswahl-verbessern-Pinselwerkzeug* und wieder zum ersten Werkzeug zurück.

Vorder- und Hintergrundfarbe einstellen

Auswahl der Vorder- und Hintergrundfarbe

Die Farbflächen im Abschnitt *FARBE* zählen nicht direkt zu den Werkzeugen, sind für das Füll- (Ⓚ,) oder das Verlaufswerkzeug (Ⓖ,)aber wichtig. Denn mit einem Klick auf die Vorder- ① oder Hintergrundfarbe ③ können Sie in einem anschließenden *Farbwähler*-Dialog eigene Farben wählen und diese etwa als Grundlage für einen Farbverlauf nutzen. Mit dem kleinen Schalter ② oder der Taste Ⓓ lassen sich die Farbfelder schnell auf Schwarz und Weiß umstellen, was beispielsweise beim Bearbeiten von Ebenenmasken häufiger benötigt wird. Um die Farben zu tauschen, klicken Sie auf den Doppelpfeil ④ oder drücken die Taste Ⓧ.

2.3 Die Bedienfelder in der Übersicht

In der Taskleiste des Fotoeditors gibt es im rechten Bereich verschiedene Schaltflächen ❶, über die unterschiedliche Bedienfelder ein- und ausgeblendet werden können. Wählen Sie also einfach eine Option aus, und schon öffnet sich rechts neben dem Dokumentfenster das jeweilige Bedienfeld ❷. Richten Sie Ihre Arbeitsoberfläche damit individuell ein, um den Bearbeitungsablauf so patent wie möglich zu gestalten.

*Im Modus Schnell erhalten Sie über das Bedienfeld **Korrekturen** Zugriff auf die Bildbearbeitungsoptionen.*

Folgende Bedienfelder können Sie im Modus Schnell oder Experte aufrufen:

 Über das Bedienfeld ***Korrekturen*** erhalten Sie im Modus Schnell Zugriff auf die Bearbeitungsfunktionen ❷.

 Mit dem Bedienfeldbereich ***Effekte*** gelangen Sie in den Modi ***Schnell*** oder ***Experte*** zu den Filtern, Stilen und Effekten. Mit den Filtern können Sie Bilder z. B. in Gemälde umwandeln.

 Das Bedienfeld ***Struktur...*** bietet im Modus ***Schnell*** eine Auswahl an Hintergründen, die sich in Diashows oder Collagen einsetzen lassen.

 Mit dem Bedienfeld ***Rahmen*** können Sie Ihre Bilder im Modus ***Schnell*** mit individuellen Umrandungen versehen, einfach per Doppelklick auf das Rahmensymbol.

Mit dem Bedienfeld *Ebenen* können Sie im Modus *Experte* auf einen Blick sehen, ob und welche Art von Ebenen das Dokument besitzt, sowie die Ebenen sortieren, verwalten und bearbeiten.

 Das Bedienfeld *Filter* öffnet ein Auswahlmenü mit Vorgaben zum Verfremden von Bildern, etwa im Stile eines Ölgemäldes oder Aquarells.

 Mit dem Bedienfeld *Stile* können im Modus *Experte* beispielsweise Schlagschatten oder Rahmen auf Grafiken, Texte und vom Hintergrund losgelöste Bildebenen angewendet werden.

 Im Bedienfeldbereich *Grafiken* des Modus *Experte* finden Sie verschiedene Hintergründe, Grafiken und Rahmen. Eine Vorsortierung nach Motivart oder die Suche anhand eines Suchbegriffs ist möglich.

Die Bedienfelder **Effekte**, **Ebenen**, **Grafiken** *und* **Filter**.

Weitere Bedienfelder aufrufen

Neben den eben vorgestellten Bedienfeldbereichen hat der Fotoeditor noch weitere in petto. Um diese aufzurufen, wählen Sie im Modus *Experte* die Schaltfläche *Mehr* aus der Taskleiste unten rechts. Es öffnet sich ein schwebendes Menüfenster mit sieben Registerkarten.

Weitere Bedienfelder mit der Schaltfläche **Mehr** *aufrufen.*

- *Informationen*: Das Bedienfeld liefert Informationen über die Farbe und Position des Pixels, das Sie mit dem Mauszeiger im Bild gerade ausgewählt haben. Wurde mit dem Auswahlrechteck (M),) ein Bildbereich markiert, werden zudem die Maße dieses Areals eingeblendet. Außerdem wird die Dateigröße des Bildes angezeigt.

- *Navigator*: Mit dem Navigator können Sie schnell einen bestimmten Bildbereich auswählen, um diesen vergrößert zu betrachten.

- *Favoriten*: Diesen Bedienfeldbereich können Sie im Modus *Experte* mit Ihren liebsten Effekten oder Grafiken füllen.

- *Protokoll*: Hier können Sie ablesen, welche Bearbeitungsschritte an dem Foto bereits vorgenommen wurden und diese gegebenenfalls löschen.

- *Histogramm*: Hier können Sie ablesen, welche Bearbeitungsschritte an dem Foto bereits vorgenommen wurden und diese gegebenenfalls löschen.

- *Farbfelder*: Das Bedienfeld liefert eine schnelle Auswahlmöglichkeit für Farben. Die Farbe wird in der Werkzeugpalette als Vordergrundfarbe eingestellt.

- *Aktionen*: Mit den Aktionen sind vollautomatisch ablaufende Arbeitsabfolgen gemeint, die Sie unter gewissen Umständen selbst erweitern können.

Bedienfelder neu anordnen

Wenn Sie im Modus *Experte* auf den kleinen Pfeil neben der Schaltfläche *Mehr* klicken und den Eintrag *Benutzerdefinierter Arbeitsbereich* wählen, können Sie die einzelnen Registerkarten vom Ursprungsort ablösen und an anderer Stelle ablegen.

So könnten Sie beispielsweise das Bedienfeld *Ebenen* ❶ mit der Maus anfassen und aus dem Registerkartenverbund herausziehen, es liegt dann als einzelnes Bedienfeld schwebend über dem Programmfenster von Photoshop Elements vor.

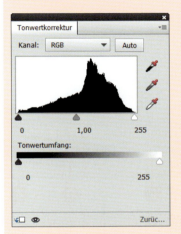

Das Korrekturen-Bedienfeld

Das Bedienfeld *Korrekturen* öffnet sich beim Einfügen einer Einstellungsebene automatisch, lässt sich aber auch mit *Fenster/Korrekturen* aufrufen. Es dient dazu, im Modus Experte entweder eine neue Einstellungsebene einzufügen oder eine vorhandene Einstellungsebene zu bearbeiten.

Bedienfeld Korrekturen, hier mit der aktiven Funktion **Tonwertkorrektur**.

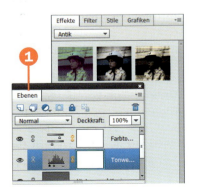 

Links: Das Ebenen-Bedienfeld wurde aus dem Bedienfeldbereich herausgelöst. Rechts: Das Ebenen-Bedienfeld soll oberhalb der anderen Registerkarten wieder eingegliedert werden, erkennbar an der blauen Linienmarkierung.

Anschließend könnten Sie es über den vorhandenen Registerkarten wieder in den Bedienfeldbereich eingliedern, indem Sie die Registerkarte *Ebenen* mit der Maus an den oberen Rand des Bedienfeldbereichs ziehen. Sobald eine blaue Linie ❷ erscheint, lassen Sie es los.

Das Herauslösen und Sortieren der Bedienfelder ist besonders praktisch, wenn Sie mit zwei Monitoren arbeiten. Dann könnten Sie zum Beispiel das Ebenen-Bedienfeld und andere benötigte Bedienfelder außerhalb des Arbeitsfensters von Photoshop Elements auf dem zweiten Monitor anordnen. Dadurch vergrößert sich die Ansichtsfläche des Dokumentfensters und erleichtert die Bildbearbeitung.

2.4 Arbeiten mit dem Fotobereich

Im Fotobereich unterhalb des Dokumentfensters listet der Fotoeditor alle geöffneten Mediendateien als Miniaturen auf. Sollte dies nicht der Fall sein, klicken Sie die Schaltfläche *Fotobereich* 🖼️ ❶ aus der Taskleiste unten links an.

Fotobereich des Fotoeditors.

Das aktuell im Dokumentfenster geöffnete Bild wird mit einem blauen Rahmen ❷ hervorgehoben. Wenn Sie ein anderes Bild im großen Dokumentfenster anzeigen lassen möchten, klicken Sie doppelt auf die gewünschte Miniaturansicht.

Mit einem kleinen Pinselsymbol ❸ an der oberen rechten Ecke verdeutlicht Ihnen der Fotoeditor, dass das Bild bearbeitet, aber noch nicht gespeichert wurde.

Ein angedeuteter Bilderstapel ❹ weist darauf hin, dass es sich um eine Projektdatei handelt, also zum Beispiel um ein Facebook-Titelfoto oder eine DVD-Hülle.

Kontextmenü der Miniaturbilder im Fotobereich.

Wenn Sie mit der rechten Maustaste (Windows) bzw. mit der Maus bei gehaltener ⌃ctrl-Taste (Mac OS) auf eines der Miniaturbilder klicken, öffnet sich ein Kontextmenü. Nun können Sie das Foto duplizieren, Dateiinformationen aufrufen, es drehen oder auch schließen.

Des Weiteren bietet der Fotobereich ein Drop-down-Menü an, über das Sie direkten Zugriff auf die sortierten Bilder des Organizers haben. Hier finden Sie alle selbst angelegten Albumkategorien und Alben. Wenn ein Album ausgewählt wird, erscheinen die Miniaturbilder im Fotobereich.

Sie können nun im Fotoeditor geöffnet werden, entweder per Doppelklick auf die Bildminiatur oder mit dem Befehl *Öffnen* aus dem Kontextmenü des Fotobereichs.

Hier wurden alle Bilder in den Fotobereich geholt, die im Album »Festival of Lights/ Berlin leuchtet« zusammengestellt wurden.

Mit gedrückter ⎘Strg⎗/⎘cmd⎗-Taste mmarkieren Sie mehrere Miniaturbilder im Fotobereich unabhängig voneinander, bei gedrückter ⎘⇧⎗-Taste werden die Miniaturbilder am Stück markiert.

Ein kleines Icon für weitere Einstellungen ist oben rechts im Fotobereich zu finden ⊞. Es bietet die Möglichkeit, alle Dateien des Fotobereichs an den Drucker weiterzugeben oder alle Dateien in ein Album zu sortieren.

Einstellungsmenü des Fotobereichs.

Damit können Sie also auch vom Fotoeditor aus zum Beispiel neue Organizer-Alben anlegen und die Bilder bequem in thematische Gruppen ordnen. Der Speicherort der Fotos wird dadurch nicht verändert. Damit können Sie also auch vom Fotoeditor aus neue Organizer-Alben anlegen und die Bilder bequem in thematische Gruppen ordnen. Der Speicherort der Fotos wird dadurch nicht verändert.

2.5 Informationen aus der Titel- und Statusleiste

Das Dokumentfenster des Fotoeditors wird flankiert von zwei Informationsleisten, der Titelleiste am oberen und der Statusleiste am unteren Fensterrand. Darüber erhalten Sie zusätzliche Informationen und Handlungsmöglichkeiten, die wir Ihnen in diesem Abschnitt kurz vorstellen möchten.

Was die Titelleiste alles anzeigt

Die Titelleiste befindet sich logischerweise oberhalb des Dokumentfensters. Welche Informationen und Optionen dort angezeigt werden, hängt davon ab, in welchem Fotoeditor-Modus Sie sich gerade befinden. In den Modi *Schnell* oder *Assistent* weist die Titelleiste ein Auswahlmenü für die Vergleichsansicht auf.

Als Standard ist die Ansicht **Nur nachher** eingestellt, mit der sich die Auswirkung der Bearbeitung auf das Bild direkt verfolgen lässt. Mit der Ansicht **Nur vorher** wird Ihnen das Ausgangsbild präsentiert.

Um beide Ansichten miteinander zu vergleichen, wählen Sie **Vorher und nachher - horizontal** (geeignet für Hochformatbilder) oder **Vorher und nachher - vertikal** (passend bei Bildern im Querformat).

Rechts oben befindet sich ein **Zoom**-Regler. Hierüber können Sie die Vorschaugröße flexibel justieren. Die prozentuale Größe des Bildes im Verhältnis zur 100 %-Ansicht wird dabei stets mit angegeben.

*Titelleiste im Modus **Schnell** und **Assistent**.*

Im Modus **Experte** ist die Titelleiste ein wenig komplexer aufgebaut bzw. liefert noch detailliertere Informationen. Die Einträge beginnen mit dem Dateinamen (hier **25-9272.jpg**) ❶. Daneben steht die aktuelle Zoomstufe ❷. In der anschließenden Klammer wird die aktuell ausgewählte Ebene ❸ angezeigt, sofern die Datei Ebenen besitzt. Daneben befinden sich Informationen zum Farbraum ❹ und zur Farbtiefe ❺. Taucht innerhalb der Klammer am Ende ein Sternchen oder eine Raute auf ❻, deutet dies darauf hin, dass das Bild keinem Farbraum zugeordnet wurde (#) oder der Farbraum des Bildes nicht mit dem voreingestellten Farbraum von Photoshop Elements übereinstimmt (*).

Hier liegt das Bild beispielsweise im Adobe-RGB-Farbraum vor, Photoshop Elements steht aber auf sRGB. Dann gibt es noch das Sternchen hinter der Klammer ❼. Dies veranschaulicht, dass das Bild zwar verändert, aber noch nicht gespeichert wurde. Und ganz am Ende der Reihe können Sie das Bild mit dem **x**-Symbol schließen ❽.

Mac OS

Das **x**-Symbol zum Schließen des Bildes ❽ befindet sich am linken Rand der Titelleiste.

Die Statusleiste im Visier

Am unteren Rand des Dokumentfensters befindet sich die Statusleiste, allerdings nur im Modus Experte des Fotoeditors. Hier können Sie links die Zoomstufe ❶ ablesen und rechts daneben die Dateigröße in Megabyte (*M*) oder Kilobyte (*K*). Die Dateigröße gliedert sich in zwei Werte auf: Links steht die Größe des Bildes unter der Voraussetzung, dass nur eine Ebene vorliegt (hier *105,4 M* ❷). Rechts wird die tatsächliche Dateigröße aufgeführt.

Im gezeigten Beispiel besitzt das Bild eine Hintergrundebene und eine zweite Ebene mit dupliziertem Bildinhalt. Daher ist die tatsächliche Datei mit zwei Ebenen doppelt so groß (*210,7 M* ❸) als die Datei mit nur einer Ebene. Würden die zwei Ebenen auf den Hintergrund reduziert werden, hätte die Datei wieder nur ein Speichervolumen von *105,4 M*. Mit der kleinen Pfeilschaltfläche ❹ können Sie auf andere Statusleistenvorgaben umschalten.

Statusleiste im Modus Experte des Fotoeditors.

> **✓ Zoomstufe eintippen**
>
> Auf das Statusleistenfeld ❶ mit der Zoomstufe können Sie klicken und dann einen Wert eintragen. Nach Bestätigung mit der Eingabetaste [↵] wird die Zoomstufe geändert. Dies betrifft nur die Bildansicht, an der Datei ändert sich nichts.

2.6 Layout des Dokumentfensters anpassen

Das Dokumentfenster stellt den Mittelpunkt des Fotoeditors dar, ganz klar. Was aber wäre, wenn Sie das Dokument noch größer sehen oder mehrere Dokumente nebeneinander betrachten möchten? Kein Problem, im Modus Experte lassen sich die Dokumentfenster flexibel anordnen. Um dies zu ermöglichen, navigieren Sie mit *Bearbeiten* (Windows) bzw. *Adobe Photoshop Elements Editor* (Mac OS)/*Voreinstellungen/Allgemein* ([Strg]/[cmd]+[K]) ❶ erst einmal in die grundlegenden Voreinstellungen des Fotoeditors. Dort aktivieren Sie die Checkbox *Floating-Dokumente im Expertenmodus zulassen* ❷. Nun wird jedes Dokument nach dem Öffnen in einem schwebenden Fenster angezeigt.

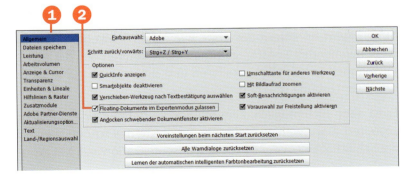

Floating-Dokumente im Expertenmodus zulassen.

Bereits geöffnete Dokumentfenster können zudem an der Titelleiste angefasst und an eine andere Stelle gezogen werden. Es wird dabei in ein sogenanntes schwebendes Fenster umgewandelt. Am oberen Rand des losgelösten Dokumentfensters finden Sie die üblichen Schaltflächen zum Minimieren und Maximieren von Fenstern, bei Windows oben rechts ▬ ▢ ✕, bei Mac OS oben links ⊗ ⊖ ⊕. Minimierte Dokumentfenster können aus der Taskleiste (Windows) oder aus dem Fotobereich (Windows, Mac OS) ausgewählt werden, um sie wieder groß darzustellen.

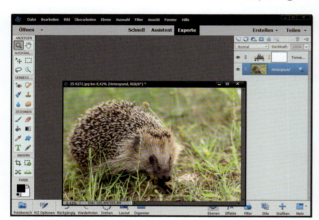 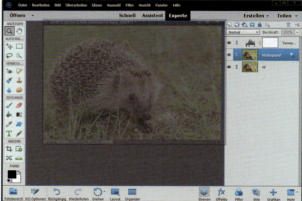

Links: Vom Hintergrund abgelöstes Dokumentfenster mit Igel.
Rechts: Erneutes Andocken des Dokumentfensters am oberen Rand.

 Schwebende Fenster andocken und sortieren

Analog zu den Bedienfeldern können auch schwebende Dokumentfenster manuell wieder an die Arbeitsoberfläche angedockt werden. Wichtig dafür ist, dass Sie bei *Bearbeiten* (Windows) bzw. *Adobe Photoshop Elements Editor* (Mac OS)*/Voreinstellungen/Allgemein* (⌈Strg⌉/⌈cmd⌉+⌈K⌉) die Checkbox *Andocken schwebender Dokumentfenster aktivieren* angehakt haben.

Layout für mehrere Dokumentfenster

Wenn Sie zusätzlich zum geöffneten Fenster ein weiteres Bild öffnen, wird es, sofern das erste Bild schon schwebt, ebenfalls als schwebendes Fenster geöffnet. Nun können Sie die Fenster manuell verschieben, skalieren und sich so eine individuelle Arbeitsumgebung schaffen.

Es ist aber auch möglich, alles anhand vordefinierter Layouts zu gestalten. Dazu wählen Sie in der Taskleiste des Fotoeditors mit der Schaltfläche *Layout* ❶ die gewünschte Option aus. Mit *Stan-*

dard werden die Dokumentfenster in Form von Registerkarten in die Arbeitsoberfläche eingegliedert. Bei *Alle schwebend* sind sie von der Arbeitsoberfläche abgelöst und werden überlappend angeordnet.

Mit *Ganze Zeile*, *Ganze Spalte* oder *Ganzes Raster* ❷ können die Fenster übereinander, nebeneinander oder im Raster angeordnet werden. Hinzu kommen die Optionen *Zeilen und Spalte* und *Spalte und Zeilen* für die Anordnung von drei Dokumentfenstern mit zwei Zeilen links und einer Spalte rechts oder umgekehrt.

Anordnung von vier geöffneten Fotos mit dem Layout-Modus Ganzes Raster.

> **✓ Schwebende Fenster anordnen**
>
> Mit *Fenster/Bilder* können Sie weitere Layout-Vorgaben nutzen, beispielsweise alle Bilder mit der gleichen Zoomstufe anzeigen lassen oder in der gleichen Position, was beispielsweise für die Beurteilung ähnlicher Bilder einer Aufnahmeserie ganz praktisch ist.

2.7 Zoomen und Navigieren in der Bildansicht

Im Rahmen der Bildbearbeitung muss die Ansicht des Fotos stets variabel anzupassen sein. Mal sollen Details in der vergrößerten Vorschau genau unter die Lupe genommen werden, mal ist es wichtig, die Auswirkung einer Bearbeitung auf das gesamte Bild zu verfolgen. Daher gibt es im Fotoeditor eine ganze Reihe sinnvoller Ansichtsoptionen.

Zoomstufe und Bildausschnitt

Beim Öffnen eines Bildes oder Projekts wird die Vorschaugröße zunächst an die Größe des Dokumentfensters angepasst. Das heißt, es wird immer das ganze Bild zu sehen sein. Das Bild kann aber auch auf verschiedene Arten vergrößert oder verkleinert dargestellt werden, ohne dass sich dadurch etwas an der Bilddatei ändert. Im Menü *Ansicht* finden Sie dafür folgende Zoombefehle:

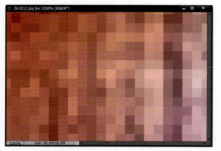

Eingezoomt auf 3.200 %.

- **Einzoomen** (Strg/cmd+⊞): Mit diesem Befehl vergrößern Sie die Bildansicht Schritt um Schritt, bis Sie bei einer Darstellung von 3.200 % die einzelnen Bildpixel erkennen können.

- **Auszoomen** (Strg/cmd+⊟): (Strg/cmd+-): Hiermit wird die Bildansicht schrittweise bis auf eine Zoomstufe von 1 % der tatsächlichen Bildgröße verkleinert.

Ausgezoomt auf 1 %

- **Ganzes Bild** (Strg/cmd+⓪): Das Bild wird in das Dokumentfenster eingepasst, ist also vollständig zu sehen. Bei schwebenden Fenstern ändern sich dadurch auch Größe und Proportionen des Dokumentfensters.

- **Tatsächliche Pixel** (Strg/cmd+①): Hiermit landen Sie direkt in der 100 %-Ansicht des Dokuments. Wie viel vom Motiv präsentiert wird, hängt von der Dateigröße und der Größe des Dokumentfensters ab.

Ganzes Bild.

Tatsächliche Pixel (100 %)

- *Ausgabegröße*: Bei diesem Menüpunkt präsentiert der Fotoeditor das Bild in Druckgröße. Das Bild könnte also etwa so groß gedruckt werden, wie es der Bildschirm zeigt.

Ausgabegröße bei einer Druckauflösung von 300 dpi

Das Zoom-Werkzeug

Alternativ lässt sich die Ansichtsgröße des Bildes auch mit dem Zoom-Werkzeug (Z, 🔍) einstellen. In dessen Optionsleiste finden Sie neben den Schaltflächen zum *Einzoomen* 🔍 und *Auszoomen* 🔍 den *Zoom*-Regler ❷ für eine flexible Wahl der Vergrößerungsstufe zwischen 1 % und 3.200 %. Wenn Sie die Zoomstufe für alle geöffneten Dokumente parallel einstellen möchten, aktivieren Sie zudem die Checkbox *Alle Fenster* ❶. Die Option *Fenstergröße anpassen* ❸ greift nur bei schwebenden Dokumentfenstern. Damit wird die Größe des Fensters an die Zoomstufe angeglichen. Außerdem können Sie über die Schaltflächen 🔲 (tatsächliche Pixel), 🔲 (ganzes Bild), 🔲 (Ausfüllen) und 🔲 (Ausgabegröße) schnell auf die gewünschte Zoomstufe kommen.

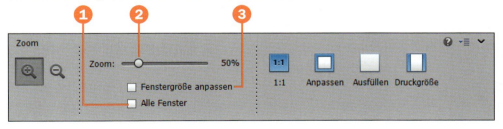

Werkzeugoptionsleiste des Zoom-Werkzeugs.

> **Zoomen mit dem Bildlaufrad**
>
> Das Bildlauf- oder Scrollrad der Maus können Sie ganz einfach zum Zoomen verwenden, indem Sie bei gleichzeitig gehaltener [Alt]-Taste am Rad drehen. Bei gedrückter [Strg]/[cmd]-Taste und Drehen am Bildlaufrad der Maus können Sie sich horizontal durchs Bild bewegen. Mit dem Bildlaufrad allein wird der Rahmen vertikal verschoben.
>
> Aber es geht auch ohne Tastendruck. Dazu aktivieren Sie die Checkbox *Mit Bildlaufrad zoomen* im Menü *Bearbeiten* (Windows) bzw. *Adobe Photoshop Elements Editor* (Mac OS)/*Voreinstellungen/Allgemein* ([Strg]/[cmd]+[K]).

> **Den Zoombereich markieren**
>
> Noch genauer auswählen, was am Monitor dargestellt werden soll, können Sie durch das Markieren des gewünschten Bildbereichs. Dazu muss die Schaltfläche *Einzoomen* 🔍 aktiviert sein. Setzen Sie mit der Maus an einer Stelle im Bild an und ziehen Sie einen Bereich auf, der die Motivanteile enthält, die gezoomt dargestellt werden sollen. Je kleiner dieser Bereich ist, desto größer wird der Zoomfaktor.

Werkzeugoptionsleiste des Hand-Werkzeugs.

Hand-Werkzeug immer verfügbar

Wenn Sie bei der Verwendung eines anderen Werkzeugs die `Leertaste` drücken, ist das Hand-Werkzeug temporär verfügbar. Der Mauszeiger springt sogleich auf das Hand-Symbol 🖐 um.

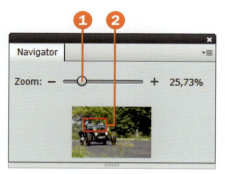

Navigator-Bedienfeld.

Verschieben und Zoomen mit dem Hand-Werkzeug

Das Hand-Werkzeug (Ⓗ, 🖐) funktioniert so, als würden Sie das Bild mit dem Finger berühren und dann in die gewünschte Richtung verschieben. Klicken Sie also einfach mit der Maus auf die Bildansicht und verrücken Sie den Bildausschnitt bei gehaltener Maustaste.

Mit der Checkbox *Bildlauf in allen Fenstern durchführen* können Sie zusätzlich regeln, ob das Verschieben der Bildansicht bei allen geöffneten Bildern gleichermaßen ablaufen soll. Dies ist beispielsweise äußerst komfortabel, wenn ähnliche Fotos einer Aufnahmeserie in zwei oder mehr Fenstern nebeneinander betrachtet und miteinander verglichen werden sollen.

Das Praktische ist, dass auch das Hand-Werkzeug in seiner Optionsleiste die beliebtesten Zoomoptionen anbietet: 🔳 (tatsächliche Pixel), ⬜ (ganzes Bild), ▢ (Ausfüllen) und ▯ (Ausgabegröße).

Zurechtfinden mit dem Navigator

Der Navigator bietet Ihnen eine zusätzliche Hilfe, um sich bei vergrößerten Bildern schneller zurechtzufinden. Er lässt sich im Modus Experte des Fotoeditors über die Schaltfläche *Mehr* 🔳 oder über das Menü *Fenster/Navigator* aufrufen. Es handelt sich dabei um einen Bedienfeldbereich, den Sie, wie ab Seite 33 beschrieben, flexibel positionieren können.

Im Navigator wird das Bild in voller Größe dargestellt. Darin befindet sich ein roter Rahmen ❷, der anzeigt, welcher Bildbereich gerade im Dokumentfenster zu sehen ist. Mit der Maus können Sie den roten Rahmen anfassen und an jede beliebige Stelle ziehen. Sollte der Rahmen perfekt horizontal oder vertikal verschoben werden, drücken Sie gleichzeitig die ⇧-Taste. Um die Bildansicht zu vergrößern, verschieben Sie den *Zoom*-Regler ❶ an die gewünschte Stelle oder klicken das Minus- oder Plussymbol an den Seiten an. Auch können Sie den Zoomfaktor direkt in das Zahlenfeld rechts eintragen. Wenn Sie die Maus über das Navigator-Bildfeld halten und die `Strg`/`cmd`-Taste drücken, wechselt der Mauszeiger zum Lupensymbol 🔍. Jetzt können Sie einen Auswahlrahmen aufziehen. Nach dem Loslassen der Maus wird genau der Bildbereich im Dokumentfenster angezeigt.

2.8 Messen mit dem Lineal

Photoshop Elements bietet verschiedene Möglichkeiten, die Größe eines Bildes zu ermitteln, etwa über das Menü für die Bildgröße, über das Informationen-Bedienfeld oder über die Statusleiste. Manchmal ist es aber einfach praktischer, Maßeinheiten einzublenden, um alle wichtigen Informationen gleich im Blick zu haben. Mit dem Einblenden von Linealen fügen Sie dem Dokumentfenster zwei schmale Leisten hinzu, was allerdings nur im Modus Experte möglich ist. Wählen Sie dazu *Ansicht/Lineale* (⇧+Strg/cmd+R). Die Bildränder werden darüber in Zentimeter und Millimeter gegliedert. Genauso wie diese Lineale eingeblendet wurden, werden sie auch wieder ausgeblendet. Das Häkchen vor dem Menüeintrag verschwindet dann.

Bildansicht mit eingeblendeten Linealen.

Je passender die Einteilung der Skalen, desto einfacher wird natürlich das Ablesen der Position des Mauszeigers im Bild. Daher können Sie die Lineale anpassen. Klicken Sie dazu mit der rechten Maustaste (Win) bzw. mit der Maus bei gehaltener ctrl-Taste

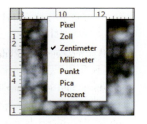

Einstellen der Maßeinheit per Rechtsklick mit der Maus.

(Mac OS) auf eines der beiden Lineale und wählen Sie eine andere Einheit aus. Die kleinstmögliche Einheit eines Bildes ist das Pixel, daher haben Sie damit die genaueste Möglichkeit zum Maßnehmen in der Hand. Mit den Zentimeter- oder Millimeterangaben lässt sich das Bild gut für den Druck vorbereiten, während *Punkt* und *Pica* in der Regel dann zum Einsatz kommen, wenn es um die typografische Gestaltung von Schrift geht.

2.9 Raster und Hilfslinien

Raster und Hilfslinien dienen dazu, Bildelemente flexibel, aber wohlgeordnet auszurichten, und helfen beim Geraderücken schiefer Horizonte. Der Unterschied liegt in der Flexibilität beider Funktionen: Raster sind starr, Hilfslinien können dagegen flexibel gewählt und frei positioniert werden.

Raster verwenden und einstellen

Kap2-01.tif

Mit Rastern können Sie das Bild mit einem Gitternetz aus feinen Linien überziehen und damit je nach Einstellung eine mehr oder weniger engmaschige Untergliederung erzielen. Das kann beispielsweise beim Anordnen von Grafiken oder anderen Bildelementen hilfreich sein. Wählen Sie für die Rastereinblendung *Ansicht/Raster* ([Strg]/[cmd]+[3]).

Anhand des Rasters lässt sich ganz gut erkennen, ob der Horizont gerade ausgerichtet ist.

Die Größe der Rasterstufen wird über das Voreinstellungsmenü justiert. Dazu navigieren Sie mit *Bearbeiten* (Windows) bzw. *Adobe Photoshop Elements Editor* (Mac OS)*/Voreinstellungen/ Hilfslinien & Raster* (Strg/cmd+K) zur entsprechenden Dialogbox. Legen Sie eine Farbe der Rasterlinien fest, die sich gut von den Farben des Bildes abhebt. Wählen Sie bei *Art* die optischen Eigenschaften der Linie. Dies betrifft aber nur die Hauptlinien, nicht die Unterteilungen. Mit *Abstand* bestimmen Sie die Rasterschritte der Hauptlinien. Und bei *Unterteilungen* wird die Anzahl der feineren Zwischenlinien festgelegt.

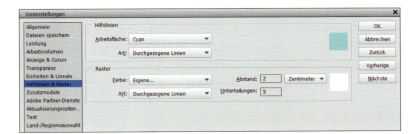

Grundeinstellungen für die Darstellung von Hilfslinien und Rastern.

Hilfslinien einfügen

Noch flexibler können Bildelemente mit Hilfslinien angeordnet werden. Um diese horizontal oder vertikal im Dokumentfenster des Modus *Experte* zu platzieren, blenden Sie die Lineale ein und klicken mit der Maus in die obere oder seitliche Linealleiste. Halten Sie die Maustaste gedrückt und ziehen Sie die Maus von oben

Einfügen einer Hilfslinie durch Ziehen der Linie von oben nach unten aus dem Lineal heraus, hier mit einem Abstand von 1,51 cm zum oberen Rand.

Maßgenaue Positionierung einer neuen Hilfslinie.

Umkehrfunktion

Wie so oft dreht die Alt-Taste die Funktion um. So auch bei den Hilfslinien. Mit gedrückter Taste ziehen Sie eine vertikale Linie aus dem horizontalen Lineal und umgekehrt.

nach unten oder von links nach rechts, um eine horizontale oder vertikale Hilfslinie einzufügen. Wenn Sie dabei die ⇧-Taste drücken, können Sie je nach Maßeinheit (siehe vorherigen Abschnitt) geradzahlige Positionslinien setzen.

Alternativ können Sie auch *Ansicht/Neue Hilfslinie* wählen. Entscheiden Sie sich für eine horizontale oder vertikale Hilfslinie und geben Sie bei *Position* den gewünschten Wert an. Dieser definiert den Abstand vom oberen bzw. linken Rand. Somit wird eine genaue Positionierung möglich.

Die Optik der Hilfslinien lässt sich – genauso wie die des Rasters – individuell anpassen. Dazu wählen Sie *Bearbeiten* (Windows) bzw. *Adobe Photoshop Elements Editor* (Mac OS)*/Voreinstellungen/Hilfslinien & Raster* (Strg/cmd+K). Definieren Sie die gewünschte Farbe und entscheiden Sie, ob die Hilfslinie durchgezogen oder gepunktet aussehen soll.

Hilfslinien positionieren

Wenn Sie eine vorhandene Hilfslinie versetzen möchten, wählen Sie das Verschieben-Werkzeug (V, ⊹) aus und fassen Sie die Linie mit der Maus an, sodass das Zeichen ⊕ erscheint. Ziehen Sie die Linie an die gewünschte Stelle. Alternativ können Sie auch einfach die Strg/cmd-Taste drücken und die Linie dann anfassen und verschieben.

Damit sich die Positionierung der Hilfslinien anschließend nicht versehentlich verändert, können sie mit *Ansicht/Hilfslinien fixieren* (Strg/cmd+Alt+.) geschützt werden. Es können aber trotzdem neue Linien hinzugefügt werden. Diese sind nach dem Loslassen der Maus aber auch sofort fixiert.

Um die Hilfslinien zu entfernen, heben Sie den Schutz wieder auf. Wählen Sie dann erneut das Verschieben-Werkzeug (V, ⊹) und ziehen Sie die Linien einzeln zurück in die Linealleisten. Auch können alle Hilfslinien mit *Ansicht/Hilfslinien löschen* auf einmal entfernt werden.

Möchten Sie die sorgfältig positionierten Hilfslinien jedoch nur ausblenden, um sie später wieder zur Verfügung zu haben, wählen Sie *Ansicht/Hilfslinien* (Strg/cmd+2) und entfernen das Häkchen vor dem Menüeintrag.

Elemente an Hilfslinien ausrichten

Stellen Sie sich vor, Sie möchten Text in ein Bild einfügen und dieser Text soll an einer ganz bestimmten Stelle positioniert werden. Nichts einfacher als das: Ziehen Sie zwei Hilfslinien ins Bild und definieren Sie darüber die Eckposition für das Textfeld.

Schreiben Sie den Text ins Bild, wie es ab Seite 418 erläutert wird. Aktivieren Sie anschließend das Verschieben-Werkzeug (Ⓥ, ⊹) und platzieren Sie den Text am Kreuzungspunkt der Hilfslinien. Schwups! Wie magnetisch wird das Textfeld von den Linien angezogen und sitzt perfekt an genau der gewünschten Position.

 Magnetwirkung abstellen

Möchten Sie die magnetische Wirkung der Hilfslinien nicht nutzen, wählen Sie *Ansicht/Ausrichten an/Hilfslinien*. Der Eintrag sollte nicht mehr mit einem Häkchen versehen sein.

Ausrichten des Textes am Kreuzungspunkt der Hilfslinien.

Vom Öffnen bis zum Speichern

Auch wenn die kreative Arbeit zwischen dem Öffnen und Speichern eines Bildes sicherlich der spannendere Part im Leben eines Bildbearbeiters ist, gehört das Öffnen und Speichern zum Workflow unweigerlich dazu. Erfahren Sie in diesem Kapitel, wie Sie Ihre Bilder am besten in Photoshop Elements laden und nach erfolgreicher Bearbeitung auch wieder sicher auf dem Speichermedium Ihrer Wahl ablegen können. Dazwischen können Sie die einzelnen Bearbeitungsschritte protokollieren und auch gezielt wieder zurücknehmen. So behalten Sie stets die Oberhand über alle Schritte, die Sie im Fotoeditor durchführen.

Öffnen von Dateien über die gleichnamige Schalt-fläche.

3.1 Dateien im Fotoeditor öffnen

Die einfachste Möglichkeit, um Bilder in den Fotoeditor zu übertragen, besteht in einem simplen Doppelklick auf das leere Dokumentfenster des Fotoeditors. Möchten Sie hingegen den klassischen Weg beschreiten, wählen Sie *Datei/Öffnen* (Strg/cmd+O). Als dritte Möglichkeit können Sie die permanent erreichbare Schaltfläche Öffnen nutzen. Oder Sie wählen das Bild im Organizer aus und übertragen es mit der Schaltfläche *Editor* 🖼 in der Taskleiste des Organizers in den Fotoeditor.

Im Dialogfenster *Öffnen* wählen Sie zunächst den Speicherordner ❶ aus, in dem sich die Bilder befinden. Anschließend markieren Sie eines oder mehrere Bilder im Vorschaufenster ❷. Wenn Sie die Dateien mit ihrer Miniaturansicht darstellen, fällt es leichter, das richtige Bild zu finden ❸.

Die wichtigsten Informationen über das Bild werden Ihnen automatisch angezeigt, wenn Sie den Mauszeiger etwas länger auf einer Vorschauminiatur ruhen lassen ❹. Geöffnet werden die Bilder einfach per Doppelklick auf die Vorschauminiatur oder alternativ mit der Schaltfläche *Öffnen* ❺.

Nach dem Anklicken des Befehls Öffnen und der Wahl des gewünschten Ordners gelangen Sie zu der hier gezeigten Dialogbox.

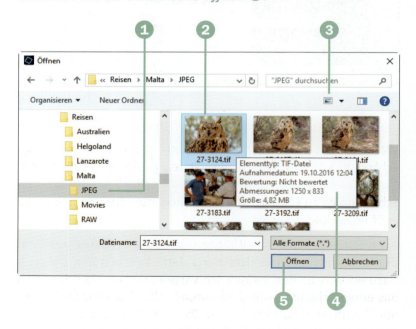

Öffnen per Drag & Drop

Noch einfacher geht es mit dem „Hineinziehen" in den Arbeitsbereich, dem sogenannten Drag & Drop. Dazu platzieren Sie die Maus auf dem gewählten Bild im Festplattenordner des Explorers bzw. Finders ❸ und ziehen es auf das Dokumentfenster ❷ oder in den Fotobereich ❶. Voilà, schon ist das Bild im Editor geöffnet. Es können auch mehrere Bilder ausgewählt und per Drag & Drop in den Fotoeditor übertragen werden.

Mac OS

Im Betriebssystem Mac OS funktioniert das Öffnen per Drag & Drop in den Fotobereich leider nicht.

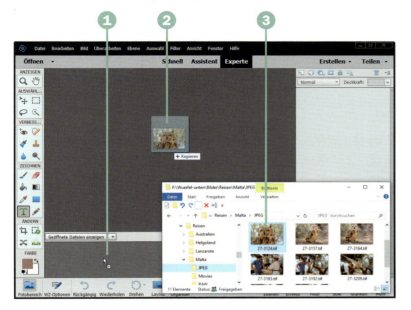

Öffnen eines Bildes per Drag & Drop aus dem Computerverzeichnis heraus im Dokumentfenster (oben) oder im Fotobereich (unten).

Auswahl der letzten fünf bearbeiteten Bilder aus dem Startfenster heraus.

Zuletzt bearbeitete Dateien öffnen

Wer an einer Collage mit mehreren Fotos arbeitet, wird die Möglichkeit zu schätzen wissen, die letzten geöffneten Dateien mit *Datei/Zuletzt bearbeitete Datei öffnen* schnell wieder auf den Schirm holen zu können. Der Fotoeditor listet dort die letzten 20 geöffneten Bilder auf.

Auch über die neue Schaltfläche *Öffnen* haben Sie schnell und direkt Zugriff auf eine Liste der zuletzt bearbeiteten Dateien. Dazu wählen Sie den kleinen schwarzen Pfeil aus. Es öffnet sich das entsprechende Drop-down-Menü. Allerdings haben Sie hier nur Zugriff auf die letzten fünf Dateien. Oder Sie wählen die gewünschte Datei gleich im Startbildschirm von Photoshop Elements aus, indem Sie den Pfeil neben der Schaltfläche *Fotoeditor* und danach den Dateinamen anklicken.

Anzahl der angezeigten Dateien

Die Anzahl der angezeigten Dateien können Sie über *Bearbeiten* (Windows) bzw. *Adobe Photoshop Elements Editor* (Mac OS)/*Voreinstellungen/Dateien speichern* ($Strg$/cmd+K) bei *Liste der letzten Dateien umfasst* anpassen. Wir haben dort den Wert 20 eingetragen.

*Auswahl der letzten fünf zuvor geöff-
neten Dateien über den Pfeil neben der
Schaltfläche Öffnen.*

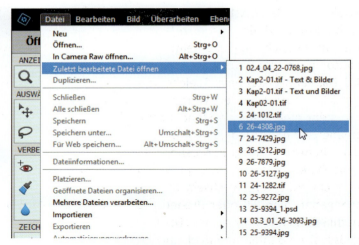

Liste der zuletzt geöffneten Dateien.

In Camera Raw öffnen.

Die Option In Camera Raw öffnen

Außer dem Befehl *Öffnen* gibt es im Menü *Datei* auch noch die Funktion *In Camera Raw öffnen* (Strg/cmd+Alt+O). Das ist eine interessante Möglichkeit, um JPEG-, PSD- oder TIFF-Dateien in den RAW-Konverter Adobe Camera Raw zu überführen.

Der Vorteil ist, dass dann Bearbeitungsmöglichkeiten zur Verfügung stehen, die sonst nur RAW-Dateien vergönnt sind. Beispielsweise können Sie die Farbgebung über die Weißabgleichregler sehr fein justieren oder das Bild von Bildrauschen befreien – mehr dazu erfahren Sie ab Seite 316. im Kapitel zur RAW-Konvertierung. Die Flexibilität einer RAW-Datei lässt sich damit aber nicht herbeizaubern.

So legen Sie eine ganz neue Datei an

Ein ganz neues Bild anzulegen, ohne dass eine bestimmte Datei als Basis dient, das wird häufig bei Collageprojekten benötigt. Daher können Sie auch mit einem völlig leeren Bild starten. Wählen Sie hierzu *Datei/Neu/Leere Datei* (Strg/cmd+N) oder verwenden Sie den Menüeintrag *Neue leere Datei* ⬜ aus dem Drop-down-Menü der Schaltfläche *Öffnen*. Alternativ können Sie auch im Startbildschirm von Photoshop Elements über den Pfeil neben der Schaltfläche *Fotoeditor* die Option *Neue Datei* wählen.

Im Textfeld *Name* lässt sich die Datei individuell benennen (hier *Postkarte*). Der Name ist die Bezeichnung, die beim Speichern automatisch als Dateiname verwendet wird. Das kann später beim Speichervorgang natürlich noch geändert werden. Bei *Vorgabe* steht eine Reihe an Standardgrößenvorgaben für das grundlegende Bildformat parat. In der Regel legt Photoshop Elements die Datei im Hochformat an. Wenn Sie das nicht möchten, wechseln Sie die Größenangaben manuell oder drehen das Bild anschließend mit *Bild/Drehen*. Die Auflösung lässt sich ebenfalls manuell eingeben.

Dialogfeld zum Anlegen einer neuen Bilddatei.

Wählen Sie Werte von 300 bis 600 für Dateien bis A4, um eine hohe Druckqualität zu erhalten. Unter *Modus* wird der gewünschte Bildmodus eingetragen: *Graustufen* für Schwarzweiß-Bilder, *Bitmap* für Logos oder Strichzeichnungen (das Bild besteht nur aus Weiß und Schwarz) oder *RGB-Farbe* für bunte Bilder und Grafiken.

Bei *Hintergrundinhalt* nehmen Sie entweder einen weißen Hintergrund oder wählen eine Hintergrundfarbe. Das Bild wird dann mit der Farbe gefüllt, die im Farbfeld der Werkzeugpalette als Hintergrund eingestellt wurde. Bei transparentem Hintergrund enthält die neue Datei noch keine bildgebenden Pixel und liegt als schwebende Bildebene vor.

Bildgröße

Rechts im Dialogfenster *Neu* können Sie stets direkt ablesen, welches Speichervolumen die neu erstellte Bilddatei haben wird, bezogen auf das photoshopeigene PSD-Format.

Bilder aus der Zwischenablage öffnen

Angenommen, Sie möchten einen Bildschirmbereich kopieren und diesen als neues Bild in den Fotoeditor laden. Dazu können Sie den betreffenden Bildausschnitt vom Monitor abdrucken, indem Sie die Tastenkombination `Strg`+`Druck` (gesamter Bildeschirm) oder `Alt`+`Druck` (aktives Fenster) verwenden. Der Monitorinhalt liegt daraufhin in der Zwischenablage, und diese können Sie ganz einfach in den Fotoeditor übertragen. Dazu wählen Sie *Datei/Neu/Bild aus Zwischenablage* oder den Menüeintrag *Neues Bild aus Zwischenablage* im Drop-down-Menü der Schaltfläche *Öffnen*. Das war's schon, der Screenshot erscheint augenblicklich als neues Bild im Dokumentfenster.

Mac OS

Das Tastenkürzel für den gesamten Bildschirm lautet `cmd`+`⇧`+`3`, für einen benutzerdefinierten Bereich `cmd`+`⇧`+`4` und für die Auswahl des Bereichs mit einem Fotoapparat-Icon die Tastenkombination `cmd`+`⇧`+`4` und dann die `Leertaste`. Danach wird das Bildschirmfoto per Drag & Drop vom Schreibtisch auf das Photoshop-Elements-Symbol im Dock gezogen, um es zu öffnen.

Auch mit *Datei/Neu/Leere Datei* ([Strg]+[N]) können Sie einen Screenshot einfügen. Der Vorteil ist, dass Sie die Auflösung oder den Modus noch ändern oder das Bild über die Pixelmaße an den Rändern beschneiden können. Bei *Dokumenttyp* muss in dem Fall *Zwischenablage* eingestellt sein.

Hier haben wir einen Screenshot einer Internet-Seite angefertigt und diesen im Editor als neues Bild eingefügt.

RAW-Ausnahme

RAW-Bilder müssen immer über den RAW-Konverter, der in einem eigenständigen Bearbeitungsfenster ausgeführt wird, in ein lesbares Format überführt werden. Daher besteht bei RAW-Bildern der Verlust des Originals nicht. Ausgenommen, Sie löschen die RAW-Datei oder überführen sie ins DNG-Format, ohne das RAW-Original einzubetten.

Aus eins mach zwei: Bilder duplizieren

Bei der Bildbearbeitung bietet es sich eigentlich immer an, die Originale unangetastet zu erhalten und nur mit Kopien zu arbeiten. Dafür hat Photoshop Elements extra die Möglichkeit an Bord, das Bild zu duplizieren.

Dazu öffnen Sie das Originalbild im Fotoeditor wie gewohnt. Anschließend wählen Sie *Datei/Duplizieren*. Es erscheint der Dialog *Bild duplizieren* und bietet automatisch eine Dateinamenserweiterung namens *Kopie* an. Wenn Sie eine andere Wortwahl bevorzugen, können Sie die Erweiterung auch anders bezeichnen.

Die Datei befindet sich nun als neues Bild im Fotobereich . SSie ist aber noch nicht auf der Festplatte gespeichert, das können Sie aber direkt mit *Datei/Speichern* (Strg/cmd+S) erledigen. Ist die Kopie gesichert, können Sie das Original getrost schließen und unbeschwert mit dem Duplikat weiterarbeiten.

Auch im Organizer können schnell Duplikate angelegt werden. Dazu wählen Sie *Datei/Duplizieren* (Strg/cmd+⇧+D). Es wird dann im Festplattenverzeichnis eine zweite Datei angelegt, die die Namenserweiterung *-Kopie* trägt. Diese Datei können Sie auswählen und in den Fotoeditor laden, um sie dort zu bearbeiten.

Eine weitere Möglichkeit besteht darin, das Originalbild als Hintergrundebene aufzubewahren und die Hintergrundebene als neue Ebene zu duplizieren (*Ebene/Ebene duplizieren*, Strg/cmd+J). Diese Ebene kann dann bearbeitet werden. Wichtig ist allerdings, dass Sie die Datei unter dem Erhalt der Ebenen als TIFF oder im PSD-Format speichern. Sonst verlieren Sie das Original.

3.2 Arbeitsschritte revidieren und wiederholen

Die Bildbearbeitung ist ein stetes Austesten, Verwerfen und Aufs-Neue-Probieren. Daher ist es gut zu wissen, wie sich ein unbefriedigendes Ergebnis wieder revidieren lässt. Das Zurücknehmen eines Arbeitsschritts gelingt am einfachsten mit der Schaltfläche *Rückgängig* ↶ unten in der Taskleiste. Mit der Funktion *Wiederholen* ↷ lässt sich die rückgängig gemachte Aktion wiederherstellen. Ein einfaches Hin- und Herspringen ist also bequem möglich. Auf diese Weise können aber auch mehrere Schritte revidiert oder wiederholt werden.

Alternativ funktioniert das Ganze zudem über den Menüpunkt *Bearbeiten/Rückgängig* (Strg/cmd+Z) oder *Bearbeiten/Wiederholen* (Strg/cmd+Y). Bei der Menüversion gibt der Fotoeditor jeweils an, welche Aktion er zu revidieren oder zu wiederholen gedenkt.

> ✅ **Arbeitsschritt abbrechen**
>
> Manch eine Bearbeitung dauert länger. Wenn Sie diesen Schritt nur versehentlich gestartet haben oder es sich doch anders überlegen, können Sie den laufenden Arbeitsschritt abbrechen. Dazu drücken Sie die Esc-Taste und warten, bis der Schritt angehalten wird.

Revidieren oder Wiederholen von Arbeitsschritten.

Auch können Sie alle Arbeitsschritte, die Sie nach dem Öffnen einer Datei angewendet haben, auf einen Schlag zurücknehmen. Dazu wählen Sie *Bearbeiten/Zurück zur letzten Version* (Strg/cmd +⇧+A). Dieser Befehl kann, wie alle anderen Schritte auch, anschließend wieder revidiert werden.

Das Protokoll-Bedienfeld verwenden

Eine sehr effektive Methode zum Revidieren von Arbeitsschritten ist die Verwendung des Protokoll-Bedienfelds, das Sie im Modus Experte mit *Fenster/Protokoll* (F10) öffnen können.

Es zeigt oben links eine Miniatur des bearbeiteten Bildes inklusive des Dateinamens an. Darunter werden von oben nach unten in chronologischer Reihenfolge die ausgeführten Bearbeitungsschritte aufgelistet.

Nun ist es problemlos möglich, per Mausklick jeden einzelnen Status quo innerhalb der Bearbeitungskette anzuwählen. Alle nachfolgenden Schritte werden dann ausgegraut dargestellt. Zurück zum aktuellen Status kommen Sie, indem Sie den untersten Eintrag der ausgegrauten Befehlskette anwählen.

Links: Protokoll-Bedienfeld mit der Liste der erfolgten Bearbeitungsschritte.
Mitte: Auswahl des Protokollschritts Neue Tonwertkorrektur-Ebene.
Rechts: Durch Anwenden des Befehls Neue Helligkeits-/Kontrast-Ebene gehen alle Schritte verloren, die sich vorher an den ausgewählten Schritt angeschlossen hatten.

Wenn Sie von einer Position weiter oben im Protokoll aus weiterarbeiten möchten, ist das kein Problem. Aber Achtung, alle nachfolgenden Schritte werden dadurch gelöscht.

Die zuvor erarbeiteten Effekte sind dann auch im Bild nicht mehr zu sehen und lassen sich auch nicht wiederherstellen. Um die Bearbeitungsschritte ausgehend von einem bestimmten Punkt zu entfernen, markieren Sie den Schritt und wählen den Menüeintrag *Löschen* aus dem Drop-down-Menü des Bedienfelds oder klicken mit der rechten Maustaste (ctrl + Klick bei Mac OS) auf den Eintrag und wählen *Löschen* aus dem Kontextmenü.

Löschen des Arbeitsschritts Neue Tonwert-korrektur-Ebene *über das Drop-down-Menü des Bedienfelds.*

Wichtig zu wissen ist, dass das Löschen von Positionen aus dem Protokoll nicht rückgängig gemacht werden kann. Außerdem werden mit dem Löschen eines einzelnen Eintrags auch alle nachfolgenden Schritte entfernt. Es ist also nicht möglich, nur einzelne Schritte aus der Mitte heraus zu entfernen.

3.3 So speichern Sie eine Bilddatei

Auch wenn das Thema „Bilder speichern" in den Gehörgängen eines modernen Computernutzers erst einmal etwas profan klingt, sollten Sie diesen Arbeitsschritt keinesfalls unterschätzen. Schließlich legen Sie damit fest, ob das Foto komprimiert oder verlustfrei gesichert wird und ob das Originalfoto erhalten bleibt oder überschrieben wird.

In der Menüleiste von Photoshop Elements finden Sie zwei Speicherbefehle. Mit *Datei/Speichern* (Strg/cmd+S) sichern Sie die aktuellen Bilddaten. Damit wird der vorherige Zustand des Bildes überschrieben.

Das Dateiformat entspricht hierbei dem Dateiformat, das das Bild zuvor auch schon hatte. Mit *Datei/Speichern unter* (Strg/cmd+⇧+S) wird ein Speicherdialog aufgerufen, der Ihnen verschiedene Möglichkeiten anbietet, das Bild mit anderen Parametern abzuspeichern. Hierbei können Sie sowohl den Dateinamen als auch das Dateiformat frei wählen.

Das Protokoll löschen, aber den Bildstatus beibehalten

Wird der Arbeitsspeicher des Computers knapp, können Sie mit *Bearbeiten/ Entleeren/Protokoll löschen* das Protokoll leeren, ohne dass Ihnen die Bearbeitung des Bildes dabei verloren geht. Es wird nur die Protokolldatei entfernt, das Bild entspricht optisch dem Endresultat der Bearbeitung. Aber Achtung! Der Befehl *Protokoll löschen* kann nicht wieder rückgängig gemacht werden. Das bedeutet, dass Sie die Bildbearbeitung nicht mehr schrittweise revidieren können.

Mac OS

Der Speichern-Dialog sieht beim Mac leicht unterschiedlich aus, enthält aber bis auf den Bereich *Miniatur* die gleichen Funktionen wie die Windows-Version. Gespeichert wird mit der Schaltfläche *Sichern*.

Das Dialogfenster Speichern unter bietet umfangreiche Speicheroptionen.

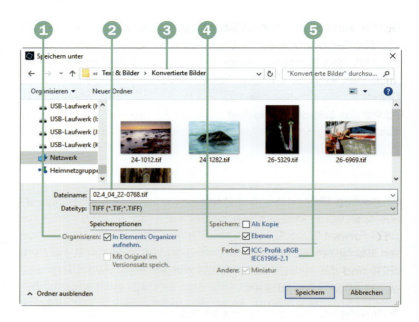

Ebenenwarnung

Sollte Ihre Datei Ebenen besitzen und Sie wählen beim Speichern ein Dateiformat, das keine Ebenen unterstützt, zum Beispiel JPEG, erscheint die Schaltfläche *Warnung* und Sie können den zugehörigen Text per Klick anzeigen lassen. Ändern Sie das Format in TIFF oder PSD, um die Ebenen zu erhalten.

Bestimmen Sie als Erstes den Speicherort ③, an dem das Bild gesichert werden soll, und geben Sie den gewünschten *Dateinamen* ② an. Darunter befindet sich bei *Dateityp* der Auswahlbereich für die verschiedenen Dateiformate, wie TIFF, PSD oder JPEG. Im Bereich *Organisieren* ① gibt es zwei Checkboxen, die mit jeweils einem Häkchen aktiviert werden können.

Mit der Option *In Elements Organizer aufnehm.* wird die Datei automatisch vom Organizer registriert und kann dort verwaltet werden. Die Checkbox *Mit Original im Versionssatz speich.* sollten Sie aktivieren, wenn Sie möchten, dass der Organizer die verschiedenen Bearbeitungsversionen der Datei in einem Versionsstapel verwaltet. In dem Fall, dass das Bild zum ersten Mal bearbeitet oder vorher noch nicht im Organizer verwaltet wurde, ist diese Option deaktiviert.

Haben Sie ein Bild mit mehreren Ebenen angelegt, sollte die Checkbox *Ebenen* ④ mit einem Häkchen versehen sein, damit diese beim Speichern aufrechterhalten werden. Wenn Sie die Checkbox deaktivieren, obwohl Ebenen vorhanden sind, wird das Bild auf die Hintergrundebene reduziert, auch wenn Sie es im ebenentauglichen Format TIFF oder PSD speichern. Dann wird automatisch ein Haken im Kontrollkästchen *Als Kopie* gesetzt und der Dateiname mit *Kopie* erweitert, damit das Originalbild nicht versehentlich überschrieben wird.

Der Bereich *Farbe* ❺ enthält ein Kontrollkästchen, mit dem Sie das ICC-Farbprofil in die Datei einspeichern können. Das ist sehr sinnvoll, damit andere Programme, die mit Farbmanagement umgehen können, das Bild farbkonsistent wiedergeben. Ist die Option *Miniatur* (nur Windows) aktiviert, wird eine Miniaturvorschau des Bildes eingebettet, die das Betrachten in Bildverwaltungsprogrammen oder im Computerverzeichnis beschleunigt.

Dateiformate im Überblick

Photoshop Elements bietet Ihnen beim Speichern eine Auswahl aus neun verschiedenen Speicherformaten an. Darunter zählt das JPEG-Format (**J**oint **P**hotographic **E**xperts **G**roup) sicherlich zu den am häufigsten verwendeten Dateitypen. Der große Vorteil von JPEG sind die relativ kleinen Dateigrößen, die durch Kompression erzielt werden können.

Nachteilig ist, dass die Bearbeitung schneller zu Qualitätsverlust führen kann, weil die Tonwertreserven der JPEG-Datei geringer sind. Auch nimmt die Bildqualität mit jeder Speichern-Schließen-Öffnen-Abfolge ab, und – sehr wichtig – JPEG kann keine Ebenen speichern.

Das Bild wird somit zwangsläufig auf die Hintergrundebene reduziert. Damit ist das JPEG-Format vor allem geeignet für E-Mail-Anhänge, die Weitergabe der Fotos in Form von Diashows, die Präsentation im Internet, das Hochladen der Bilder an ein Bilderdrucklabor und die finale Sicherung geschärfter Bilder, die nicht weiterbearbeitet werden sollen.

Das Dialogfenster *JPEG-Optionen* lässt folgende Auswahlmöglichkeiten zu: Bei *Bild-Optionen* ❶ wird die Kompressionsstufe eingestellt. Für Internetbilder ist der Wert 6 oftmals gut geeignet. Für das Speichern der originalgroßen Bilder fürs Archiv empfehlen wir, die höchste Qualitätsstufe (geringste Kompression) von 12 zu verwenden.

Da JPEG keine Transparenz darstellen kann, werden alle transparenten Bereiche eingefärbt. Wenn Sie bei *Hintergrund* ❷ die Option *Keiner* wählen, erscheinen transparente Bereiche weiß. Sie können aber auch andere Hintergrundfarben aus dem Dropdown-Menü auswählen. Mit den *Format-Optionen* ❸ legen Sie fest, wie sich das JPEG-Foto beim Aufrufen durch die Betrach-

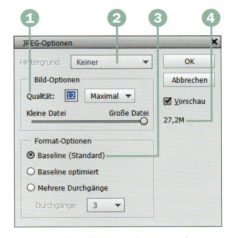

Die Dialogbox JPEG-Optionen erscheint, nachdem Sie im Dialog Speichern unter das JPEG-Format gewählt und die Schaltfläche Speichern betätigt haben.

tungssoftware aufbaut. Am weitesten verbreitet ist das Verfahren *Baseline*, bei dem sich das Bild in einem Zug aufbaut. *Mehrere Durchgänge* (auch als „progressiv" bekannt), wird inzwischen auch von vielen Softwareprogrammen und Webbrowsern erkannt. Hier baut sich das Bild zeilenweise auf. Daher fällt das Speichervolumen ④ auch noch etwas geringer aus. Auf der sicheren Seite sind Sie aber eher mit *Baseline*.

Kompressionsstufe 0 mit kästchenförmigen Bildstörungen (links, Speichergröße 1,8 MB) und Kompressionsstufe 12 (Speichergröße 27,2 MB).

TIFF (Tagged Image File Format)

Das **T**agged **I**mage **F**ile Format (TIFF) speichert die Bilddaten verlustfrei ab und ist immer dann zu empfehlen, wenn Sie einzelne Arbeitsschritte, die Sie in Form von Ebenen durchgeführt haben, für später erhalten möchten.

Das Foto kann mehrere Male geöffnet, gespeichert und geschlossen werden, ohne dass sich qualitätsmindernde Artefakte einschleichen. Allerdings erkauft man sich so viel Flexibilität mit einer höheren Dateigröße.

TIFF-Speicheroptionen.

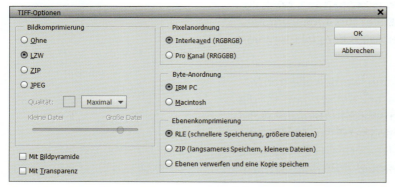

Im Dialog *TIFF-Optionen* können Sie bei *Bildkomprimierung* zwischen einer unkomprimierten Version (*Ohne*) und den drei Typen LZW, ZIP und JPEG wählen. LZW und ZIP komprimieren verlustfrei, es geht also kein Quäntchen Qualität verloren. Am weitesten verbreitet und am besten von anderen Programmen lesbar ist hierbei die LZW-Komprimierung.

Bei JPEG ist die Kompression stärker, dafür aber eben auch nicht verlustfrei.

Bei *Pixelanordnung* und *Byte-Anordnung* geht es darum, die Lesbarkeit für andere Programme einzustellen. Belassen Sie die Eigenschaften am besten auf der Voreinstellung.

Wenn die Checkbox *Mit Bildpyramide* aktiviert ist, werden in der Datei unterschiedlich große Bildversionen mitgespeichert. Das soll die Lesbarkeit in anderen (Layout-)Programmen verbessern, kann aber auch zu Problemen führen. Daher empfehlen wir, diese Option zu deaktivieren.

Bei Aktivierung der Option *Mit Transparenz* bleiben transparente Bereiche, sofern im Bild vorhanden, auch beim Einfügen der Datei in andere Programme durchsichtig (zum Beispiel in Word oder InDesign). Es gibt aber viele Programme, die damit nicht umgehen können. Daher lassen Sie die Funktion deaktiviert, wenn die TIFF-Datei möglichst kompatibel bleiben soll.

Bei *Ebenenkomprimierung* steht die Einstellung am besten auf *RLE* (**R**un **L**ength **E**ncoding). *ZIP* eignet sich zwar für Bilder mit großen unifarbenen Flächen, aber bei jedem Bild die Komprimierung umzustellen, ist ein nicht wirklich notwendiger Schritt.

PSD (Photoshop Document)

Bei dem Speicherformat PSD handelt es sich um ein proprietäres Format, das von der Firma Adobe für Photoshop entwickelt wurde. Die Abkürzung steht daher auch ganz simpel für **P**hotoshop **D**ocument. Dieses Format ähnelt von einigen Eigenschaften her den TIFF-Dateien.

Verwenden Sie PSD, wenn Sie ausnahmslos alle Bild- und Bearbeitungsinformationen in der Datei sichern möchten. Beachten Sie, dass gegebenenfalls ein Umspeichern in TIFF notwendig wird, wenn die Datei außerhalb von Adobe-Anwendungen eingesetzt werden soll.

Das Projektformat PSE

Das Speicherformat PSE (**P**hotoshop-**E**lements-Datei) spielt nur bei der Erstellung sogenannter Projekte eine Rolle, also bei Grußkarten, Kalendern oder Bildbänden. Es kann nur von Photoshop Elements gelesen werden. Daher ist dieses Format zum Speichern gängiger Bilder nicht geeignet.

GIF (Graphics Interchange Format)

Das **G**raphics **I**nterchange **F**ormat ist ein typisches Internet-Speicherformat, mit dem klassischerweise Logos, Buttons, Werbebanner und ähnliche Grafiken dargestellt werden. GIF-Dateien lassen sich verlustfrei komprimieren, können aber nur maximal 256 Farben darstellen. GIF kann inzwischen als technisch veraltet angesehen werden und eignet sich nur noch für Grafiken mit wenigen Farben und wenn Transparenz erhalten bleiben soll.

PNG (Portable Network Graphics)

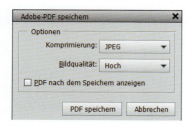

Aktivieren Sie Interlaced, wenn die Datei groß ist. Damit wird das Speichervolumen zwar etwas erhöht, das Bild baut sich bei langsamer Internetverbindung aber schneller auf.

Eine Alternative zu JPEG und GIF ist das Format **P**ortable **N**etwork **G**raphics. Es stellt quasi eine Synthese der positiven Eigenschaften aus den beiden vorgenannten Formaten dar. Das im Gegensatz zu GIF unpatentierte PNG-Format wurde speziell dafür entwickelt, GIF als Format für Bilder im World Wide Web abzulösen. Es ist genial für Internetbilder, die transparente Bereiche enthalten, oder beispielsweise auch für Fotos, die zu Facebook hochgeladen werden sollen – das PNG-Bild bleibt im Gegensatz zu JPEG in der Originalqualität erhalten. PNG ist prinzipiell geeignet für Logos, Grafiken oder Bilder. Die Speichergröße ist aber meist höher als bei GIF und JPEG. Daher nehmen Sie JPEG, wenn keine Transparenz enthalten ist und die Datei klein bleiben soll, und GIF, wenn nicht alle Farben benötigt werden.

PDF (Portable Document Format)

PDF-Optionen mit Auswahl der Komprimierungsmöglichkeiten ZIP und JPEG.

Seit geraumer Zeit hat sich das **P**ortable **D**ocument **F**ormat (PDF) von Adobe als plattformübergreifende Speicherlösung für den Austausch von Dateien etabliert. Auf so gut wie jeder Arbeitsoberfläche lassen sich die Bilder damit fehlerfrei betrachten. Inkompatibilität ist so gut wie ausgeschlossen, da Adobe den Acrobat Reader kostenfrei für alle Betriebssysteme zur Verfügung stellt. Ebenen werden mitgespeichert. Sie sind zwar im Acrobat Reader nicht zu sehen, werden aber beim Öffnen der Datei in Photoshop Elements wieder aufgeführt. Metadaten und Farbprofile werden gesichert. Verwenden Sie PDF beispielsweise für die plattformunabhängige Weitergabe einer Diashow.

Speichern fürs Web

Photoshop Elements bietet einen eigenständigen Dialog für das Speichern von Dateien für das Internet an. Die damit erzeugten Bilder eignen sich aber genauso gut als E-Mail-Anhänge oder kleine Vorschaubilder. Soll eine Datei in Originalgröße auf Internetformat getrimmt werden, informieren Sie sich zunächst über die Anforderungen an die Datei: Welche maximale Kantenlänge in Pixeln ist möglich? Welches Limit gibt es bezüglich der Speichergröße? Sind bestimmte Dateitypen ausgeschlossen? Wählen Sie nun *Datei/Für Web speichern*.

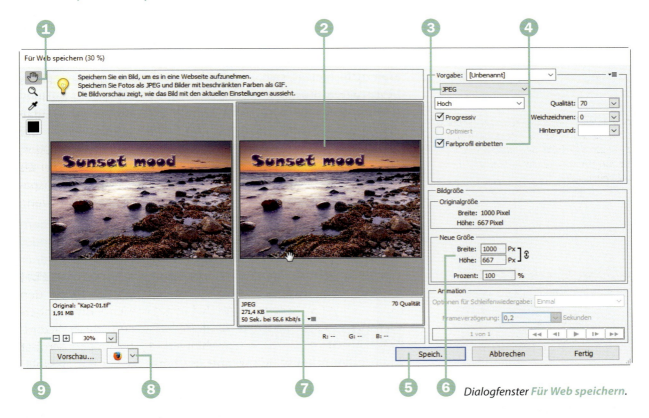

Dialogfenster Für Web speichern.

Zunächst einmal sehen Sie das Bild vor und nach der Konvertierung ②. Mit der Drop-down-Liste *Zoom* ⑨ lässt sich die Vorschaugröße ändern, wobei die 100 %-Ansicht eventuelle Qualitätsunterschiede am besten aufzeigt. Die Werkzeuge ① dienen dazu, in der vergrößerten Vorschau zu navigieren, die Ansicht zu zoomen oder eine Farbe als Hintergrundfarbe auszuwählen.

Oben: JPEG-Einstellungen für Internetbilder mit hoher Qualität.
Unten: PNG-Einstellungen für Internetbilder mit hoher Qualität und Transparenz.

Unter der rechten Vorschau finden Sie die Speichergröße ❼ der zukünftigen Datei. Diese ändert sich, wenn Sie bei *Vorgabe* ❸ das Speicherformat ändern. Bei Bildern ohne Transparenz nehmen Sie dort am besten *JPEG* mit einer Qualität von 60-80 und aktivierter Checkbox *Progressiv*. Bilder mit transparenten Bereichen speichern Sie aam besten als PNG-24, das im Vergleich zu PG-8 viel mehr Farbabstufungen besitzt. Die Checkbox *Transparenz* muss aktiviert sein.

Im Fall des JPEG-Formats aktivieren Sie die Checkbox *Farbprofil einbetten* ❹, damit der in die Datei eingebettete Farbraum auch im konvertierten Bild erhalten bleibt. Passen Sie die Größe bei *Neue Größe* ❻ den geforderten Pixelmaßen an. Um das Bild am Ende prüfen zu können, wählen Sie bei *Vorschau* ❽ den gewünschten Internetbrowser aus. Sollte hier noch kein Programm festgelegt sein, rufen Sie den Programmordner Ihres bevorzugten Browsers im Verzeichnis Ihres Computers auf und öffnen die ausführbare Datei (*.exe* bei Windows). Nach einem Klick auf das Browser-Icon wird das Bild nun in der Größe und Qualität so angezeigt, wie es nach dem Hochladen ins Internet aussehen wird. Mit *Speich.* ❺ schließen Sie den Konvertierungsvorgang ab.

Danach gelangen Sie automatisch zum Dialog *Optimierte Version speichern unter*. Wählen Sie das Verzeichnis aus und speichern Sie die fürs Internet optimierte Datei unter einem neuen oder erweiterten Namen oder zumindest in einem anderen Ordner als das Original ab, damit die Ausgangsdatei auf jeden Fall nicht überschrieben wird.

Stapelverarbeitung

In unserem Arbeitsalltag kommt es immer wieder vor, dass wir eine ganze Serie von Bildern auf die gleiche Weise zu bearbeiten haben. In solchen Fällen ist die Funktion der Stapelverarbeitung hervorragend dazu geeignet, eine ganze Menge Zeit zu sparen. Rufen Sie in der Menüleiste über *Datei*/*Mehrere Dateien verarbeiten* das entsprechende Dialogfenster auf und füllen Sie die notwendigen Textfelder aus.

Bei *Dateien verarbeiten von* ❶ können Sie alle im Fotoeditor geöffneten Dateien für die Stapelverarbeitung heranziehen oder mit *Import* Bilder direkt aus dem Scanner importieren und im Stapel weiterverarbeiten. Oder Sie wählen *Ordner* und suchen sich mit der Schaltfläche *Durchsuchen* im Bereich *Quelle* den Ordner, in dem sich die Dateien der zu bearbeitenden Bilder befinden. Möchten Sie auch Dateien in darin enthaltenen Unterordnern mit bearbeiten, gilt es, das Kontrollkästchen *Alle Unterordner einschließen* mit einem Häkchen zu versehen.

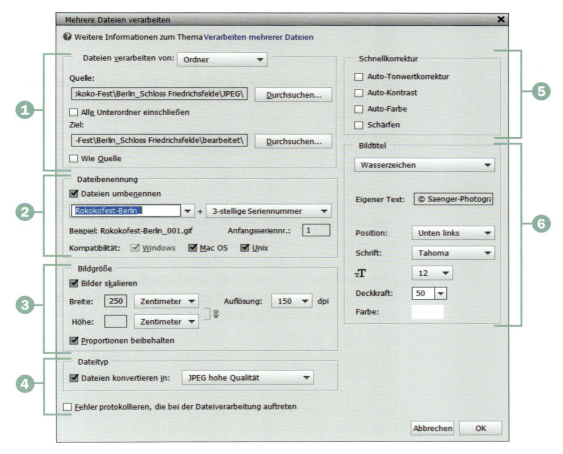

Einstellungsfenster für die Verarbeitung mehrerer Dateien.

Den Ort, an dem die bearbeiteten Dateien gespeichert werden sollen, bestimmen Sie im Bereich *Ziel* mit der Schaltfläche *Durchsuchen*. Um die Dateien am selben Ort zu sichern und die Quelldateien zu überschreiben, brauchen Sie lediglich das Kontrollkästchen *Wie Quelle* zu aktivieren. Damit keine Dateien versehentlich überschrieben werden, sollte diese Checkbox besser deaktiviert sein.

Als Nächstes können im Bereich *Dateibenennung* ❷ die Namen der zu bearbeitenden Dateien festgelegt werden. Dazu wird die Checkbox *Dateien umbenennen* aktiviert. Wählen Sie nun eine einfache Nomenklatur für die im Stapel bearbeiteten Dateien aus. Es ist auch möglich, direkt Text in die Schaltfläche einzutragen, wie hier *Rokokofest-Berlin_*. Die aus den verschiedenen Optionen gewählte Dateibenennung wird dann unter *Beispiel* angezeigt. Des Weiteren haben Sie die Möglichkeit, die Kompatibilität durch Aktivieren der entsprechenden Kontrollkästchen auf *Mac OS* und *Unix* auszudehnen.

Im Bereich *Bildgröße* ❸ lassen sich Breite, Höhe und Auflösung der Bilder festlegen. Wenn Sie die zu bearbeitenden Dateien in einem anderen Format speichern möchten, können Sie dies im Bereich *Dateityp* ❹ erledigen. Dazu aktivieren Sie die Checkbox *Dateien konvertieren in* und wählen das neue Format aus dem Drop-down-Menü aus. Es empfiehlt sich, das Kontrollkästchen *Fehler protokollieren, die bei der Datenverarbeitung auftreten* zu aktivieren. Dann werden Unregelmäßigkeiten im Verarbeitungsprozess in einer Logdatei festgehalten.

Rechts oben in der Dialogbox finden Sie den Bereich *Schnellkorrektur* ❺. Damit können Sie alle Bilder im Stapel einer der angegebenen automatischen Schnellkorrekturen unterziehen. Eine Funktion, die wir normalerweise ignorieren, da wir die Nachbearbeitung von Bildern grundsätzlich individuell durchführen.

Bleibt noch der Bereich *Bildtitel* ❻, mit dem Sie jedes Bild im Stapel automatisch mit einem Wasserzeichen oder einem Bildtitel versehen können. Diese finden Sie im Speicherordner der soeben verarbeiteten Bilder. Bestätigen Sie am Ende alle Eingaben mit der Schaltfläche *OK* ganz unten rechts im Dialogfenster, sodass die Stapelverarbeitung gestartet wird.

Bildbearbeitung mit Ebenen

Der Einsatz von Ebenen ist aus der Bildbearbeitung nicht mehr wegzudenken, ermöglicht die Ebenentechnik doch erst eine wirklich professionelle und jederzeit wieder revidierbare Bildoptimierung. Daher verfügt Photoshop Elements mit den Ebenen, Füllmethoden und Einstellungsebenen nahezu über alles, was das Herz begehrt. Das Arbeiten mit Ebenen erscheint zu Beginn vielleicht etwas kompliziert, weil noch gar nicht so ganz klar ist, worauf man sich da eigentlich einlässt. Nach der Lektüre dieses Kapitels ist die Ebenentechnik aber bestimmt kein Buch mit sieben Siegeln mehr – bei dem einen oder anderen werden sich die Bilder im Kopf anfangen zu stapeln, wetten?

4.1 Was Elements 15 unter Ebenen versteht

Bilder sind an sich zwar zweidimensional, aber in der Bildbearbeitung kann es schon mal vorkommen, dass sich mehrere Bilder in einer Datei übereinanderstapeln. Diese Ebenen können Sie sich wie gedruckte Bilder vorstellen, die auf einem Tisch übereinandergelegt werden, dazu noch ausgeschnittene Textbuchstaben und halbtransparentes farbiges Papier.

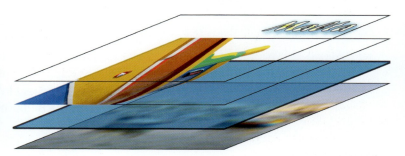

Die Collage setzt sich aus vier Ebenen zusammen: Hintergrund, semitransparente Farbfläche, Text und verkleinertes Vordergrundbild.

Diese verschiedenen Elemente können Sie nun nach Herzenslust über-, unter- und nebeneinander sortieren, verschieben oder auch Teile davon abschneiden. Dabei wird es immer so sein, dass die unteren Ebenen an der Stelle nicht mehr zu sehen sind, an denen sie von einem deckenden Bildelement überlagert werden. Ist ein Element semitransparent, bleibt alles darunter hingegen noch schwach erkennbar. So, als würden Sie ein gefärbtes Transparentpapier auf ein Foto legen. Mit den Ebenen wird eine sehr flexible und verlustfreie Bildbearbeitung möglich, wobei Photoshop Elements maximal 8.000 Ebenen übereinander anordnen kann. Dazu braucht es dann aber einen riesigen Arbeitsspeicher und einen wirklich guten Überblick vonseiten des Bildbearbeiters. Solche komplexen Projekte sind wohl eher selten. Aber schön, dass die Kapazität prinzipiell zur Verfügung steht.

4.2 Das Ebenen-Bedienfeld

Kap4-01.tif

Der Ort, dem Sie die Ebenen im Fotoeditor finden, wird als Ebenen-Bedienfeld bezeichnet. In diesem Bereich stehen sämtliche wichtigen Funktionalitäten rund um das Bearbeiten und Erstellen von Ebenen zur Verfügung. Um das Ebenen-Bedienfeld bzw. die Ebenen-Palette verwenden zu können, öffnen Sie den Fotoe-

ditor im Modus Experte. Wählen Sie nun *Fenster/Ebenen* (F11)
oder aktivieren Sie das entsprechende Symbol *Ebenen* ⬙ aus
der Taskleiste.

Im Ebenen-Bedienfeld finden Sie nun folgende Optionen und
Bereiche: Die unterste Ebene *Hintergrund* bildet die Basis eines
Ebenenstapels. Mit dem Augensymbol wird angezeigt, ob die
jeweilige Ebene eingeblendet 👁, also sichtbar ist, oder ausgeblendet 👁 wurde. Sollten im Bild transparente, quasi unsichtba-
re Pixel vorkommen, wird dies mit einem grau-weißen quadratischen Muster ❸ verdeutlicht.

Zudem gibt es die Möglichkeit, Ebenen miteinander zu verknüpfen, um sie zum Beispiel aneinanderhängend zu verschieben. Dies
wird mit dem Symbol 🔗 ❹ gekennzeichnet. Ebenen, denen ein
Bildstil zugefügt wurde, beispielsweise ein Rahmen, tragen das
Symbol *fx*, über das der Stil aufgerufen und bearbeitet werden
kann. Bei Bildern, die eine sogenannte Ebenenmaske ❷ besitzen,
taucht neben der Ebenenminiatur eine zweite Miniatur auf, die
den deckenden (schwarz) und den transparenten (weiß) Bereich
veranschaulicht. Mit dem *Mischmodus* ❶ können Sie festlegen,
wie sich die Ebene auf die darunter liegende(n) Ebene(n) auswirken soll. Deckkraft legt fest, wie präsent die Ebene zu sehen sein
soll, von gar nicht (0 %) bis vollständig (100 %). In der oberen
Menüzeile sind fünf Funktionsschalter untergebracht, mit denen
Sie eine neue Ebene 🗋, eine neue Gruppe 🗐 oder eine neue
Einstellungsebene 🖉 einfügen können. Mit 🖿 wird eine Ebe-

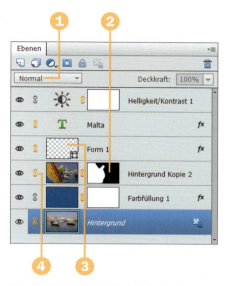

Ebenen-Bedienfeld: Mit der Maus können
Sie eine oder mehrere Ebenen auswählen
(blaue Markierung). .

Ansicht der fertigen Collage im Dokumentfenster des Fotoeditors und der enthaltenen
Ebenen im Bedienfeld auf der rechten Seite.

nenmaske angehängt. Das Schloss 🔒 fixiert alle Pixel der Ebene, und mit 🔳 können Sie nur die transparenten Pixel einer Ebene fixieren. Schließlich können Sie mit dem Mülleimersymbol 🗑 Ebenen löschen. Das Menü des Ebenen-Bedienfelds erreichen Sie mit einem Klick auf das Symbol 📋.

4.3 Welche Ebenentypen gibt es eigentlich?

Ebenen könnten vielseitiger nicht sein. Erfahren Sie in diesem Abschnitt, mit welchen Ebenen Sie es zukünftig zu tun bekommen.

Hintergrundebenen

Hintergrundebene unserer Beispieldatei.

Beim Öffnen eines „jungfräulichen" Bildes werden Sie in der Ebenen-Palette einfach nur eine Hintergrundebene vorfinden. Diese ist stets fixiert 🔳, kann also nicht verschoben werden, und bildet die Basis des gesamten Dokuments. Ein Umbenennen der Hintergrundebene ist nicht möglich, Hintergrundebenen können auch keine transparenten Pixel besitzen.

Bildebenen

Frei schwebende Bildebene. Das Bild wurde verkleinert, sodass transparente Bereiche entstanden sind.

Fotos jeglicher Art liegen in Form von Bildebenen vor, die nicht wie Hintergrundebenen fixiert sind, sondern frei schweben. Sie können daher umbenannt und verschoben werden oder im Ebenenstapel weiter oben oder weiter unten einsortiert werden.

> **Vorsicht beim Skalieren**
>
> Bildebenen können nicht verlustfrei in ihrer Größe verändert, also skaliert, werden. Aus diesem Grund sollten Sie es bei Bildebenen vor allem mit dem Vergrößern nicht übertreiben.

Formebenen

Formebene.

Im Gegensatz zu den Bildebenen ermöglichen die Formebenen ein verlustfreies Skalieren. Das liegt daran, dass sich Formen nicht über Pixel definieren, sondern als sogenannte Vektorgrafiken vorliegen. Daher können sie beliebig verzerrt, vergrößert oder verkleinert werden, ohne dass Qualitätsverluste eintreten. Auch das Umfärben oder das Einfügen mehrerer Formen in eine Formebene ist möglich. In unserem Beispiel ist es der kleine Fisch unterhalb des Wortes Malta, der als Formebene im Ebenenstapel vorliegt.

Textebenen

Textebenen sind mit Formebenen vergleichbar. Nur, dass anstatt von Formen oder Grafiken Text verwendet wird. Dieser ist aber auch verlustfrei skalierbar.

Im Ebenenstapel der Beispieldatei liegt das Wort Malta als Textebene vor.

Einstellungsebenen

Etwas ganz Besonderes stellen die Einstellungsebenen dar. Mit dieser Art von Ebene können Sie eine verlustfreie Bildoptimierung durchführen. Ändern Sie beispielsweise die Helligkeit oder die Farbsättigung oder fügen Sie einen Fotofilter hinzu.

Die Einstellungsebene Helligkeit/Kontrast 1 unserer Beispieldatei.

Der Effekt wird nur durch die Einstellungsebene erzielt, die Originaldatei und alle anderen Ebenen bleiben unangetastet. Zudem kann die Bearbeitung jederzeit neu angepasst oder auch wieder gelöscht 🗑 werden.

Da sich die Einstellungsebene auf alle unter ihr liegenden Ebenen auswirkt, können Sie gleich mehrere Ebenen auf einmal mit dem Bearbeitungsschritt optimieren. Aktiviert werden Einstellungsebenen übrigens über die Schaltfläche 🔵 im Ebenen-Bedienfeld oder mit *Ebene/Neue Einstellungsebene*. Die Ebene wird dann automatisch angelegt und das Bedienfeld *Korrekturen* öffnet sich.

Füllebenen

Mit Füllebenen werden keine fotografischen Effekte bearbeitet, sondern Farbflächen oder Farbverläufe aller Art generiert. Aber auch diese liegen über dem eigentlichen Bild oder allen anderen Ebenen, quasi wie ein Schleier.

Welcher Farbeffekt eingesetzt werden soll, können Sie über das Symbol 🔵 bestimmen: Mit *Farbfläche* wird die Füllebene gleichmäßig mit Farbe gefüllt. Zwei oder mehr Farben gehen mit einem Verlauf sanft ineinander über. Mit *Muster* wird die Fläche mit einem Muster gefüllt.

Die blaue Farbfläche der Beispieldatei liegt als Füllebene vor.

4.4 Ebenen neu erstellen und umbenennen

Bevor mit Ebenen gearbeitet werden kann, müssen diese erst einmal erstellt werden, wofür Sie prinzipiell fünf Wege nutzen können. Welcher gerade am besten passt, hängt vom jeweiligen Arbeitsprojekt ab – das werden Sie im Laufe des Buches immer wieder sehen.

Duplizieren und Umbenennen der Hintergrundebene in die neue Ebene **unscharfer Hintergrund**.

Duplizieren des Hintergrunds

Wählen Sie hierfür *Ebene/Ebene duplizieren* (Strg/cmd+J) oder *Ebene duplizieren* aus dem Menü des Ebenen-Bedienfelds. Geben Sie im sich anschließenden Dialogfeld einen passenden Namen für die neue Ebene ein und bestätigen Sie die Aktion mit *OK*.

Aus der Hintergrundebene ist die Bildebene **Ebene 0** *entstanden.*

Umwandeln des Hintergrunds in eine Ebene

Klicken Sie einfach auf das Schloss-Symbol oder doppelt auf die Hintergrundebene oder wählen Sie *Ebene/Neu/Ebene aus Hintergrund*. Genauso gut können Sie aus einer Ebene wieder einen Hintergrund generieren, indem Sie *Ebene/Neu/Hintergrund aus Ebene wählen*. Das Bild wird dann wieder zum Hintergrund mit Schloss-Symbol.

Kap4-02.tif

Die Ebene aus der Datei **Kap4-02.tif** *soll in das Dokument* **Kap4-01.tif** *kopiert werden.*

Kopieren einer Ebene aus einem anderen Dokument

Markieren Sie die Ebene des Quelldokuments (hier *Kap4-02.tif*) im Ebenen-Bedienfeld und wählen Sie dann *Ebene/Ebene duplizieren*. Geben Sie über das Drop-down-Menü bei *Dokument* an, in welche Datei die Ebene kopiert werden soll (hier *Kap4-01.tif*).

Die kopierte Ebene landet im Zieldokument oberhalb der Ebene, die dort zuvor markiert war.

Ebenen per Drag & Drop einfügen

Wählen Sie per Doppelklick das Zieldokument ❶ aus, in das die neue Ebene kopiert werden soll, sodass es im Dokumentfenster zu sehen ist. Markieren Sie im Zieldokument die Ebene, über der das Quelldokument landen soll ❹. Fassen Sie das Quelldokument ❷ im Fotobereich mit der Maus an (Drag) und ziehen Sie es in das Dokumentfenster ❸. Lassen Sie die Maustaste los (Drop). Das Bild liegt im Ebenenstapel des Zieldokuments an der gewünschten Stelle. Damit das Quelldokument nicht verschoben im Zieldokument landet, sondern perfekt mittig, können Sie beim Ziehen der Quelldatei die Strg/cmd-Taste drücken.

Übertragen einer Ebene per Drag & Drop.

Auswahl aus der Zwischenablage hineinkopieren

Wählen Sie einen Bildbereich im Quelldokument aus, beispielsweise die obere Hälfte des Malteserkreuzes aus dem Bild *Kap4-02.tif*. Kopieren Sie diesen Bereich in die Zwischenablage. Mit *Bearbeiten/Kopieren* (Strg/cmd+C) wechseln Sie dann in das Zieldokument und wählen Sie *Bearbeiten/Einfügen* (Strg/cmd +V).

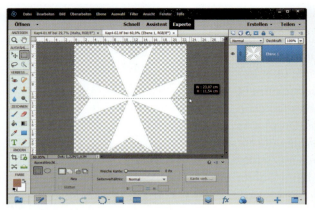

Links: Auswahl der oberen Hälfte des Malteserkreuzes mit dem Auswahlrechteck-Werkzeug.
Rechts: Die markierte Fläche wurde ins Zieldokument eingefügt und mit dem Verschieben-Werkzeug an die gewünschte Stelle gerückt. Das halbe Kreuz liegt automatisch als neue *Ebene 1* vor.

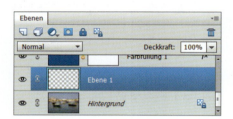

Die neu eingefügte Ebene ist vollständig transparent.

Kap4-03.tif

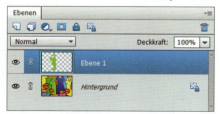

Nur der zuvor markierte Bereich (grünes Gesicht) landet auf der neuen Ebene.

Einfügen einer leeren Ebene

Wählen Sie hierfür *Ebene/Neu/Ebene* ([Strg]/[cmd]+[⇧]+[N]) oder klicken Sie auf das kleine Symbol ⬚ oben links im Ebenen-Bedienfeld. Bestätigen Sie den Dialog *Neue Ebene* mit *OK*.

Ebene durch Kopie

Mit den diversen Auswahlwerkzeugen von Photoshop Elements können bestimmte Bildbereiche markiert und anschließend auf eine neue Ebene kopiert werden. Dies können Sie anhand des Beispielbildes mit lauter bunten Gesichtern nachvollziehen. Hier haben wir beispielsweise nur das hellgrüne Gesicht mit dem Schnellauswahl-Werkzeug ([⬚], [A]) markiert.

Um diese Fläche anschließend auf eine neue Ebene zu hieven, wählen Sie *Ebene/Neu/Ebene durch Kopie* ([Strg]/[cmd]+[J]).

Nur der ausgewählte Bereich wird in die neue Ebene eingebunden, der Rest wird in transparente Fläche umgewandelt.

Ebene durch Ausschneiden

Die Hintergrundebene bleibt bei der vorherigen Aktion unangetastet, also vollständig erhalten. Anders verhält es sich mit der Funktion *Ebene/Neu/Ebene durch Ausschneiden* ([Strg]/[cmd]+[⇧]+[J]).

In diesem Fall wird der markierte Bereich (das grüne Gesicht) zwar auch auf eine neue Ebene gesetzt. Aber gleichzeitig wird das ausgeschnittene Stück auch aus der Hintergrundebene entfernt.

Wenn es sich um eine fixierte Hintergrundebene handelt, wird der ausgeschnittene Bereich mit der Farbe gefüllt, die im Farbfeld 🔲 der Werkzeugpalette als Hintergrundfarbe definiert wurde. Lag die Ebene als schwebende Ebene vor, wird das ausgeschnittene Areal transparent.

Ebenen umbenennen

Was wäre zu tun, wenn lediglich die Ebenenbezeichnung geändert werden soll? Nun, dann klicken Sie einfach doppelt auf den Namen.

Das Namensfeld wird daraufhin zu einem Eingabefeld und Sie können nach Lust und Laune Wörter, Zahlen oder Zeichen eintragen. Das Umbenennen ist bei jeder Art von Ebene möglich, außer bei fixierten Hintergrundebenen, diese heißen immer *Hintergrund*.

Oben: Der Ausschnitt wird mit der Hintergrundfarbe (hier Weiß) gefüllt.
Unten: Der Ausschnitt mit transparentem Hintergrund.

4.5 Ebenen auswählen

Das Tolle an den Ebenen ist die Vielseitigkeit, mit der sie gestapelt, verschoben, verknüpft und gruppiert werden können. Erst dadurch kann das Gesamtbild so richtig individuell bearbeitet, ein Composing stimmig gestaltet werden.

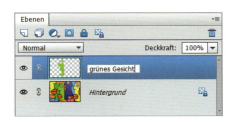

*Umbenennen der Bildebene **Ebene 1** in **grünes Gesicht**.*

Mehrere Ebenen markieren

Bei einer umfangreicheren Bildbearbeitung, einer Collage oder der Gestaltung einer Einladungskarte kommen schnell ein paar Ebenen zusammen. Häufig ist es dann von Vorteil, bestimmte Ebenen miteinander zu verknüpfen oder sie in Gruppen zu organisieren, damit sie beispielsweise im Verbund verschoben oder transformiert werden können. Dazu müssen die betreffenden Ebenen zunächst ausgewählt werden. Das funktioniert eigentlich auch nicht anders als das Markieren eines oder mehrerer Bilder im Computerverzeichnis. Per Mausklick auf eine Ebene wird diese markiert und daher blau hinterlegt. Wenn Sie gleichzeitig die ⇧-Taste ddrücken, können Sie mehrere Ebenen am Stück auswählen. Bei gehaltener Strg/cmd-Taste lassen sich mehrere Ebenen unabhängig voneinander markieren (auf den Ebenennamen klicken).

Markierung zweier unabhängiger Ebenen.

Ebenenauswahl im Dokumentfenster

Noch intuitiver kann die Auswahl über die Bildvorschau im Dokumentfenster erfolgen. Wählen Sie dafür das Verschieben-Werkzeug (V, ⊹). In dessen Werkzeugoptionsleiste unterhalb des Dokumentfensters aktivieren Sie am besten alle drei Checkboxen: *Mit Ebene automatisch wählen* kann die Ebene durch einen Klick ins Bild ausgewählt werden.

Wird *Begrenzungsrahmen einblenden* aktiviert, erhält die ausgewählte Ebene einen Rahmen. Über dessen Anfasser kann gleich im Anschluss die Skalierung oder Drehung erfolgen. Mit *Bei Rollover hervorheben* wird die ausgewählte Ebene zusätzlich mit einem blauen Rahmen versehen, wenn sie mit der Maus berührt wird. Um nun mehrere Ebenen auszuwählen, klicken Sie auf eine Ebene oder bei gleichzeitig gedrückter ⇧-Taste auf mehrere Ebenen. Schon erhalten die Ebenen im Bedienfeld eine blaue Markierung ❷. Auch der eingeblendete Begrenzungsrahmen ❶ erstreckt sich nun über alle markierten Ebenen, in dem Fall die Schrift und die Fischgrafik.

Die Schrift und die Fischgrafik wurden bei gleichzeitig gedrückter Strg / cmd -Taste angeklickt und in die Auswahl genommen.

4.6 Ebenen gruppieren

Neu in Photoshop Elements 15 ist die Möglichkeit, ausgewählte Ebenen in Gruppen zusammen zu fassen. Damit können umfangreiche Ebenenbestände übersichtlicher gestaltet werden. Außerdem können Sie dann alle Ebenen transformieren oder mit einer Ebenenmaske bearbeiten, ohne erst jede einzelne auswählen zu müssen.

Für das Gruppieren markieren Sie die gewünschten Ebenen wie zuvor beschrieben. Es sollte sich um aneinanderhängende Ebenen handeln, denn wenn unabhängige Ebenen gewählt und gruppiert werden, ändert sich die Reihenfolge des Ebenenbestands und dementsprechend auch deren Auswirkung auf das Bild.

Wählen Sie anschließend *Ebene/Neu/Gruppe aus Ebenen* (Strg)/(cmd)+ ⇧ +G) oder klicken Sie die Schaltfläche *Neue Gruppe erstellen* 🗇 im Ebenen-Bedienfeld an.

Wird die Gruppe mit dem kleinen schwarzen Pfeil ausgeklappt, sehen Sie alle darin enthaltenen Ebenen. Um die Gruppenbezeichnung zu ändern, klicken Sie doppelt auf den Namen und tragen den neuen Titel ein. Zum Löschen einer Gruppe, wählen Sie *Ebene/Gruppe löschen* und dann *Gruppe und Inhalt* , um auch die enthaltenen Ebenen zu entfernen, oder *Nur Gruppe*, um die Ebenen zu behalten. Letzteres erzielen Sie auch mit der Befehlskette *Ebene/Ebenengruppierung aufheben* ((Strg)/(cmd)+ ⇧ +G).

Sollten Sie mit mehreren Gruppen arbeiten, könnte es interessant sein, diese für den besseren Überblick mit unterschiedlichen Farben zu versehen. Dazu klicken Sie mit der rechten Maustaste ((Strg)+Klick bei Mac OS) auf die Gruppe und wählen die Farbe aus dem Kontextmenü aus.

Vier Ebenen wurden markiert und in einer neuen Gruppe zusammengefasst.

Einfärben der **Gruppe 1** *im Ebenen-Bedienfeld über das Kontextmenü.*

 Leere Gruppe

Möglich ist auch, mit *Ebene/Neu/Gruppe* zuerst eine leere Gruppe zu erstellen und diese anschließend mit Ebenen zu füllen. Dazu ziehen Sie die Ebenen einfach mit der Maus auf die Gruppe.

4.7 Ebenen anordnen

Viele unterschiedliche Ebenen in einen Stapel zu bringen, würde natürlich nicht besonders sinnvoll sein, wenn es keine Möglichkeit gäbe, die Ebenen neu anzuordnen, sie zu verschieben oder Verknüpfungen zu bilden.

Anordnen im Ebenen-Bedienfeld

Verschieben der Bildebene mit dem Boot unter die blaue Füllebene.

Der Ort innerhalb eines Ebenenstapels entscheidet darüber, wie das jeweilige Element im Gesamtbild zutage tritt. Wenn Sie beispielsweise die **Bildebene** ❶ unserer Beispieldatei unterhalb der blauen Füllebene ❷ anordnen, wird das Boot von der semitransparenten Farbfläche genauso überdeckt wie der Hintergrund. Um dies zu tun, fassen Sie die Ebene mit der Maus an und ziehen sie unter die blaue Füllebene. Dieses Verschieben ist auch bei Ebenen möglich, die sich in einer Gruppe befinden.

Sortieren über das Menü

Das Gleiche, was wir hier durch manuelles Verschieben der Ebene erreicht haben, können Sie auch über das Menü steuern. Wählen Sie dazu **Ebene/Anordnen** und setzen Sie die in der Ebenen-Palette markierte(n) Ebene(n) schrittweise vor, zurück, ganz nach vorne oder ganz nach hinten. Mit **Umkehren** können mehrere markierte Ebenen in ihrer Reihenfolge umsortiert werden, die oberste wird zur untersten etc. Gruppen können wie Ebenen angeordnet werden, es werden also nicht die Ebenen innerhalb der Gruppe sortiert.

Anordnen von Ebenen über die Optionsleiste des Verschieben-Werkzeugs.

Sortieren per Verschieben-Werkzeug

Auch das Verschieben-Werkzeug (V, ⊕) kann zum Anordnen von Ebenen und Gruppen verwendet werden. Dazu finden Sie in dessen Optionsleiste die Schaltfläche **Anordnen**. Wenn Sie diese auswählen, erscheinen die Optionen für das (schrittweise) Versetzen nach vorne oder nach hinten. Wählen Sie also einfach eine oder mehrere Ebenen aus und entscheiden Sie sich dann für eine der Optionen. Auch hier werden Gruppen wie Ebenen behandelt.

Anordnen über Menübefehle. Die dazugehörigen Tastenkürzel sind jeweils mit angegeben.

4.8 Mit der Deckkraft spielen

Ebenen können können nicht nur ein- und ausgeblendet werden, eine wesentliche Funktion spielt auch die Deckkraft. Hierüber steuern Sie, wie stark die gewählte Ebene oder Gruppe noch zu sehen ist bzw. wie deutlich die untere erkennbar bleibt. Dies regeln Sie im Ebenen-Bedienfeld mit dem kleinen unscheinbaren Bedienelement *Deckkraft* ❶ oben rechts in der Ecke.

Hier können Sie entweder direkt einen Zahlenwert eingeben, oder Sie klicken auf den Pfeil daneben und stellen den Prozentwert mit dem Schieberegler ein, oder Sie klicken mit der Maus auf das Wort *Deckkraft* und ziehen sie nach links oder rechts. Was leider nicht geht, ist das gleichzeitige Ändern der Deckkraft mehrerer Ebenen in einem Rutsch, aber nacheinander natürlich schon.

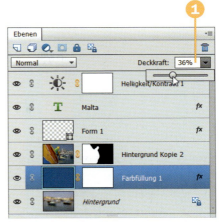

Einstellen der Deckkraft 36 % für die blaue Farbfüllung.

4.9 Ebenen verknüpfen

Durch das Verknüpfen verschiedener Ebenen fügen Sie eine Verbindung zwischen den Elementen ein. Anschließend lassen sich die verbundenen Ebenen gemeinsam skalieren oder verschieben. Der Vorteil einer Verknüpfung besteht darin, dass Sie vor der Bearbeitungsaktion nicht jedes Mal erst mühsam alle benötigten Ebenen auswählen müssen. Es reicht ein Klick auf eines der Elemente im Verbund.

Für das Verbinden markieren Sie eine Ebene im Ebenen-Bedienfeld. Klicken Sie anschließend bei jeder Ebene, die mit der gewählten Ebene verknüpft werden soll, auf das linke Kettensymbol. Dieses springt sogleich von Grau 🔗 auf Orange 🔗 um. Das war's, die Verbindung steht. Gruppen können ebenfalls mit Gruppen oder Ebenen verknüpft werden.

Die markierte Bildebene mit dem Boot wurde mit der Text- und der Formebene verknüpft.

> **Erst markieren, dann verbinden**
>
> Es können auch zuerst alle benötigten Ebenen oder Gruppen ausgewählt werden, bevor auf das Kettensymbol geklickt wird. Das bewirkt, dass alle markierten Elemente in einem Rutsch miteinander verknüpft werden.

4.10 Inhalte verschieben, ausrichten, verteilen

Bislang wurden die Ebenen kopiert, umbenannt und sortiert, an der Position der Elemente innerhalb der Dokumentfläche ist aber noch nichts passiert. Das soll sich nun ändern. Verschieben Sie die Ebenen nach Herzenslust und positionieren Sie bestimmte Bildanteile beispielsweise rechts- oder linksbündig.

Eine Ebene verschieben

Um eine Ebene zu verschieben, aktivieren Sie das Verschieben-Werkzeug ($\boxed{V}$, $\boxed{+}$). Fassen Sie die Ebene(n) im Bild mit der Maus an (Drag), positionieren Sie sie an der gewünschten Stelle und lassen Sie die Maus los (Drop). Auch können Sie die zu verschiebende(n) Ebene(n) im Ebenen-Bedienfeld markieren und sie dann mit den Pfeiltasten der Computertastatur versetzen. Das ist für besonders feine Verschiebungen sehr nützlich, aber nicht unbedingt für weite Verschiebungswege geeignet, da die Prozedur einfach zu lange dauert.

> **Verknüpfung aufheben**
>
> Ebenen und Gruppen lassen sich nicht verschieben, wenn eine Verknüpfung mit der Hintergrundebene vorliegt. Heben Sie diese Verbindung daher vorher auf 🔗.

Verschieben der Ebene Malta nach unten per Drag & Drop.

Beim Verschieben kann es vorkommen, dass die Ebene kleine Sprünge macht. Das ist kein Zeichen für eine schwache Rechnerleistung, sondern die intelligente Ausrichtungshilfe. Diese erleichtert beispielsweise das Ausrichten zweier Elemente exakt horizontal nebeneinander oder exakt mittig übereinander. Die Ebene rastet quasi kurzzeitig an geeigneten Stellen ein, achten Sie mal darauf. Gruppen können auf die gleiche Weise verschoben werden.

Ausrichten von Ebenen

Für eine gelungene Bildkomposition sollten die einzelnen Elemente nicht alle kreuz und quer über das Bild verteilt sein. Daher gibt es praktische Ausrichtungsoptionen.

So können Sie beispielsweise mehrere Ebenen und Gruppen markieren und sie dann rechts- oder linksbündig ausrichten. Um dies zu tun, wählen Sie die Ebenen aus und aktivieren das Verschieben-Werkzeug (Ⓥ, ⊹).

Die Optionsleiste bietet sechs Möglichkeiten zum Ausrichten:

- Oben ⊤, unten ⊥, links ⊢ und rechts ⊣: Die Objekte, deren Kante ganz oben, unten, links oder rechts liegt, dient zur Orientierung. Alle anderen werden daran ausgerichtet.

- Vertikale Mitte ⊣⊢, horizontale Mitte ⊤⊥: Die Objekte werden auf horizontaler oder vertikaler Ebene übereinander geschoben, sodass die Mitte aller übereinanderliegt.

> **✓ Ausrichten an Hilfslinien und Raster**
>
> Vielleicht haben Sie die Abschnitte zu den Hilfslinien und Rastern des Fotoeditors ab Seite 46 bereits gelesen. Auch diese beiden Ausrichtungsoptionen sind beim Anordnen von Ebenen oder Gruppen äußerst hilfreich.

Rechtsbündige Anordnung ❶ der Text- und der Formebene ❷.

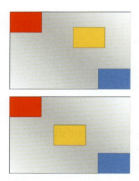

Oben: Ausgangsbild
Unten: Ergebnis nach dem Verteilen der
horizontalen und vertikalen Mitten

Kap4-04.tif

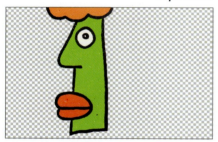

Das Bild enthält lediglich das grüne
Gesicht, der Rest ist transparent.

Durch den Gaußschen Weichzeich-
ner wird die gesamte Bildebene
stark weichgezeichnet.

Ebenen verteilen

Das Verteilen von Ebenen ähnelt dem Anordnen. Hierbei werden die Kanten aller Ebenen berücksichtigt und so zueinander ausgerichtet, dass sie mit gleichen Abständen über das Bild verteilt vorliegen. Bei Gruppen ist diese Vorgehenseise nicht anwendbar:

- Die Ebenen werden so verteilt, dass alle oberen ⬓, unteren ⬒, linken ▯◧ oder rechten Kanten ◨▯ einen gleichen Abstand zueinander haben.

- Die Ebenen werden über die horizontale Mitte ⬓ oder die vertikale Mitte ▯◧ so zueinander angeordnet, dass sich die Ebenen gleichmäßig im Bild verteilen.

4.11 Transparente Bereiche

Der Clou an Ebenen ist die Möglichkeit, mit transparenten Bereichen arbeiten zu können. Transparenz in einer Ebene können Sie sich so vorstellen, als würden Sie aus einem Foto mit der Schere einen Teil ausschneiden.

Transparente Bildpixel enthalten keinerlei Informationen, sie sind zwar vorhanden, aber unsichtbar und belegen den Bildbereich wie Platzhalter. Verdeutlicht wird die Transparenz in Photoshop Elements mit einem grau-weißen Karomuster.

Transparente Pixel fixieren

Transparente Pixel können nicht bearbeitet werden. Sie können jedoch übermalt werden oder, wenn das Motiv verwischt wird, an den Rändern des Motivs teilweise überdeckt werden. Das ist in vielen Situationen nicht erwünscht.

Das Bild soll nicht über seine Grenzen hinaus „verschmiert" werden, sondern die klaren Grenzen der Ebene sollen erhalten bleiben. Daher können Sie die transparenten Pixel fixieren.

1 Um dies nnachzuvollziehen, öffnen Sie das Beispielbild im Fotoeditor und wählen *Filter/Weichzeichnungsfilter/Gauß-scher Weichzeichner*. Nehmen Sie einen starken Wert von 20 Pixeln, um den Effekt gut nachvollziehen zu können.

2 Das Bild ist nach der Bearbeitung über seine Konturen hinaus verwischt worden. Machen Sie den Schritt wieder rückgängig ↶.

3 Wählen Sie nun das Symbol *Transparente Pixel fixieren* ![icon] im Ebenen-Bedienfeld aus.

Das Symbol wird auf die Ebene übertragen. Die transparenten Pixel sind nun vor jeglicher direkten Veränderung geschützt.

4 Wenden Sie nun erneut den Gaußschen Weichzeichner an. Das Bild wird wieder weichgezeichnet, jedoch ragen die unscharf verwischten Pixel jetzt nicht mehr über die Konturen der Ebene hinaus. Die scharfe Trennung zwischen Bildbereich und Transparenz bleibt gewahrt.

Fixieren der transparenten Pixel.

Ebenen schützen

Alternativ zum Schutz der transparenten Pixel können Sie auch alle Pixel einer Ebene fixieren. Dazu wählen Sie das Symbol *Alle Pixel fixieren* ![icon] in der Ebenen-Palette aus.

Fixieren aller Pixel der Bildebene mit dem Boot.

Die Ebene verhält sich nun wie eine Hintergrundebene, auch wenn sie nicht zuunterst des Ebenenstapels liegt. Sie lässt sich nicht mehr bearbeiten. Daher ändert der Mauszeiger seine Form bei vielen Werkzeugen auch in das Zeichen ⊘ um.

Der Wischeffekt betrifft nur noch den Bildbereich, nicht mehr die transparenten Pixel.

Um die Fixierung aufzuheben, wählen Sie das Schloss-Symbol 🔒 erneut aus. Folgendes können Sie mit fixierten Ebenen aber noch anstellen: Aus- und Einblenden der Ebene, Anordnen der Ebenen im Stapel weiter oben oder weiter unten, Verknüpfen mit anderen Ebenen, Bildbearbeitung mit Einstellungsebenen und Ebenenstil-Effekte ein- und ausblenden.

4.12 Alles über Ebenenmasken

Ebenenmasken wirken vom Prinzip her wie richtige Karnevalsmasken aus Holz oder Pappmaschee. Die echten Masken decken das Gesicht des Trägers ganz ab, es ist also nicht mehr zu sehen, obwohl es natürlich noch vorhanden ist. Ebenenmasken führen das Gleiche mit Ebenen oder Gruppen durch. Sie machen die Ebene unsichtbar, obwohl sie noch existiert.

Kap4-03.jpg

*Links: Ebene ohne Ebenenmaske.
Rechts: Die schwarze Ebenenmaske deckt einen Großteil des Bildes ab, lässt das grüne Gesicht aber frei.*

Nondestruktive Wirkung

Da die Ebenenmaske die Bildbereiche stellenweise zwar unsichtbar macht, aber nicht löscht, handelt es sich um einen nondestruktiven Arbeitsvorgang. Die eigentliche Bildinformation bleibt vollständig erhalten. Dies ist sehr hilfreich, um Wirkungen auszuprobieren und gegebenenfalls wieder rückgängig machen zu können.

*Oben: Mit der Option Nichts maskiert bleibt das Bild sichtbar.
Unten: Mit der Option Alles maskiert wird das Bild vollständig transparent dargestellt.*

Auswahl der Ebenenmaskenminiatur.

Mit Ebenenmasken können Sie alle möglichen Ebenentypen bearbeiten: Bildebenen, Formebenen und Textebenen. Die Füll- und Einstellungsebenen bringen von Haus aus ihre eigenen Ebenenmaske mit, sofern Sie in den Einstellungen 📑 des Ebenen-Bedienfelds bei *Bedienfeldoptionen* die Option *Für Füllebenen Standardmasken verwenden* nicht deaktiviert haben.

Eine neue Ebenenmaske anlegen

Die Ebenenmaske wird mit der Befehlskette *Ebene/Ebenenmaske* eingefügt, allerdings funktioniert das nur bei Ebenen ohne fixierte Pixel 🔒.

Wählen Sie nun *Nichts maskiert*, um die Ebenenmaske zwar einzufügen, aber noch keine Abdeckung des Bildes zu erzielen (weiße Maske). Wenn Sie *Alles maskiert* wählen, wird die Ebene vollständig unsichtbar (schwarze Maske).

1-Klick-Ebenenmaske

Alternativ können Sie auch die Funktion *Ebenenmaske hinzufügen* 🔘 aus dem Ebenen-Bedienfeld nutzen. Mit einem Klick darauf wird eine weiße Ebenenmaske eingefügt (*Nichts maskiert*) und bei gleichzeitigem Halten der Alt-Taste eine schwarze (*Alles maskiert*).

Maskieren und Demaskieren

Um die Ebenenmaske zu bearbeiten, markieren Sie die Ebenenmaskenminiatur im Ebenen-Bedienfeld. Diese erhält sogleich einen hellblauen Rahmen.

Gleichzeitig ändern sich die Farben für den Vorder- und den Hintergrund im Bereich *FARBE* der Werkzeugpalette in Schwarz und Weiß.

Dieses automatische Umspringen der Farbfelder ist sehr praktisch, denn Schwarz wird benötigt, um die Ebene abzudecken, Weiß, um die Abdeckung wieder aufzuheben.

Nach dem Markieren der Ebenenmaskenminiatur wechseln die Farbfelder zu Schwarz und Weiß.

Wählen Sie anschließend den Pinsel (B, ✏️) aus der Werkzeugpalette aus. Stellen Sie die Vorder- und Hintergrundfarbe mit dem kleinen Umkehrpfeil oder der Taste X so ein, dass die schwarze Farbe oben liegt. Wählen Sie in der Optionsleiste des Pinsels bei *Größe* einen geeigneten Wert ❶ und bei *Pinsel* eine Vorgabe mit weicher oder harter Kante.

Beginnen Sie damit, die Ebenenmaske auszumalen ❷. Dazu müssen Sie natürlich nicht auf der winzigen Miniatur malen, sondern können einfach im Bild ansetzen. Dadurch, dass die Ebenenmaskenminiatur ❸ markiert wurde, wird auch nur diese bearbeitet. Achten Sie daher immer gut darauf, welche Miniatur in der Ebenen-Palette ausgewählt ist, sonst malen Sie versehentlich direkt auf die Bildebene.

 Standardfarben für Farbfelder

Sollten die Farbfelder auf andere Farben verstellt worden sein, können Sie den Zustand Schwarz/Weiß mit der Taste D schnell wiederherstellen. Alternativ können Sie auch auf die winzige Schaltfläche *Standardfarben für Vordergrund und Hintergrund* links unterhalb der Farbfelder klicken.

 Pinseleigenschaften

Alle wichtigen Informationen rund um den Pinsel und dessen Einstellungsoptionen erhalten Sie in Kapitel 6 ab Seite 169.

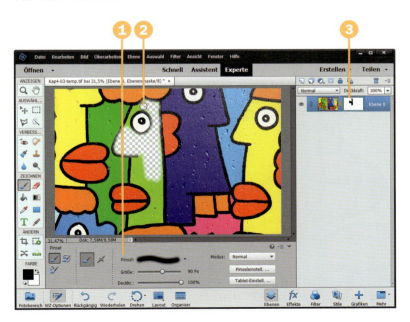

Das Malen mit schwarzer Farbe bei aktivierter Ebenenmaske bewirkt, dass die Bildbereiche dort nicht mehr sichtbar sind.

Die bearbeiteten Bildareale werden entweder transparent oder es kommen die Ebenen zum Vorschein, die unter der aktuell gewählten Ebene liegen. Nach dem Absetzen des Pinsels wird auch die Ebenenmaske angepasst. Ihre Pinselstriche werden nun als schwarze, abdeckende Areale auf weißem Grund angezeigt.

Auf genau die gleiche Weise, wie Sie die Bildbereiche mit dem schwarzen Pinsel ausgeblendet haben, können Sie sie auch wieder einblenden. Dazu wählen Sie die Vordergrundfarbe Weiß und malen mit dem Pinsel bei markierter Ebenenmaskenminiatur über die transparenten Pixel im Bild.

An den Stellen wird der Bildinhalt nun wieder sichtbar. Auf diese Weise können Sie die Ebenenmaske auf ewig nachbessern und verändern. Das ist eine sehr mächtige Bearbeitungsmethode, die bei sehr vielen Retuschevorgängen zum Einsatz kommt. Daher wird Ihnen das Maskieren und Demaskieren von Ebenenmasken in diesem Buch noch häufig begegnen.

Maskierungskontrolle

Die Flächen, die von der Ebenenmaske abgedeckt werden, lassen sich rot einfärben, indem Sie mit gehaltener ⇧+Alt-Taste auf die Ebenenmaske klicken. Damit können Sie die Bearbeitung noch besser kontrollieren. Die Maskierungsfarbe ist nur virtuell, mit einem erneuten Klick plus ⇧+Alt-Taste wird sie wieder ausgeblendet.

> ### ✓ Ebenenmaske aus einer Auswahl
>
> Oftmals lassen sich bestimmte Bildareale, die per Ebenenmaske bearbeitet werden sollen, auch sehr gut mit den vielseitigen Auswahlwerkzeugen von Photoshop Elements markieren. Das geht schneller und führt zu besser abgegrenzten Rändern. Mehr über diese Vorgehensweise werden Sie an einigen Stellen dieses Buches noch erfahren.

Die von der Ebenenmaske abgedeckten Bereiche sind zur besseren Kontrolle rot eingefärbt.

Arbeiten mit Ebenenmasken

Ebenenmasken invertieren

Sollte die Maskierung versehentlich genau andersherum eingefügt worden sein, als Sie es wollten, ist das auch kein Problem. Markieren Sie die Ebenenmaskenminiatur und wählen Sie *Filter/Anpassungsfilter/Umkehren* ([Strg]/[cmd]+[I]). Auf der Maske wird Schwarz zu Weiß und umgekehrt.

Kap4-05.jpg

> ✓ **Auswahl aufheben**
>
> Damit das Invertieren der Ebenenmaske problemlos abläuft, darf im Bild keine Auswahlfläche aktiv sein. Wählen Sie daher gegebenenfalls zuvor *Auswahl/Auswahl aufheben* ([Strg]/[cmd]+[D]).

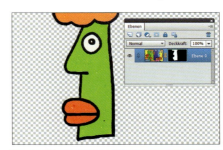

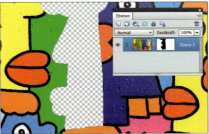

Ebenenmasken ausblenden

Bei der Bearbeitung kann es sinnvoll sein, die Ebenenmaske zwischendurch aus- und einzublenden, damit der Zustand des Bildes in der Vorher-Nachher-Ansicht

Ausblenden der Ebenenmaske.

Mit der Tastenkombination [Strg]/[cmd]+[I] *können Sie die Ebenenmaske schnell invertieren.*

besser beurteilt werden kann. Um dies zu tun, wählen Sie *Ebene/Ebenenmaske/Deaktivieren* oder klicken einfach mit gehaltener [⇧]-Taste auf die Ebenenmaskenminiatur. Diese erhält dann ein rotes Kreuz und wird unsichtbar. Um die Ebenenmaske anschließend wieder einzublenden, klicken Sie direkt auf die Ebenenmaskenminiatur oder wählen *Ebene/Ebenenmaske/Aktivieren*.

Auswahl von Bildbereichen per Ebenenmaske

Ebenenmasken können Sie dazu nutzen, bestimmte Bildbereiche schnell auszuwählen. Klicken Sie dazu mit der rechten Maustaste ([ctrl] + Klick bei Mac OS) auf die Ebenenmaskenminiatur und wählen Sie *Maske zu Auswahl hinzufügen*. Es werden nun alle sichtbaren Bildbereiche ausgewählt, in unserem Beispiel also das grüne Gesicht. Alternativ können Sie mit gehaltener [Strg]/[cmd]-Taste auf die Maske klicken, der Mauszeiger erhält dabei das Symbol 👆. Umgekehrt können Sie mit dem Befehl *Maske von Auswahl subtrahieren* den Maskenbereich von der Auswahl abziehen und im Beispielbild dann die Umgebung des grünen Gesichts markieren.

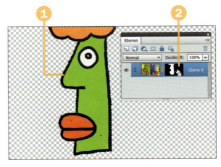

Mit **Maske zu Auswahl hinzufügen** ❶ *wird das grüne Gesicht markiert* ❷.

Vor (oben) und nach (unten) dem Befehl **Ebenenmaske anwenden***.*

Ebenenmaske anwenden

Mit dem Befehl *Ebene/Ebenenmaske/Ebenenmaske anwenden* führen Sie die Ebenenmaske eigentlich ad absurdum. Denn damit heben Sie die ganze Flexibilität in einem Streich auf. Alle schwarzen Bereiche werden im Bild gelöscht und die weißen bleiben erhalten.

Dabei wird die Ebenenmaske gleichzeitig entfernt, sie wird dem Bild sozusagen aufgestempelt. Wenn Sie die Ebenenmaske mit einem Verlauf oder einem weichen Pinsel bearbeitet haben, entstehen nach dem Anwenden der Maske semitransparente Übergänge. Bei Gruppen ist diese Funktion nicht verfügbar.

 Transparenzbilder fürs Internet

Beim Gestalten von Internetseiten werden häufig Bilder oder Logos mit transparentem Hintergrund benötigt. Um diese herzustellen, muss die Ebenenmaske aber nicht angewendet werden. Speichern Sie solche Bilder lieber mit *Datei/ Für Web speichern* im GIF- oder PNG-Format ab. Beide Dateiformate können die Transparenz aufrechterhalten.

Kap4-06.tif

Die Ausgangssituation des Ebenenstapels.

Ebenenmaske verschieben

Genauso wie Sie Ebenen miteinander verbinden können, werden auch Ebenen mit Ebenenmasken verknüpft. Zu erkennen ist dies am orangefarbenen Kettensymbol zwischen der Ebenenminiatur und der Ebenenmaskenminiatur. Gleiches gilt für Gruppen, die mit einer Ebenenmaske versehen wurden.

Im gezeigten Ausgangsbild lässt die Ebenenmaske von dem oberen Bild nur den Bereich sichtbar, der dem grünen Gesicht des unteren Bildes entspricht. Wenn Sie die beiden nächsten Fotos betrachten, wird der Unterschied zwischen verknüpfter und nicht verknüpfter Ebenenmaske (Kettensymbol ausgeblendet) deutlich. Wird das obere Bild im Doku-

mentfenster mit dem Verschieben-Werkzeug (Ⓥ, ⊹) nach links verschoben ❸, verschiebt sich die Ebenenmaske ❹ mit nach links.

Verschieben des oberen Bildes mit verknüpfter Ebenenmaske.

Bei nicht verknüpfter Ebenenmaske 🔗 (Klick auf das Kettensymbol, das dann ausgeblendet wird) ❼ bleibt die Gesichtsauswahl starr an Ort und Stelle liegen. Wenn Sie das obere Bild verschieben, indem Sie den sichtbaren Bildbereich innerhalb der Gesichtsfläche anfassen und das Bild dann nach links schieben ❺, verschiebt sich nur das Bild ❻ und die Ebenenmaske ❽ bleibt unverändert.

Verschieben des oberen Bildes bei nicht verknüpfter Ebenenmaske.

Ebenenmasken prüfen

Wenn Sie die Ebenenmaske mit dem Pinsel manuell erstellt haben, ist es ratsam, die frei gehaltenen und die abgedeckten Bereiche noch einmal etwas genauer zu kontrollieren. Dazu können Sie sich die Ebenenmaske in das große Dokumentfenster holen, indem Sie mit gehaltener ⌑Alt⌑-Taste auf die Ebenenmaskenminiatur klicken.

Nun können Sie die Ebenenmaske wie gewohnt mit dem Pinsel (⌑B⌑, ⌑✐⌑) nachbearbeiten. Ist alles erledigt, rufen Sie die Bildansicht wieder auf, indem Sie erneut mit gedrückter ⌑Alt⌑-Taste auf die Ebenenmaskenminiatur klicken.

Unsauberkeiten in der Ebenenmaske ❶ lassen sich im großen Dokumentfenster besser erkennen und nachbearbeiten.

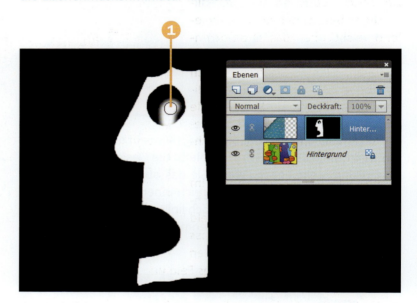

Ebenenmaske löschen

Nach all den spannenden Aktionen mit und um die Ebenenmasken herum möchten wir Ihnen natürlich nicht vorenthalten, dass sich diese tollen Bearbeitungsflächen auch entfernen lassen – sollten sie tatsächlich einmal nicht erwünscht sein. Dazu markieren Sie die Ebenenmaskenminiatur und wählen per Rechtsklick (⌑ctrl⌑ + Klick bei Mac OS) *Ebenenmaske löschen* aus dem Kontextmenü oder gehen den Menüweg *Ebene/Ebenenmaske/Löschen*.

4.13 Mehr Wirkung durch Mischmodi

Mischmodus, ein lustiges Wort. Was steckt wohl dahinter? Eigentlich ist es ganz einfach: Es geht um die Art und Weise, wie eine Ebene oder Gruppe auf die darunter (oder darüber) liegenden Ebenen und Gruppen wirkt, wie die Objekte von ihren Farben und ihrer Helligkeit her miteinander vermischt werden. Photoshop Elements bietet hier eine große Palette an Möglichkeiten an, die sowohl im Rahmen der professionellen Bildoptimierung, als auch beim Einfügen kreativer Effekte sehr häufig zur Anwendung kommen.

Kap4-01.tif

Der Mischmodus, oft auch als Füllmethode bezeichnet, lässt sich spielend leicht über das Drop-down-Menü des Ebenen-Bedienfelds einfügen. Wählen Sie also einfach die Ebene ❶ oder Gruppe im Bedienfeld aus, die mit der Füllmethode verändert werden soll, und aktivieren Sie anschließend den gewünschten Mischmodus ❷.

*Die obere Ebene wurde auf den Mischmodus **Harte Mischung** gesetzt.*

Wenn Sie die Füllmethoden im Schnelldurchlauf durchsehen möchten, klicken Sie das Drop-down-Feld zweimal hintereinander an, sodass es aus- und wieder einklappt. Halten Sie den Mauszeiger dann über das Feld und scrollen Sie mit dem Bildlaufrad der Maus nach oben oder unten durch die Mischmodi. Der Effekt wird sofort auf die ausgewählte Ebene angewendet.

Die Eigenschaften der Mischmodi sind vielseitig. Im Laufe des Buches werden Ihnen viele der Mischmodi daher noch öfter begegnen, wenn sie im Kontext einer konkreten Anwendung zum Einsatz gebracht werden.

4.14 Schnittmasken einsetzen

Mit einer Schnittmaske verknüpfen Sie eine Basisebene mit zwei oder auch mehr darüber liegenden Ebenen. Die Ebenen einer solchen Schnittmaskengruppe bilden eine Einheit und beeinflussen sich gegenseitig. Das Praktische an den Schnittmasken ist vor allem, dass Sie mühsam erstellte Auswahlen oder Ebenenmasken nicht auch für alle darüber liegenden Ebenen erneut erstellen müssen. Stattdessen reicht es, sich einmal voll ins Zeug zu legen, um die Auswahl so gut wie möglich zu gestalten, und diese dann für alle Ebenen zu nutzen.

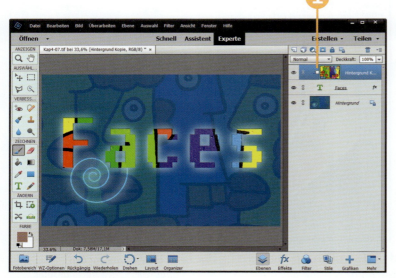

Durch das Einfügen der Schnittmaske werden die bunten Gesichter auf den Schriftzug begrenzt.

Um eine Schnittmaske zu erstellen, markieren Sie die gewünschte Ebene. Wählen Sie anschließend *Ebene/Schnittmaske erstellen* (Strg/cmd+G). Die Ebenenvorschau wird mit dem Symbol ⬇□ ❶ versehen und eingerückt.

Alternativ können Sie die Schnittmaske auch per Mausklick einfügen. Dazu wählen Sie den Rahmen zwischen den beiden Ebenen aus und klicken mit gehaltener Alt-Taste darauf, sobald der Mauszeiger das Symbol 📥 anzeigt.

Genauso schnell, wie eine Schnittmaske entsteht, wird sie auch wieder entfernt. Wählen Sie *Ebene/Schnittmaske zurückwandeln* (Strg/cmd+G) oder klicken Sie mit der Maus und gehaltener Alt-Taste auf den Rahmen zwischen den Ebenen ◀📥.

4.15 Ebenen reduzieren

Mit jeder Ebene oder Gruppe wird der benötigte Speicherplatz der Datei größer. Auch kann das Ebenen-Bedienfeld immer unübersichtlicher werden, je mehr Elemente nach und nach hinzukommen. Daher gibt es verschiedene Möglichkeiten, Ebenen und Gruppen zu reduzieren, sie also miteinander zu verschmelzen.

Achtung! Verlust des Originalbildes

Allen Reduzierungsvorgängen gemein ist die Tatsache, dass die Flexibilität der Ebenenmasken, Ebenenstile oder Einstellungsebenen verloren geht. Daher ist das Reduzieren nur dann sinnvoll, wenn Sie mit Ihrer Arbeit voll und ganz zufrieden sind und an den ausgewählten Ebenen und Gruppen keine nachträglichen Änderungen mehr vornehmen möchten.

Auf eine Ebene reduzieren

Markieren Sie die zu reduzierenden Ebenen. Wählen Sie dann *Ebene/Auf eine Ebene reduzieren* (Strg/cmd+E). Die Ebenen werden sogleich zusammengeführt, wobei alle Transparenz- und Bearbeitungseffekte erhalten bleiben. Vorteile dieser Methode sind die Reduktion der Speichergröße und der Erhalt der Originaldatei als Hintergrundebene.

Links: Vor der Reduktion der Ebenen. Rechts: Die vier markierten Ebenen wurden auf eine Ebene reduziert.

Sichtbare auf eine Ebene reduzieren

Bei einem Dokument mit umfangreichem Ebenenbestand kann es sinnvoll sein, nicht die vielen zu reduzierenden Ebenen alle einzeln auszuwählen, sondern einfach die auszublenden, die nicht reduziert werden sollen.

Bei dem Beispielbild wären das beispielsweise die Hintergrundebene 👁 und die Einstellungsebene ganz oben. Markieren Sie dann eine der sichtbaren Ebenen und wählen Sie *Ebene/Sichtbare auf eine Ebene reduzieren* (Strg/cmd+⇧+G). Es werden automatisch alle Ebenen und Gruppen miteinander verschmolzen, die nicht ausgeblendet sind 👁.

Links: Der Hintergrund wurde ausgeblendet und eine der sichtbaren Ebenen markiert. Rechts: Alle sichtbaren Ebenen wurden auf eine reduziert.

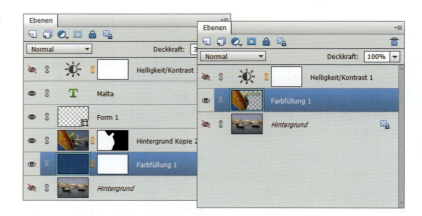

Der Effekt auf die Ebenenzusammensetzung und die Speichergröße ist bei diesem Beispiel vergleichbar mit denen des vorherigen Abschnitts. Nach dem Wiedereinblenden der ausgeblendeten Ebenen wird das Bild auch wieder genauso aussehen.

Wenn Sie Ebenen und Gruppen ausblenden, die nicht am Stück zusammenhängen, oder solche, die einer Schnittmaskengruppe angehören, kann es jedoch zu einer veränderten Optik kommen.

Daher reduzieren Sie am besten nur zusammenhängende Ebenen, Gruppen und Schnittmaskengruppen, um böse Überraschungen zu vermeiden.

Auf Hintergrundebene reduzieren

Mit dem Befehl *Ebene/Auf Hintergrundebene reduzieren* werden alle vorhandenen Elemente der Ebenenpalette gnadenlos auf die Hintergrundebene zusammengezogen.

Damit kann kleinste Dateigröße erzielt werden: Hier sind das 7,02 MByte im Vergleich zu 28,1 MByte der Ausgangsdatei mit den vier Ebenen im TIF-Format.

Nach der Reduktion auf den Hintergrund bleibt nur eine Ebene übrig.

Zwischenergebnis einfügen

Mit einem besonderen Trick können Sie alle bislang erzeugten Ebenen in einer neuen Ebene zusammenführen und diese zuoberst in Ihrem Ebenen-Bedienfeld anordnen. Dazu markieren Sie die oberste Ebene und drücken dann gleichzeitig die Tasten (Strg)/(cmd)+(Alt)+(⇧)+(E). Nach der kleinen Fingerübung liegt das Bild zuoberst im Ebenenstapel.

Die Aktion ähnelt dem Ergebnis *Auf Hintergrundebene reduzieren* – mit dem Unterschied, dass alle zuvor erzeugten Ebenen erhalten bleiben. Es wird quasi eine Art Screenshot angefertigt, den Sie in ein anderes Dokument duplizieren oder weiterbearbeiten können. Wenn Sie bestimmte Ebenen ausblenden, werden diese nicht in die zusammengefasste Bildebene aufgenommen.

Wird eine Ebene unterhalb der obersten Ebene markiert, werden alle darüber liegenden Ebenen nicht in die Zusammenfassung integriert. Da dieser Befehl so viel Potenzial hat, werden wir ihn im Laufe des Buches noch öfter benötigen.

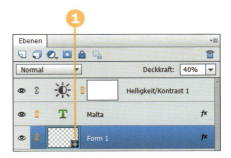

Alle sichtbaren Ebenen wurden zu einer Ebene zusammengeführt, die ganz oben im Ebenenstapel thront.

Ebenen vereinfachen/rastern

Formen, Grafiken oder Texte können nicht mit den Filtereffekten von Photoshop Elements bearbeitet werden, weil es sich um Form- bzw. Vektorebenen handelt.

Daher bietet der Fotoeditor Ihnen die Möglichkeit, solche Ebenen in Bild- bzw. Rasterebenen umzuwandeln. Wählen Sie hierfür die entsprechende Ebene aus und führen Sie den Befehl *Ebene/ Ebene vereinfachen* durch.

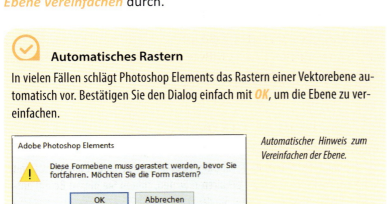

> ### ✓ Automatisches Rastern
>
> In vielen Fällen schlägt Photoshop Elements das Rastern einer Vektorebene automatisch vor. Bestätigen Sie den Dialog einfach mit *OK*, um die Ebene zu vereinfachen.

Automatischer Hinweis zum Vereinfachen der Ebene.

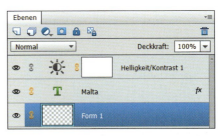

Umwandeln einer Vektorebene ❶ in eine Rasterebene.

Die verlustfreie Skalierbarkeit der Vektorebene geht allerdings verloren, was am Verschwinden des Symbols *Smartobjekt* oder *Formen* zu erkennen ist oder daran, dass anstatt der grauen Fläche in der Ebenenminiatur eine Transparenz eingefügt wird.

Die Ebene verhält sich nun wie eine Bildebene. Jetzt könnten Sie beispielsweise Filtereffekte darauf anwenden.

4.16 Ebenen löschen

Jetzt haben wir uns seitenlang über das Erstellen, Verändern und Maskieren von Ebenen ausgelassen. Schade, dass diese nun wieder gelöscht werden … Aber mal im Ernst, hin und wieder müssen Ebenen natürlich auch entfernt werden.

Dazu markieren Sie die Ebene und wählen dann *Ebene/Ebene löschen*. Alternativ können Sie auch das Mülleimersymbol aus der Befehlsleiste des Ebenen-Bedienfelds anklicken oder die Ebene mit der Maus auf den Mülleimer ziehen und loslassen. Oder Sie wählen per Rechtsklick mit der Maus (ctrl + Klick bei Mac OS) die Option Ebene löschen aus dem Kontextmenü.

Wichtig ist, dass die Ebenenminiatur und nicht die Ebenenmaske markiert ist, sonst wird nur die Ebenenmaske entfernt. Als Nächstes erscheint ein Warnhinweis, über den Sie die Aktion abbrechen oder bestätigen können. Das war's, die Ebene ist weg.

Bei einer Ebene muss es nicht bleiben. Sie können auch die geballte Kunst des Markierens mehrerer Ebenen aufwenden, um alle gewünschten Bildelemente auszuwählen, die anschließend in die ewigen Jagdgründe geschickt werden sollen.

Wenn ganze Ebenen gelöscht werden sollen, muss die Ebenenminiatur markiert sein 1.

Einfaches Korrigieren und Retuschieren

Auch wenn Photoshop Elements viele weitergehende Funktionen wie das Erstellen von Diashows und Webgalerien bietet und eine sich ziemlich mausernde Dateiverwaltung aufweist, dient es doch in erster Linie immer noch der Optimierung von Fotos. Erfahren Sie in diesem Kapitel alle Möglichkeiten, Ihre Bilder flink und ohne zu viel Aufwand mit der schnellen Bildkorrektur und dem Assistenten zu verbessern.

5.1 Was sich korrigieren lässt

Die erste Frage, die sich angesichts eines nicht ganz optimal geratenen Bildes stellt, ist meist diese: Kann ich das Ergebnis meiner fotografischen Arbeit mithilfe von Photoshop Elements retten? Was lässt sich mit einfachen Mitteln sonst noch alles aus dem Foto herausholen? Was ist also möglich und bei welchen Bildfehlern beißt sich selbst eine so potente Bildbearbeitungssoftware wie Elements die Zähne aus?

Grundsätzlich ist es erst einmal jederzeit möglich, die Bildhelligkeit, Farbstiche oder Kontraste zu korrigieren. Sind allerdings bestimmte Informationen nicht in der Originaldatei gespeichert, ist es auch nicht mehr möglich, diese Lücke nachträglich zu schließen.

Wurden zum Beispiel weiße Wolken zu hell fotografiert, weil die Belichtung vielleicht nicht ganz gestimmt hat oder der Kontrast für den Sensor der Kamera zu hoch war, kann Photoshop Elements natürlich nicht erraten, wie die tatsächliche Struktur ausgesehen hat, und die Fläche bleibt strukturlos weiß. Dennoch, in den meisten Fällen hält Photoshop Elements eine Lösung bereit.

Denken Sie beim Fotografieren am besten schon an die spätere Bearbeitung. Etwas unterbelichtete, helle Bereiche lassen sich problemlos auffrischen, während überstrahlte Stellen kaum noch zu retten sind, zumindest bei JPEG-Bildern.

Bei dem überbelichteten Foto ließ sich zwar der Vordergrund abdunkeln, aber die Wolken im Himmel konnten aus dem JPEG-Foto nicht mehr rekonstruiert werden.

Der Spielraum bei dunklen Bildstellen ist etwas höher, aber großflächig schwarz sollten diese auch nicht sein. Liegt die Farbgebung, die Sie an der Kamera per Weißabgleich einstellen, nur knapp daneben, ist auch das kein Problem.

Wurde aber zum Beispiel mit der Kunstlichtvorgabe ein Gebäude in der Nachmittagssonne fotografiert, wird die Originallichtstimmung kaum mehr wiederherzustellen sein.

Das dunklere Bild besitzt die Detailstrukturen dagegen noch. Es könnte sogar noch etwas aufgehellt werden, ohne diese zu verlieren.

5.2 Automatische Korrekturen durchführen

Es ist zwar nicht in jedem Fall möglich, mit automatischen Korrekturen wirklich das Optimum aus einem Bild herauszuholen, aber wenn das Foto nur marginale Schönheitsfehler hat, zum Beispiel ein wenig zu flau wirkt, lässt sich mit Photoshop Elements tatsächlich eine 1-Klick-Verbesserung erzielen.

Kap5-01.jpg

Öffnen Sie Ihr eigenes Bild oder das Beispielfoto im Editor mit *Datei/Öffnen* ([Strg]/[cmd]+[O]). Klicken Sie nun in der Befehlszeile auf die Option *Überarbeiten*. Hier finden Sie gleich zuoberst neun Automatisierungsfunktionen. Wählen Sie einfach eine Funktion aus. Außer bei *Automatische intelligente Farbtonbearbeitung* wird das Foto sofort entsprechend angepasst.

*Die Funktion **Auto-Tonwertkorrektur** hat das kontrastarme Beispielbild mit einem Klick verbessert.*

- *Intelligente Auto-Korrektur* ([Strg]/[cmd]+[Alt]+[M]): Sowohl die Belichtung als auch der Kontrast und die Farbgebung werden optimiert. Damit vereint diese Korrektur die Eigenschaften der automatischen Tonwert-, Kontrast- und Farbkorrektur.

- *Auto-Tonwertkorrektur* (⌃Strg⌄/⌃cmd⌄+⌃⇧⌄+⌃L⌄): Diese Korrekturform betrifft Farbe und Kontrast. Die Tonwerte der verschiedenen Farbkanäle werden so verteilt, dass die Farben von Dunkel bis Hell das volle Tonwertspektrum ausnutzen. Farbstiche lassen sich damit also auch korrigieren.

- *Auto-Kontrast* (⌃Strg⌄/⌃cmd⌄+⌃Alt⌄+⌃⇧⌄+⌃L⌄): Diese Funktion konzentriert sich ganz auf den Kontrast. Sie detektiert das hellste und das dunkelste Pixel im ganzen Foto und legt darüber den Weiß- bzw. Schwarzpunkt fest. Wenn Ihr Foto zu flau wirkt, die Farben aber stimmen, wäre das die geeignete Korrekturfunktion.

- *Automatische Dunstentfernung* (⌃A⌄): Dunst und Nebel, die vor allem bei Landschaftsaufnahmen oder Städteansichten auftreten, können mit dieser Funktion minimiert werden. Allerdings sind die Kontrastanhebung und die Intensivierung der Blautöne oft zu stark.

- *Auto-Farbkorrektur* (⌃Strg⌄/⌃cmd⌄+⌃⇧⌄+⌃B⌄): Auf Basis des vorliegenden Bildes werden der Kontrast und die Farben neu berechnet. Das Ergebnis unterscheidet sich oftmals nicht wesentlich von der Auto-Tonwertkorrektur.

- *Verwacklung automatisch reduzieren*: Freihandaufnahmen, die durch Verwackeln der Kamera oder zu starke Bewegungen des Motivs entstanden sind, lassen sich mit dieser Korrekturfunktion reduzieren.

- *Automatisch schärfen*: Die Kontrastkanten werden spezifisch verstärkt, sodass sich der Schärfeeindruck erhöht. Die Wirkung nimmt mit zunehmender Bildgröße ab und kann im Gegenzug bei extrem kleinen Internetbildern auch zu stark ausfallen.

- *Rote Augen automatisch korrigieren* (⌃Strg⌄/⌃cmd⌄+⌃R⌄): Wenn der Blitz einen roten Augenreflex verursacht hat, kann Photoshop Elements die Pupillen finden und das Rot in Schwarz umfärben. Allerdings geschieht dies nicht immer ohne Fehler, vor allem, wenn die Person recht klein abgebildet ist.

Automatische intelligente Farbtonbearbeitung

Die Funktion *Automatische intelligente Farbtonbearbeitung* (⌃Strg⌄/⌃cmd⌄+⌃Alt⌄+⌃T⌄) beeinflusst sowohl die Belichtung, als auch den Kontrast. Im Vergleich zu den anderen Auto-Korrekturen kön-

Auto-Korrekturen in Maßen

Normalerweise sollte eine Auto-Korrektur ausreichen; und um die Bildqualität zu schonen, ist es auch nicht gerade ratsam, alle Optionen aufeinanderfolgend anzuwenden.

Korrigieren Sie also am besten nur mit einer der ersten fünf Methoden und fügen Sie eventuell noch das Schärfen sowie die Rote-Augen-Korrektur hinzu.

nen Sie aber selbst entscheiden, ob Ihnen die vorgeschlagene Bildoptimierung bereits zusagt oder ob Sie individuell noch Verbesserungen durchführen möchten.

Dazu blendet die Funktion vier Miniaturbilder ❸ ein, deren Bildstil Sie direkt per Klick auf das Foto anwenden können. Möchten Sie weniger starke Veränderungen vornehmen, fassen Sie den eingeblendeten Joystick ❹ mit der Maus an und ziehen ihn aus der Mitte heraus. Von links nach rechts nimmt die Helligkeit zu, und von unten nach oben verringert sich der Kontrast. Probieren Sie's mal aus. Mit dem Vorher-Nachher-Schalter ❷ lässt sich die Veränderung gut verfolgen. Sagt Ihnen die Bearbeitung zu, bestätigen Sie sie mit der Schaltfläche *OK* ❺.

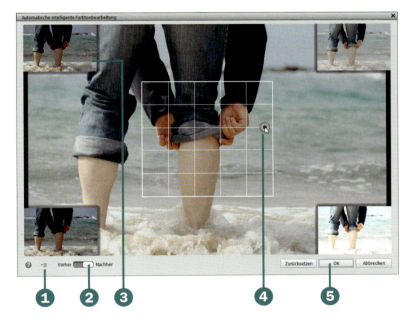

*Das Dialogfenster **Automatische intelligente Farbtonbearbeitung** mit einer manuell angepassten Helligkeits- und Kontrasterhöhung.*

Wenn Sie möchten, kann die Automatik sogar von Ihnen lernen. Das bedeutet, dass sich Photoshop Elements merkt, wie Sie Ihre Bilder mit der automatischen intelligenten Farbtonbearbeitung behandeln. Der Joystick wird bei der nächsten Bearbeitung also nicht mehr in der Mitte sitzen, sondern an einer Stelle, die der vorherigen Optimierung ähnelt. Von Bild zu Bild passt sich die Funktion Ihrem Nutzungsverhalten immer feiner an. Möchten Sie die Lernfunktion nicht verwenden, entfernen Sie im Einstellungsmenü ❶ den Haken bei *Aus dieser Korrektur lernen*. Der Joystick wird beim nächsten Bild wieder in der Mitte auftauchen.

> ✅ **Lernspeicher löschen**
>
> Um wirklich alles Erlernte aus dem „Gedächtnis" der Farbtonbearbeitung zu löschen und die Funktion quasi in den Ausgangszustand zu versetzen, wählen Sie *Bearbeiten* (Windows) bzw. *Adobe Photoshop Elements Editor* (Mac OS)/*Voreinstellungen/Allgemein* (Strg)/cmd) +K)) und klicken auf die Schaltfläche *Lernen der automatischen intelligenten Farbtonbearbeitung zurücksetzen*.

5.3 Schnelle Korrekturen durchführen

Kap5-02.jpg

Nicht Jeder möchte stundenlang vor dem Rechner sitzen und sich in den Tiefen der Bildbearbeitungsoptionen verlieren oder gar mit Ebenen jonglieren. Daher bietet der Fotoeditor im Modus *Schnell* ❶ einige Bearbeitungsmöglichkeiten an, die intuitiv zu bedienen sind und mit nur wenigen Mausklicks bereits erstaunliche Verbesserungen Ihrer Fotos liefern können. Im rechten Bedienfeldbereich werden die *Schnellkorrekturen* ❷ aufgelistet, mit dem kleinen schwarzen Pfeil kann die jeweilige Funktion aufgeklappt werden.

Fotoeditor-Arbeitsoberfläche im Modus Schnell: Hier sehen Sie das Bearbeitungsergebnis des Bildes, das in den folgenden Abschnitten Schritt für Schritt optimiert wird.

Diese zehn Werkzeuge finden Sie in der linken Werkzeugpalette: Mit dem Zoom-Werkzeug (Ⓩ, 🔍) lässt sich die Vorschaugröße einstellen; das Hand-Werkzeug (Ⓗ, ✋) dient zum Verschieben des Bildausschnitts; mit dem Schnellauswahl-Werkzeug (Ⓐ, 🔍) oder dem Auswahlpinsel 🖌 können Sie einen bestimmten Bildbereich markieren; das Rote-Augen-entfernen-Werkzeug (Ⓨ, 👁)

dient zur Retusche roter Pupillen bei Blitzaufnahmen; mit dem Zähne-bleichen-Werkzeug (F, ✎) können die Zähne spezifisch aufgehellt werden; das Gerade-Ausrichten-Werkzeug (P, ▭) dient dem Begradigen schiefer Horizontlinien; das Horizontale Textwerkzeug (T, T) fügt Textbausteine in die Bilder ein; den Bereichsreparatur-Pinsel (J, ✎) oder den Reparatur-Pinsel ✎ können Sie für die Retusche von Störstellen verwenden; das Freistellungswerkzeug (C, ⬚) dient zum Beschneiden des Bildes; und das Verschieben-Werkzeug (V, ⊹) kann zum Anordnen von Ebenen und Texten oder zum Einfügen von Hilfslinien verwendet werden. Wird ein Werkzeug ausgewählt, erscheint im unteren Bildschirmbereich jeweils ein Optionsfenster, das die zugehörigen Einstellungsmöglichkeiten anbietet.

Ein Blick auf den Bedienfeldbereich

Nachdem Sie eine Schnellkorrektur ausgewählt haben, öffnet sich das jeweils dazugehörige Bearbeitungsmenü, wobei sich die Bedienung bei allen Korrekturfunktionen ähnelt. Beim Öffnen der Option *Beleuchtung* 🔺 sieht das zum Beispiel folgendermaßen aus: Bestimmen Sie mit den Schaltflächen, welche Funktion mit dem darunter angeordneten Regler variiert werden soll. Hier wären das die *Tiefen* (dunkle Farben), die *Mitteltöne* (alle mittelhellen Farben) oder die *Lichter* (sehr helle Farben).

*Schnellkorrektur der **Tiefen** im Bereich **Beleuchtung**.*

Möglich ist auch, einen Wert in das Zahlenfeld rechts neben dem Regler einzutragen oder eine der Vorschauminiaturen darunter anzuklicken. Dort werden das Ausgangsbild oben links und acht Bearbeitungsstärken aufgelistet. Es reicht, die Maus über eines der Miniaturbilder zu bewegen, um die Änderung vorab betrachten zu können. Erst beim Klick auf die Vorschau wird die Bearbeitung gestartet. Mit den Schaltflächen *Auto-Tonw.* und *Auto-Kontrast* ganz unten können Sie eine automatische Optimierung durchführen. Diese Schaltflächen entsprechen den automatischen Korrekturen des vorherigen Abschnitts.

 Schritte löschen oder wiederholen

Sollten Sie mit der Veränderung nicht ganz zufrieden sein, nehmen Sie den letzten Schritt mit *Rückgängig* ↺ einfach wieder zurück. Im Gegenzug können Sie mit *Wiederholen* ↻ zuvor gelöschte Schritte wiederherstellen. Soll das Bild in den Ausgangszustand zurückversetzt werden, wählen Sie *Bedienfeld zurücksetzen* ↻.

Was die Intelligente Korrektur leistet

Die Intelligente Auto-Korrektur haben Sie ja bereits kennengelernt. Im Bedienfeld *Intelligente Korrektur* 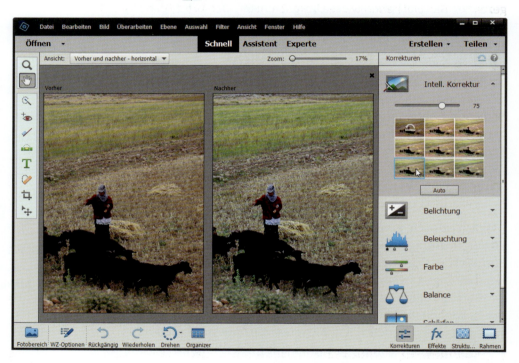 können Sie das gleiche Ergebnis mit der Schaltfläche *Auto* erzielen, die unterhalb der neun Vorschauminiaturen angeordnet ist.

Im Unterschied dazu können Sie den Effekt aber auch etwas abschwächen oder verstärken, ganz wie es beliebt. Wenn das Ergebnis gefällt, ist eine Anwendung der anderen Schnellkorrekturen meist nicht mehr nötig, und Sie können mit der Funktion *Schärfen* fortfahren.

Intelligente Korrektur
mit der Stärke 75.

Die Helligkeit und der Kontrast werden dadurch aber nur sehr marginal verbessert und die Farben des Beispielbildes sind durch die Korrektur etwas zu kühl geworden. Daher machen Sie die Bearbeitung wieder rückgängig und bringen das Bild mit den anderen Schnellkorrekturfunktionen wie nachfolgend gezeigt auf Vordermann.

Die Belichtung korrigieren

Sollte Ihnen eine Aufnahme zu hell oder zu dunkel geraten sein, können Sie dies mit der Funktion *Belichtung* ☒ kkorrigieren. Die Wirkung entspricht in etwa der Belichtungskorrektur mit der Kamera. Aber Achtung: Hierbei werden alle Farben aufgehellt oder abgedunkelt. Bei kontrastreichen Motiven ist diese Funktion nicht so gut geeignet. Denn schnell rutschen entweder die dunklen Bildpartien ins Schwarze ab oder die hellen werden strukturlos weiß.

Gehen Sie mit der Funktion also äußerst vorsichtig zu Werke. Im gezeigten Beispiel haben wir die Vorgabe rechts der Mitte (Wert 1) gewählt. Dieses Bild wird anschließend weiter optimiert.

Eine Erhöhung der Belichtung um eine Stufe lässt das Motiv frischer wirken.

 Kontrolle per Histogramm

Wenn Sie bereits den Abschnitt zur Tonwertkorrektur auf Seite 137 gelesen haben, wird Ihnen der Befehl ⌜Strg⌟/⌜cmd⌟+⌜L⌟ bekannt sein. Darüber können Sie das Histogramm aufrufen und die Änderungen in der Tonwertspreizung bzw. den eventuell zu starken Beschnitt der Tiefen und Lichter prüfen.

Die Beleuchtung optimieren

Mit *Beleuchtung* 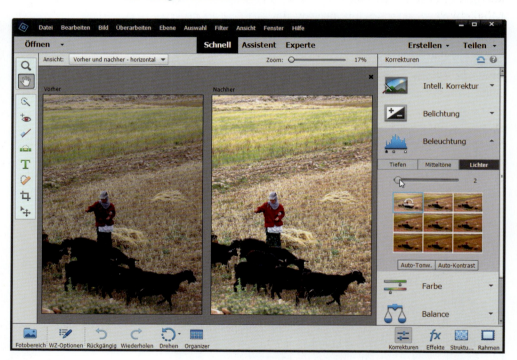 wird die Helligkeitsverteilung des Bildes so angepasst, dass das gesamte Spektrum zwischen Schwarz und Weiß ausgenutzt wird. Hierbei können Sie mit der Option *Tiefen* die dunkelsten Töne bearbeiten, mit *Mitteltöne* die mittelhellen und mit *Lichter* die hellsten Töne. Dabei bleiben Schwarz und Weiß selbst unangetastet. Das ist auch gut so, denn sonst würden schnell strukturlose Überstrahlungen oder unterbelichtete Bereiche entstehen, so wie bei einer zu starken Belichtungskorrektur im vorigen Abschnitt.

Korrektur der Beleuchtung (Tiefen: 10, Mitteltöne: -15, Lichter: 2).

Lichterkorrektur in Maßen

Bei der Lichterkorrektur ist Vorsicht geboten. Denn wird diese zu stark angewendet, kann ein sehr unnatürlicher Bildeindruck entstehen – mit hellen Farbsäumen um die Motivkanten herum und einem etwas zu plakativen Kontrast.

Zur Aufhellung der etwas zu dunkel geratenen Ziegen im Beispielbild klicken Sie die Schaltfläche *Tiefen* an und ziehen den Regler auf den Wert 10. Es ist gut zu erkennen, dass dies spezifisch in einer Aufhellung der dunklen Farbtöne resultiert. Die hellen Farben werden davon nicht betroffen. Um den Kontrast etwas zu verringern, können Sie anschließend den Regler *Mitteltöne* auf den Wert -15 setzen. Bei Kontrasterhöhungen zoomen Sie nach der Korrektur mit dem Zoom-Werkzeug (Z, 🔍) in das Bild. Hat sich die Bildkörnung zu stark erhöht, fahren Sie den Kontrast über den *Mitteltöne*-Regler wieder etwas zurück oder verringern auch die Tiefenaufhellung wieder ein wenig. Die hellen Getreidehalme werden schließlich mit dem Regler *Lichter* um den Wert 2 minimal abgedunkelt, um ihnen mehr Struktur zu verleihen.

Farbe und Dynamik anpassen

Hat Ihre Aufnahme zu schwache oder zu kräftige Farben oder sind Sie generell mit der farblichen Ausstrahlung Ihres Bildes nicht so ganz zufrieden, können Sie das im Bedienfeldbereich *Farbe* korrigieren. Die Schaltfläche *Auto* bietet Ihnen hierbei wieder die Möglichkeit einer schnellen automatischen Optimierung.

Bedienfeld zur Korrektur der Farbe. Für das Beispielbild wurde nur der Regler **Dynamik** auf den Wert 25 gestellt.

Wenn Sie lieber selbst die einzelnen Parameter verändern möchten, können Sie dies mit den verschiedenen Schiebereglern bewerkstelligen. Mit der Option *Sättigung* wird dem Bild mehr oder weniger Leuchtkraft verliehen. Wird der Regler nach links geschoben, flaut die Farbe ab, bis das Motiv schließlich in Graustufen wiedergegeben wird. Beim Ziehen nach rechts wird die Farbsättigung immer intensiver. Seien Sie beim Erhöhen der Sättigung aber stets etwas vorsichtig, damit das Bild nicht zu bunt wird und einzelne Farben überstrahlen.

Die Extreme des Sättigungsreglers: völlige Entsättigung (links) und total knallige Farben.

Mit dem Regler bei Farbton können Sie das gesamte Farbspektrum verändern, indem Sie alle Farbkanäle verschieben. Aus Rot können Sie beispielsweise Blau oder Grün machen. Aber die anderen Farben werden dann ebenfalls verschoben. Mit einer Änderung der Werte um ±10 Zähler lassen sich aber auch ganz dezente Effekte erzielen, wie die Verschiebung der Gelbwerte hin zu mehr

Zwei extreme Verschiebungen der Farbtöne mit dem Wert -180 (links) und dem Wert +70.

Rot, ohne dass die anderen Farben extrem ausscheren. Für das Beispielfoto haben wir den Wert -3 gewählt.

Authentizität bewahren

Mit den Farbreglern sind die verrücktesten Veränderungen möglich. Um das Bild aber zum Strahlen zu bringen, ohne dass es an Authentizität verliert, ist es ratsam, vorsichtig mit den Farbreglern umzugehen.

Mit dem *Dynamik*-Regler bietet die Schnellkorrektur eine wirklich hervorragende Möglichkeit, den Bildern farblich zwar mehr Pep zu verleihen, sie aber nicht poppig bunt werden zu lassen. Denn mit der Dynamik erhöhen Sie nur die Farben, die schwach im Bild vertreten sind, und schützen gleichzeitig die bereits kräftigen Farben vor Überstrahlung. Zu sehen ist die Wirkungsweise an den beiden Extremergebnissen mit ganz nach links und rechts gesetztem Regler. Vergleichen Sie die Bilder einmal mit den Sättigungsextremen. Bei dem Beispielbild haben wir uns für einen Dynamikwert von 25 entschieden.

*Die Extreme des **Dynamik**-Reglers: Weder wird das Bild schwarzweiß, noch total poppig bunt.*

Die Farbbalance ausgleichen

Unter dem Sammelbegriff *Balance* ⚖ finden Sie zwei Funktionen: *Temperatur* und *Farbtonung*. Diese Begriffe kennen Sie vielleicht aus dem Kontext der digitalen Fotografie. Dort wird über die Temperatur und die Farbtonung der Weißabgleich des Bildes reguliert. Damit werden die Farben also auf die vorhandene Lichtquelle abgestimmt (Sonnenlicht, Blitz, Kunstlicht etc.). Wird der Regler *Temperatur* nach links bewegt, erhöht sich der Blauanteil und das Bild erhält eine kühlere Farbstimmung. Wird der Regler nach rechts gezogen, erzielen Sie eine wärmere Farbgebung durch Erhöhung der Gelb-Rot-Werte. Mit *Farbtonung* werden die Grünanteile (Regler nach links) oder die Magentaanteile (Regler nach rechts) verstärkt. Damit lässt sich die Einstellung der Temperatur fein nachregulieren. Um einen Farbstich auszugleichen, ziehen Sie die Regler *Temperatur* und *Farbtonung* in die jeweils dem Farbstich entgegengesetzte Richtung. Sieht das Bild zum Beispiel zu kühl aus, erhöhen Sie die Gelb-Rot-Anteile durch Verschieben beider Regler nach rechts. Zeigt das Foto einen Farbstich im Gelb-Rot-Bereich, sollte der Regler *Temperatur* nach Blau und der Regler *Farbtonung* in Richtung Grün versetzt werden.

Die Änderung ist klein, aber fein. Mit der Temperatur (Wert 52) ließ sich die Farbwirkung hin zu einer wärmeren Stimmung verschieben.

Das fertige Bild nachschärfen

Ein weiteres klassisches Korrekturthema ist die Optimierung der Bildschärfe. Diese lässt sich im entsprechenden Bedienfeld *Schärfen* 📖 anpassen.

Auch hier gibt es eine *Auto*-Funktion, mit der die Schärfung ohne weiteres Zutun vorgenommen werden kann.

Oder, Sie ahnen es schon, die Schärfe wird manuell mit dem Schieberegler verändert. Je weiter Sie den Regler nach rechts ziehen, desto stärker wird das Bild nachgeschärft.

Mit dem Wert 28 ließ sich das Bild optimal nachschärfen.

5.4 Korrekturen und Effekte mit dem Assistenten erstellen

Kap5-03.jpg

Der Editor-Modus *Assistent* ist gerade zu Beginn eine feine Sache, wenn Sie bislang noch wenige Erfahrungen mit Photoshop Elements besitzen. Was kann der Assistent? Nun, der Assistent führt Sie selbsterklärend durch die gewählten Bearbeitungsschritte und gibt zu jedem Regler oder Schalter eine kurze Erläuterung. Auf diese Weise können Sie eine komplette Bildbearbeitung durchführen, bei der Ihnen die notwendigen Werkzeuge Schritt für Schritt zur Verfügung gestellt werden.

Um die Arbeitsoberfläche des Assistenten zu aktivieren, klicken Sie einfach in der Modusleiste auf die Funktionstaste **Assistent**. Die daraufhin erscheinende Arbeitsoberfläche unterteilt sich in sechs Kategorien ❶, die darunter unterschiedlich viele Bearbeitungsmöglichkeiten offerieren. In jedem Vorschaubild können Sie den Slider ❷ mit der Maus verschieben, ohne dabei auf das Bild zu klicken, und sich den Effekt in der Vorher-Nachher-Ansicht genau anschauen.

*Fotoeditor im Modus **Assistent** mit den Bearbeitungsmöglichkeiten im Bereich **Kreative Bearbeitungen**.*

Um eine Bearbeitungsoption zu öffnen, klicken Sie das Vorschaubild an. Öffnen Sie anschließend das Bild, das Sie bearbeiten möchten, sofern es sich nicht bereits geöffnet im Fotobereich befindet.

Anschließend können Sie, genauso wie im Bereich Schnell, oberhalb der Bildvorschau bei **Ansicht** verschiedene Ansichtsoptionen wählen. Zudem wird links eine sehr kurze Werkzeugleiste eingeblendet, die lediglich das Zoom-Werkzeug (Z, 🔍) und das Hand-Werkzeug (H, ✋) beinhaltet. Im Bedienfeldbereich rechts sind sämtliche Bearbeitungsoptionen der gewählten Bearbeitungsfunktion untergebracht.

Nach der Auswahl einer Bearbeitungsoption öffnet sich die eigentliche Arbeitsoberfläche des Assistent mit den benötigten Funktionsreglern und Schaltflächen der jeweiligen Funktion im rechten Fensterbereich.

KlickenSie nach der Bearbeitung unten rechts auf die Schaltfläche *Weiter*. Anschließend können Sie das Bild im Bereich *Speichern* direkt sichern oder mit *Speichern unter* unter einem anderen Namen oder anderen Dateiformat sichern.

Alternativ können Sie bei *Bearbeitung fortsetzen* auch wählen, ob das Bild in den Modi Schnell oder Experte weiter bearbeitet werden soll. Möglich ist aber auch, das Bild im Bereich *Teilen* direkt auf Facebook, Twitter oder Flickr zu veröffentlichen.

Weiterführende Schritte im Anschluss an die Bildbearbeitung.

 Tiefer gehende Informationen

Der Assistent gibt Ihnen im jeweiligen Menü Funktionen an die Hand. Die meisten davon finden Sie auch im Modus *Experte*. Tiefer gehende Informationen zu den einzelnen Werkzeugen und Funktionen können Sie daher in den angegebenen Spezialkapiteln zum jeweiligen Thema nachlesen.

Kategorie Grundlagen

- *HELLIGKEIT UND KONTRAST*: Mit den Reglern lassen sich die Helligkeit und der Kontrast aller Farbtöne gleichermaßen verändern. Achten Sie darauf, dass Bildbereiche nicht strukturlos schwarz oder weiß werden.

- *KORREKTER HAUTTON*: Wählen Sie den Hautton aus und passen Sie die Farben anschließend fein an, um Hauttöne mit einem Rot- oder Gelbstich zu korrigieren.

- *FOTO ZUSCHNEIDEN* gibt Ihnen das Freistellungswerkzeug an die Hand, mit dem Sie Bildausschnitte zum Beispiel getreu der Drittel-Regel anfertigen können.

- *EBENEN* (Tonwertkorrektur): Optimieren Sie die Belichtung anhand einer Tonwertkorrektur, wobei die Bearbeitung auf einer Einstellungsebene erfolgt. Wird das Bild anschließend im TIF- oder PSD-Format gespeichert, kann die Korrektur später wieder rückgängig gemacht werden.

- *AUFHELLEN UND VERDUNKELN*: Mit den Reglern *Tiefen*, *Lichter* und *Mitteltöne* können Sie die Belichtung der dunklen und hellen Farbtöne und den Kontrast differenziert anpassen.

- *FOTOGRÖSSE VERÄNDERN*: Mit den Vorgaben *Web* oder *Druck* können Sie die Auflösung des Bildes auf die spätere Verwendung hin optimieren. Hierbei lassen sich auch die optimalen Pixelmaße oder eine maximale Dateigröße eintragen, die beispielsweise von Fotosharing-Plattformen angegeben werden. Wählen Sie keine größeren Zahlen als den voreingestellten Maximalwert, sonst wird das Bild hochgerechnet (interpoliert) und verliert an Qualität.

- *DREHEN UND BEGRADIGEN*: In diesem Bereich können Sie das Bild um 90° nach rechts oder links drehen oder den Horizont mit dem Gerade-ausrichten-Werkzeug korrigieren. Dabei entstehende bildfreie Randbereiche lassen sich mit der inhaltssensitiven Füllmethode retuschieren.

- *SCHARFZEICHNEN*: Schärfen Sie das Bild am Ende der Bearbeitung ein wenig nach, um dem Foto den letzten Schliff zu geben.

- *VIGNETTENEFFEKT*: Die Bildecken werden schwarz abgedunkelt oder weiß aufgehellt. Dadurch wird der Fokus des Betrachters unmittelbar auf die Bildmitte gelenkt. Die Rundung und Kantenweichzeichnung der Vignettierung können angepasst werden.

Ausgangsbild (Kap5-03.jpg)

*Helligkeit (+34) und Kontrast (-31) wurden korrigiert, bei **Aufhellen und Verdunkeln** wurden die Schatten etwas angehoben (+13) und ein weißer **Vignetteneffekt** wurde eingefügt..*

Der Vignetteneffekt wurde revidiert, und stattdessen ein Gesättigter Diafilm-Effekt eingefügt.

Kategorie Farbe

- **FARBE VERBESSERN**: Stellt die Regler *Farbton*, *Sättigung* und *Helligkeit* zum Anpassen der Bildfarben bereit und entspricht damit der Funktion *Farbton/Sättigung anpassen* des Expertenmodus.

- **LOMO-KAMERA-EFFEKT**: Stellen Sie das Motiv kontrastreich, aber unscharf und mit stark abgedunkelten Ecken dar. Die Bilder sehen aus wie Fotos aus der kultigen analogen Kleinbildkamera Lomo Compact Automat.

- **FARBSTICH ENTFERNEN**: Mit einer Pipette können Sie einen Bildbereich anklicken, der neutral grau, weiß oder schwarz sein soll, und so ganz einfach Farbstiche korrigieren.

- **GESÄTTIGTER DIAFILM-EFFEKT**: Hiermit können Sie den Farbeffekt eines analogen Diafilms mit hoher Farbsättigung nachstellen.

Umwandlung des vorigen Bildes mit dem Schwarzweiss-Auswahl-Effekt, nur der Ernie-Luftballon bleibt farbig, der Rest wird entfärbt.

Kategorie Schwarzweiß

- **SCHWARZWEISS**: Entfärben Sie Ihre Bilder und wählen Sie dabei die Helligkeit und den Kontrast selbst aus, um eine leichtere oder eine dramatischere Wirkung zu erzielen.

- **FARBEXPLOSION IN SCHWARZWEISS** (Schwarzweiß-Farbpop): Nur eine bestimmte Farbe bleibt im Bild erhalten, alle anderen Farben werden in Schwarzweiß umgewandelt. Der Farbton und die Toleranz können individuell gewählt werden.

- **SCHWARZWEISS-AUSWAHL**: Wählen Sie mit dem Auswahlpinsel einen Bildbereich aus. Dieser wird automatisch in Schwarzweiß umgewandelt, während der Rest des Fotos farbig bleibt.

Umwandlung des vorigen Bildes mit dem Linien Ziehen-Effekt.

- **HOHER FARBWERT** (High-Key): erhöht die Helligkeit, fügt eine leichte Weichzeichnung hinzu und verblasst die Farben. Der Effekt ist sehr gut für Porträts geeignet.

- **LINIEN ZIEHEN** (Strichzeichnung): Hierbei werden analog einer Bleistiftskizze alle Motivkanten nachgezeichnet. Mit zwei weiteren Schaltflächen lassen sich Farbe und Helligkeit anpassen.

- **NIEDRIGER FARBWERT** (Low-Key): Im Gegensatz zum *High-Key*-Effekt wird das Bild extrem abgedunkelt. Der Effekt kann mit den Werkzeugen Hintergrundpinsel und *Effekt reduzieren* individuell angepasst werden, indem Sie über die Bildbereiche malen.

Kategorie Kreative Bearbeitungen

- *EFFEKTCOLLAGE*: Mit der in Photoshop Elements 15 neu eingeführten Effektcollage wird das Bild in zwei, drei oder vier Abschnitte unterteilt, wobei mehrere Vorgaben für die Aufteilung wählbar sind. Die Bildabschnitte werden anschließend mit unterschiedlichen Filtern bearbeitet. Hierfür stehen elf Vorgaben zur Verfügung. Zum Schluss können Sie noch die Deckkraft der Filter senken, um den Effekt bei Bedarf etwas abzumildern, was wir hier nicht getan haben.

- *ALTMODISCHES FOTO*: Verfremden Sie das Bild mit einer Sepia-Tönung und einer Strukturüberlagerung.

- *AUSSERHALB DES BEREICHS* (Out-of-Bounds): Umrahmen Sie den Bildbereich, der im Ganzen angezeigt wird. Markieren Sie anschließend den Bereich, der auf der freigestellten Fläche erhalten bleibt und daher aus dem Bild zu fliegen scheint.

- *MALERISCH:* Der ebenfalls neue Effekt in Elements 15 verwandelt Ihr Bild in eine mehr oder weniger verfremdetes Gemälde. Hierbei malen Sie mit einem Pinsel über die Bildbereiche, die erhalten bleiben sollen. Anschließend fügen Sie eine Hintergrundfarbe und gegebenenfalls eine Struktur ein. Abschließend kann das Motiv noch mit einem Effekt verfremdet werden.

- *FOTOTEXT*: Umrahmen Sie den Bildbereich, der im Ganzen angezeigt wird. Markieren Sie anschließend den Bereich, der auf der freigestellten Fläche erhalten bleibt und daher aus dem Bild zu fliegen scheint. Neu ist auch dieser Effekt, bei dem Sie einen Text auf das Bild schreiben und dieser automatisch mit dem Bild gefüllt wird. Der Hintergrund kann schwarz, weiß oder transparent sein und der Text lässt sich mit weiteren Effekten wie Schlagschatten oder abgeflachten Kanten verfeinern.

- *BILDSTAPEL*: Das Foto wird in vier, acht oder zwölf vordefinierte Teile zerschnitten und so angeordnet, als würde sich das Bild aus einzelnen Teilen zusammensetzen. Die Rahmenstärke und die Hintergrundfarbe können angepasst werden.

EFFEKTCOLLAGE mit drei vertikalen Abschnitten und dem siebten Effekt aus der Auswahlspalte.

Der Effekt MALERISCH mit dem Pinsel **fette Striche**, *weißem Hintergrund, der Struktur* **Selbstgemachtes Papier** *und dem Effekt* **Aquarell**.

Mit dem FOTOTEXT-Effekt ließ sich aus dem Bild unkompliziert der Schriftzug »Ernie« gestalten.

- **POP-ART**: So ähnlich wie die klassischen Andy-Warhol-Bilder können auch Ihre Fotos aussehen. Am besten wählen Sie ein recht klar umrandetes Motiv, das nicht zu viele kleinteilige Strukturen aufweist.

- **PUZZLE-EFFEKT**: Das Bild wird mit einem Muster aus Puzzleteilen versehen. Mit einem Mausklick lassen sich einzelne Teile daraus entnehmen, verschieben und drehen, sodass der Eindruck eines noch nicht ganz fertiggestellten Puzzles entsteht.

- **SPIEGELUNG**: Hierbei wird das Bild vertikal dupliziert, leicht weichgezeichnet, verzerrt und mit einem Verlauf überlagert. Auf diese Weise entsteht ein Spiegelungseffekt, mit dem sich beispielsweise Produktfotos schön in Szene setzen lassen.

- **BEWEGUNGSEFFEKT**: Motive, die zwar in Bewegung sind, aber scharf im Foto abgebildet wurden, können dynamischer dargestellt werden. Dazu werden Teile des Bildes bewegungsunscharf verwischt. Der Effekt wirkt meist unnatürlicher als der nachfolgende Geschwindigkeitsbildlauf-Effekt.

Kap5-04.jpg

- **GESCHWINDIGKEITSBILDLAUF**:Eigentlich statische Motive können mit diesem neuen Effekt so dargestellt werden, als wären sie mit einer längeren Belichtungszeit als Mitzieher fotografiert worden. Das bedeutet, das Hauptmotiv ist scharf und der Hintergrund linear verwischt zu sehen. Dadurch entsteht eine sehr dynamische Wirkung. Die Stärke und der Winkel für die Bewegungsunschärfe lassen sich flexibel einstellen. Wichtig ist, dass die Auswahl des Hauptmotivs genau ist, damit nicht Teile davon mit verwischt werden, was sehr unnatürlich wirken würde.

GESCHWINDIGKEITSBILDLAUF: Durch den Mitzieheffekt wirkt die Szene noch dynamischer.

- **ZOOM-BURST-EFFEKT**: Fügt den Effekt des Zoomens während der Belichtung eines Fotos hinzu. Dazu sollte sich das Hauptmotiv etwa in der Mitte befinden. Zu den Rändern hin wird eine strahlenförmige Verzerrung hinzugefügt (radialer Weichzeichner), die den Effekt simuliert. Da die Verzerrung meist etwas stark ausfällt, können Sie mit der Option Fokusbereiche hinzufügen festlegen, welche Bereiche scharf erhalten bleiben sollen..

Kategorie Spezielle Bearbeitungen

- **SCHÄRFENTIEFE** (Feldtiefe): Legen Sie einen scharfen Bereich fest und blenden Sie alles andere mit einem Weichzeichnungseffekt aus, um die Schärfentiefe des Bildes zu verringern.

- **RAHMEN-ERSTELLER**: Schneiden Sie einen Bildbereich aus Ihrem Motiv, hier haben wir mit dem Zauberstab () auf die graue Fläche des Handymonitors geklickt (*Toleranz* 20, Haken bei *Benachbart* und *Glätten*). Der Rand bleibt als Rahmen erhalten und der ausgeschnittene Bereich kann individuell mit anderen Bildern gefüllt werden. Diesen individuellen Rahmen können Sie abspeichern und auf jedes beliebige Bild anwenden. Dazu öffnen Sie im Fotoeditor Experte das Bedienfeld Grafiken. Wählen Sie in den Drop-down-Menüs A*lles einblenden* und *Rahmen*. Ziehen Sie den *Handy-Rahmen* nun einfach auf das Bild im großen Dokumentfenster, hier haben wir das Bild *Kap5-04.jpg* dafür verwendet.

- **ORTON-EFFEKT**: Romantisch wirkender, weichzeichnender Effekt, der nach dem Fotografen Michael Orton benannt wurde. Die Anwendung ist gut für Porträts oder Blüten geeignet.

- **PERFEKTES PORTRÄT**: Dieser Bedienfeldbereich hält alle Werkzeuge parat, mit denen Schönheitsfehler bei Porträtaufnahmen retuschiert werden können, von der Hautglättung über die Retusche von Hautunreinheiten bis hin zum Aufhellen der Zähne und einem glamourösen Glanzeffekt.

- **NEU ZUSAMMENSTELLEN**: Schieben Sie Motivbereiche enger zusammen und löschen Sie den Platz dazwischen, ohne die Hauptmotive dabei zu verzerren.

- **ALTES FOTO WIEDERHERSTELLEN**: Alte Papierfotos mit Farbstichen, Flecken und Falzrissen können Sie mit den zur Ver-

Kap5-05.jpg

Die Schärfentiefe des Hintergrunds wurde verringert.

Kap5-06.jpg

Mit dem RAHMEN-ERSTELLER wurde der Monitor des Smartphones ausgeschnitten und dieser Rahmen dann auf das Bild Kap5-04.jpg angewendet.

fügung gestellten Funktionen wieder auf Vordermann bringen. Dazu zählen Retuschewerkzeuge und Automatiken zur Beleuchtungs- und Farbkorrektur.

- **KRATZER UND MAKEL**: Optimieren Sie die Haut bei einem Porträt oder entfernen Sie störende Bildelemente mit dem Bereichsreparatur- und dem Reparatur-Pinsel.

- **TILT-SHIFT**: Bei diesem Effekt wird ein mehr oder weniger dünner Bildstreifen scharf und der Rest unscharf abgebildet. Dadurch sieht das Bild aus, als handele es sich um eine Miniaturwelt.

Miniatureffekt durch die Tilt-Shift-Bearbeitung.

Kap5-07.jpg

Verlustfreie Bildbearbeitung

Einige Bildbearbeitungsfunktionen laufen verlustfrei ab. Das bedeutet: Die Originaldatei bleibt als Hintergrundebene erhalten. Dies können Sie nachprüfen, indem Sie in den Modus *Experte* wechseln und das Ebenen-Bedienfeld aufrufen.

Kategorie Photomerge

- **PHOTOMERGE COMPOSE**: Mit dieser Funktion können Sie Teile aus einem Foto in ein anderes übertragen und die Beleuchtung und Farbe dabei so anpassen, dass sich das Element harmonisch in das neue Bild einfügt.

- **PHOTOMERGE EXPOSURE**: Fusionieren Sie unterschiedlich helle Einzelbilder miteinander, um eine kontrastreiche Szene mit einer besseren Belichtung und einem höheren Kontrastumfang zu erzeugen.

- **PHOTOMERGE FACES**: Fusionieren Sie zwei Gesichter miteinander, um lustige oder skurrile Fotomontagen zu gestalten.

- **PHOTOMERGE GROUP SHOT**: Stellen Sie aus mehreren Gruppenbildern eine Aufnahme zusammen, bei denen alle die Augen offen haben und in die gewünschte Richtung blicken.

- **PHOTOMERGE SCENE CLEANER**: Entfernen Sie störende Bildelemente, indem Sie die Szene in mehreren Aufnahmen festhalten und mit Photomerge so zusammensetzen, dass die unerwünschten Bildbereiche nicht mehr im Bild zu sehen sind.

- **PHOTOMERGE PANORAMA**: Fügen Sie die Einzelaufnahmen einer weitläufigen Landschaft oder Stadtszene nahtlos und perspektivisch korrigiert zu einer schönen Panoramaaufnahme zusammen.

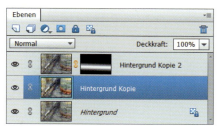

*Der Tilt-Shift-Effekt liegt als **Hintergrund Kopie** und **Hintergrund Kopie 2** über der Hintergrundebene mit dem Originalbild.*

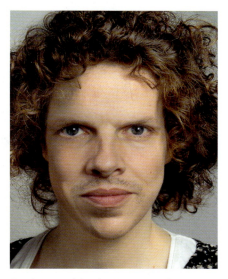

Das kommt dabei heraus, wenn die Autoren ihre Gesichter fusionieren ...

5.5 Aktionen nutzen und erweitern

Photoshop Elements ist in der Lage, sogenannte Aktionen abzuspielen und häufig benötigte Bildbearbeitungsschritte damit zu beschleunigen. Möglich ist auch, das Aktionen-Bedienfeld um neue Einträge zu erweitern. Dafür benötigen Sie jedoch vordefinierte Aktionsdateien oder den temporären Zugriff auf den großen Programmbruder Photoshop.

Vorgefertigte Aktionen abspielen

Kap5-08.jpg

*Der Ordner **Spezialeffekte** mit der Aktion **Verblasste Tinte** und der darunter enthaltenen Liste an Arbeitsschritten.*

Der Action Player fällt beim Start des Fotoeditors nicht ins Auge, denn er versteckt sich im Bedienfeld *Aktionen*. Wechseln Sie daher zuerst in den Fotoeditor-Modus *Experte*. Rufen Sie nun das Bedienfeld *Aktionen* entweder über die Schaltfläche *Mehr* in der Taskleiste oder über das Menü *Fenster/Aktionen* auf.

Das Bedienfeld besitzt vier vordefinierte Ordner, die sogenannten Aktionssätze. Wenn Sie einen Ordner auswählen, klappt das zugehörige Menü aus und präsentiert die verfügbaren Aktionen.

Über das kleine Wiedergabezeichen I links neben den Aktionen können Sie die integrierten Arbeitsschritte ausklappen. So wird schneller klar, was mit der jeweiligen Aktion gemeint ist und welche Bearbeitungsschritte durchgeführt werden.

 Teilaktion durchführen

Es müssen nicht immer alle Teilabschnitte einer Aktion auch tatsächlich angewendet werden. Denn jeder Aktionsabschnitt, der mit dem Wiedergabezeichen versehen ist, kann ausgewählt und gestartet werden. So könnten Sie beispielsweise lediglich den Körnungseffekt aus der Aktion *Sepia-Tonung mit Körnung* anwenden und die Sepia-Tonung weglassen. Dazu markieren Sie den Arbeitsschritt *Rauschen hinzufügen* und wählen anschließend das Icon *Auswahl ausführen*.

Um die Aktionen einzusetzen, wählen Sie eine Vorgabe aus, beispielsweise den Effekt *Verblasste Tinte*. Starten Sie anschließend die Aktion mit der Schaltfläche *Auswahl ausführen*. EEine laufende Aktion kann jederzeit gestoppt werden. Dazu wählen Sie das Symbol *Abspielen anhalten*, sie kann mit A*uswahl ausführen* aauch wieder fortgesetzt werden. Sollte Ihnen das Ergebnis nicht gefallen, können Sie die Aktion über das Symbol *Rückgängig* in der Taskleiste Schritt für Schritt rückgängig machen. Wurde die Aktion auf einer neuen Ebene ausgeführt, können Sie auch einfach ins Ebenen-Bedienfeld gehen und diese Ebene löschen.

*Aktion **Sepia-Tonung mit Körnung**.*

Der Action Player bietet folgende vordefinierte Aktionen an:

- *Untere Ränder*: Mit dieser Aktion wird die Arbeitsfläche des Bildes um 2,54 cm (1 Zoll) nach unten hin erweitert. Diese freie Fläche wird mit Farbe gefüllt, entweder Weiß, Grau oder Schwarz. Auf der Fläche könnten Sie später mit dem Textwerkzeug beispielsweise einen Bildtitel unterbringen.

- *Dünner machen*: Das Bild wird vom Hintergrund gelöst. Dann wird es an den Seiten um 2 % oder um 4 % zusammengestaucht, neu berechnet und die Ebene wieder auf den Hintergrund reduziert. Dadurch soll bei Porträts oder Ganzkörperfotos ein schmalerer Eindruck entstehen. Zugegebenermaßen haben wir diese Aktion noch nie wirklich benötigt, weil das Bodyshaping mit dem *Verflüssigen*-Filter viel besser zu bewerkstelligen ist.

- *Skalieren und freistellen*: Hier finden Sie verschiedene Größenvorgaben, in die das Bild überführt wird. Dabei haben Sie allerdings keinen Einfluss auf die Positionierung des Motivs, der Beschnitt erfolgt automatisch.

- *Spezialeffekte*: Dieser Bereich liefert drei unterschiedliche Effekte. Bei *Verblasste Tinte* können Sie einen Vignetteneffekt hinzufügen und bei der *Sepia-Tonung* eine zusätzliche Körnung. Beim *Sofort-Schnappschuss* können Sie zwei unterschiedliche Auflösungen wählen und am Ende der Aktion sogar den Ebenenstil selbst definieren, wenn gewünscht.

Neue Aktionen einbinden

Verlaufsfilter.atn und Kap5-09.jpg

Die Bildbearbeitung mit den automatisierten Aktionen des Action Player könnte an Optionen etwas umfangreicher sein, finden Sie nicht auch? Leider ist es aber nicht möglich, benutzerdefinierte Befehlsabfolgen in Photoshop Elements selbst aufzuzeichnen. Allerdings können Sie Aktionen ablaufen lassen, die mit Photoshop erstellt wurden. Vielleicht kennen Sie ja jemanden, der Ihnen mit dem großen Photoshop-Bruder geeignete Aktionen aufnehmen und zuschicken kann.

Um die Vorgehensweise hier einmal zu demonstrieren, haben wir in Photoshop den Aktionssatz *Verlaufsfilter* erstellt. Mit der darin enthaltenen Aktion *Grauverlauf* können Sie das Bild *Kap5-09.jpg* ganz automatisch in schöneres Licht tauchen. Klicken Sie bei den Menüfolgen, die eine Bestätigung erwarten, einfach auf *OK*.

Die Aktion ist perfekt auf das Beispielbild abgestimmt. Die Bearbeitung kann aber nachträglich durch Anpassen der eingefügten Einstellungsebenen und Ebenenmasken aber auch auf andere Bilder adaptiert werden.

*Links: Ausgangsbild.
Rechts: Bildergebnis nach dem Ausführen der Aktion Grauverlauf.*

Um die Aktionsdatei mit der Dateiendung *.atn* in Photoshop Elements einzubinden, klicken Sie im Menü des Aktionen-Bedienfelds auf *Aktionen laden* und wählen die Datei *Verlaufsfilter.atn* aus Ihrem Speicherverzeichnis aus. Der geladene Aktionssatz taucht nun in der Liste des Aktionen-Bedienfelds auf.

 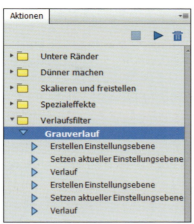

Links: Laden neuer Aktionen.
Rechts: Der hinzugefügte Aktionssatz
Verlaufsfilter mit der Aktion *Grauverlauf*.

 Aktionen aus dem Internet

Schauen Sie sich einmal im Internet um. Mit den Suchbegriffen „photoshop actions" oder „photoshop actions free" stoßen Sie auf jede Menge Anbieter für Photoshop-Aktionen, zum Beispiel auch auf die Plattform deviantART mit Hunderten von Aktionspaketen zum Download (*http://browse.deviantart.com/resources/applications/psactions/*). Möglicherweise finden Sie dort interessante Aktionen, die es wert sind, in Ihren Action Player eingebaut zu werden.

Bunt oder monochrom: alles über Farben

Die Farben eines Bildes sind wie seine Persönlichkeit – so kann eine Aufnahme zurückhaltend, quietschend bunt, nostalgisch oder auch hyperrealistisch wirken, in der Bildbearbeitung haben Sie das alles in der Hand. In diesem Kapitel erfahren Sie nicht nur, wie Sie eine perfekte Farbkorrektur durchführen, sondern auch, welche Möglichkeiten sich durch die gezielte Farbanpassung bzw. -veränderung auftun.

6.1 Die Farben digitaler Bilder

Es ist eigentlich kaum zu glauben, aber den Bildern aus der Digitalkamera – und sind sie noch so farbenfroh – liegen nur drei Farbkanäle zugrunde: Rot, Grün und Blau. Es handelt sich um sogenannte Lichtfarben, denn die Farbe entsteht durch das ausgesendete Licht farbiger Pixel, wie es in Computermonitoren, Tablet-/Smartphone-Displays oder Kameramonitoren entsteht.

Der RGB-Modus

Das Verhältnis der drei Grundfarben zueinander und die Helligkeitsstufen der jeweiligen Farbe ergeben das Farbresultat. Wird das Licht aller drei Grundfarben zu gleichen Anteilen gemischt, entsteht Weiß. Dort, wo kein Licht vorhanden ist, entsteht tiefes Schwarz. Bei einer Mischung zweier Grundfarben zu je 50 % entstehen die Farben **C**yan (C), Gelb (Y = **Y**ellow) und **M**agenta (M). Die Mischung der drei Grundfarben lässt sich anhand des RGB-Farbmodells optisch veranschaulichen.

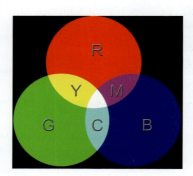

RGB-Farbmodus mit den Primärfarben Rot, Grün und Blau und den Mischfarben Gelb (Yellow), Magenta und Cyan.

Die Farbtiefe

Die Anzahl an Farben, die in einem Bild vorkommen können, hängt von der Farbtiefe ab. Im Fall des RGB-Modus und einer Farbtiefe von 8 Bit, wie sie JPEG-Dateien liefern, können im roten, grünen und blauen Kanal jeweils 2^8 = 256 Farbabstufungen dargestellt werden.

Das klingt an sich nicht nach viel, aber um das Farbbild darzustellen, werden die 256 Stufen eines jeden Kanals miteinander gemischt. Daraus ergeben sich dann schon 256³ ≈ 16,8 Millionen

Farben. Die Menge an Farben, die unser Auge gerade noch unterscheiden kann, ist damit bereits überschritten.

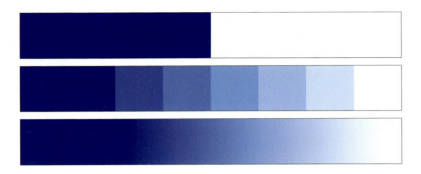

1 Bit liefert pro Kanal 2 Abstufungen (2^1).

Bei 3 Bit sind 8 Stufen (2^3) vorhanden.

Bei 8 Bit liegen 256 Stufen (2^8) vor.

Mit 8 Bit oder 16 Bit arbeiten?

In Photoshop Elements können Sie mit einer Farbtiefe von 8 Bit oder 16 Bit arbeiten. Da stellt sich natürlich gleich die Frage, welchem Modus denn generell der Vorzug gegeben werden sollte. Dazu ein paar Gedanken und Entscheidungshilfen:

- JPEG-Bilder liegen immer in 8 Bit vor. Es wäre auch nicht sinnvoll, sie in 16 Bit umzuwandeln, denn wo keine Farbabstufung war, kann auch keine eingebaut werden. Daher können Sie JPEG-Bilder mit Photoshop Elements nur in 8 Bit Farbtiefe bearbeiten.

- Nur zuvor im RAW-Konverter entwickelte RAW-Dateien oder im 16-Bit-Modus vorliegende TIFF-/PSD-Bilder können in Photoshop Elements auch im 16-Bit-Umfeld bearbeitet werden.

- Rechenleistung: Die Bearbeitung von 16-Bit-Dateien erfordert eine höhere Rechenleistung. Daher kann es bei älteren Computern dazu kommen, dass die Bearbeitungsschritte langsam ablaufen.

- Speicherbedarf: 16-Bit-Dateien benötigen deutlich mehr Speicherplatz, daher ist es sinnvoll, das Bild am Ende der Bearbeitung auf 8 Bit zu reduzieren.

- Eingeschränkte Bearbeitungsmöglichkeiten: In Photoshop Elements können nicht alle Funktionen an 16-Bit-Dateien durchgeführt werden, zu erkennen an der ausgegrauten Menüschrift. Daher ist es notwendig, zuerst die Schritte anzuwenden, die 16-Bit-fähig sind. Diese Vorgehensweise erfordert hinsichtlich der Bearbeitungsstrategie mehr Planung.

 Keine Ebenentechniken bei 16 Bit

Eine zentrale Technik von Photoshop Elements, das Arbeiten mit Ebenen, ist bei Bildern im 16-Bit-Modus nicht möglich.

Konvertierungshinweis.

Wenn IhrBild 16 Bit Farbtiefe aufweist und Sie starten eine Funktion, die nur mit 8-Bit-Bildern verwendbar ist, gibt Ihnen Photoshop Elements automatisch einen Hinweis. Bestätigen Sie diesen mit der Schaltfläche *Tiefe konvertieren*, wird das Bild umgewandelt und Sie können mit der Bearbeitung gleich im Anschluss fortfahren. Möchten Sie das Bild selbst umwandeln, können Sie dies über *Bild/Modus/8 Bit pro Kanal* erledigen.

Graustufen, Bitmap, indizierte Farbe

Neben dem RGB-Modus können Sie die Bilder auch in die drei anderen Farbmodi *Graustufen*, *Bitmap* und *Indizierte Farbe* umwandeln, indem Sie *Bild/Modus* wählen. Bei der Umwandlung eines Bildes in den Graustufenmodus werden alle Farben entzogen. Somit reduziert sich die Farbtiefe bei 8 Bit auf 256 Abstufungen von Schwarz über Grau bis hin zu Weiß.

Graustufenbilder eignen sich gut als Ausgangsbasis zum Kolorieren von Bildern. Bei dem etwas veralteten Modus Indizierte Farbe werden die vorhandenen Farben des Bildes mit denen einer Farbtabelle mit 256 Farben abgeglichen. Jede Bildfarbe erhält dabei einen Tabellenwert.

Somit könnte man sagen, dass es sich um ein Farbbild mit der Farbtiefe eines Graustufenbildes handelt. Durch die Reduktion auf 256 Farben wird das Speichervolumen merklich verringert. Aber dieser Modus wird heutzutage eigentlich kaum noch verwendet.

Links: *RGB*-Modus.
Mitte: Modus *Graustufen*.
Rechts: Modus *Indizierte Farbe*.

Im Farbmodus *Bitmap* wird das Bild auf die Farben Schwarz und Weiß reduziert. Dies eignet sich in erster Linie für die Erstellung von Grafiken oder Zeichnungen. Es gibt drei Methoden, mit der die Konvertierung stattfinden kann: *Schwellenwert 50 %* erhöht den Kontrast enorm und führt zu einer sehr plakativen Darstellung. Die Methoden *Muster-Dither* und *Diffusions-Dither* liefern Ergebnisse, die dem Graustufenmodus ähneln.

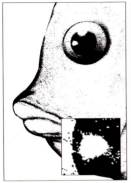 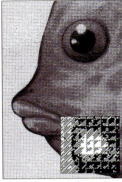 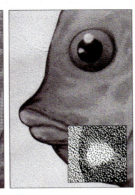

Links: Schwellenwert 50 %.
Mitte: Muster-Dither.
Rechts: Diffusions-Dither.
Die Ausschnitte verdeutlichen, dass die Bitmap-Modi nur schwarze und weiße Pixel erzeugen.

6.2 Farbstiche entfernen

Wenn der Weißabgleich während der Aufnahme einmal danebengelegen hat, ist guter Rat teuer. Es erscheint auf den ersten Blick recht aufwendig, alle Farben wieder so hinzubekommen, wie sie in Wirklichkeit waren – gäbe es da nicht spezielle Funktionen, mit denen sich Farbstiche recht mühelos entfernen lassen.

Farbstich mit einem Klick entfernen

Eine unkomplizierte Funktion zum Optimieren der Bildfarben nennt sich ganz simpel *Farbstich entfernen*. Die Bearbeitung erfolgt damit einerseits sehr intuitiv, wie Sie gleich sehen werden. Andererseits ist sie aber auch recht störanfällig, weil nur sehr kleine Bildstellen zum Messen der benötigten Farbwerte herangezogen werden.

Kap6-01.jpg

1   Öffnen Sie das Bild im Fotoeditor-Modus Experte. Klicken Sie das Farbwähler-Werkzeug (⬚, ✐) an und stellen in dessen Optionsleiste Durchschnitt (5 × 5) ein. Für die Farbkorrektur wird dann ein 25 Pixel umfassender Bereich herangezogen, anstatt nur eines Pixels, was in der Regel konsistentere Ergebnisse liefert.

Anpassen des Farbwähler-Werkzeugs für die anschließende Farbstichentfernung.

2 Wählen Sie anschließend *Überarbeiten/Farbe anpassen/ Farbstich entfernen*. Entscheiden Sie sich anhand optischer Bildmerkmale für einen Bereich, der neutral wiedergegeben werden soll und klicken Sie mit der Pipette des Werkzeugs auf den betreffenden Bildbereich **1**. Sogleich wird die gesamte Farbgebung verändert. Wenn Sie *Fenster/Informationen* (F8) wählen, können Sie anhand der X/Y-Koordinaten im Beispielbild die gleiche Stelle im Bild anklicken, die wir für die Farbkorrektur verwendet haben (X: 4,06 cm, Y: 4,58 cm **2**). Erwarten Sie jedoch keine Wunder von dieser Funktion. Wenn die Farben aufgrund eines völlig falsch eingestellten Weißabgleichs total danebenliegen, weil versehentlich ein Kunstlicht-Weißabgleich statt des Tageslicht-Weißabgleichs verwendet wurde, ist das Bild farblich generell schwer zu retten.

Mit einem Klick wird die gewählte Pixelstelle neutralisiert. Diese Änderung wirkt sich auf alle anderen Farben mit aus, sodass der Farbstich verschwindet.

Automatische Farbkorrektur

Eine weitere Möglichkeit zur schnellen Farbkorrektur bieten die Auto-Tonwertkorrektur und Auto-Farbkorrektur, die Sie im vorangegangenen Kapitel bereits kennengelernt haben. Da diese Funktionen schnell anzuwenden sind, spricht nichts dagegen, beide Optionen auszuprobieren. Im Modus Experte wählen Sie hierfür *Überarbeiten/Auto-Tonwertkorrektur* (⇧+Strg/cmd+L) oder *Überarbeiten/Auto-Farbkorrektur* (Strg+⇧/cmd+B). Die Bearbeitung wird direkt durchgeführt.

Neutrale Bildstellen ermitteln und Tonwertkorrektur anwenden

Bei vielen Bildern ist es nicht so leicht, einen Motivbereich auszumachen, der in der Realität auch tatsächlich neutral ist und daher optimalerweise für die Farbstichentfernung herangezogen werden kann.

Natürlich können Sie mit dem Werkzeug Farbstich entfernen verschiedene Bildstellen austesten, bis das optisch gewünschte Resultat erscheint. Sie könnten sich aber auch gezielt auf die Suche nach einem geeigneten Neutralisierungsbereich machen und den Farbstich anschließend mit einer Tonwertkorrektur entfernen.

Links: Ausgangsbild.
*Mitte: Ergebnis der Funktion **Farbstich entfernen**.*
Rechts: Die Bestimmung der neutralen Bildstellen plus Tonwertkorrektur aus dem nachfolgenden Abschnitt liefert das beste Resultat.

1 Öffnen Sie das unbearbeitete Beispielbild aus dem vorigen Abschnitt. Wählen Sie *Ebene/ Neue Füllebene/Farbfläche*. Geben Sie als Mischmodus *Differenz* ❶ an.

2 Im sich automatisch öffnenden Farbwähler deaktivieren Sie unten die Checkbox *Nur Webfarben anzeigen* und geben dann den Hexadezimalwert #808080 ❷ ein. Damit legen Sie einen 50-prozentigen Neutralgrauwert fest.

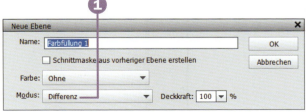

*Anlegen einer Füllebene im Mischmodus **Differenz**.*

Auswahl von 50 % Neutralgrau.

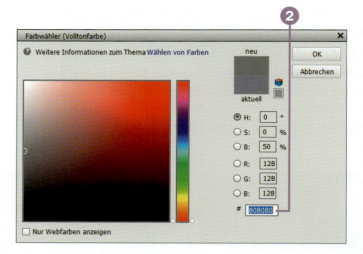

3 Wählen Sie *Ebene/Neue Einstellungsebene/Schwellenwert* und ziehen Sie den Schwellenwert-Regler ganz nach links. Klicken Sie in das Zahlenfeld **3** und erhöhen Sie den Wert mit der ⬆-Taste, und zwar so weit, bis erste kleine schwarze Flächen im Bild auftauchen (hier Wert 8). Vergrößern Sie die

Herausarbeiten der neutralen Bildareale.

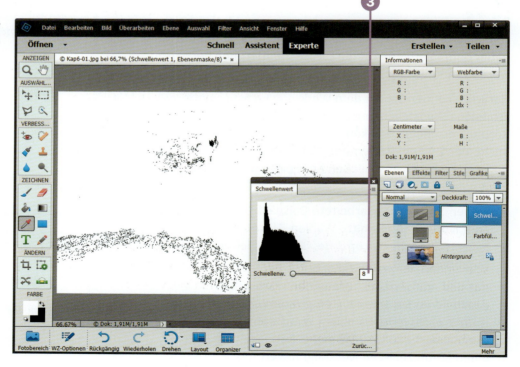

Bildvorschau mit dem Zoom-Werkzeug (Z, 🔍), um diese Flächen besser erkennen zu können. Diese Bereiche stellen die neutralen Bildstellen Ihres Motivs dar.

4   Markieren Sie die Hintergrundebene ❼. Wählen Sie *Überarbeiten/Beleuchtung anpassen/Tonwertkorrektur* (Strg/cmd+ L). Aktivieren Sie die Pipette *Graupunkt setzen* ❺ und klicken Sie mit dem Werkzeug auf eine der schwarzen Flächen ❹. Die von uns gewählte Pixelposition, die Sie per Informationen-Bedienfeld (F8) nachvollziehen können, lag bei X: 4,18 cm/Y: 1,40 cm ❻.

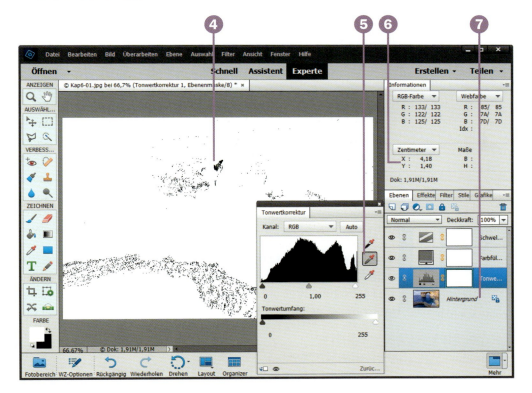

Neutralisieren der zuvor definierten Bildposition mit dem Werkzeug **Graupunkt setzen** *aus dem Dialog der Tonwertkorrektur.*

5   Blenden Sie die Füllebene und die Schwellenwert-Ebene aus 👁 ❽ und prüfen Sie das Ergebnis. Der Farbstich sollte verschwunden sein (siehe das dritte Bild auf Seite 140). Wenn das Bild noch farbstichig aussehen sollte, können Sie, wie im Abschnitt vorher gezeigt, *Überarbeiten/Farbe anpassen/Farbstich entfernen* wählen und mit der Pipette des Werkzeugs Nachbesserungen vornehmen.

Das Bild ohne Farbstich.

Kap6-01.jpg

Links: Ausgangsbild.
Rechts: Nach dem Anpassen der Hauttöne.

Natürliche Hauttöne mit nur einem Klick

Porträts gehören neben Natur- und Sightseeing-Fotos sicherlich zu den am meisten aufgenommenen Motiven. Bei der Darstellung von Menschen ist es unter anderem besonders wichtig, natürliche Hauttöne zu erzielen. Photoshop Elements hat dazu speziell die

Option *Farbe für Hautton anpassen* im Programm. Mit nur einem Klick lassen sich damit bereits erstaunliche Ergebnisse erzielen.

1 Öffnen Sie das Bild im Fotoeditor. Wählen Sie anschließend *Überarbeiten/Farbe anpassen/Farbe für Hautton anpassen*.

2 Mit dem Erscheinen des Dialogs wechselt der Mauszeiger seine Funktion und wird zum Farbaufnahmewerkzeug. Klicken Sie damit auf eine Hautstelle **1**. Die Farbe der Haut wird aufgenommen und sofort korrigiert, was hier im Vergleich zum Ausgangsbild zu einer wärmeren Farbgebung geführt hat. Probieren Sie ruhig verschiedene Hautstellen aus. Wenn Sie mit den Ergebnissen zufrieden sind, können Sie Ihre Wahl gleich mit *OK* bestätigen. Sollte das nicht der Fall sein, führen Sie Sie auch noch den nächsten Schritt durch.

Nach dem Mausklick mit der Pipettenspitze sehen die Hauttöne schon natürlicher aus.

3 Die automatische Korrektur können Sie nun weiter verfeinern. Dazu verschieben Sie die Tönung mit den Reglern *Bräunung* **3** und *Rötung* **4** in Richtung mehr oder weniger Braun bzw. Rot. Achten Sie dabei auf den Erhalt der natürlichen Wirkung.

Die Regler sind nicht dafür geeignet, einen braunen Hauttyp ins Rosé umzufärben oder andersherum. Es geht lediglich um feine Nuancen, um die Hautfarbe so natürlich wie möglich anzupassen.

Sollte der Farbstich immer noch nicht ganz verschwunden sein, bewegen Sie den Regler *Temperatur* ❷ nach links, um die Blauanteile zu erhöhen, oder nach rechts, um die Gelb-Rot-Anteile zu verstärken. Bestätigen Sie die Aktion am Ende mit *OK*.

Mit den Reglern lassen sich die Hauttöne ganz fein nachregulieren..

6.3 Vollere Farben: Sättigung erhöhen

Manchmal sind die Farben des Bildes ein wenig flau, weil zum Beispiel mit einem neutralen Bildstil fotografiert wurde oder die Lichtstimmung kräftige Farben einfach nicht zugelassen hat. In solchen Fällen ist es sinnvoll, die Sättigung ein wenig anzuheben und eventuell den Farbton leicht anzupassen.

Was bedeutet Sättigung?

Mit der Sättigung wird die Reinheit oder auch die Intensität einer Farbe beschrieben. Gesättigte Farben enthalten keine Anteile an unbunten Farben.

Es mischen sich also weder Grau, Weiß noch Schwarz in die Farbe hinein. Reine Farben setzen sich zu 100 % aus bunter Farbe zusammen, wobei das nicht nur die drei Primärfarben Rot, Grün und Blau betrifft, sondern auch die Mischungen aus den gesättigten Primärfarben.

Oben: Weiß erhöht zwar die Helligkeit, lässt die Sättigung aber sinken.
Mitte: Schwarz verringert die Helligkeit und die Sättigung.
Unten: Grau lässt die Sättigung optisch am deutlichsten sinken.

Die Sättigung erhöhen

Die Funktionen für die Beeinflussung von Farbton und Sättigung finden Sie bei Photoshop Elements 15 an vier Stellen des Fotoeditors: im Modus Schnell beim Menüpunkt *Farbe*, im Modus Assistent unter dem Menüpunkt *Farbe verbessern*, im Modus Experte bei *Überarbeiten/Farbe anpassen/Farbton/Sättigung anpassen* und alternativ auch unter *Ebene/Neue Einstellungsebene/Farbton/Sättigung*.

Kap6-03.jpg

Mit der letztgenannten Einstellungsebene ![] können Sie die Bearbeitung verlustfrei auf einer eigenen Ebene durchführen, wie es im folgenden Workshop gezeigt wird.

Links: Ausgangsbild.
Rechts: Resultat nach der Bearbeitung
der Sättigung.

Einfügen der Einstellungsebene *Farbton/*
Sättigung 1.

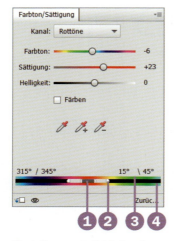

Einstellungsmöglichkeiten im
Dialogfenster **Farbton/Sättigung**.

1 Öffnen Sie das Bild im Fotoeditor und wählen Sie anschließend Ebene/Neue Einstellungsebene/Farbton/Sättigung. Die neue Einstellungsebene erscheint iim Ebenen-Bedienfeld oberhalb der Hintergrundebene.

2 Im Korrekturen-Bedienfeld finden Sie die Einstellungsmöglichkeiten der eingefügten Ebene. Dazu zählt das Auswahlmenü der Farbtöne. Bei **Standard** (Alt+2) werden alle Farben gleichmäßig verändert. Es können aber auch nur die Rottöne, Gelbtöne etc. bearbeitet werden. Mit dem **Farbton**-Regler verschieben Sie die Farbe der Farbkanäle, die Sie zuvor ausgewählt haben. Damit lassen sich Farbstiche behandeln und kreative Farbveränderungen vornehmen. Der Regler Sättigung ist für die Erhöhung oder Abschwächung der ausgewählten Farbkanäle zuständig. Die Helligkeit aller oder bestimmter Farben kann ebenfalls mit dem entsprechenden Regler fein angepasst werden. Mit der Checkbox **Färben** können Sie dem gesamten Bild einen monochromatischen Farblook verleihen, beispielsweise eine Sepia-Färbung.

Wenn Sie einen bestimmten Farbkanal gewählt haben, sind zudem drei Pipetten verfügbar: Mit der ersten, dem Farbwähler-Werkzeug 🖋, können Sie durch einen Klick ins Bild einen bestimmten Farbton auswählen. Mit 🖋₊ lassen sich weitere Farbtöne hinzufügen, und mit 🖋₋ können Farbtöne von der Auswahl abgezogen werden. Damit ist es möglich, die Farbveränderung auf einen individuellen Farbbereich einzuschränken. Hierbei beinhaltet die Kernzone ❶ die Farben, die von der Bearbeitung auf jeden Fall betroffen sind. Mit den äußeren Schiebern ❷ wird die Breite des Übergangsbereichs zwischen der ausgewählten Farbe und den benachbarten Farbtönen definiert. Diese Farben werden teilweise noch mit bearbeitet. Das grundlegende Farbspektrum wird im oberen Farbbalken ❸ aufgeführt. Der untere Balken ❹ weist ein verschobenes Spektrum auf, sobald Sie den *Farbton*-Regler betätigt haben.

3 Heben Sie im Fall des Beispielbildes gleich einmal die Sättigung aller Kanäle (*Standard*) um 55 Zähler an. Das Bild sieht schön kräftig bunt aus, aber die Farben überstahlen stellenweise, wie Sie gleich sehen werden.

Erhöhte Sättigung mit zunächst noch überstrahlten Farben.

 Auf Rot-Orange achten

Die Rot- und Orangetöne bereiten generell am meisten Schwierigkeiten, denn sie überstrahlen sehr schnell. Achten Sie daher beim Anpassen der Sättigung, aber auch bereits beim Fotografieren ganz besonders auf diese Farbtöne. Prüfen Sie die Bilder anhand des Farbhistogramms, das viele Kameramodelle im Programm haben, auf Überstrahlungen des roten Farbkanals.

4 Bei der Bearbeitung der Sättigung empfiehlt es sich, die Tonwerte des Bildes zu prüfen. Dann können Sie Überstrahlungen aufspüren und diese im Anschluss beheben. Wählen Sie dazu

Ebene/Neue Einstellungsebene/Tonwertkorrektur. Klicken Sie nun bei gleichzeitig gehaltener ⟨Alt⟩-Taste auf den weißen Pfeil **4** rechts unterhalb des Histogramms. Alle Flächen, die Sie daraufhin im Bild sehen **1**, überstrahlen. Auch den eventuellen Beschnitt in den Tiefen **2** können Sie prüfen, indem Sie mit gehaltener ⟨Alt⟩-Taste den kleinen schwarzen Regler **3** anklicken. Zu dunkle oder viel zu helle Farbflächen sollten nicht großflächig auftreten wie hier. An diesen Stellen geht die Bildstruktur verloren. Vor allem beim Ausdrucken solcher Bilder fallen die Qualitätsmängel schnell auf.

Die Tonwertprüfung macht deutlich, welche Farben überstrahlen oder zu dunkel sind.

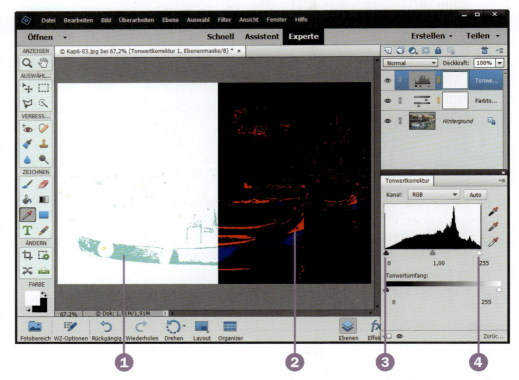

5 Nach der Überstrahlungsanalyse ist klar: Die Cyan-, Blau- und Rottöne müssen abgeschwächt werden. Hier haben wir die *Sättigung* aller Farben auf +30 gesenkt und anschließend die *Helligkeit* der einzelnen Farben wir folgt bearbeitet: Rottöne –20 , Gelbtöne –20, Cyantöne +20 und Blautöne +14. Die Tonwertprüfung ergibt nun ein nahezu überstrahlungsfreies Ergebnis (fast ganz schwarz bzw. weiße Bildfläche).

Selektive Bearbeitung der roten und gelben Farbtöne.

6 Ein wenig strahlender könnten die Boote aber doch noch werden, nur eben ohne neue Überstrahlungen zu produzieren. Dafür gibt es einen einfachen Trick. Duplizieren Sie die Bildebene zweimal mit *Ebene/Ebene duplizieren* (Strg/cmd+J). Setzen Sie die untere Ebene auf den Mischmodus *Weiches Licht* und die obere auf *Negativ multiplizieren*. Regeln Sie die Wirkung der Ebenen über deren Deckkraft. Hier erhielt die Ebene *Negativ multiplizieren* eine Deckkraft von 10 % und *Weiches Licht* eine von 50 %. Die Farben leuchten intensiver, aber ohne Überstrahlungen. Prüfen Sie das ruhig noch einmal mit der Tonwertkorrektur-Ebene.

*Duplizierte Ebenen im Mischmodus **Weiches Licht** und **Negativ multiplizieren**.*

*Optional: Anheben der Dynamik im Modus Schnell bei **Farbe**.*

Sanfte Dynamik-Erhöhung

Wenn die Farben immer noch zu flau aussehen, können Sie einen weiteren Schritt anwenden. Dazu markieren Sie die Ebene **Hintergrund** und wählen im Modus Schnell bei den Korrekturen die Rubrik **Farbe**. Setzen Sie darin den Regler **Dynamik** auf Werte bis zu 50. Anschließend prüfen Sie die Belichtung mit der Tonwertkorrektur am besten erneut.

Bildbereiche einfärben

Die Funktion **Farbton/Sättigung** kann auch zum Einfärben eines Bildes oder eines Bildbereichs verwendet werden, um beispielsweise nur eine bestimmte Farbe noch kräftiger und etwas wärmer darzustellen, etwa das Blau der Sonnenschirme und des vorderen Bootes aus dem Bild des vorigen Abschnitts.

Resultat nach Intensivierung der blauen Farbflächen durch Einfärben (Farbton 226, Sättigung 49, Helligkeit 0).

Dazu fügen Sie mit **Ebene/Neue Einstellungsebene/Farbton/Sättigung** eine neue Einstellungsebene ein und setzen diese auf den Mischmodus **Ineinanderkopieren** ❸. Aktivieren Sie im Dialogfenster die Checkbox **Färben** ❷. Legen Sie anschließend bei **Farbton** die gewünschte Farbe fest und bestimmen Sie mit **Sättigung** und **Helligkeit** deren Intensität. Markieren Sie anschließend die weiße Ebenenmaske ❹ und wählen Sie **Filter/Anpassungsfilter/Umkehren** (Strg/cmd +I), sodass diese schwarz eingefärbt wird. Aktivieren Sie dann den Pinsel (B,) mit einer weichen Pinselspitze und der Vordergrundfarbe Weiß. Malen Sie über die Bildstellen ❶, die durch die eingefügte Färbung intensiviert werden sollen.

6.4 Farben ersetzen

Kap6-04.jpg

Manchmal ist nur eine bestimmte Farbe innerhalb des Bildes nicht ganz optimal. Es kann aber auch einfach sein, dass Sie aus bildgestalterischen Gründen eine Farbe gegen eine andere austauschen möchten. Kein Problem, mit dem Befehl Farbe ersetzen gelingt dies wie von Zauberhand.

1 Öffnen Sie das Bild *Kap6-04.jpg* oder Ihr eigenes Foto und duplizieren Sie die Hintergrundebene mit E*bene/Ebene duplizieren* (⌨Strg/⌨cmd+⌨J).

2 Wählen Sie *Überarbeiten/Farbe anpassen/Farbe ersetzen*. Das Menü ❸ bietet Ihnen folgende Einstellungsoptionen: Mit dem Farbwähler-Werkzeug 🖋 nehmen Sie durch Klick ins Bild einen bestimmten Farbton auf. Mit 🖋 lassen sich weitere Farbtöne hinzufügen, und mit 🖋 können Farbtöne von der Auswahl abgezogen werden. Damit ist es möglich, nicht nur eine, sondern gleich mehrere Farben zu ersetzen. Die Auswahl der zu ersetzenden Farbe kann alternativ auch über das obere quadratische Farbfeld erfolgen. Mit der Checkbox *Lokalisierte Farbgruppen* wird die Farbauswahl noch stärker auf zusammenhängende Farben eingegrenzt.

Über den Regler *Toleranz* können Sie die Auswahl auf ähnliche Farbtöne ausdehnen oder ähnliche Farben stärker ausschließen. In der kleinen Bildvorschau heben sich die ausgewählten Farben in Weiß von den nicht ausgewählten Farben in Schwarz ab, wenn Sie die Option *Auswahl* aktiviert haben. Mit der Option *Bild* können Sie das Ausgangsbild in Originalfarbe einblenden. Die Änderung der ausgewählten Farbe(n) erfolgt anhand der Regler *Farbton*, *Sättigung* und *Helligkeit*, kann alternativ aber auch durch Auswahl eines Farbtons mit dem unteren Farbquadrat erfolgen.

*Farbe ersetzen mit der gleichnamigen Funktion aus dem Menü **Überarbeiten/Farbe anpassen**.*

3 Um die roten Farbtöne des Strandhäuschens umzufärben, klicken Sie mit dem Farbwähler-Werkzeug ✐ im Bild auf die roten Holzlatten **2**. Erweitern Sie *Toleranz* auf den Wert 80. Sollten innerhalb des weißen Auswahlbereichs nicht alle Farbflächen erfasst werden, wählen Sie die Pipette *Hinzufügen* ✐₊ und klicken die entsprechenden Bereiche im Foto an, um die Häuserwand lückenlos auszuwählen.

4 Im unteren Bereich des Dialogfensters können Sie nun die Zielfarbe bestimmen, zum Beispiel *Farbton* +20, *Sättigung* +34 und *Helligkeit* +1.

5 Da auch Farben außerhalb des gewünschten Bereichs umgefärbt werden **1**, wenn sie in den gewählten Toleranzbereich fallen, müssen diese Bereiche abgedeckt werden. Fügen Sie hierzu mit *Ebene/Ebenenmaske/Alles maskiert* (Alt-Taste plus ◙) eine schwarze Ebenenmaske **6** ein. Wählen Sie den Pinsel (B, ✐) mit weicher Spitze und weißer Vordergrundfarbe **4**. Malen Sie die Bereiche aus, die umgefärbt werden sollen **5**.

Die Ebene mit der geänderten Farbe wird mit einer Ebenenmaske erst komplett abgedeckt und dann stellenweise wieder zum Vorschein gebracht.

6.5 Von Schwarzweiß zu Monochrome Fine Art

Schwarzweiß-Fotografien haben auch im digitalen Zeitalter in keiner Weise an Attraktivität verloren. Im Gegenteil, lassen sich doch durch eine professionelle Schwarzweiß-Umwandlung Effekte erzielen, für die früher spezielles Filmmaterial und eingefärbte Fotofilter benötigt wurden. Grundlegend betrachtet gibt es drei Möglichkeiten, ein Bild mit Photoshop Elements schwarzweiß darzustellen:

Kap6-05.jpg

- Das Bild wird auf schwarze und weiße Pixel reduziert.
- Das Bild wird in den Graustufenmodus konvertiert.
- Das Bild liegt weiterhin im farbigen RGB-Modus vor, die Farben werden aber alle entsättigt und enthalten somit keine bunten Anteile mehr.

Optisch ähneln sich die Ergebnisse der drei Methoden. Aber im Detail und bei genauer Betrachtung gibt es teils gehörige Unterschiede. Also schnappen Sie sich die Beispielaufnahme und lassen Sie sich auf die Welt der monochromen Bilder ein.

 Monochrome Fine Art

Monochrome Fine Art ist ein stehender Begriff für hochwertig gestaltete monochromatische Bilder in Schwarzweiß oder mit schwacher Farbtönung. Häufig handelt es sich um künstlerische Motive mit dramatischer Stimmung, hohem Kontrast oder auch Bildern mit Körnungseffekten, so wie sie früher mit lichtempfindlichen Schwarzweiß-Filmen entstanden.

Das farbige Ausgangsfoto.

Schwarzweiß per Schwellenwert

Mit dem am heftigsten wirkenden Effekt beginnt die Tour durch die Bearbeitungsmöglichkeiten für Schwarzweiß-Bilder. Denn mit der Funktion Schwellenwert reduzieren Sie das Bild auf schwarze und weiße Pixel. Den Schwellenwert können Sie direkt auf das Bild anwenden, indem Sie *Filter/Anpassungsfilter/Schwellenwert* wählen. Oder Sie verwenden eine entsprechende Einstellungsebene (*Ebene/Neue Einstellungsebene/Schwellenwert*).

In beiden Fällen definieren Sie als Nächstes mit dem Regler ❶ den Helligkeitswert (hier 155), der die Grenze zwischen Schwarz und Weiß darstellen soll. Alle dunkleren Tonwerte erscheinen schwarz und alle helleren weiß. Zu Beginn steht der Regler auf dem Wert 128, was einer 50-prozentigen Helligkeitsstufe entspricht.

Schwarzweiß-Umwandlung mit einem Schwellenwert von 155.

Entfärben mit dem Graustufenmodus

Farbige Bilder liegen standardmäßig im RGB-Farbmodus vor. Mit einer Umwandlung in den Graustufenmodus können Sie das Foto auf einen Schlag in ein monochromes Schwarzweiß-Bild verwandeln.

Dazu wählen Sie *Bild/Modus/Graustufen*. Bestätigen Sie den Dialog *Farbinformationen verwerfen* mit *OK*. Nachteilig an dieser Art der Konvertierung ist, dass Sie keinen Einfluss auf die

Schwarzweiß-Gestaltung haben. Vorteilhaft sind die Unkompliziertheit in der Anwendung und die starke Reduktion des Speichervolumens.

Ergebnis der Graustufenumwandlung.

Farbe entfernen im RGB-Modus

Eine weitere, sehr einfache Möglichkeit, dem Foto die Farbe zu entziehen, ist der Befehl *Farbe entfernen*. Dazu wählen Sie im Fotoeditor die Befehlsfolge *Überarbeiten/Farbe anpassen/Farbe entfernen* (Strg+⇧+U).

Der Effekt ist vergleichbar mit der vollständigen Reduktion der Farbsättigung im Dialog *Farbton/Sättigung*. Das Resultat von *Farbe entfernen* ähnelt dem Ergebnis des Graustufenmodus zum Verwechseln. Im Unterschied dazu liegt das Bild aber noch im RGB-Modus vor – besitzt also noch alle drei Farbkanäle – und benötigt daher mehr Speicherplatz (hier 1,91 MB statt nur 0,65 MB).

*Das Resultat von **Farbe entfernen**.*

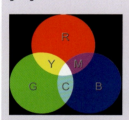

RGB-Modus.

Farbe entfernen.

Modus Graustufen.

In Schwarzweiß konvertieren

Eine intuitiv zu bedienende und gleichzeitig professionellere Lösung für die Umwandlung von Farbbildern in Monochrome Fine Art bietet die Funktion *In Schwarzweiß konvertieren*.

1 Wählen Sie im Fotoeditor *Überarbeiten/In Schwarzweiß konvertieren* (Strg / cmd + Alt + B).

2 Ein neues Dialogfenster öffnet sich, in dem Sie links das bunte Bild und rechts das Resultat in Schwarzweiß sehen. Nun können Sie die Art der Konvertierung variieren. Dafür gibt es verschiedene Vorgaben, die bei Stil auswählen aufgelistet sind. Klicken Sie einfach eine Vorgabe an und betrachten Sie die Bildveränderung.

Bestätigen Sie die Auswahl mit *OK*, wenn ein Stil bereits genau Ihren Geschmack trifft, wie hier zum Beispiel *Schöne Landschaft*. Mit der Schaltfläche *Zurück* machen Sie alle Änderungen rückgängig, während *Rückgängig* die Änderungen Schritt für Schritt revidiert.

3 Um selbst Einfluss auf die Helligkeit und den Kontrast des Schwarzweißbildes zu nehmen, haben Sie die Möglichkeit, bei *Intensität anpassen* die Farbkanal-Regler zu verschieben und damit Änderungen der Farbanteile vorzunehmen – eine wirklich professionelle Vorgehensweise. Probieren Sie das ruhig gleich einmal aus. Wenn Sie die Maus über einen der Regler platzieren, wird der Einstellungswert angezeigt. Hier haben wir folgende Werte verwendet: +94 für *Rot*, −8 für *Grün*, +13 für *Blau* und +6 für den *Kontrast*.

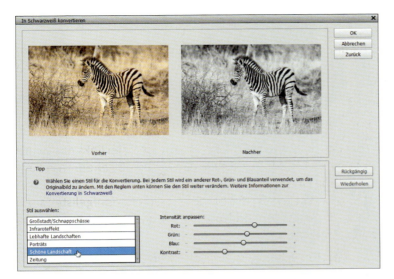

In Schwarzweiß konvertiert mit der Vorgabe Schöne Landschaft.

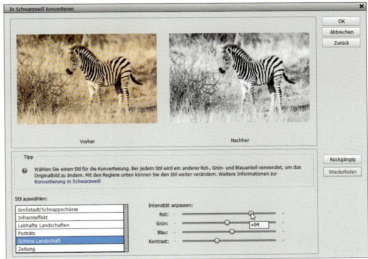

Intensivierte Wirkung durch Verschieben der Regler auf Basis der Vorgabe Schöne Landschaft.

Schwarzweiß per Kanal-Regler

Im Prinzip wurde dem Menü Farbton/Sättigung zu Beginn dieses Kapitels etwas Unrecht getan. Denn hinter dieser Funktion steckt weitaus mehr Potenzial.

Sie ist sogar zum Konvertieren in Schwarzweiß besonders gut geeignet, denn mit den sechs Farbgruppen ist eine noch feinere Abstimmung der Helligkeitsstufen umzusetzen, als nur mit den drei Reglern *Rot*, *Grün* und *Blau* des Menüs In S*chwarzweiß konvertieren*.

Links: Ausgangsbild
(Foto: © Roman Samokhin – Fotolia.com).
Rechts: Resultat nach der Schwarzweiß-
Umwandlung mit den Farbkanälen.

 **Gelb-Kanal für
grüne Farben**

Manchmal stecken hinter den im Bild
wahrgenommenen Farben andere Farbkanäle. So werden grüne Farben häufig
viel stärker vom Gelb-Kanal gespeist als
vom Grün-Kanal. Denken Sie vor allem bei
Naturbildern daran, wenn Gras, Bäume
oder Blätter zu bearbeiten sind.

1 Öffnen Sie Ihr Bild im Fotoeditor. Das kann ein Porträt sein,
aber genauso gut eine Landschaft oder eine Tieraufnahme.
Wählen Sie anschließend *Ebene/Neue Einstellungsebene/
Farbton/Sättigung*. Ziehen Sie den *Sättigung*-Regler ganz
nach links, sodass das Bild all seine Farbe verliert.

2 Jetzt kommt der Trick. der Trick. Denn mit der Wahl der Farbkanäle Gelb bis Magenta können Sie nun die Helligkeit der
einzelnen Farbgruppen ganz fein justieren. Bei Porträts beginnen Sie am besten mit den Rottönen. Ziehen Sie den Regler
Helligkeit nach links (hier –60), um die Hautpartien etwas
abzudunkeln.

Mit der Hinzufügen-Pipette 🖋 können Sie ins Bild klicken, um
den automatisch vorgewählten Rottönen weitere Farbtöne
hinzuzufügen und diese mit abzudunkeln. Mit der Minus-Pi-
pette 🖋 können Sie das Farbspektrum aber auch eingrenzen.
Hier haben wir mit 🖋 auf die linke Wange geklickt.

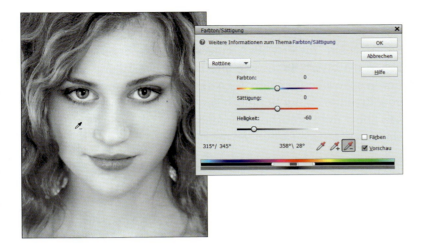

Abdunkeln der Hautpartien über die Rottöne.

3 Da die Haut und Haare ebenfalls einen hohen Anteil an Gelbtönen besitzen, können Sie die Helligkeit auch hierüber weiter nachjustieren. Hier haben wir die Gelbtöne um +66 Stufen erhöht, um die Durchzeichnung der Haare zu optimieren.

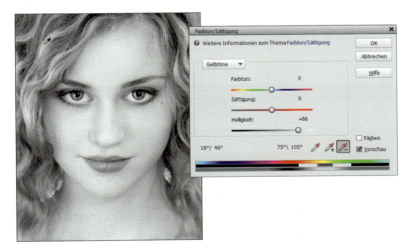

Aufhellen der Haare über die Gelbtöne.

4 Zum Schluss haben wir noch die Iris der Augen mit den Cyantönen (+30) und den Blautönen (+20) angepasst, fertig ist das monochrome Porträt.

Die anderen Farbkanäle spielen bei diesem Bild keine Rolle und können daher vernachlässigt werden. Und dank der Einstellungsebene hat sich die Bearbeitung wieder einmal total verlustfrei abgespielt.

Kap6-06.jpg

6.6 Farbverfremdung

Sepiafarbene Bilder haben eine ganz besondere Wirkung. Sie sehen ein bisschen aus wie alte Schwarzweiß-Fotos aus Papier, deren schwarze Farbe im Zuge des Alterungsprozesses auf dem vergilbenden Papier bräunlich geworden ist. Nun stellen Sie diesen Effekt mit Photoshop Elements nach. Und selbstverständlich sind auch andere Färbungen möglich.

Schwarzweiß-Vorteil

Was auch gut funktioniert, ist, zuerst mit einer Schwarzweiß-Konvertierung für eine optimale Helligkeitsverteilung der Tonwerte zu sorgen und dann erst die Färbung durchzuführen.

1 Wählen Sie *Ebene/Neue Einstellungsebene/Farbton/Sättigung*, sodass eine neue Einstellungsebene über der Hintergrundebene angelegt wird.

2 Aktivieren Sie im Bedienfeld *Farbton/Sättigung* die Checkbox *Färben* ❷. Damit können sowohl farbige als auch schwarzweiße oder andersfarbig monochromatische Bilder gefärbt werden.

3 Anschließend steuern Sie die Farbe mit dem Regler *Farbton* (hier 30), die Intensität mit dem Regler *Sättigung* (hier 21) und die Leuchtkraft mit dem Regler *Helligkeit* (hier 0).

4 Damit die Färbung nicht den Bildkontrast mindert, setzen Sie den Mischmodus der Einstellungsebene auf *Farbe* ❶.

Ein maltesischer Türklopfer vor (linker Ausschnitt) und nach der Sepia-Färbung.

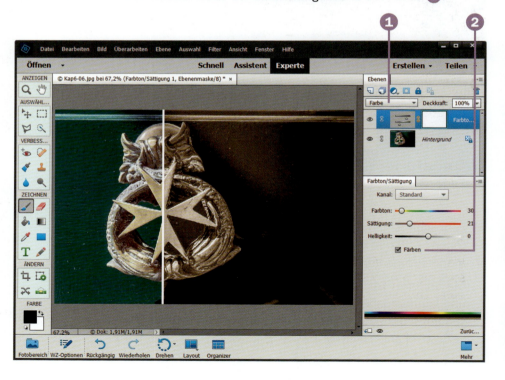

Fotofilter einsetzen

Die Fotofilter von Photoshop Elements halten all die Filtertypen bereit, die Sie von früher her vielleicht noch kennen. So findet sich darunter beispielsweise der klassische Warmfilter 85 oder der Kaltfilter 80. Die Filter haben zwei zentrale Eigenschaften: Sie intensivieren die Farbe, die sie selbst besitzen, und reduzieren die Sättigung der zur Eigenfarbe komplementären Farbe.

Damit wäre ein Grünfilter beispielsweise hervorragend geeignet, um eine Aufnahme mit einer roten, übersättigten Blüte zu optimieren, da Rot und Grün Komplementärfarben sind. Oder reduzieren Sie den Blaustich eines Fotos mit falschem Weißabgleich durch einen Orangefilter.

Bei dieser Art der Anwendung greifen die Filter korrigierend ein. Aber sie können natürlich auch zum Auffrischen oder Intensivieren einer vorhandenen Farbstimmung beitragen.

Kap6-07.jpg

*Links: **Kaltfilter (80)** mit der Dichte 25 %. Rechts: **Warmfilter (81)** mit einer Dichte von 40 %.*

1 Um die Fotofilter zum Einsatz zu bringen, öffnen Sie das Bild im Editor-Modus *Experte* und wählen *Ebene/Neue Einstellungsebene/Fotofilter* 🌓. Bestätigen Sie das folgende Dialogfenster mit *OK*. Möchten Sie den Effekt direkt auf das Bild anwenden, wählen Sie alternativ *Filter/Anpassungsfilter/Fotofilter*.

2 Im *Fotofilter*-Dialog angekommen, können Sie folgende Einstellungen vornehmen: Wählen Sie bei *Filter* den Filtertyp aus einer Liste aus, die die Farben der klassischen Schraub- oder Steckfilter zur Verfügung stellt.

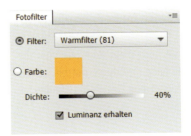

Fotofilter-Dialogfenster.

Farbe aus dem Bild aufnehmen

Wenn Sie den Farbwähler nutzen, können Sie bei gleichzeitig gehaltener [Strg]/[cmd] -Taste mit der Pipette ins Bild klicken, die dort vorhandene Farbe aufnehmen und diese als Fotofilterfarbe verwenden.

Mit einem Klick auf das bunte Farbfeld darunter können Sie ganz individuell eigene Farben einstellen und diese als Fotofilter auf Ihr Bild anwenden.

Über die Checkbox *Luminanz erhalten* legen Sie fest, ob der Filter das Bild abdunkeln darf (Checkbox deaktiviert) oder ob die Helligkeit erhalten bleiben soll (Checkbox aktiviert). Die Intensität der Farbwirkung bestimmen Sie mit dem Regler *Dichte*, wobei Werte zwischen 10 % und 40 % meist am besten geeignet sind.

3 Nach Anwendung des Filters können Sie die Fotofilter-Einstellungsebene über das Augensymbol ein- und ausblenden, um die Unterschiede besser zu beurteilen. Auch können Sie die Einstellungsebene noch bearbeiten.

Decken Sie beispielsweise über die Ebenenmaske Bildbereiche mit dem schwarzen Pinsel ab, die vom Filtereffekt ausgeschlossen werden sollen. Auch können Sie die Deckkraft der Ebene reduzieren, um den Filtereffekt abzuschwächen.

Die Verlaufsumsetzung anwenden

Kap6-08.jpg

Eine weitere kreative Form der Farbbearbeitung von der Intensivierung bis hin zur totalen Verfremdung bietet die Verlaufsumsetzung. Hierbei wird ein Farbverlauf über das Bild gelegt, wobei Sie die Anzahl der Farbabstufungen und die Farben selbst wählen können.

1 Am besten bearbeiten Sie das Bild mit einer Einstellungsebene. Wählen Sie dazu *Ebene/Neue Einstellungsebene/Verlaufsumsetzung*. Alternativ finden Sie die Funktion aber auch unter *Filter/Anpassungsfilter/Verlaufsumsetzung*.

Noch mehr Kontrolle mit dem Verlaufswerkzeug

Wenn Sie noch mehr Kontrolle über die Verläufe haben möchten, nutzen Sie das Verlaufswerkzeug. Details dazu finden Sie ab Seite 184.

2 Klicken Sie im Bedienfeld der Verlaufsumsetzung auf die Farbfläche ❶, um das Menü zur Auswahl bzw. Erstellung von Farbverläufen zu öffnen. Hier haben wir daraus einfach den voreingestellten Verlauf *Violett, Orange* ausgewählt. Zurück im Menü der Verlaufsumsetzung aktivieren Sie unterhalb der Farbfläche mit der Checkbox *Dither* am besten auch die Glättung der Verlaufsfüllung, um Streifeneffekte zu reduzieren. Bei Bedarf können Sie mit *Umkehren* den Farbverlauf invertieren.

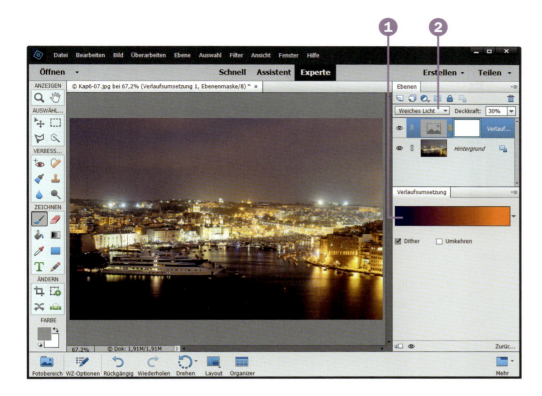

Ergebnis der Verlaufsumsetzung.

3 Da die Verlaufsumsetzung sehr artifizielle Bilder liefert, können Sie mit einer Änderung des Mischmodus für mehr Natürlichkeit sorgen. Hier haben wir die Ebene auf *Weiches Licht* **2** mit einer Deckkraft von 30 % gesetzt.

6.7 Farben auswählen und aufnehmen

Die Auswahl einer Farbe kann im Rahmen einer Bildbearbeitung in vielen Situationen anstehen. Sei es die Farbe für den Pinsel, um eine Ebenenmaske zu bearbeiten, oder die Farbe für einen Farbverlauf. Lernen Sie daher auf jeden Fall den Dialog des Farbwählers kennen, um für jegliche Farbwahl gerüstet zu sein.

Der Farbwähler-Dialog

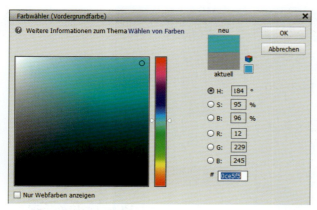

Das Farbwähler-Dialogfenster.

Die zentrale Auswahlstelle für Farben ist der *Farbwähler*-Dialog. Diesen erreichen Sie beispielsweise beim Auswählen der Vorder- oder Hintergrundfarbe in der Werkzeugleiste unten links. Es gibt unterschiedliche Möglichkeiten bei der Farbauswahl: eine intuitive anhand der Farbflächen oder die Farbauswahl anhand von Zahlenwerten, aber dazu gleich mehr.

Im *Farbwähler*-Dialogfenster wird der gewählte Farbton in all seinen Helligkeits- und Sättigungswerten aufgeschlüsselt. Reines Weiß liegt immer in der oberen linken Ecke und reines Schwarz unten links. Oben rechts finden Sie den jeweiligen Farbton in seiner reinsten Form, also mit 100 % Sättigung und 100 % Helligkeit.

Mit dem Regenbogenstreifen rechts daneben wählen Sie den grundlegenden Farbton aus. Rechts oben finden Sie bei *neu* die soeben ausgewählte Farbe (hier ein Cyanton) und darunter bei *aktuell* die Farbe, die vorher in der Auswahl war (hier Grau).

Der kleine Farbwürfel zeigt an, dass es sich bei der ausgewählten Farbe um eine nicht websichere Farbe handelt. Wenn Sie auf das kleine Farbquadrat darunter klicken, können Sie auf eine websichere Farbe umschwenken, die der ausgewählten Farbe ähnelt.

Darunter finden Sie bei den Angaben *H* (**H**ue, Farbton), *S* (**S**aturation, Sättigung) und *B* (**B**rightness, Helligkeit) die Definition der gewählten Farbe laut HSB-Farbsystem. Mit den Feldern *R* (**R**ot), *G* (**G**rün) und *B* (**B**lau) wird die Farbe im RGB-Farbmodus beschrieben.

Für Webanwendungen lässt sich unten der Hexadezimalwert der Farbe ablesen (hier #0ce5f5), oder tragen Sie dort den gewünschten Farbcode manuell ein.

Wenn Sie unterhalb des großen Auswahlfelds für die Farbe die Checkbox *Nur Webfarben anzeigen* aktivieren, wird die eingeschränkte Farbpalette für websichere Farben eingeschaltet.

Windows-Farbwähler

Theoretisch könnten Sie auch den Windows-Farbwähler verwenden, der aber nicht ganz so intuitiv zu bedienen und gröber gerastert ist. Achten Sie daher darauf, dass im Menü *Bearbeiten* (Windows) bzw. *Adobe Photoshop Elements Editor* (Mac OS)*/Voreinstellungen/Allgemein* ([Strg]/[cmd]+[K]) bei Farbauswahl der Eintrag *Adobe* steht.

Das HSB-Farbsystem

Das HSB-Farbsystem ordnet alle Lichtfarben, wie sie auch in digitalen Bildern vorkommen, anhand eines Zylinders an: Der Rand der oberen Kreisfläche ① enthält alle Farbtöne (*H*, **H**ue) in 100 % Sättigung (*S*, **S**aturation) und 100 % Helligkeit (*B*, **B**rightness). Zur Kreismitte laufen die Farben auf Weiß zu und nehmen dabei bis 0 % Sättigung ab ②.

Jede Farbe auf der Kreisfläche setzt sich bis auf den Boden des Zylinders fort ③ und wird dabei immer dunkler (B = 0 %). Der Zylinderboden ist somit schwarz. Die ungesättigten Grautöne (S = 0 %) liegen auf der imaginären Verbindungslinie zwischen dem oberen und unteren Kreismittelpunkt.

Der Farbwähler kann Ihnen die Farben des HSB-Systems auf drei Weisen präsentieren. Dazu wählen Sie einen der Optionsschalter *H*, *S* oder *B* aus. Damit legen Sie fest, welche Eigenschaft über den schmalen Streifen neben dem großen Farbfeld gewählt werden kann, der Farbton (0°–360°), die Sättigung (100–0 %) oder die Helligkeit (100–0 %).

Dadurch, dass die Farbtöne im HSB-System auf dem Rand der Kreisfläche liegen, wird jeder Farbton über eine Gradangabe definiert. 0° und 360° bilden die gleiche Farbe, nämlich die Primärfarbe Rot. Die Primärfarben Grün und Blau entsprechen 120° und 240°.

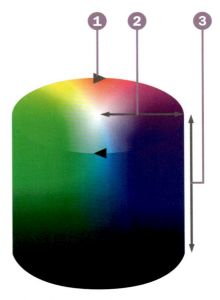

HSB-Farbmodell.

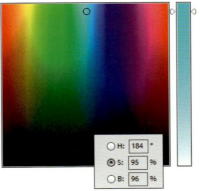
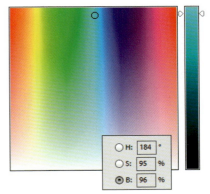

Die Auswahl des Felds H, S oder B bestimmt, welcher Wert auf dem Streifen neben dem Farbfeld ausgewählt werden kann (Farbton, Sättigung oder Helligkeit).

Farbdefinition im RGB-Farbsystem

Im RGB-Farbmodell werden die Farben durch die drei Farbkanäle **R**ot, **G**rün und **B**lau definiert. Jeder Farbkanal besitzt 255 Sättigungsstufen. Das Verhältnis der Abstufungen zueinander bestimmt die Mischfarbe. Sind alle Farben ungesättigt (0), entspricht das Schwarz.

Eingabe der Werte für den roten, grünen und blauen Farbkanal des RGB-Farbsystems.

Mit den Zahlenwerten lassen sich schnell bestimmte Farben einstellen.

Alle Farben zu 50 % gesättigt ergibt 50 % Grau. Ist nur eine Farbe voll gesättigt und die anderen sind ungesättigt, liegt eine Primärfarbe vor, also Rot, Grün oder Blau. Da das Farbsystem aufgrund dieser Konstellation noch relativ überschaubar ist, eignet es sich prima, um per Hand bestimmte wichtige Farbtöne schnell einstellen zu können. Dazu tragen Sie den Wert einfach in die Felder *R*, *G* und *B* ein. Einige davon finden Sie in der Tabelle. Probieren Sie's mal aus und schauen Sie zum Beispiel auch einmal nach, was bei *R* (128), *G* (0) und *B* (255) herauskommt.

	R	G	B
Weiß	255	255	255
50 % Grau	128	128	128
Schwarz	0	0	0
Rot	255	0	0
Grün	0	255	0
Blau	0	0	255
Cyan (Grün + Blau)	0	255	255
Magenta (Rot + Blau)	255	0	255
Gelb (Rot + Grün)	255	255	0

Wozu websichere Farben?

Internetbrowser lesen Farben anhand eines sechsstelligen Codes aus. Der Code setzt sich zusammen aus je zwei Zahlen oder Buchstaben für den Farbkanal Rot, Grün und Blau. Die Primärfarbe Rot besitzt beispielsweise den Code #ff0000. Photoshop Elements bietet Ihnen die Möglichkeit, den Hexadezimalcode jeder Farbe abzulesen. Wobei hierbei „websichere" und „webunsichere" Farben unterschieden werden können.

Alle 216 websicheren Farben können auf Computersystemen dargestellt werden, die maximal 256 Farben unterscheiden. Da gängige Computermonitore heute 16,7 Millionen und mehr Farben aufschlüsseln können, ist die websichere Farbtabelle eigentlich veraltet. Dennoch kann sie nützlich sein, um bestimmte reine Farben schnell aufzurufen. So ist es leichter, die Farbe Weiß, Schwarz oder primäres Rot über ein breites Farbfeld anzuklicken, als den Farbwert einzutragen oder den Mauszeiger an die äußersten Ecken zu zirkeln. Mit der Checkbox *Nur Webfarben anzeigen* können Sie auf die Rasterung der websicheren Farben umstellen.

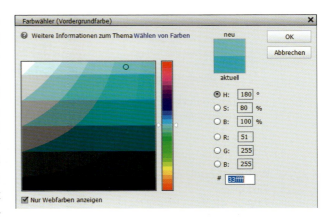

Anzeige der websicheren Farbtabelle.

Farbe aus dem Bild aufnehmen

Nachdem Sie nun gesehen haben, wie sich Farben anhand des *Farbwähler*-Dialogs aussuchen lassen, geht es einen Schritt weiter zur Farbauswahl direkt aus dem Bild. Dazu benötigen Sie das Farbwähler-Werkzeug ([I], [🖋]) aus der Werkzeugleiste, salopp auch als Pipette bezeichnet.

Der Mauszeiger nimmt die Form einer Pipette an 🖋 und Sie können nun einfach auf die gewünschte Stelle im Bild klicken ❶. Sogleich wird die Farbe in das Feld der Vordergrundfarbe aufgenommen. Wenn Sie die Bildfarbe als Hintergrundfarbe verwenden möchten, klicken Sie mit dem Farbwähler-Werkzeug bei gehaltener [Alt]-Taste auf das Bild ❷.

Mit der Pipette und einer Messfläche von 5 × 5 Pixel haben wir die Vorder- und Hintergrundfarbe (Gelb und Grün) direkt aus dem Bild ausgewählt.

Die Optionsleiste des Farbwähler-Werkzeugs gehört zu den übersichtlichsten. Es gibt drei Optionen, die die Größe des Messbereichs der Pipette festlegen. Hierbei ist die Einstellung *1 Pixel* , mit der die Farb- und Helligkeitswerte eines einzelnen Bildpixels gemessen werden können, die genaueste Methode. Die

Das Kontextmenü des Farbwähler-Werkzeugs.

Weitreichende Auswirkung

Die Auswahl der Messfläche in der Optionsleiste des Farbwähler-Werkzeugs gilt für alle Werkzeuge, die eine Pipette nutzen, beispielsweise auch die Pipette *Graupunkt setzen*, die beim Entfernen eines Farbstichs mit der Tonwertkorrektur zum Einsatz kommt.

Messung der Farbe und Helligkeit einer Fläche aus 9 Pixeln (*3 x 3 Pixel*, 3x3) oder 25 Pixeln (*5 x 5 Pixel*, 5x5) ist immer dann sinnvoll, wenn der Durchschnittswert einer Bildfarbe ermittelt werden soll, um beispielsweise Farbstichen zu korrigieren.

Mit der Angabe *Alle Ebenen* können Sie die Mischfarbe aus der Summe mehrerer semitransparenter Ebenen messen oder dies mit der Option *Aktuelle Ebene* ausschalten. Dann werden nur die Farbe sowie die Helligkeit der in der Ebenenpalette markierten Ebene ermittelt. Bei einem Klick mit der rechten Maustaste auf das Bild (ctrl + Klick bei Mac OS) können Sie die Pixelfläche aus dem Kontextmenü heraus auswählen. Das ist sehr praktisch, denn so können Sie bei allen Werkzeugen, die eine Pipette verwenden, die Messfläche schnell einstellen.

Das Bedienfeld Farbfelder

Photoshop Elements hat eine weitere Farbauswahloption in petto, das Bedienfeld *Farbfelder*. Sie können es im Modus *Experte* des Fotoeditors über *Fenster/Farbfelder* oder über das Drop-down-Menü der Schaltfläche *Mehr* ▢ öffnen.

Auch die Auswahl der Schriftfarbe bei den Textwerkzeugen erfolgt im ersten Schritt über solche Farbfelder. Das Farbfelder-Bedienfeld bietet die Möglichkeit, eigene Farben abzuspeichern. Für Webdesigner oder Grafiker ist das eine tolle Sache, denn die benötigten Farben stehen dann schnell zur Verfügung.

Das Bedienfeld Farbfelder mit dem ausgeklappten Drop-down-Menü der Farbgruppen (links) und dem Bedienfeldmenü (rechts)..

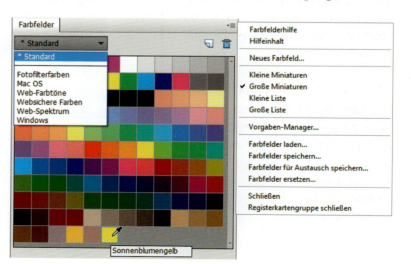

Das Bedienfeld *Farbfelder* präsentiert Ihnen die Farben anhand kleiner Farbquadrate. Wenn Sie mit der Maus auf ein Farbfeld klicken, wird die Farbe als Vordergrundfarbe in der Werkzeugpalette aufgenommen. Möchten Sie die Farbe als Hintergrundfarbe verwenden, klicken Sie mit gedrückter (Strg)/(cmd)-Taste auf das Farbfeld. Über das Drop-down-Menü oben links können Farbgruppen vorgewählt werden, zum Beispiel *Fotofilterfarben*.

Wurde einer Gruppe eine neue Farbe hinzugefügt und die Gruppe noch nicht gespeichert, taucht ein Sternsymbol vor dem Gruppennamen auf (hier ** Standard*). Mit dem Symbol *Neues Farbfeld für Vordergrundfarbe erstellen* ▯ können Sie die aktuelle Vordergrundfar-

Neues Farbfeld für Vordergrundfarbe erstellen.

be aus der Werkzeugpalette in die Gruppe integrieren. Das haben wir hier mit der der gelben Farbe der Sonnenblume getan und die Farbe daher auch gleich als *Sonnenblumengelb* bezeichnet. Das neue Farbfeld erscheint dann am Ende der bunten Farbquadrate in der Liste.

Genauso gut können Sie Farbfelder auswählen und diese mit dem Symbol *Farbfeld löschen* 🗑 ((Alt)-Taste plus Klick auf das Farbfeld) wieder aus der Gruppe entfernen.

Im Bedienfeldmenü ▤ lässt sich die Darstellung der Farbfelder regeln, es gibt zwei Größen für die Miniaturen. Der Eintrag *Vorgaben-Manager* führt Sie direkt in die Verwaltungsoberfläche für die Farbfelder, und mit *Farbfelder laden* können Sie Farbfelder aus anderen Anwendungen in Photoshop Elements laden. Ihre eigenen Farbfelder können Sie mit dem entsprechenden Befehl speichern.

Vorgaben-Manager für die Farbfelder

Aus dem Bedienfeldmenü der Farbfelder heraus lässt sich der Vorgaben-Manager aufrufen. Darin ist es möglich, eine oder mehrere zusammenhängende ((⇧)-Taste halten) oder unzusammenhängende ((Strg)/(cmd)-Taste halten) Farbfelder auszuwählen und per Drag & Drop zu verschieben, umzubenennen oder zu löschen. Bestätigen Sie die Änderungen zum Schluss mit der Schaltfläche *Fertig*.

 Alternativer Weg

Den Vorgaben-Manager können Sie auch über *Bearbeiten/Vorgaben-Manager* aufrufen. Dann ist im Drop-down-Menü *Vorgabe* der Eintrag *Farbfelder* zu wählen ((Strg)/(cmd)+(2)).

Der Vorgaben-Manager für die Farbfelder. Hier wurden die Grautöne sowie Schwarz und Weiß markiert.

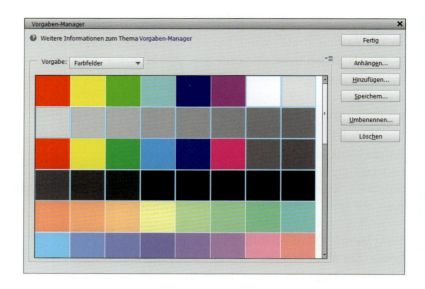

Geänderte Farbfeldgruppen müssen gespeichert werden, sonst gehen die Anpassungen verloren. Dazu wählen Sie *Farbfelder speichern* aus dem Bedienfeldmenü ▾☰. Geben Sie einen aussagekräftigen Namen ein. Die Datei mit der Endung *.aco* wird im Benutzerverzeichnis Ihres Computers gesichert.

Abspeichern einer individuellen Farbfeldgruppe, hier mit dem Namen Graustufen.

Die neu angelegten Farbfelder Graustufen.

Schließen Sie Photoshop Elements und starten Sie es anschließend neu, damit die neue Farbpalette, hier *Graustufen*, im Dropdownmenü des Farbfelder-Bedienfelds verfügbar wird.

Möchten Sie die Farbfelder auch für andere Adobe-Anwendungen nutzbar abspeichern, wählen Sie im Kontextmenü ▾☰ den Eintrag *Farbfelder für Austausch speichern*. Es wird dann eine Datei mit der Endung *.ase* angelegt, die zum Beispiel von Adobe InDesign und Illustrator gelesen werden kann.

6.8 Pinselspitzen formen und verwalten

Sicherlich haben Sie die Werkzeuge, die mit einer Pinselspitze auf das Bild einwirken, schon des Öfteren im Einsatz gehabt. Eine runde, weiche oder harte Pinselspitze ist für die allermeisten Anwendungen das richtige Mittel zum Zweck. Wenn es aber ums kreative Malen geht, kann es nicht schaden, auch über die unzähligen anderen Pinselvariationen Bescheid zu wissen.

Einstellungsoptionen für die Pinsel-spitze, hier gezeigt am Beispiel des Pinsel-Werkzeugs (B).

Größe, Deckkraft und Form

Werkzeuge, die mit einer Pinselspitze auf das Bild einwirken, besitzen in ihrer Optionsleiste ein Menü zum Einstellen der Pinselspitze. Dieses definiert die Form und Härte der Kanten mit der Vorgabe bei Pinsel, den Durchmesser der Spitze bei Größe und die Deckkraft, mit der die Pinselspitze die ausgewählten Pixel behandelt.

Bei weichen Pinselspitzen findet ein nahtloser Übergang zwischen der bemalten, ausgewählten oder radierten Bildstelle und der Umgebung statt. Das ist meist von Belang bei Retuschearbeiten. Beim Zeichnen oder Malen mit Pinsel und Buntstift sind dagegen härtere Pinselspitzen gefragt, weil sich die Pinselstriche ruhig deutlich von ihrer Umgebung abgrenzen dürfen.

Folgende Werkzeuge benutzen eine Pinselspitze, deren Größe, Deckkraft und Form selbst definiert werden kann: Auswahlpinsel (A, 🖌), Detail-Smartpinsel (F, 🖌), Kopierstempel (S, 🖌), Weichzeichnen (R, 💧), Schärfen (R, 🔺),Wischfinger (R, 👆), Schwamm (O, 🧽), Nachbelichter (O, 🔍), Abwedler (O, 🔍), Pinsel (B, 🖌), Impressionisten-Pinsel (B, 🖌), Radiergummi (E, 🖌) und der Buntstift (N, 🖌).

 Anzeige & Cursor

In den meisten Fällen ist es sinnvoll, dass der Mauszeiger die Form der Pinselspitze annimmt. Wenn Sie aber zur exakten Positionierung lieber ein Fadenkreuz einblenden möchten, ist dies mit *Bearbeiten* (Windows) bzw. *Adobe Photoshop Elements Editor* (Mac OS)/*Voreinstellungen/Anzeige & Cursor* (Strg/cmd+K)) möglich. Wählen Sie in der Kategorie der Malwerkzeuge die Einstellung *Fadenkreuz* oder *Pinselspitze mit Fadenkreuz anzeigen*. Auch für andere Werkzeuge können Sie von der werkzeugspezifischen Zeigerdarstellung, zum Beispiel bei der Pipette oder beim Zauberstab, auf ein Fadenkreuz umstellen.

*In der Kategorie **Zeichenstift-Druck** finden sich auch ganz lustige Pinselspitzen wie Musiknoten oder Pfoten.*

Einstellungsmenü der Pinselformen.

Auswahl einer anderen Pinselform

Während die Größe und Deckkraft einer Pinselspitze selbsterklärend sind, öffnet sich einem beim Auswählen der Form im Bereiche *Pinsel* ein wahrlich breites Feld mit vielen individuellen Einstellungsmöglichkeiten.

Darüber können Sie mit einem Klick auf das Drop-down-Menü aus einer Palette von 13 Kategorien wählen, wie zum Beispiel *Zeichenstift-Druck*, und auf insgesamt an die 300 verschiedene Pinselformen zugreifen, beispielsweise auf die Vorgabe *Pfoten*.

Mit Pinselspitzen, die klassische Öl- oder Aquarellpinsel imitieren, können Sie künstlerisch zu Werke gehen und aus einem normalen Bild ein Gemälde gestalten.

Außerdem gibt es die Möglichkeit, über das Pinsel-Menü ⊞ eigene Pinselformen zu erstellen und in der Bibliothek mit abzuspeichern oder vorhandene Pinsel umzubenennen oder zu löschen. Analog zu den Farbfeldern aus dem vorigen Kapitel gibt es auch hier einen Vorgaben-Manager für die Pinselspitzen. Das Menü der Pinselspitzen bietet Ihnen darüber hinaus die Optionen zum Zurücksetzen, Laden oder Speichern einzelner oder mehrerer Pinselspitzen.

> **Pinselspitzen aus dem Internet**
>
> Wenn Sie im Internet nach „Photoshop Pinsel" suchen, stoßen Sie schnell auf interessante Anbieter kostenloser Pinselbibliotheken, die sich auch in Photoshop Elements integrieren lassen (zum Beispiel *http://www.Brusheezy.com oder http://www.brushking.eu/*).

6.9 Die Pinsel-Werkzeuge

Die zentralen Malwerkzeuge von Photoshop Elements sind der Pinsel und der Buntstift. Vor allem der Pinsel kommt sehr häufig beim Bearbeiten von Ebenenmasken oder bei der Bildretusche zum Einsatz. Aber auch die weniger häufig verwendeten Malwerkzeuge wie der Impressionisten-Pinsel oder das Farbe-ersetzen-Werkzeug haben genug Potenzial, um ab und zu eingesetzt zu werden.

Kreatives Arbeiten mit dem Pinsel

Über die Pinselspitzen haben Sie ja nun schon einiges im vorangegangenen Kapitel gelesen. Hier erhält jetzt endlich das Werkzeug seine große Bühne, das vornehmlich mit den verschiedenen Pinselspitzen bedient wird: der Pinsel (B, ✎). Mit dem Pinsel können Sie Linien malen, ganze Flächen eines Bildes ausfüllen oder auch bestimmte Bereiche ganz vorsichtig betupfen. Folgende Einstellungsoptionen werden beim Pinsel geboten:

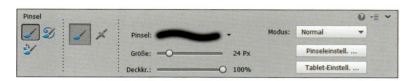

Die Werkzeugoptionsleiste des Pinsels.

Im *Pinsel*-Modus ✎ wird der Pinselstrich wie ein Malstrich aufgetragen. Der *Airbrush*-Modus ✎ bringt nicht nur beim Ziehen von Malstrichen Farbe aufs Bild, sondern auch dann, wenn Sie den Pinsel an einer Stelle aufs Bild setzen und die Maustaste gedrückt halten. Der entstehende Malfleck wird nach und nach immer größer. Die Auswirkung wird vor allem bei der Wahl einer Pinselspitze aus der Gruppe *Rund, weich* sehr deutlich.

Wichtig für die Wirkung ist die Wahl der Pinselform bei *Pinsel* und die *Größe*. In der Regel werden Sie eine kreisrunde, weiche Spitze benötigen, denn diese eignet sich für die Retusche am besten. Ausgefallenere Spitzen werden hingegen für richtige Malexperimente benötigt. Mit dem Regler *Deckkr.* können Sie die Farbe 100-prozentig deckend oder semitransparent auftragen.

Modus bestimmt das Mischverhältnis der aufgetragenen Farbe mit dem Untergrund. Zusätzlich zu den Mischmodi, die Sie von den Ebenen her schon kennen, kommen die Optionen *Dahinter auftragen* ① und *Löschen* ② hinzu. Bei Ersterem wird die Farbe hinter dem Motiv aufgetragen, sofern die Ebene transparente Bereiche hat. *Löschen* wirkt wie der Einsatz des Radiergummi-Werkzeugs. Die Tablet-Einstellungen sind nur dann nutzbar, wenn Sie ein Grafiktablett angeschlossen haben. Hier wird es dann möglich, die Eigenschaften des Grafikstiftes ein- und auszuschalten.

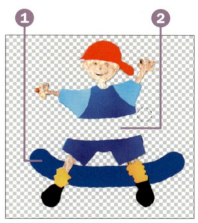

Mischmodus Dahinter auftragen ① und Mischmodus Löschen ②.

Beim Malen mit dem Pinsel setzt Photoshop Elements die Pinselspitze ganz oft hintereinander auf. Ein Malstrich besteht somit aus

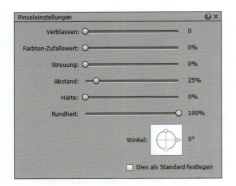

*Das Menü **Pinseleinstellungen**.*

vielen einzelnen Pinselspitzenabdrücken. Daher ist es auch möglich, über die *Pinseleinstellungen* mit dem *Farbton-Zufallswert* oder der *Streuung* interessante Akzente zu setzen.

Je enger der *Abstand* definiert ist, desto unkenntlicher wird die Form der Pinselspitze und desto gerader werden die Kanten des Malstrichs.

Verblassen lässt den Pinselstrich transparent auslaufen, hier haben wir den Wert 10 % eingesetzt.

Farbton-Zufallswert variiert die Farbe der Teilpunkte eines Malstrichs (hier 100 %).

Mit Streuung werden die einzelnen Punkte des Malstrichs von der horizontalen Ebene aus nach oben und unten verteilt, hier um 10 %. Es entstehen mehr oder weniger ausgeprägte Schlangenlinien.

Der Wert bei Abstand legt fest, wie dicht die einzelnen Farbpunkte des Malstrichs aneinander angrenzen. Mit 100 % und mehr (linker Abschnitt) können Sie die Pinselspitzenpunkte voneinander trennen, bei 50 % (rechts) überlappen sie sich.

Rundheit definiert die Form des Pinsels, der bei 100 % kreisrund ist und mit absteigender Zahl elliptisch wird (hier 50 %).

Den Winkel der Pinselspitze können Sie durch Drehen des Kreises oder Eintragen des Winkels mitbestimmen (hier 0° bei Rundheit 50 %).

 Grafiktablett

Wenn Sie mit dem Pinsel und der ganz normalen Computermaus über das Bild fahren, um zu malen, trägt eine ruhige Hand auf jeden Fall zum Erfolg bei. Noch professioneller können Sie solche Aktivitäten allerdings mit einem Grafiktablett vollführen (zum Beispiel Wacom Bamboo oder Intuos). Grafiktabletts werden mit einer Art Stift betrieben, den Sie wie einen richtigen Zeichenstift in der Hand halten können. Auch der Druck des Grafikstiftes auf das Tablett wirkt sich so ähnlich aus wie ein festes oder weniger festes Zeichnen mit normalen Stiften.

Geraden und Verbindungen

Was möchte uns der Künstler damit wohl sagen? Nun, wenn Sie sich das gemalte Bild hier ansehen, entsteht natürlich schnell der Eindruck einer Kinderzeichnung. Aber um die Aussage soll es eigentlich gar nicht gehen. Vielmehr möchten wir Ihnen mit dem Bild demonstrieren, wie flexibel, aber auch wie exakt mit dem Pinsel gemalt werden kann.

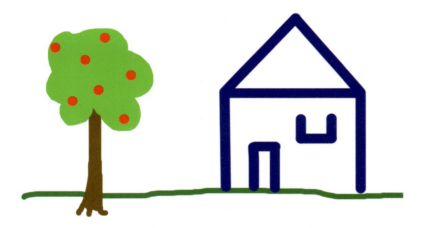

Malmöglichkeiten mit dem Pinsel: krumme Linien, gefüllte Flächen, punktuelle Pinsel- spitzentupfer, durchgezogene Geraden und Verbindungen.

Die Linie für den Boden ist schief und krumm, weil hier einfach mit der Maus frei gemalt wurde. Der Baum besteht dagegen aus gefüllten Flächen und getupften „Äpfeln", alles mit dem gleichen Pinsel, nur mit unterschiedlichen Farben gemalt.

Beim Haus fragen Sie sich jetzt vielleicht: „Wie komme ich an die geraden Linien?" Ein Tastendruck macht's möglich. Immer, wenn Sie die ⇧-Taste drücken und dann eine Linie malen, werden Sie eine senkrechte oder eine waagerechte Gerade erhalten.

Möchten Sie eine schräge Verbindung herstellen, wie bei dem Hausdach, drücken Sie die ⇧-Taste, setzen den Anfangspunkt, halten die Taste weiter gedrückt und setzen den nächsten Punkt etc. Die Verbindung wird mit einer geraden Linie gefüllt. Am Ende lassen Sie erst den Pinsel los und dann die ⇧-Taste.

Abstraktion per Impressionisten-Pinsel

Kap6-08.jpg

Der Impressionisten-Pinsel (B, [icon]) löst alle Pixel vom Untergrund ab und verschmilzt die Farben und Konturen des Motivs so, dass der Eindruck eines impressionistischen Gemäldes mit aufgetupfter Pinselfarbe entsteht. Wichtig ist, dass Sie einen kleinen Pinseldurchmesser wählen (hier Größe 10 Px mit Deckkraft 50 %), damit die Farbflecken nicht zu breitflächig und die Formen des Motivs dadurch total unkenntlich werden. Ansonsten funktioniert der Pinsel sehr einfach. Malen Sie damit in engen Zickzack- oder Kreisbahnen über das gesamte Bild.

Mit dem Impressionisten-Pinsel verfremdete Herbstlandschaft (linker Ausschnitt) und das Originalbild (rechter Ausschnitt).

Mit der Schaltfläche *Erweitert* in der Optionsleiste können Sie den Impressionisten-Pinsel anpassen. Es gibt verschiedene Pinselstile. Mit *Bereich* legen Sie fest, wie viel Fläche um den Pinselstrich mitbearbeitet wird (hier 50 Px), und die steigende *Toleranz* schwächt die Wirkung ab (hier 0 %). Dabei ist Ausprobieren gefragt.

Das Farbe-ersetzen-Werkzeug

Wie die Menüfunktion *Farbe ersetzen* arbeitet, haben Sie sicherlich im Abschnitt ab Seite 148 bereits gelesen. Mit dem Farbe-ersetzen-Werkzeug (B,) kommt hier eine weitere Möglichkeit hinzu, bestimmte Farben im Bild durch andere zu ersetzen.

Kap6-09.jpg

Das grüne T-Shirt soll durch Einsatz des Farbe-ersetzen-Werkzeugs stellenweise türkis werden.

1   Wählen Sie das Farbe-ersetzen-Werkzeug (B,) aus und stellen Sie eine Größe ein (hier 50 Px), die mit etwas Toleranz (hier 30 %) gut zur Breite des gewünschten Bildbereichs passt. Die Toleranz bestimmt, wie ähnlich die Farben der Quellfarbe sein sollen. Mit erhöhter Toleranz werden auch Farben ersetzt, die sich stärker von der ausgewählten Quellfarbe unterscheiden.

> **Farbe unterm Fadenkreuz**
>
> Egal, wie groß die Pinselspitze ist, die zu ersetzende Farbe wird einzig von der Stelle unter dem Fadenkreuz bestimmt. Die Pinselgröße legt nur fest, wie weit sich die Bearbeitung über den gewählten Bereich ausbreiten darf.

Optionsleiste des Farbe-ersetzen-Werkzeugs.

2   Mit *Modus* legen Sie fest, welche Eigenschaft der Zielfarbe übertragen werden soll: die Farbe (für kreative Farbveränderung), die Sättigung (zum Beispiel um Farben mehr oder weniger zum Leuchten zu bringen), der Farbton oder nur die Helligkeitswerte in Form der Luminanz.

3 Im Bereich *Grenzen* können Sie mit der Wahl der Option *Nicht benach.* alle Bereiche umfärben, die innerhalb der Pinselfläche den gleichen Quellfarbwert haben. Bei *Benachbart* darf innerhalb der Pinselfläche nur aneinander angrenzende Farbe ersetzt werden.

*Links: Bei der Option **Nicht benach.** wird auch der untere Grünbereich mit gefärbt, da er von der Pinselfläche mit abgedeckt wird.*
*Rechts: Mit **Benachbart** werden nur aneinander angrenzende Farbflächen verändert.*

4 Mit der Aufnahmeart legen Sie das Verhalten des Pinsels fest: *Kontinuierlich* ✎ bedeutet, dass die Quellfarbe beim Malen kontinuierlich neu ermittelt wird. Es werden daher alle Farben geändert, die im Laufe des Malstrichs unter den Pinsel geraten. Bei *Einmal* ✎ zählt der erste Farbauswahlklick für die gesamte durchgehend angemalte Bildfläche. Es wird also nur eine bestimmte Farbe geändert, auch wenn Sie über das ganze Bild malen. Ist *Hintergrundfarbfeld* ✎ aktiviert, sucht sich das Werkzeug im Bild die Farbe aus, die im Hintergrundfarbfeld eingestellt ist, und tauscht diese gegen die gewählte Vordergrundfarbe aus.

5 Wählen Sie nun die Zielfarbe aus. Dies können Sie entweder über das Farbfeld der Vordergrundfarbe in der Werkzeugleiste erledigen. Oder Sie klicken mit gehaltener ⇧-Taste im Bild auf die gewünschte Zielfarbe und nehmen diese mit der Pipette auf.

6 Setzen Sie die Pinselspitze an der gewünschten Stelle im Bild an und malen Sie dann den Bereich aus. Die alte, hier grüne Farbe wird sofort durch die neue Farbe ersetzt.

Austausch von Grün gegen Türkis (Farbcode #00FFFF), einfach nur durch Übermalen mit dem Farbe-ersetzen-Pinsel im Modus **Farbe**, **Benachbart** *und* **Kontinuierlich**.

Zeichnen mit dem Buntstift

Der Buntstift ähnelt dem Pinsel sehr. Auch mit dem Buntstift (N, ✏) können Sie Freihandformen malen, gerade Linien ziehen oder Verbindungslinien aufmalen. Es gibt aber zwei entscheidende Unterschiede:

- Der Buntstift kann keine weich auslaufenden Kanten malen und wirkt daher eher etwas krakelig. Die harte Kante ist aber immer dann sinnvoll, wenn bei Veränderungen kleiner Icons pixelgenaue Striche gesetzt werden müssen.

- Es gibt die Funktion Automatisch löschen. Diese bewirkt, dass, wenn Sie mit der Vordergrundfarbe einen Bildbereich ausgemalt haben und dann mit dem Buntstift erneut innerhalb dieses Bereichs malen, der Pinsel die Hintergrundfarbe automatisch aufträgt.

Mit dem blauen Buntstift haben wir eine Kreisfläche ausgemalt. Anschließend wurden Augen, Nase und Mund ohne Änderung der Buntstift-Eigenschaften hineingemalt. Durch die Funktion **Automatisch löschen** *tritt an den Stellen die Hintergrundfarbe wieder zutage.*

Optionsleiste des **Buntstift***-Werkzeugs.*

6.10 Smartpinsel-Werkzeuge im Einsatz

Kap6-10.jpg

Mit der Smartpinsel-Funktion bietet Photoshop Elements eine einfache Möglichkeit an, zwei Aktionen in einem Schritt durchzuführen. Hierbei wird mit nur einer Mausbewegung ein Bildbereich ausgewählt und mit einem Effekt versehen. Das Schöne dabei ist: Das Originalbild bleibt unangetastet, alles spielt sich auf einer neuen Einstellungsebene ab. In unserem Beispiel soll ein sogenannter Color-Key-Effekt entstehen.

Hierbei wird aus dem Foto eine Schwarzweiß-Variante erstellt, bei der aber bestimmte Bildbereiche weiterhin die Originalfarbe behalten. Prinzipiell eignen sich alle möglichen Motive für diese Bildbearbeitung, es wird jedoch leichter, wenn das Bildareal, das farbig bleiben soll, sich gut von seiner Umgebung abgrenzt. In unserem Beispiel soll nur der rote Sessel bunt bleiben und der Rest ein knackiges Schwarzweiß erhalten.

Der rote Sessel vor (links) und nach dem Einfügen des Color-Key-Effekts mit dem Smartpinsel-Werkzeug.

1   Aktivieren Sie den Smartpinsel ([F], 🖌) in der Werkzeugpalette. Aus dessen Optionsleiste wählen Sie über das Dropdown-Menü die Kategorie *Schwarzweiß* aus. Entscheiden Sie sich für einen Effekt, zum Beispiel die Option *Einen Grünfilter anwenden*. Aktivieren Sie zudem die Checkbox *Umkehren*, damit nicht die ausgewählte Fläche entfärbt wird, sondern die Umgebung.

2   Belassen Sie die Größe des Pinsels auf den voreingestellten 13 Pixeln. Beim Ziehen über das Bild findet der Smartpinsel, der im Prinzip genauso arbeitet wie das Schnellauswahl-Werkzeug ([A], 🔍), die Motivkanten selbstständig. Die Pinselgröße hat hier eine untergeordnete Bedeutung.

Auswahl des Smartfilter-Effekts **Einen Grünfilter anwenden***.*

3 Malen Sie nun mit dem Smartpinsel den Sessel aus. Die Markierung dehnt sich automatisch auf benachbarte Bereiche aus, umrundet aber klar abgegrenzte Objekte.

Markierung des Sessels mit dem Smartpinsel.

4 Sollte zu viel markiert werden, gibt es zwei Möglichkeiten: Entweder Sie malen mit dem Smartpinsel *Von Auswahl abziehen* über diese Bereiche. Oder Sie aktivieren das Detail-Smartpinsel-Werkzeug (F, 🖌) aus der Optionsleiste und wählen auch dort den Pinsel *Von Auswahl abziehen* 🖌 mit dem Minuszeichen.

> **Schnell zwischen Plus und Minus umschalten**
>
> Solange die Smartpinsel-Werkzeuge ein Plussymbol 🖌+ anzeigen, können Sie mit gedrückter (Alt)-Taste ganz flink auf den Pinsel mit dem Minussymbol 🖌 umschalten, um schneller zwischen den Optionen *Der Auswahl hinzufügen* und *Von Auswahl abziehen* zu wechseln.

Der Vorteil ist, dass Sie mit einer weichen Pinselspitze fließendere Übergänge erzeugen können. Hier haben wir die überzähligen gefärbten Randbereiche um den Sessel herum mit einer Pinselgröße von 8 Pixeln bearbeitet.

Korrektur des zu viel markierten Bodenbereichs mit dem Detail-Smartpinsel.

Der Smartfilter hat bei dem gewählten Effekt eine Einstellungsebene Grünfilter 1 produziert.

 Effekte mit Korrektureinstellungen

Bei einigen Smartpinsel-Effekten können Sie durch Doppelklick auf die Ebenenminiatur den Effekt anschließend noch weiter anpassen. Es öffnet sich dann ein entsprechendes Korrekturen-Bedienfeld. Möglich ist dies bei Effekten, deren Ebene rechts das Symbol *Nicht bearbeitbare Einstellung* ✖ nicht (!) besitzt.

5 Das Tolle an den Smartpinsel-Effekten ist, dass sie verlustfrei eingefügt werden. Im Ebenen-Bedienfeld finden Sie daher eine entsprechende Einstellungsebene vor. Diese können Sie verlustfrei weiter anpassen. Ändern Sie beispielsweise die Deckkraft oder den Mischmodus. Hier haben wir mit dem Mischmodus *Farbe* eine etwas bessere Durchzeichnung erzeugt.

6 Wenn Sie möchten, können Sie einen weiteren Effekt hinzufügen, um den Gelbstich auf dem Sessel zu entfernen. Die schwarzweiße Auswahlkante sollte dazu im Bild noch aktiv sein. Markieren Sie nun die Grünfilterebene und wählen Sie *Ebene/Neu/Ebene durch Kopie* (Strg)/(cmd)+(J)). Suchen Sie sich anschließend in der Optionsleiste des Smartpinsels die Rubrik *Farbe* aus und klicken auf *Bild rot einfärben*. Damit die Farbe nicht zu intensiv wirkt, reduzieren Sie die Deckkraft der Ebene auf 55%.

7 Um das Originalbild zu erhalten, speichern Sie das Bild am besten im TIF- oder PSD-Format ab. Wenn Sie den Smartfilter-Effekt später einmal ändern möchten, klicken Sie im Bild das Zeichen 🔴 an. Wurden mehrere Smartfilter-Effekte eingefügt, finden Sie mehrere solcher Symbole vor.

6.11 Flächen mit Farbe oder Mustern füllen

Mit Farbe gefüllte Bildflächen spielen in der Bildbearbeitung immer dann eine Rolle, wenn es darum geht, die vorhandenen Bildfarben zu intensivieren, Farbstiche auszugleichen oder Farbverfremdungen einzufügen. Musterfüllungen dienen dagegen eher zur Gestaltung eines Rahmens, eines Hintergrunds oder für kreative Filtereffekte wie das Imitieren einer Backsteinmauer oder Ähnliches. Daher stellen wir Ihnen im Folgenden die Möglichkeiten von Photoshop Elements vor, Flächen schnell und unkompliziert mit Farben und Mustern zu füllen.

Das Füllwerkzeug einsetzen

Mit dem Füllwerkzeug (K,) können Sie sowohl Farbe als auch Muster auf eine Bildfläche übertragen. Grundsätzlich gibt es drei Möglichkeiten, dies zu tun:

Kap6-11.jpg

- Die Farbe oder das Muster wird auf eine leere Fläche angewendet, indem Sie mit dem Füllwerkzeug darauf klicken.

- Die Füllung wird auf eine zuvor ausgewählte Bildfläche angewendet. Alle nicht ausgewählten Bildbereiche bleiben davon ausgenommen.

- Farbe oder Muster werden mit einem Klick in ein Bildmotiv direkt eingefügt. Dabei werden alle ähnlichen Bildpixel gefüllt. Je nach Toleranzwert kann es notwendig werden, verschiedene Stellen anzuklicken, bis alle gewünschten Bereiche gefüllt sind.

Nachdem die Entscheidung getroffen ist, welche der drei Vorgehensweisen für die konkrete Anwendung am besten geeignet ist, lässt sich das Füllwerkzeug wirklich sehr einfach nutzen. Dazu wählen Sie die Fülleigenschaften in der Optionsleiste aus und klicken dann auf den gewünschten Bildbereich. Die Füllung wird sogleich angewendet.

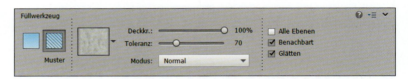

Optionsleiste des Füllwerkzeugs.

Entscheiden Sie sich als Erstes für eine Farb- oder eine Musterfüllung. Die Farbe für eine Farbfüllung wählen Sie entweder vorher über das Farbfeld *Vordergrundfarbe einstellen* mit dem Farbwähler aus. Oder Sie klicken mit gehaltener Alt -Taste auf eine Farbe im Bild und nehmen diese als Vordergrundfarbe auf. Im Fall einer Musterfüllung wählen Sie aus dem Drop-down-Menü eine Mustervorgabe aus (hier *Heller Marmor* aus dem Bereich *Gesteinsmuster*). Mit der *Deckkraft* bestimmen Sie, ob die Füllung deckend (100 %) oder semitransparent aufgetragen wird. *Toleranz* legt fest, wie ähnlich sich die Farben im Bild sein dürfen, um von der Füllung miteinbezogen zu werden. Bei einem Wert von 255 wird das gesamte Bild gefüllt, weil alle Farbtöne in die Toleranz fallen.

Über *Modus* wird das Mischverhältnis der Füllung mit dem Untergrund definiert. Analog zum Pinsel (siehe Seite 170)finden Sie hier auch die Optionen *Dahinter auftragen* (bei Transparenz wird die Füllung hinter dem Motiv platziert) und *Löschen* (der gefüllte

Oben: Das Muster **Heller Marmor** *auf einer neu erstellten leeren Ebene hinter der Figur.*
Mitte: Auswahl des transparenten Hintergrunds mit dem Zauberstab und Füllen der Fläche mit dem Füllwerkzeug.
Unten: Anklicken und Füllen der blauen Latzhose mit dem Füllwerkzeug, Toleranz 70.

Inhalt wird gelöscht) wieder. Schließlich können Sie auswählen, ob alle Ebenen von der Füllung beeinflusst werden sollen und ob sich die Füllung nur auf aneinander angrenzende Pixel beziehen soll (*Benachbart* aktiviert) oder auch solche gefüllt werden dürfen, die zwar die gleichen Eigenschaften haben, aber getrennt vom angeklickten Bildbereich liegen (*Benachbart* deaktiviert). Mit dem Aktivieren der Checkbox *Glätten* werden die Kanten des Füllbereichs geglättet und fügen sich daher natürlicher in die Bildstruktur ein.

Obere Bildreihe:
*Links : Füllen eines Teils der Hose mit grüner Farbe (**Toleranz** 20).*
*Mitte: Füllen der gesamten Hose (**Toleranz** 50).*
*Rechts: Mit dem Modus **Farbe** bleiben die Helligkeitsabstufungen der Latzhose erhalten.*

  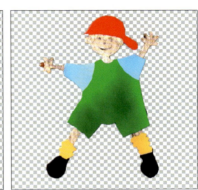

Untere Bildreihe:
*Links : Option **Benachbart** aktiv, nur der linke Ärmel wird gefüllt.*
*Rechts: **Benachbart** inaktiv, der rechte Ärmel wird mitgefüllt, weil er die gleichen Farbwerte wie der linke hat.*

 Menübefehl Ebene füllen

Soll eine Ebene komplett mit Farbe oder Muster gefüllt werden, gibt es noch eine zweite Möglichkeit neben dem Füllwerkzeug. Markieren Sie eine oder mehrere Ebenen im Ebenen-Bedienfeld und wählen Sie dann *Bearbeiten/Ebene füllen*. Die Einstellmöglichkeiten sind mit denen des Füllwerkzeugs vergleichbar. Wenn die Checkbox *Transparente Bereiche schützen* aktiviert ist, werden transparente Bildbereiche von der Füllung ausgenommen.

Menübefehl Kontur füllen

Bei schwebenden Ebenen oder Ebenen mit transparenten Bereichen können Sie der ganzen Ebene oder dem freiliegenden Motiv flink eine Kontur verpassen. Dazu wählen Sie die betreffende Ebene aus und navigieren mit *Bearbeiten/Kontur füllen* in das entsprechende Menü.

Geben Sie bei *Breite* die Dicke der Kontur in Pixeln an, wählen Sie zudem eine Farbe und legen Sie bei *Position* fest, ob die Kontur innerhalb der Motivkante (*Innen*), auf der Motivkante (*Mitte*) oder außen aufgetragen wird. Legen Sie dann noch wie üblich die Deckkraft und den Mischmodus fest, das war's schon.

Die obere Ebene mit der freigestellten Figur hat eine schwarze, 2 Pixel breite Außenkontur erhalten.

Einstellung der Kontureigenschaften.

6.12 Verläufe erstellen

Bei einer einfarbigen Füllung muss es in Photoshop Elements nicht bleiben. Verläufe sind genauso möglich und bieten ein vielfältiges Farb- und Wirkungsspektrum.

Das Verlaufswerkzeug

Farbverläufe können aus zwei unterschiedlichen Farben bestehen, die weich ineinander übergehen. Es können aber auch Verläufe von einer deckenden Farbe hin zu Transparenz hergestellt werden. Und dann gibt es natürlich die Möglichkeit, mehr als nur zwei Farben zu verwenden.

Dazu aktivieren Sie das Verlaufswerkzeug ([G], [■]) in der Werkzeugpalette. Setzen Sie anschließend bei der gewünschten Anfangsposition mit der Maus im Bild an und ziehen Sie bei gehaltener Maustaste eine Linie in die Richtung, in die sich der Verlauf ausrichten soll. Nach dem Loslassen der Maus am Zielpunkt wird der Verlauf sofort angewendet.

Alternativ können Sie den Verlauf auch mit E*instellungsebene/ Verlauf*  einfügen. Die Richtung des Verlaufs wird dann mit einer Winkelangabe bestimmt.

Hinter der Figur wurde eine leere Ebene eingefügt. Dann wurde mit dem Verlaufs- werkzeug oben links ins Bild geklickt und bei gehaltener Maustaste eine Linie nach unten rechts gezogen..

Die Länge der aufgezogenen Linie bestimmt die Breite der Ver- laufsübergänge. Wenn Sie die beiden Bilder hier vergleichen, wird klar, was damit gemeint ist.

Die kurze Verlaufsmarkierung führt dazu, dass sich der Verlauf auf die kurze Strecke zusammenstaucht.

Es ist auch möglich, den Verlauf auf eine Auswahl zu beschrän- ken. Dazu wählen Sie den gewünschten Bildbereich aus und zie- hen anschließend den Verlauf über dem Bereich auf. Alles, was sich außerhalb der Auswahl befindet, wird nicht mit dem Ver- lauf gefüllt.

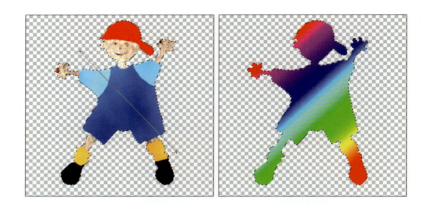

Die transparente Fläche wurde mit dem Zauberstab ausgewählt, die Auswahl umgekehrt und dann auf einer neuen leeren Ebene der Verlauf darüber aufgezogen.

Das Verlaufswerkzeug bietet eine ganze Reihe an Einstellungsoptionen, auf die Sie allesamt wie üblich in der Werkzeugoptionsleiste zugreifen können: Aus dem Drop-down-Menü *Verlauf* können Sie vorgefertigte Verläufe auswählen.

Mit der kleinen Pfeilschaltfläche neben dem Farbfeld öffnet sich das Bedienfeld für die Verlaufsvorlagen. Vielleicht findet sich in einer der Kategorien schon der gewünschte Verlauf. Wenn nicht, können Sie selbst einen erstellen. Mit einem Klick auf die Schaltfläche *Bearbeiten* darunter landen Sie direkt im Dialogfenster *Verläufe bearbeiten*, in dem Verläufe angepasst oder neue erstellt werden können.

Feste Verlaufswinkel

Individuelle Verlaufsrichtungen sind super, aber oftmals sollen Verläufe in bestimmten Winkeln eingestellt werden, um beispielsweise einen Himmel abzudunkeln. Das ist jedoch völlig unproblematisch, denn wenn Sie beim Aufziehen mit der Maus die ⇧-Taste drücken, entstehen perfekt horizontale, vertikale oder diagonale Verlaufslinien.

Optionsleiste des Verlaufswerkzeugs.

Modus und **Deckkraft** definieren das Mischverhältnis zwischen Verlauf und Bildinhalt. Mit der Checkbox **Umk.** können Sie die Reihenfolge der Farben des Verlaufs umdrehen. Die Checkbox **Transp.** sollten Sie aktivieren, wenn Sie vorhaben, Verläufe mit teilweiser Transparenz zu nutzen.

Das **Dither**-Muster sorgt dafür, dass die Farben noch weicher ineinanderlaufen und die Gefahr, dass sichtbare Streifen in einem Verlauf auftauchen, gemindert wird. Schließlich finden Sie die möglichen Verlaufsrichtungen anhand von Schaltflächen im rechten Fensterbereich: **Linear**, **Kreisförmig**, **Winkel**, **Reflektiert** und **Raute**.

Verläufe bearbeiten

Einen vorgegebenen Verlauf auszuwählen und anzuwenden, ist nicht kompliziert. Etwas aufwendiger kann es aber werden, wenn Sie eigene Verläufe erstellen möchten. Obwohl, stimmt gar nicht, das geht dank der übersichtlichen Oberfläche auch ganz leicht.

1 Rufen Sie in der Optionsleiste des Verlaufswerkzeugs (G, ▣) mit der Schaltfläche *Bearbeiten* das Dialogfenster *Verläufe bearbeiten* auf.

Dialogfenster zum Bearbeiten von Verläufen mit Austausch der roten Farbe gegen CMYK Cyan über die Farbfelder.

2 Wählen Sie einen der vorhandenen Verläufe ❶ aus, um diesen als Basis für Ihren eigenen Verlaufstyp zu verwenden. Der Verlauf wird unten in Form eines Farbstreifens angezeigt. Die kleinen Kästchen über und unter dem Farbstreifen nennen sich *Deckkraftunterbrechung* (▮, oben) und *Farbunterbrechung* (▮, unten). Diese markieren die Übergangsbereiche der unterschiedlichen Farben oder der Deckkraft bei semitransparenten Verlaufstypen. Die Glättung sorgt für sanfte Übergänge und entfaltet bei einem Wert von 100 % ihre beste Wirkung, daher sollten Sie diesen Wert beibehalten.

3 Möchten Sie eine der vorhandenen Farben ändern, klicken Sie die entsprechende Farbunterbrechungsmarke an. Daraufhin erhalten Sie den Zugriff auf das Feld *Farbe* ❷. Klicken Sie

darauf, um mit dem Farbwähler die gewünschte Farbe auszusuchen. Wenn Sie nur auf den kleinen schwarzen Pfeil klicken, gelangen Sie zum Bedienfeld *Farbfelder* ❸. Möchten Sie hingegen eine Farbe aus dem Bild verwenden, reichen die Auswahl der Farbunterbrechung und ein Klick mit dem Pipetten-Mauszeiger 🖋 ins Bild.

4 Nun ist es ohne weiteres möglich, weitere Farbunterbrechungen einzufügen oder zu löschen. Zum Einfügen klicken Sie mit der Maus an den unteren Rand des Farbstreifens, sodass der Zeiger zur Hand 🖐 wird. Wählen Sie dann auch für diese Unterbrechung eine Farbe aus. Zum Löschen markieren Sie diese mit der Maus und wählen das Mülleimersymbol aus. Alternativ können Sie die Unterbrechung auch mit der Maus anwählen und bei gedrückter Maustaste von dem Farbstreifen einfach wegziehen.

Hinzufügen einer neuen Farbunterbrechung.

5 Durch Anfassen einer Farbunterbrechung und Verschieben auf dem unteren Rand des Farbstreifens lässt sich der Übergang positionieren. Wenn Sie eine exakt gleichmäßige Verteilung anlegen möchten, können Sie bei *Position* eine Prozentangabe eintragen.

Die neue Unterbrechung wird auf einer Position 25 % vom Rand entfernt angesetzt, die nächsten beiden werden dann auf 50 % und 75 % angelegt.

6 Die kleinen unscheinbaren Rauten mit dem Namen *Farbmittelpunkt* ◆ ❶ haben die Funktion, den Übergang der Verlaufsfarben zwischen den Farbunterbrechungspunkten zu verschieben. Damit erhält die Farbe auf der einen Seite mehr Platz und die andere weniger. Auf diese Weise können Sie schmalere und breitere Farbstreifen einrichten. Auch hierfür können prozentuale Positionsangaben gemacht werden.

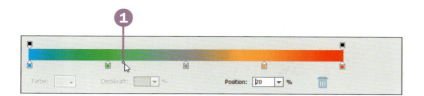

Die Position für den Farbübergang wurde hier nach links verschoben, sodass der grüne Bereich schmaler wird und der graue breiter.

7 Die Regler oberhalb des Farbstreifens sorgen für die Deckkraftübergänge. Wenn Sie einen transparenten Bereich einfügen möchten, können Sie analog zu den Farbmarken eine *Deckkraftunterbrechung* ▮ einfügen, deren Position definieren und den Übergang mit den kleinen Rauten ✦ (*Mittelpunkt der Deckkraft*) bearbeiten.

Im Unterschied zur Farbunterbrechung wählen Sie natürlich keine Farbe aus, sondern definieren die Deckkraft im entsprechenden Feld mit einem Prozentwert.

Einfügen einer Deckkraftunterbrechung mit 0 % Deckkraft bei Position 50 % und zweier Marken mit 100 % Deckkraft bei Position 40 % und 60 %.

8 Fehlt noch der Name und das Sichern des neuen Verlaufs ❸. Wenn Sie den Verlauf in einer bestimmten Vorgabengruppe sichern möchten, wählen Sie diese vorher aus (hier *Spezialeffekte* ❷).

Den Namen tragen Sie im entsprechenden Feld ❹ oberhalb des Farbstreifens ein. Speichern können Sie den Verlauf dann mit der Schaltfläche *Hinzufügen*. Das neue Verlaufsfeld wird daraufhin in die Liste eingetragen.

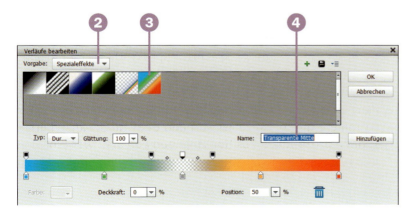

Namensvergabe und Speichern des neuen Verlaufs in der Gruppe Spezialeffekte.

Wenn Sie eine eigene Verlaufsgruppe erstellen möchten, können Sie alle Verläufe bis auf den eigenen hinzugefügten Verlauf löschen. Dazu klicken Sie mit der rechten Maustaste auf den Verlauf und wählen *Verlauf löschen.*

Mit dem Symbol *Verlaufsvorgaben in Datei speichern* lässt sich der Verlauf oder die eigenen erstellten Verläufe in einer neuen Gruppe speichern. Die Dateiendung lautet **.GRD* (für **Gra**d**i**ent) und wird im Benutzerverzeichnis Ihres Computers abgelegt. Nun können Sie die Verlaufsgruppen wieder auf den Standard zurücksetzen. Dazu wählen Sie *Verläufe zurücksetzen* aus dem Menü .

Die eigenen Verläufe der zuvor gespeicherten Datei, aber auch kostenlose Verläufe, die sich im Internet zuhauf herunterladen lassen, können Sie mit dem grünen Pluszeichen (*Verlaufsdatei in Vorgaben laden*) laden. Die Verläufe werden an die zuvor ausgewählte Gruppe (*Standard*, *Spezialeffekte* etc.) angehängt.

Besondere Verläufe

In der Liste der *Standard*-Verläufe befinden sich drei besondere Verläufe: *Vorder- zu Hintergrundfarbe* ❶, *Vordergrundfarbe zu Transparenz* ❷ und *Schwarz, Weiß* ❸. Die ersten beiden sind besonders, weil sie nur mit der Vorder- bzw. der Vorder- und Hintergrundfarbe arbeiten, die über die Farbfelder in der Werkzeugpalette ausgewählt wurden. Es ist also nicht notwendig, die Farbe über das Verlaufsmenü zu bestimmen. Der dritte Verlauf geht von Schwarz in Weiß über.

Diese Verlaufsform wird sehr häufig für die Bearbeitung von Ebenenmasken eingesetzt, um die Ebene oder die Einstellungsebene verlaufsartig auf die darunter liegende(n) Ebene(n) wirken zu lassen.

Dann gibt es noch die sogenannten Rauschverläufe, die nichts mit Spirituosen und dem Nichtwiederfinden des Heimwegs zu tun haben. Einen Rauschverlauf können Sie im Menü

Besondere Verläufe.

Verläufe bearbeiten aufrufen, indem Sie bei Typ die Option *Rauschen* ④ wählen.

Dieser Verlaufstyp zeichnet sich durch sehr feine, unregelmäßige Farbabstufungen aus, die Sie mit der Schaltfläche *Zufällig* immer wieder neu gestalten können. Wenn *Kantenunschärfe* auf einem niedrigen Wert steht (hier 50 %), werden die Übergänge sehr weich.

Um die Farbsättigung nicht zu übertreiben, können Sie die Sättigung mit der Checkbox *Farben beschränken* im Zaum halten. Sollen transparente Bereiche mit eingeflochten werden, aktivieren Sie die Checkbox T*ransparenz hinzufügen*.

6.13 Die Bildfarben mit Füllebenen aufpeppen

Eine verlustfreie Möglichkeit zum Füllen einer Ebene mit Farben, Verläufen oder Mustern bietet die Funktion der Füllebene. Der Vorteil ist, dass die Füllung auch nachträglich noch geändert werden kann. Verwenden Sie beispielsweise eine Verlaufsfüllung mit dunklem Blau, um den Himmel zu intensivieren.

Kap6-12.jpg

1 Erstellen Sie die Füllebene über *Ebene/Neue Füllebene*. Nun stehen drei Optionen zur Auswahl. Bei *Farbfläche* wird eine einfarbige Fläche eingefügt, deren Farbe Sie direkt im Anschluss aus dem Farbwähler-Menü auswählen können. Mit *Muster* können Sie ein Muster auswählen, wie beim Füllwerkzeug auch. Mit *Verlauf* wird ein Farbverlauf eingefügt. Wäh-

Links: Ausgangsbild.
Rechts: Kräftigeres Himmelsblau dank der Füllebenentechnik.

len Sie also im Fall des Beispielbildes *Ebene/Neue Füllebene/Verlauf*. Die Fülloptionen *Farbfläche*, *Muster* und *Verlauf* finden Sie übrigens auch im Menü der Einstellungsebenen ⬤.

Einfügen der neuen Verlaufsebene Blauer Himmel.

2 Im Dialogfenster *Verlaufsfüllung* können Sie bei *Verlauf* die Art des Verlaufs bestimmen. Wenn Sie auf die Verlaufsfläche klicken, landen Sie im Dialogfenster *Verläufe bearbeiten*. Hier haben wir einen Verlauf *Vordergrundfarbe zu Transparenz* mit der dunkelblauen Farbe #075dd1 eingestellt. Bei *Stil* legen Sie die Verlaufsgestaltung fest (*Linear*, *Kreisförmig* etc.). Mit *Winkel* bestimmen Sie die Ausrichtung des Verlaufs: horizontal, vertikal, diagonal oder dazwischen. Durch *Skalieren* lässt sich der Farbübergang weicher oder härter gestalten.

Mit *Umkehren* können Sie den Verlauf in die entgegengesetzte Richtung drehen, was wir hier getan haben. Die *Dither*-Option sollte eingeschaltet werden, damit der Verlauf möglichst streifenfrei gestaltet wird. Wenn sich die Verlaufsfüllung an der Begrenzung der Ebene ausrichten soll, aktivieren Sie die Funktion *An Ebene ausrichten*.

3 Nun können Sie in das Bild klicken und den Verlauf mit der Maus so verschieben, dass die untere Bildhälfte von der Farbe weitgehend verschont bleibt. Bestätigen Sie das Dialogfenster mit *OK*.

Verschieben des Verlaufs mit der Maus im Bild.

4 Das eigentliche Bild ist anschließend noch von der Füllebene überlagert. Damit es wieder ganz sichtbar wird, wählen Sie den Mischmodus *Ineinanderkopieren* aus dem Drop-down-Menü des Ebenen-Bedienfelds aus. Reduzieren Sie zudem die Deckkraft der Füllebene, damit der Effekt nicht zu stark ausfällt. Wenn Ihnen Teile des Bodenbereichs oder eventuell vorhandener Wolken in Ihrem eigenen Bild zu stark gefärbt erscheinen, können Sie diese mit dem Pinsel (B,) und schwarzer Farbe auf der Ebenenmaske der Verlaufsfüllebene abdecken. Per Doppelklick auf die Ebenenminiatur der Füllebene können Sie den Verlauf später jederzeit wieder mit all seinen Facetten anpassen. Das ist der große Vorteil der Füllebenentechnik.

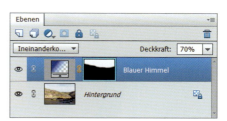

*Die Verlaufsfüllung im Mischmodus **Ineinanderkopieren** mit einer Deckkraft von 70 % und mit der bearbeiteten Ebenenmaske.*

Hell und dunkel – Belichtungskorrekturen

Wenn die Belichtung nicht ganz gestimmt hat oder das Motiv für den Kamerasensor einfach zu kontrastreich war, ist eine Belichtungskorrektur unverzichtbar. Aber auch bei vermeintlich perfektem Ausgangsmaterial lässt sich vieles noch besser machen. Und dann gibt es ja noch die unendliche Weite der Kreativbearbeitung. Lernen Sie daher gleich einmal die Tricks und Hintergründe zum Thema „hell und dunkel" kennen, um von der Belichtungsdeutung bis zur umfassenden Bildoptimierung alle wichtigen Tools und Werkzeuge parat zu haben.

7.1 Bildanalyse mit dem Histogramm

Das Histogramm kommt oftmals aufgrund seiner Optik etwas wissenschaftlich rüber, das mag nicht jeder. Mit ein wenig Abstand betrachtet sind seine Kurven aber unschätzbar wichtige Informationslieferanten. Geben Sie dem Histogramm daher eine faire Chance. Nach kurzer Zeit werden Sie es richtig mögen.

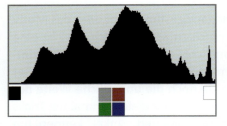

Das Histogramm verteilt die Tonwerte von links nach rechts über 255 Helligkeitsstufen.

Das Histogramm greift Ihnen bei der Beurteilung der Beleuchtung eines Bildes tatkräftig unter die Arme. Es vermittelt Ihnen die Aufteilung der Helligkeitsstufen und die Gewichtung derselben. Dabei listet die Histogrammkurve ganz stur alle vorhandenen Bildpixel auf. Die dunklen werden links einsortiert und die hellen rechts, der Rest verteilt sich über den Zwischenraum. Zur Verfügung steht insgesamt ein Tonwertumfang von 255 Helligkeitsstufen. Jedes Pixel wird einer Helligkeitsstufe zugeordnet. Daraus ergeben sich die unterschiedlich hohen Treppenstufen des Histogramms, die am Ende den Eindruck einer mehr oder weniger ausgeprägten Gebirgssilhouette ergeben.

Optimale Histogrammverläufe

Es gibt ein paar grundlegende Kriterien, die für eine qualitativ hochwertige Aufnahme sprechen und sich im Histogramm folgendermaßen widerspiegeln.

- Das Histogramm wird weder am linken noch am rechten Rand radikal abgeschnitten.

- Das gesamte Tonwertspektrum wird ausgeschöpft.

- Das Histogramm weist keine Lücken auf. Lücken sind fehlende Tonwerte, die beispielsweise durch eine zu starke Bildbearbeitung entstehen können.

- Idealerweise sind die Höhenunterschiede zwischen den Histogrammhügeln nicht allzu groß.

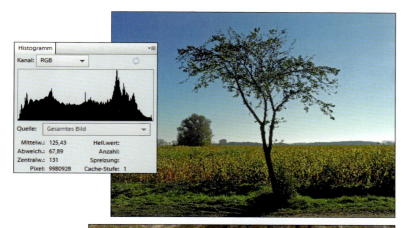

Bei einem hellen Bild werden Sie stets im rechten Histogrammbereich höhere Werte finden als im linken. Das ist beispielsweise bei der hier gezeigten High-Key-Aufnahme gut zu erkennen. Das Bild enthält vorwiegend helle Tonwerte, es wird am rechten Histogrammrand aber nicht beschnitten. Es liegt also keine fehlerhafte Überbelichtung vor. Wichtig ist hierbei der äußerste rechte Rand. Wird der Histogrammberg dort radikal abgeschnitten, liegt meist eine starke Überbelichtung vor. Leider können Sie die abgeschnittenen, fehlenden Tonwerte später nicht mehr herbeizaubern. Daher ist es so wichtig, JPEG-Bilder nicht so stark überzubelichten.

Bei dunklen Bildern können Sie den Spieß umdrehen, hier tummeln sich die meisten Tonwerte im linken Bereich. Wird das Histogramm links abgeschnitten, entstehen schwarze, zeichnungslose Flächen. Diese werden zwar häufig als nicht so störend wahrgenommen wie weiße Flecken im Bild, sollten nach Möglichkeit aber auch vermieden werden.

Oben: Hell, aber ohne Beschnitt in den Lichtern (Foto: © Amir Kaljikovic – Fotolia.com).
Unten: Durch eine Überbelichtung wird das Histogramm rechts abgeschnitten und es entstehen große weiße Flächen im Bild, die keine Struktur mehr aufweisen.

Kontrastarme Bilder erkennen Sie an den fehlenden Tonwerten im linken und rechten Histogrammbereich. Bei der hier gezeigten Nebellandschaft sind beispielsweise die dunklen Tonwerte von 0 bis 49 und die hellen von 212 bis 255 überhaupt nicht im Bild vertreten.

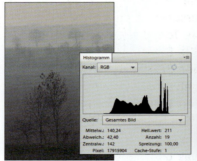
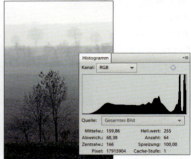

Links: Kontrastarme Bilder besitzen einen eingeschränkten Tonwertumfang. Rechts: Kontrasterhöhung mit einer Tonwertkorrektur.

Das Histogramm-Bedienfeld

Photoshop Elements bietet für die Histogrammanalyse ein eigenes Bedienfeld an, das Sie mit **Fenster/Histogramm** ([F9]) oder über die Schaltfläche **Mehr** [■] aufrufen können.

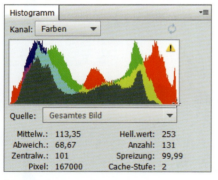

Funktionen und Informationen des Histogramm-Bedienfelds.

Legen Sie darin mit dem Drop-down-Menü gleich einmal den Punkt **Kanal** fest. Dieser bestimmt, welche Tonwerte angezeigt werden sollen: die aller Kanäle (**RGB**), einzelne Kanäle (**Rot**, **Grün**, **Blau**), nur die Graustufen (**Luminanz**) oder alle Primär- und Sekundärfarben (**Farben**). Im Feld darunter werden die per **Kanal** ausgewählten Histogramme dann angezeigt. Zu empfehlen ist, das Histogramm stets für das gesamte Bild anzeigen zu lassen, was Sie bei **Quelle** auswählen können.

Der **Mittelwert** drückt den durchschnittlichen Helligkeitswert aller gemessenen Bildpixel aus. Die Mitte liegt bei Stufe 128. Somit wäre das gezeigte Bild mit dem Wert 113,35 im Schnitt etwas dunkler als mittelhelles Grau. Mit der **Abweichung** wird die Schwankung zwischen den hellen und den dunklen Tonwerten angegeben. Je höher dieser Wert, desto kontrastreicher ist das Bild. Der **Zentralwert** entspricht der Helligkeitsstufe, bei der die Hälfte aller Bildpixel dunkler und die andere Hälfte heller ist als dieser Wert. Ein mittelhelles Bild weist einen Zentralwert von 128 auf (hier 101). Bei **Pixel** wird die Anzahl an Bildpunkten angegeben, die für die Berechnung des Histogramms verwendet wurden. Bei aktivem Bild-Cache entspricht der Zahlenwert nicht unbedingt der tatsächlichen Pixelzahl des Bildes, weil für eine schnellere Berechnung nur eine repräsentative Pixelanzahl verwendet wird.

Mit dem Mauszeiger können Sie eine beliebige Tonwertstufe ansteuern, hier haben wir den Cursor ganz am rechten Rand platziert. Der *Helligkeitswert* gibt die Tonwertstufe an, auf der der Mauszeiger gerade liegt (hier 253). Die *Anzahl* der Pixel mit der ausgewählten Tonwertstufe finden Sie darunter (hier 131). Mit *Spreizung* wird prozentual angegeben, wie viele Pixel sich unterhalb oder oberhalb der gewählten Tonwertstufe befinden. Hier liegen 99,99 % unter der gewählten Helligkeitsstufe. Bei aktiver *Cache-Stufe* wird die Berechnung des Histogramms schneller durchgeführt, ist aber auch etwas ungenauer. Es werden aber nicht alle Pixel analysiert (zum Einstellen der Cache-Stufe siehe Seite 25).

Histogramm auf alle Pixel aktualisieren

Wenn sich die Helligkeitswerte während der Bildbearbeitung ändern, erscheint bei aktivem Cache ein gelbes Ausrufezeichen ⚠. Wenn Sie dieses anklicken, wird das Histogramm aktualisiert und zeigt die Zahlen für alle Bildpixel an.

7.2 Helligkeit und Kontrast korrigieren

Viele Fotos, die in der Digitalkamera ohne besondere Bildstile, Picture Styles & Co. verarbeitet oder vielleicht auch etwas zu knapp belichtet wurden, können ein wenig mehr Helligkeit und eine Kontrastoptimierung vertragen. Was also tun? Nun, Photoshop Elements bietet verschiedene Möglichkeiten zur Belichtungsoptimierung an.

Der Dialog Helligkeit/Kontrast

Ein Bearbeitungsklassiker bei der Beleuchtungskorrektur ist die Funktion *Helligkeit/Kontrast*. Im Folgenden soll ein etwas zu dunkel geratener nordafrikanischer Wüstenuhu adäquat aufgehellt werden. Achten Sie hierbei insbesondere auf die ganz hellen Stellen. Diese dürfen ihre Struktur nicht verlieren. Hier liegen die hellsten Areale im hellen Brustbereich des rechten Webervogels.

Kap7-01.jpg

Unterbelichtetes Ausgangsbild.

Nach der Helligkeits- und Kontrastanpassung..

Wählen Sie im Fotoeditor ***Überarbeiten/Beleuchtung anpassen/ Helligkeit/Kontrast*** oder, wenn Sie mit einer nondestruktiven Einstellungsebene ⌕ arbeiten möchten, ***Ebene/Neue Einstellungs- ebene/Helligkeit/Kontrast***. Fassen Sie anschließend den Regler für die Helligkeit an und ziehen Sie ihn für eine Aufhellung nach rechts, in diesem Fall auf den Wert +44 **❷**. Falls das Foto dabei zu kontrastreich wird, können Sie anschließend den Regler für den Kontrast ein wenig nach links setzen. Wirkt das Bild nach der Helligkeitskorrektur hingegen immer noch zu flau, schieben Sie ihn nach rechts, hier auf +22 Zähler.

Anpassen von Helligkeit (+44) und Kontrast (+22) mit einer Einstellungsebene Helligkeit/Kontrast.

Schauen Sie sich die Veränderungen am besten im Histogramm-Bedienfeld **1** an und vermeiden Sie einen Beschnitt an den Seiten durch eine zu starke Korrektur. Denn es sollen keine zeichnungslosen weißen Flecken entstehen. Bestätigen Sie Ihre Angaben mit **OK**.

 Wie die Regler arbeiten

Beim Ändern der Helligkeit werden entweder die dunklen (Aufhellung) oder die hellen Histogrammpartien (Abdunkeln) gespreizt, was sich bei einem Bild mit 8-Bit-Farbtiefe an den entstehenden Lücken bemerkbar macht. Im Fall des Kontrasts bewirkt eine Erhöhung die Spreizung des Histogramms von der Mitte aus zu den Rändern hin, ebenfalls an den Lücken zu sehen. Wird der Kontrast verringert, zieht sich das Histogramm zur Mitte hin zusammen.

 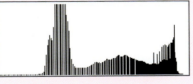 

Links: Ausgangszustand. Mitte: Histogramm nach einer Aufhellung. Rechts: Nach einer Kontrasterhöhung.

Weiches Licht und Negativ multiplizieren

Eine weitere Möglichkeit, den Kontrast und die Helligkeit verlustfrei zu optimieren, besteht in der Kombination zweier Mischmodi.

Dazu duplizieren Sie die vorhandene Hintergrundebene des Bildes mit *Ebene/Ebene duplizieren* zweimal. Setzen Sie die oberste Ebene auf den Mischmodus *Negativ multiplizieren* und die andere auf *Weiches Licht*. Reduzieren Sie nun die Deckkraft so, dass ein harmonisches Bild entsteht. Im Histogramm-Bedienfeld können Sie die Veränderung von Helligkeit und Kontrast gut verfolgen. Reicht der Effekt nicht aus, können Sie die Ebenen nochmals duplizieren und mit der Deckkraft anpassen.

*Aufhellungsergebnis mit den Ebenen **Weiches Licht** (Deckkraft 60 %) und **Negativ multiplizieren** (Deckkraft 70 %).*

7.3 Tonwertkorrekturen durchführen

Eine der mächtigsten Funktionen von Photoshop Elements ist die Tonwertkorrektur. Das liegt daran, dass mit ihr sowohl die Belichtung als auch der Kontrast und sogar Farbstiche korrigiert werden können. Die Tonwertkorrektur können Sie mit *Überarbeiten/Beleuchtung anpassen/Tonwertkorrektur* ([Strg]/[cmd]+[L]) direkt auf das Bild anwenden. Oder Sie bearbeiten das Bild mit *Ebene/Neue Einstellungsebene/Tonwertkorrektur* 🔍 verlustfrei auf einer getrennten Bearbeitungsebene. In beiden Fällen gelangen Sie zum Dialogfenster der Tonwertkorrektur.

Das Dialogfenster der Tonwertkorrektur präsentiert Ihnen die Pixelverteilung genauso wie das Histogramm-Bedienfeld. Auf welchen Farbkanal sich das Histogramm bezieht, können Sie bei ***Kanal*** einstellen. Die Einzelkanäle ***Rot***, ***Grün*** und ***Blau*** sind beim manuellen Entfernen eines Farbstichs oder zur kreativen Bildverfärbung gefragt.

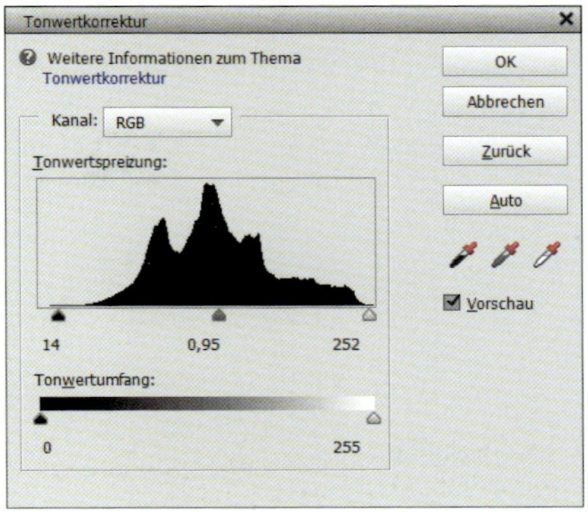

Einstellungsfenster der Tonwertkorrektur.

Mit dem Schwarz-Regler links unterhalb des Histogramms können Sie die Tiefen abdunkeln (Regler nach rechts) oder aufhellen. Der gewählte Tonwert (hier 14) definiert die Stufen des alten Bildes, die nach der Korrektur schwarz werden sollen. Alle anderen Pixel orientieren sich daran. Die Mitteltöne werden mit dem Grau-Regler bzw. dem Gamma-Wert reguliert – Werte über 1 dunkeln ab, Werte unter 1 hellen auf. Mit dem Weiß-Regler werden die Lichter aufgehellt (Regler nach links) oder abgedunkelt. Hier liegt der Wert auf 252, was bedeutet, dass diese Tonwertstufe nach der Bearbeitung weiß sein wird.

Wenn Sie die Regler bei ***Tonwertumfang*** weiter nach innen schieben, hat das Bild keine rein schwarzen oder weißen Pixel mehr.

Die Pipetten dienen dazu, den Schwarz- oder Weißpunkt des Bildes durch Klick ins Bild zu bestimmen. Die Bildstelle, die neutralgrau erscheinen soll, bestimmen Sie mit der Graupunkt-Pipette. Es werden daraufhin alle Farben angepasst und eventuelle Farbstiche entfernt, wie es auf Seite 135 gezeigt wird.

Die Schaltfläche ***Auto*** startet die Auto-Tonwertkorrektur, bei der das Bild hinsichtlich Helligkeit, Kontrast und Farbe automatisch angepasst wird. Diese Funktion lässt sich auch mit ***Überarbeiten/ Auto-Tonwertkorrektur*** (Strg/cmd+⇧+L) starten, liefert aber nicht immer beste Resultate.

Helligkeit, Kontrast und Farbe optimieren

Wenn Helligkeit, Kontrast und Farbe eines Bildes nicht stimmen, können Sie die Tonwertkorrektur für eine ausgewogene Optimierung einsetzen, bei der weder zu dunkle noch überstrahlte Bildstellen entstehen – vorausgesetzt, das Ausgangsbild ist nicht über die Maßen fehlbelichtet. Unser Beispielbild ist während der Fahrt aus dem Auto entstanden und daher etwas kontrastarm, farblich verschoben und leicht unterbelichtet. Das lässt sich aber alles retten.

Kap7-02.jpg

Das Ausgangsbild ist kontrastarm und weist einen Farbstich auf.

Mit der Tonwertkorrektur wurden Helligkeit und Farbe optimiert.

Weitere Farbkorrektur-möglichkeiten

Die Grau-Regler der Farbkanäle *Rot*, *Grün* und *Blau* können ebenfalls dazu eingesetzt werden, die Farbe anzupassen. Nach links versetzt wird der jeweilige Kanal verstärkt und nach rechts abgeschwächt. Sollten Sie mit der Farbkorrektur nicht so gut zurechtkommen, können Sie auch zuerst die Methoden aus dem Kapitel „Farbstiche entfernen" ab Seite 135 durchführen und dann die Kontrastkorrektur aus Schritt 3 anschließen.

1 Wählen Sie *Ebene/Neue Einstellungsebene/Tonwertkorrektur* .

2 Bei farblich verschobenen Bildern empfiehlt es sich, als erstes den Farbstich in den Griff zu bekommen. Liegt kein Farbstich vor, können Sie diesen Schritt weglassen. Im Fall des Beispielbildes wählen Sie aber gleich einmal den Kanal *Rot* aus.

Schieben Sie nun den Schwarz-Regler unterhalb des Histogramms nach rechts bis an den Rand der Histogrammkurve und den Weiß-Regler nach links bis zu den ersten sichtbaren Pixeln. Danach wechseln Sie in den Kanal *Grün* und dann

in **Blau** und wiederholen diese Arbeitsschritte. Die Farbe sollte danach gleich viel besser aussehen.

Farbkorrektur mit den Werten 22/1,20/255 (Rot), 24/1,0/255 (Grün) und 29/0,85/255 (Blau).

3 Zurück im Kanal **RGB** zeigt sich im Histogramm, dass am linken und rechten Randbereich nur sehr wenige Pixel vorkommen, was auf einen geringen Kontrast hinweist. Schieben Sie daher den Weiß-Regler nach links, bis er auf den Histogrammhü-gel trifft. Um keine starken Überstrahlungen zu erzeugen, drü-cken Sie während des Schiebens die Alt-Taste.

Auf der nun schwarzen Fläche sollten nur wenige bunte Pixel zu sehen sein. Mit dieser Bearbeitung haben Sie den Weiß-punkt gesetzt. Setzen Sie auf vergleichbare Weise mit dem Schwarz-Regler ▲ den Schwarzpunkt des Bildes. Bei gedrück-ter Alt-Taste erscheint das Bild weiß.

Auch hier gilt es, keine großen bunten Pixelflächen zuzulassen, da das Bild an den Stellen sonst zeichnungslos unterbelichtet wird. Die Aufhellung findet schließlich über die Mitteltöne statt. Dazu schieben Sie den Grau-Regler ▲ nach links (oder zum Abdunkeln nach rechts).

> **Motivbesonderheiten**
>
> Nicht alle Motive vertragen das strikte Setzen des Weiß- oder Schwarzpunktes. Daher behalten Sie auch immer die Bild-wirkung im Auge und dämpfen die Bear-beitung ab, wenn eine unnatürliche Moti-vatmosphäre entsteht.

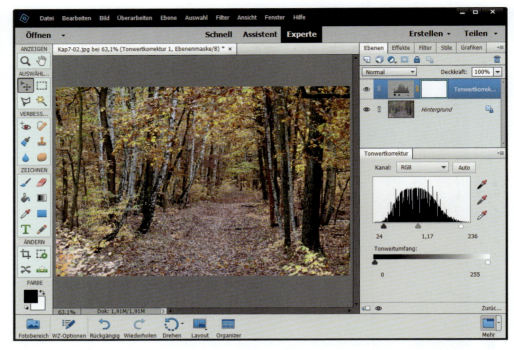

Den Tonwertumfang begrenzen

Im vorigen Beispiel ging es darum, den Tonwertumfang auf das gesamte Helligkeitsspektrum zu verteilen und damit den Kontrast zu erhöhen. Den umgekehrten Effekt erzielen Sie mit den Reglern bei *Tonwertumfang*. Je weiter der schwarze oder weiße Regler dort nach innen versetzt wird, desto geringer wird der Tonwertumfang. Schwarz ist dann nicht mehr Schwarz, sondern Dunkelgrau, und Weiß wird zu Hellgrau. An den Histogrammrändern entstehen Lücken ohne Pixel.

Eine solche Aktion dient vor allem dazu, extreme Kontraste in den Griff zu bekommen. Unterbelichtete Bildstellen wirken nicht mehr ganz so fleckig, weniger hart und fehlbelichtet.

Auch für den Druck kann eine Schwarz-Abschwächung um 10–20 Stufen nützlich sein, denn viele Drucker tragen reines Schwarz zu intensiv auf. Dabei gehen Tonwertabstufungen optisch verloren, die eigentlich da sind. Die Detailauflösung in den dunklen Bildbereichen sinkt. Wie stark die Tonwertbegrenzung ausfallen sollte, hängt allerdings vom Drucker ab.

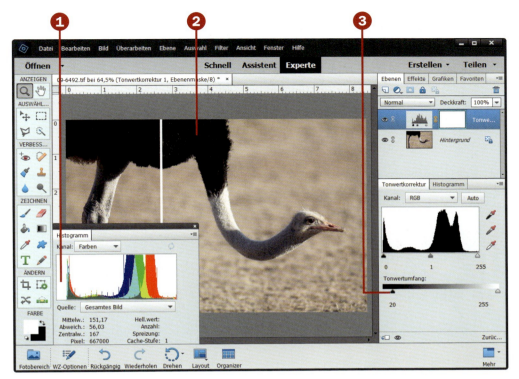

Das Bild wirkt etwas heller und weniger kontrastiert **2**, nachdem der Tonwertumfang um 20 Stufen **3** verringert wurde. Im Histogramm entsteht dadurch links eine Lücke **1**.

7.4 Kontraste in den Griff bekommen

Um eine insgesamt harmonische Bildausleuchtung zu erzielen, ist es wichtig, die beiden Extreme in den Griff zu bekommen. Wobei hier keine emotionalen Ausbrüche oder extrem schwierig zu fotografierende Actionmotive gemeint sind. Nein, es geht wieder einmal um die besonders hellen und die besonders dunklen Bildpartien, die stets einer besonderen Aufmerksamkeit bedürfen.

Neben der Tonwert- und der Helligkeit/Kontrast-Korrektur hält Photoshop Elements eine spezielle Funktion dafür parat: den Dialog *Tiefen/Lichter*. Zudem können Sie die Mischmodi gewinnbringend auch bei der Korrektur hoher Bildkontraste einsetzen.

Moderate Tiefen/Lichter-Korrektur

Bei an sich gut belichteten, aber etwas zu kontrastreichen Bildern ist die Anpassung von Helligkeit und Kontrast mit der Tiefen/Lichter-Funktion von Photoshop Elements genau das Richtige. Mit ihr

Kap7-03.jpg

können Sie moderate Helligkeitsänderungen vornehmen, die sich spezifisch nur auf die ganz dunklen Farbtöne und die ganz hellen auswirken. Die Gefahr, dass hierbei durch einen Beschnitt der Tiefen oder Lichter unstrukturierte schwarze oder weiße Bildflächen entstehen, besteht nicht, da die Funktion den vorhandenen Schwarz- und Weißpunkt nicht verschiebt.

Bei dem Beispielbild stimmt die Grundbelichtung der Sportszene, aber die Schatten sind ein bisschen düster.

Links: Ausgangsbild.
Rechts: Ausgewogenere Kontraste nach der Tiefen/Lichter-Korrektur.

Zum Aufrufen der Funktion *Tiefen/Lichter* gibt es im Fotoeditor drei Möglichkeiten: im Modus *Schnell* unter *Tonwertkorrektur*, im Modus *Assistent* bei der Funktion *Aufhellen oder Abdunkeln* im Bereich *Retuschen* und im Modus *Experte* mit der Befehlsfolge *Überarbeiten/Beleuchtung anpassen/Tiefen/Lichter*. Für die Bearbeitung des Beispielbildes haben wir uns für die dritte Variante entschieden.

Nach dem Öffnen des Dialogfensters werden Sie sofort einen Effekt bemerken, denn der Regler *Tiefen aufhellen* springt automatisch auf einen voreingestellten Wert von 35 %. Dadurch werden die dunklen Bildpartien kräftig aufgehellt.

Wenn Ihnen das zu stark ist, senken Sie den Wert auf 20–25 % oder darunter. Mit dem Regler *Lichter abdunkeln* dunkeln Sie die hellen Bereiche ein wenig ab (hier 9 %). Schließlich können Sie den Mittelton-Kontrast noch ein wenig heben oder senken (hier −10 %). Dadurch erscheint das Ergebnis insgesamt mehr oder weniger kontrastiert.

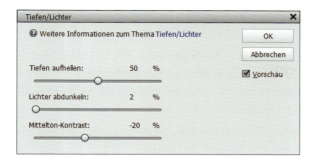

Korrektur der Tiefen (20 %), Lichter (9 %) und leichtes Absenken des Mittelton-Kontrasts (−10 %).

Überbelichtung partiell mindern

Gegenlicht, hohe Kontraste oder von der Sonne kräftig angestrahlte helle Flächen machen es dem Sensor der Digitalkamera nicht gerade leicht, ein Bild mit perfekt ausgeglichenem Kontrastverlauf zu produzieren.

Oftmals sehen die hellen Bereiche dann blass und etwas ausgewaschen aus, und die Strukturen kommen weniger gut zur Geltung.

Mit dem Mischmodi *Multiplizieren* hat Photoshop Elements aber sehr gute Möglichkeiten an Bord, um die hellen Bereiche ordentlich abzudunkeln und Zeichnung hineinzubringen.

1 Öffnen Sie das Foto im Modus *Experte* des Fotoeditors. Kopieren Sie anschließend gleich die Hintergrundebene mit *Ebene/Ebene duplizieren* oder Strg/cmd+J, denn die nach-

⊗ Bildrauschen und Halo-Effekte

Werden die Tiefen zu stark aufgehellt, kann das Bildrauschen in den behandelten Arealen stark ansteigen und die Wirkung ins Unnatürliche abdriften. Im Fall der Lichter ist es wichtig, darauf zu achten, dass keine hellen Säume (Halo-Effekt) an den Motivkanten entstehen, die bei Bildern mit Objekten vor blauem Himmel besonders auffallen.

Übertriebene Bearbeitung mit Halo-Effekt (Tiefen 35 %, Lichter 40 %).

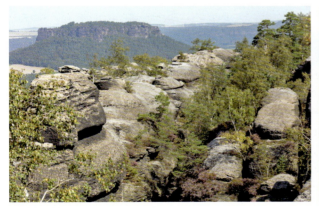

Links: Ausgangsbild mit zu hell geratenem Himmel.
Rechts: Resultat der partiellen Belichtungskorrektur per Mischmodus.

Die duplizierte Ebene im Mischmodus
Multiplizieren.

Markierung des Himmels mit dem Schnell-auswahl-Werkzeug.

folgenSchritte spielen sich alle verlustfrei auf der überlagerten Ebene ab.

Benennen Sie die Ebene in ***Multiplizieren*** um. Wählen Sie nun als Mischmodus die Vorgabe ***Multiplizieren***. Sogleich erscheint das Foto wesentlich dunkler und es sind deutlichere Strukturen in den hellen Bildbereichen zu erkennen.

2 Da der Vordergrund durch die Bearbeitung zu dunkel geworden ist, heißt es, ihn wieder aufzuhellen. Dazu können Sie der Multiplizieren-Ebene mit ***Ebene/Ebenenmaske/Nichts maskiert*** eine weiße Ebenenmaske hinzufügen.

3 Wählen Sie das Verlaufswerkzeug (F,) aus und stellen Sie über dessen Optionsleiste den Verlauf ***Schwarz, Weiß*** ❶ ein. Ziehen Sie anschließend von unten ❸ nach oben ❷ einen Verlauf über dem Bild auf. Wichtig ist, dass hierbei die Ebenenmaske ❹ markiert ist, nicht das Miniaturbild der Ebene.

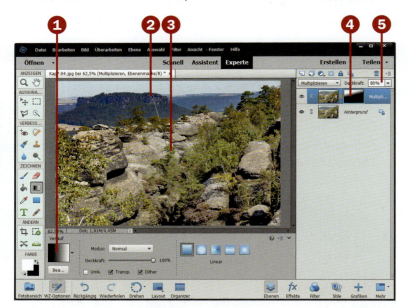

Ergebnis der selektiven Abdunkelung des Himmels.

4 Sollte Ihnen die Abdunkelung zu stark vorkommen, reduzieren Sie die Deckkraft der Multiplizieren-Ebene (hier 80% ❺). Ist der Effekt zu schwach, duplizieren Sie die Ebene. Bearbeiten Sie bei Bedarf auch die Ebenenmaske mit einem weichen Pinsel (B,) weiter nach, um Bildpartien von der Abdunkelung auszuschließen oder mit einzubeziehen.

5 Zum Schluss wird der Kontrast des gesamten Bildes noch ein wenig erhöht. Markieren Sie dazu die oberste Ebene und fassen Sie alle sichtbaren Ebenen mit Strg/cmd+Alt+⇧+E zu einer zusammen. Setzen Sie diese Ebene auf den Mischmodus *Weiches Licht* und reduzieren Sie die Deckkraft auf 50 %.

Schatten gefühlvoll aufhellen

Mit dem Mischmodus *Negativ multiplizieren* erzielen Sie genau den umgekehrten Effekt wie mit *Multiplizieren*. Diese Art der Aufhellung ist beispielsweise äußerst praktisch, wenn Sie im Gegenlicht fotografieren und die Belichtung dabei nicht auf das Hauptmotiv, sondern auf den Hintergrund abgestimmt haben.

Das Hauptobjekt gerät dann meist zu dunkel. Achten Sie jedoch gut auf das Bildrauschen, das sich bei starker Aufhellung auch deutlich erhöhen kann. Hellen Sie dann weniger auf oder führen Sie im Anschluss noch eine Rauschreduzierung durch.

*Die zusammengefasste **Ebene 1** im Mischmodus Weiches Licht (Deckkraft 50%).*

Kap7-05.jpg

Die dunklen Figuren (linker Ausschnitt) ließen sich mit zwei Ebenen im Mischmodus Negativ multiplizieren (Deckkraft 100% und 50%) aufhellen, wobei der Himmel mit einer Ebenenmaske von der Bearbeitung geschützt blieb.

Kap7-06.jpg

7.5 Bildoptimierung mit Farbkurven

Um aus einem flauen Foto eines mit knackigem Kontrast und kräftigen Farben zu zaubern, sind die Farbkurven von Photoshop Elements wirklich gut geeignet. Dahinter verbirgt sich eine etwas abgespeckte Gradationskurvenfunktion. Mit einer solchen Kurve können Sie die Belichtung, den Kontrast und die Farbgebung sehr flexibel und in feinsten Nuancen einstellen, ohne dabei Überstrahlungen zu riskieren. Der folgende Workshop zeigt, wie's funktioniert.

Oben: Das kontrastarme Beispielbild. Unten: Mit den Farbkurven ließ sich trotz bedeckten Himmels eine sonnige Wirkung erzielen.

1 Öffnen Sie das Bild im Fotoeditor-Modus *Experte.* Wählen Sie *Überarbeiten/Farbe anpassen/Farbkurven anpassen*. Im Bereich *Stil auswählen* haben Sie die Auswahl zwischen sieben Schaltflächen, die es ermöglichen, die Farben und die Beleuchtung des Bildes zu optimieren. Treffen Sie Ihre Entscheidung und bestätigen Sie Ihre Wahl mit *OK*. In unserem Beispiel können Sie gleich einmal den *Kontrast erhöhen*. Aus der geraden Linie wird eine S-Kurve erzeugt.

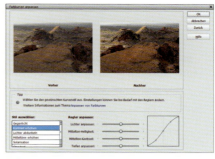

Bildoptimierung mit der Stilvorgabe ***Kontrast erhöhen***.

 Interpretieren der Gradationskurve

Die Gradationskurve beinhaltet zu Beginn eine gerade Linie. Diese startet unten links im Schwarzpunkt des Bildes und endet oben rechts im Weißpunkt. Die y- und die x-Achse schlüsseln die 255 Helligkeitsstufen zwischen Schwarz und Weiß auf, wie beim Histogramm. Über die vier Regler können die verschiedenen Tonwertgruppen, Lichter, Mitteltöne, Tiefen und der Mittelton-Kontrast getrennt voneinander aufgehellt oder abgedunkelt werden. Schwarz- und Weißpunkt bleiben hierbei unverändert. Auf diese Weise können Sie verschiedene Kurvenverläufe einstellen. Zur Erhöhung des Kontrasts werden S-förmige Kurven angestrebt. Eine halbkreisförmige Kurve mit der Rundung nach oben führt zu einer allgemeinen Bildaufhellung und eine Kurve in die entgegengesetzte Richtung zu einer Abdunkelung. Je stärker die Krümmungen ausfallen, desto deutlicher wird der Effekt sein.

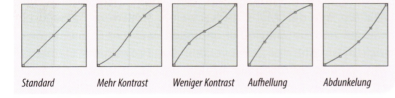

Standard *Mehr Kontrast* *Weniger Kontrast* *Aufhellung* *Abdunkelung*

2 Nach der Stilauswahl können Sie die Anpassung mit den vier Reglern weiter optimieren. Probieren Sie aus, welche Kombination die beste Wirkung erzielt. Achten Sie darauf, dass die Kurve nicht den Boden bzw. die Decke der Gradationsfläche berührt, sonst werden Tiefen oder Lichter beschnitten. Das sollten Sie tunlichst vermeiden. Hier haben wir eine noch etwas ausgeprägtere S-Kurve erstellt, die für eine hellere und stärker kontrastierte Wirkung sorgt. Wenn Sie die beiden Kurven vergleichen, sind die Unterschiede wahrlich marginal. Aber genau das macht die Gradationskurve aus, sie kann für feinste Wirkungen bis hin zu erheblichen Veränderungen sorgen.

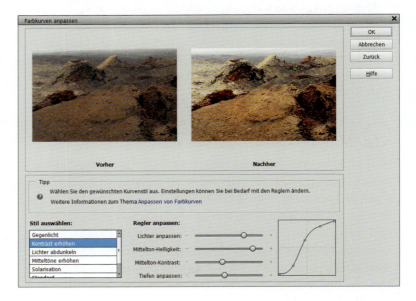

*Individuelle Einstellung der Gradationskurve auf Basis der Stilvorgabe **Kontrast erhöhen**.*

Gradationskurve und weitere Funktionen nachrüsten

Bei dem großen Photoshop-Bruder können Sie die Gradationskurve mit der Maus an so vielen Stellen wie gewünscht anfassen und sie individuell anpassen, was bei Elements nicht möglich ist. Mit der Demoversion des Programms Elements+ (http://simplephotoshop.com/elementsplus/) steht für Mac OS und Windows jedoch eine Gradationskurvenerweiterung zur Verfügung. Schließen Sie Photoshop Elements bevor Sie die Demo-Version installieren. Nach dem Wiederöffnen des Programms werden die Inhalte und Effekte eingelesen, was ein paar Minuten dauern kann. Öffnen Sie anschließend ein Bild und wählen Sie *Fenster/Aktionen*. Im Ordner *Elements+ Demo* 🗀 finden Sie den Eintrag *Kurven* ❷. Führen Sie den darin enthaltenen Befehl *Gradationskurve* aus ▶ ❸ und bearbeiten Sie anschließend die Kurve ❶. Der Effekt wird direkt auf Ihr Bild angewendet, daher ist es sinnvoll, die Bildebene zuvor zu duplizieren (Strg/cmd+J), um das Originalbild zu erhalten.

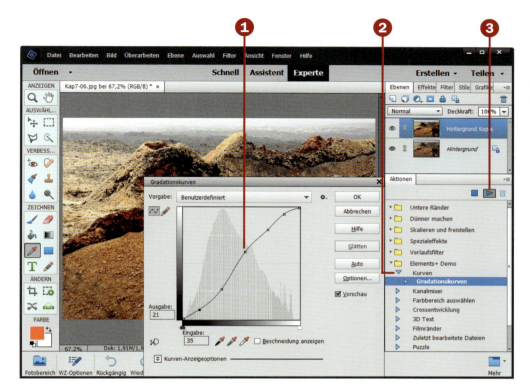

*Flexible Kontrast-
und Belichtungs-
korrektur mit der
nachgerüsteten
Gradationskurven-
funktion.*

Eine weitere, sehr flexibel anwendbare Gradationskurvenfunktion bietet das Plug-in SmartCurve V2.2 (http://members.chello.at/easyfilter/smartcurve.html), allerdings nur für Windows. Speichern Sie die entpackten Dateien an einem Ort, an dem Sie ggf. schon andere Photoshop Elements relevante Dateien liegen haben (die Datei smartcurve.8bf benötigen Sie für eine 32-Bit-Systemumgebung und smartcurve64.8bf für eine 64-Bit-Systemumgebung). Sie können auch im Programmordner von Photoshop Elements (z. B. [Laufwerk]:\[Programmordner]\Adobe\Photoshop Elements 15\Plug-Ins\) einen Ordner SmartCurve anlegen und die Dateien dort ablegen.

Schließen Sie Photoshop Elements und starten Sie es anschließend wieder neu. Öffnen Sie ein Bild und wählen Sie *Filter/easy.Filter/SmartCurve*. Das Dialogfenster der Gradationskurvenfunktion öffnet sich. Mehr Informationen haben wir Ihnen zusätzlich unter http://www.saenger-photography.com/gradationskurve-fur-photoshop-elements/ zusammen gestellt.

Gekonnt nachschärfen und weichzeichnen

Die Begriffe Schärfe und Unschärfe sind aus der Fotografie genauso wenig wegzudenken wie die Belichtung. Schließlich trägt ein gelungenes Zusammenspiel aus scharf gestelltem Hauptmotiv und unscharfer Umgebung ganz wesentlich dazu bei, ob ein Foto qualitativ und von seiner Wirkung her brillant aussieht oder eher ein „ja, ganz nett" beim Betrachter hervorruft. Erfahren Sie in diesem Kapitel daher gleich einmal alles Wichtige über die Schärfungs- und Weichzeichnungsoptionen von Photoshop Elements.

8.1 Über die Schärfe

Ausgehend von den Eigenschaften des Motivs über die Kameraeinstellungen bis hin zur anschließenden Bildbearbeitung gibt es eine große Fülle an Einflussfaktoren auf die Schärfe. An einigen können Sie drehen, mit anderen wiederum muss man einfach leben.

Was Schärfe bedeutet

Aus Sicht der Bildbearbeitung bedeutet Schärfe vor allem das Vorhandensein eines angemessen hohen Kontrasts (Helligkeitsunterschied zweier Bildpunkte) an den Motivkanten und der Akutanz (Konturschärfe). Bei geringer Konturschärfe laufen die Kanten sehr weich ineinander über und sind teilweise kaum zu erkennen. Ist dann auch noch der Helligkeitsunterschied, also der Kontrast, gering, wirkt das Foto sehr unscharf.

Bei richtig guter Schärfe bestehen die Motivkonturen aus klar abgegrenzten Linien und Kanten. An dem Bild mit den Kamelen können Sie die unterschiedliche Stärke von Schärfe nachvollziehen.

Der Ausschnitt mit dem Auge zeigt den Bildbereich mit der höchsten Schärfe. Wenige Zentimeter dahinter ist das Fell am Hals schon weniger scharf, und bis zum Hintergrund nimmt die Schärfe kontinuierlich weiter ab.

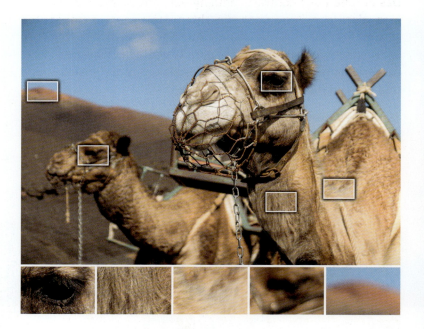

Das Auge des rechten Kamels lag direkt im Fokus und weist daher die höchste Schärfe auf. Die feinen Strukturen des Fells werden klar voneinander abgegrenzt. Bereits wenige Zentimeter weiter hinten ist die Schärfentiefe schon geringer, so dass sich die einzelnen Haare nicht mehr so kontrastreich voneinander abgrenzen und verwaschener aussehen. Bis zum Hintergrund nimmt die Schärfe dann so stark ab, dass die Motivkanten nur noch schemenhaft zu erkennen sind.

Ob ein Foto wirklich gut geschärft wurde oder ob zu schwache oder zu starke Schärfungsmethoden angewendet wurden, lässt sich in der 100 %-Ansicht am besten erkennen. Daher empfehlen wir Ihnen, beim Analysieren der eigenen Bilder und beim Nachschärfen immer wieder auch einmal einen Blick auf die Ansicht der tatsächlichen Pixel zu werfen. Mit den Tastenkombinationen Strg/cmd+1 und Strg/cmd+0 bzw. den Befehlen **Ansicht/Tatsächliche Pixel** und **Ansicht/Ganzes Bild** kann die große Vorschau flink hin- und hergezoomt werden, um alles gut kontrollieren zu können.

Schärfen: Risiken und Nebenwirkungen

Das Erhöhen des Kontrasts entlang der Motivkanten ist ein Prozess, der schnell zu unerwünschten Störungen, sogenannten Schärfeartefakten führen kann. Am deutlichsten machen sich bei zu stark nachgeschärften Bildern weiße oder schwarze Linien bemerkbar, die an Übergängen zwischen einem dunklen Motiv und blauem Himmel zu sehen sind.

Wenn diese, auch als Halo-Effekt bezeichneten Fehlstellen, selbst in der verkleinerten Bildansicht deutlich sichtbar werden, liegt ein eindeutiger Qualitätsverlust vor. Ferner erhöht das Schärfen auch immer ein wenig das Bildrauschen, daher sollten Sie die Körnung des Bildes vor allem in unstrukturierten Bereichen stets im Auge behalten.

 Kamerainterne Schärfung

Oftmals ist die kamerainterne Nachschärfung nicht optimal, nicht selten fällt sie zu stark aus. Daher setzen Sie die Funktion zum Schärfen über den Bildstil (Picture Control, MyColors oder Ähnliches) auf einen niedrigen Wert oder schalten das Schärfen sogar ganz aus, wenn Sie die Bilder ohnehin mit Photoshop Elements nachbearbeiten.

Links: Bild ungeschärft in 100 %-Ansichtsgröße.
Mitte: Ergebnis einer für den Druck angemessenen Schärfung.
Rechts: Überschärftes Bild mit Halo-Effekten an den Kontrastkanten.

Feinschliff erst am Ende

Eines ist sicher, den finalen Feinschliff sollten die Bilder, die als vorbereitete Rohdiamanten in Photoshop Elements vorliegen, immer erst am Schluss erhalten. Bei RAW-Aufnahmen empfiehlt es sich, die Grundschärfe bei der RAW-Konvertierung einzustellen, dann die weitere Bildbearbeitung in Photoshop Elements durchzuführen und schließlich ganz am Ende das perfekte Quäntchen an Schärfe draufzusetzen.

8.2 Flexible Schärfe durch Unscharf maskieren

Kap8-01.jpg

Eine Funktion, die im Lauf der Zeit sowohl bei Photoshop als auch bei Photoshop Elements – und in ähnlicher Form auch in anderen Bildbearbeitungsprogrammen – zur absoluten Standardmethode des Nachschärfens avanciert ist, nennt sich schlicht und einfach *Unscharf maskieren*. Darüber wird der Kontrast zwischen den dunklen und den hellen Bildpixeln vor allem an den Motivkanten verstärkt, indem die hellen Pixel aufgehellt und die dunklen abgedunkelt werden. Dies führt letztlich dazu, dass die Motivkanten sich stärker abgrenzen und schärfer aussehen, während größere glatte Flächen, zum Beispiel ein blauer Himmel, davon weitestgehend unbehelligt bleiben.

Analoger Ursprung

Der Begriff „Unscharf maskieren" stammt von der Methode der Unscharfmaskierung aus der analogen Fotografie ab. Dort wurde durch Kombination einer unscharfen und einer scharfen Version des Bildes eine Maske für die Motivkanten erstellt. Diese Maske wurde in einem Extrabelichtungsschritt genutzt, um die Motivkanten zu betonen und dadurch den Schärfeeindruck zu steigern.

1 Öffnen Sie das Bild im Fotoeditor-Modus *Experte*. Duplizieren Sie die Hintergrundebene mit *Ebene/Ebene duplizieren* (Strg/cmd+J). Stellen Sie eine Ansichtsgröße von 50 bis 100 % ein, indem Sie *Ansicht/Einzoomen* (Strg/cmd+ +) wählen.

2 Wählen Sie *Überarbeiten/Unscharf maskieren*. Das sich öffnende Dialogfenster zeigt Ihnen einen kleinen Ausschnitt des Bildes in der 100 %-Ansicht an. Schieben Sie den Dialog mit der Maus etwas an die Seite, damit auch das Bild im großen Dokumentfenster wieder gut zu sehen ist.

Klicken Sie dann mit der Maus in das große Foto an eine aussagekräftige Stelle oder fassen Sie die kleine Vorschau im Dialogfenster mit der Maus an und verschieben Sie den Bereich. Die ausgewählte Stelle sollte in dem Bildbereich liegen, den Sie während der Aufnahme fokussiert hatten, und am besten deutliche Kontrastkanten enthalten.

Einrichten der Bildausschnitte für die anschließende Schärfung. Im großen Dokumentfenster ist das Bild mit 50 % Ansichtsgröße zu sehen und im Dialogfenster Unscharf maskieren mit 100 %.

3 Im Dialogfenster *Unscharf maskieren* können Sie den Schärfungseffekt mit der Bildvorschau genau beobachten. Mit dem Minus- 🔍 und Pluszeichen 🔍 darunter lässt sich die Vorschaugröße variieren. Die Bildansichtsgröße im großen Dokumentfenster ändert sich dabei nicht. Über den Regler *Stärke* bestimmen Sie, wie stark der Kontrast an den Motivkanten erhöht werden soll. In der Regel haben Sie mit Werten zwischen 80 % und 150 % eine gute Basis. Mit dem Regler *Radius* legen Sie fest, wie viele Pixel die Schärfung umfassen soll. Hoch aufgelöste Fotos profitieren hier von Werten zwischen 0,8 und 2, während kleine Bilder fürs Internet häufig schon mit Werten um 0,3 bis 0,5 gut auskommen. Schließlich können Sie die eingestellte Schärfung mit dem Regler *Schwellenwert* nachjustieren. Bei niedrigen Werten werden ganz feine Motivkanten geschärft. Mit steigendem Wert wird die Schärfung wieder abgeschwächt und auch das eventuell erhöhte Bildrauschen gemildert. Meist sind daher Werte zwischen 1 und 4 gut geeignet. Achten Sie besonders auf die glatten Motivbereiche, wie Himmel, Haut, Autolack oder Ähnliches. Bestätigen Sie die Schärfung mit *OK*.

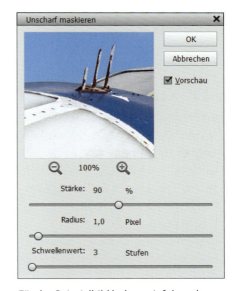

*Für das Beispielbild haben wir folgende Werte eingestellt: **Stärke**: 90 %, **Radius**: 1 Pixel, **Schwellenwert**: 3 Stufen.*

Museumsflugzeug in voller Größe nach der Unscharfmaskierung. Der untere Abschnitt zeigt die Ausgangsschärfe und der obere das Ergebnis in vergrößerter Ansicht.

 Schärfung übertragen

Sind Sie gerade dabei, ähnliche Fotos zu bearbeiten, dann können Sie die Schärfung per Tastenkombination von einem aufs nächste Bild übertragen. Denn die Funktionseinstellungen befinden sich direkt nach der Anwendung im Zwischenspeicher des Menüs *Filter*. Also wählen Sie entweder *Filter/Unscharf maskieren* oder Strg/cmd+F, um die Schärfung erneut bzw. auf ein anderes Bild anzuwenden.

Unscharf maskieren nach Motiv und Zweck

So vielseitig die Motive sind, so flexibel sollte auch die Schärfung an das Bild angepasst werden. Detailreiche Fotos benötigen eine weniger starke Schärfung als solche, die mit wenig Schärfentiefe oder leichter Verwacklung auf dem Sensor der Kamera gelandet sind.

Nachfolgend haben wir einige Beispiele zusammengestellt, um Ihnen Anhaltspunkte für das Nachschärfen gängiger Motivkategorien an die Hand zu geben.

Detailreiche Bilder mit hohem Kontrast

Solche Bilder vertragen eine geringere Schärfung am besten: *Stärke*: 80–150 %, *Radius*: 0,7–2 Pixel, *Schwellenwert*: 2–4 Stufen.

Wenn der Kontrast so hoch ist, dass beispielsweise an den Übergängen die weißen Linien zu stark sichtbar werden, können Sie die Schärfungsebene auf den Mischmodus *Abdunkeln* setzen. Dadurch werden nur die dunklen Kanten betont, was zwar den Schärfeeindruck erhöht, aber weniger sichtbare Bildfehler verursacht.

Links: Das Schärfen hat die vorhandenen weißen Linien sichtlich verstärkt. Rechts: Im Mischmodus »Abdunkeln« sind die weißen Linien verschwunden.

Detailreiche Bilder mit wenig Kontrast

Selbst wenn das Motiv detailreich ist, kann ein schwacher Kontrast den Schärfeeindruck mindern. In solchen Fällen können Sie den Filter *Unscharf maskieren* nicht nur zum Schärfen, sondern auch zur Kontrasterhöhung verwenden. Es bietet sich eine zweistufige Bearbeitung an.

Kap8-02.jpg

1 Durchgang: *Stärke*: 20–60 %, *Radius*: 20–40 Pixel, *Schwellenwert*: 2–4 Stufen.

2 Durchgang: *Stärke*: 100–200 %, *Radius*: 1–3 Pixel, *Schwellenwert*: 0–4 Stufen.

Links: Ungeschärftes Ausgangsbild.
*Rechts: Ergebnis nach den zwei Durchgängen: **Stärke**: 40 %, **Radius**: 20 Pixel, **Schwellenwert**: 4 Stufen und dann **Stärke**: 200 %, **Radius**: 2,5 Pixel, **Schwellenwert**: 0 Stufen.*

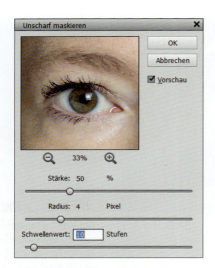

Der hohe Schwellenwert lässt die Schärfung nicht auf die Hautstrukturen wirken.

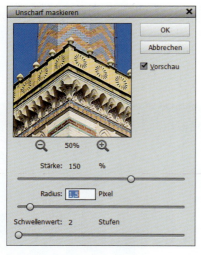

Die 50 %-Ansicht ist beim Schärfen von Druckdateien gut geeignet.

Porträtbilder

Bei Porträts reicht meist schon geringes Nachschärfen (*Stärke*: 50–100 %, *Radius*: 3–5 Pixel, *Schwellenwert*: 3–10 Stufen) aus, das unterstreicht die Natürlichkeit.

Zu viel Schärfe wirkt schnell unästhetisch, vor allem, wenn glatte Hautflächen dadurch übertrieben strukturiert erscheinen und jede Pore hervorgehoben wird.

Internetbilder mit maximal 1.000 Pixeln Breite

Die geringe Pixelanzahl von Bildern fürs Internet bringt es mit sich, dass hier die Schärfung am dezentesten durchgeführt werden sollte: *Stärke*: 50–80 %, *Radius*: 0,3–0,5 Pixel, *Schwellenwert*: 2–12 Stufen.

Bilder für den Druck schärfen

Bilder, die an den Drucker gesendet werden, können eine zusätzliche Portion Schärfe vertragen. Dazu duplizieren Sie die geschärfte Ausgangsebene und schärfen diese nach: *Stärke*: 100–150 %, *Radius*: 1–1,5 Pixel, *Schwellenwert*: 6–10 Stufen. Betrachten Sie das Bild zudem bei einer Ansichtsgröße von nur 50 %. Dazu tragen Sie den Wert in das Feld links unter der Bildansicht ein. Das Bild sieht vermutlich etwas überschärft aus, aber auf dem Papier wird davon nichts mehr zu sehen sein. Sollte Ihnen der Druck dennoch zu scharf erscheinen, können Sie die zweite Schärfungsebene auf den Mischmodus *Abdunkeln* setzen oder die gesamte Ebene in ihrer Deckkraft etwas reduzieren.

8.3 Verbesserte Hilfen zur Rettung verwackelter Bilder

Ist die Belichtungszeit ein wenig zu lang gewesen oder konnten Sie die Kamera für ein Selfie nur sehr unruhig in der Hand halten, kann es zu ungewollten Verwacklern kommen. Erfahren Sie im Folgenden, wie sich die Elements-Funktionen zur Reduzierung von Verwacklung schlagen. Erwarten Sie jedoch keine Wunder. Stark verwackelte Aufnahmen, bei denen die Kamera auch noch in mehrere Richtungen bewegt wurde, werden sich auch damit nicht komplett retten lassen.

Verwacklung (automatisch) reduzieren

Die in Photoshop implementierten Funktionen zur Verwacklungsreduzierung zielen genau darauf ab, Bilder, die durch eine zu lange
Belichtungszeit unscharf aufgenommen wurden, intelligent nach-
zuschärfen.Am einfachsten können Sie der Verwacklung entge-
genwirken, indem Sie *Überarbeiten/Verwacklung automatisch
reduzieren* wählen. Photoshop Elements analysiert das Bild vollautomatisch und gibt Ihnen eine etwas schärfere Variante des
Bildes aus.

Kap8-03.jpg

*Verwacklungsunscharfes
Ausgangsbild.*

*Bereits die automatische
Verwacklungsreduzierung
konnte die Schärfe des
verwackelten Bildes sehr
ordentlich erhöhen.*

*Individuelle Schärfungser-
gebnisse mit reduzierten
Bildfehlern können mit der
Funktion **Verwacklung
reduzieren** erzielt werden.*

*Zum Vergleich eine dank
Bildstabilisator im Objektiv
scharf fotografierte Variante
des gleichen Motivs.*

Wenn Ihnen das Ergebnis noch nicht so ganz zusagt, können Sie
aber auch selbst Hand anlegen. Wählen Sie hierfür die Funktion
Überarbeiten/Verwacklung reduzieren. Im aufgehenden Menüfenster sehen Sie einen automatisch gesetzten Rahmen ❶,
innerhalb dessen Ihre Aufnahme sofort analysiert wird.

Mit dem Anfasser in der Mitte ❷ können Sie diesen verschieben
und mit den Anfassern an den Seiten und Ecken auch kleiner oder
größer ziehen. Damit lässt sich genau der Bildbereich analysieren,
der Ihnen wichtig ist.

Auch können Sie weitere Rahmen aufziehen, indem Sie an einer
anderen Stelle ins Bild klicken und den Rahmen mit der Maus
aufziehen. Das führt jedoch nicht unbedingt zu Verbesserungen
in der Bildanalyse und erhöht die Gefahr, dass vermehrt Bildfehler erzeugt werden. Wichtig ist auch, den Rahmen nicht zu klein
zu wählen ❺ sonst kann die Bildstelle nicht analysiert werden.
Mit dem *Vorher-Nachher*-Schalter ❸ lässt sich die Schärfung ein-

und ausblenden. Über die Lupenschaltfläche **4** können Sie einen Teil des Bildes in verschiedenen Stufen **6** vergrößert betrachten (*.5×*, *1×*, *2×*, *4×*) und das Fenster mit der Maus auf die gewünschte Bildstelle verschieben. Es zeigt aber stets nur die bearbeitete Bildversion an. Achten Sie gut darauf, dass keine allzu starke Körnung oder zu helle Kontrastlinien erzeugt werden. Die Stärke der Schärfung lässt sich mit dem Regler **7** unterhalb des Bildes variieren.

*Mit der Funktion **Verwacklung reduzieren** lässt sich die Stärke der Bearbeitung intuitiv auf das Motiv abstimmen.*

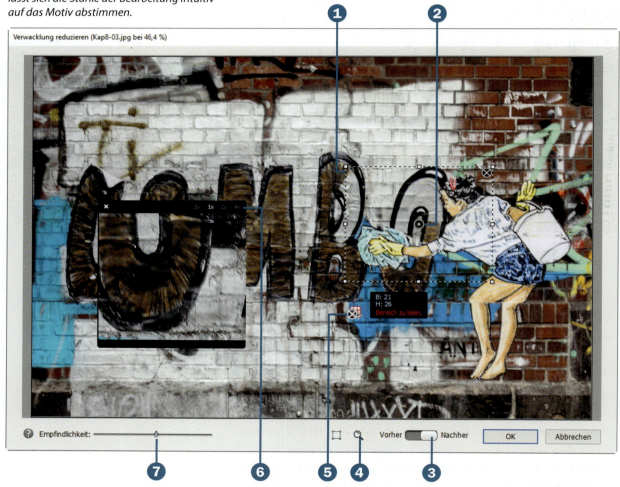

Insgesamt bieten beide Methoden eine schnelle und unkomplizierte Hilfe gegen Verwacklungsunschärfe. Noch bessere Resultate können Sie aber oftmals mit der Funktion ***Schärfe einstellen*** des nächsten Abschnitts erzielen, allerdings ist der Aufwand etwas höher.

Bildrettung mit der Funktion Schärfe einstellen

Mit der Funktion *Schärfe einstellen* bietet Ihnen Photoshop Elements die Möglichkeit, die Nachschärfung noch optimaler auf das Bildmaterial anzupassen. Dies können Sie anhand des Beispielbildes gleich einmal nachvollziehen.

Zum Vergleich testen Sie mit diesem Bild auch einmal die Funktionen des vorigen Abschnittes, die bei diesem Fall aber ein schlechteres Ergebnis liefern.

Kap8-04.jpg

Links: Verwackeltes Ausgangsbild.
Rechts: Geschärftes Ergebnis.

1 Öffnen Sie das Bild und duplizieren Sie anschließend die Ebene mit *Ebene/Ebene duplizieren* (Strg/cmd+J).

2 Rufen Sie die Funktion *Überarbeiten/Schärfe einstellen* auf. Stellen Sie mit den Schaltern − oder + unterhalb der Bildvorschau eine Ansichtsgröße von 50 % ein.

3 Wählen Sie bei *Entfernen* die Option *Bewegungsunschärfe*. Dadurch wird das Steuerelement *Winkel* aktiviert. Geben Sie nun für die Ermittlung der Verwacklungsrichtung zunächst eine hohe Stärke von 500 % und einen Radius von 1 Pixel ein. Klicken Sie anschließend mit der Maus in das Zahlenfeld für den Winkel oder drücken Sie die ⇧-Taste und drehen Sie das Bildlaufrad der Maus nach oben oder unten. Mit der Tastenkombination ⇧+↑ oder ↓ lässt sich der Winkel in 10°-Sprüngen verstellen.

Der Winkel wurde auf –20° eingestellt, um die Verwacklung der Kamera auszugleichen.

Ausprobieren

Den geeigneten Winkel zu finden, erfordert einiges an Ausprobieren, weil die Verwacklungsrichtung oftmals nicht sofort ersichtlich ist. Schieben Sie dazu die Vorschau auch einmal auf verschiedene Stellen des Bildes, um zu prüfen, ob durch die Winkeländerung an anderer Stelle versehentlich zu starke Kontrastkanten entstehen.

4 Haben Sie den Winkel gefunden, können Sie die Schärfe justieren. Dabei können Sie zwei Strategien verfolgen: Bei stärkerer und diffuser Verwacklung wählen Sie niedrige Werte für die Stärke (50–100 %), kombiniert mit einem hohen Radius (5–20 Pixel).

Bei leichteren, sehr gerichteten Verwacklungen können Sie umgekehrt verfahren (Radius: 150–200 %, Stärke: 0,7–2 Pixel). Auch hier ist ein wenig Ausprobieren gefragt.

Schärfen mit der Stärke 150 %, einem Radius von 10 Pixeln und einem Winkel von –20°.

5 Optional: Wechseln Sie zur Kontrolle ruhig einmal in den Modus *Gaußscher Weichzeichner*. Jetzt wird das Bild in etwa genauso nachgeschärft wie bei der Funktion *Unscharf maskieren*. Bei unveränderten Stärke- und Radiuswerten ist der fehlende Bewegungsausgleich sofort an den Motivkanten zu erkennen.

Diese kommen dadurch zustande, dass die Schärfung sich nun in alle Richtungen ausdehnt und auch die Bildteile beeinflusst, die es eigentlich nicht nötig haben.

Auch die Option *Verwackeln* wird vermutlich nicht das gewünschte Resultat liefern, denn diese ist eher für leicht unscharfe Aufnahmen geeignet, bei denen der Fokus nicht so richtig saß oder die Schärfentiefe etwas zu gering ausgefallen ist.

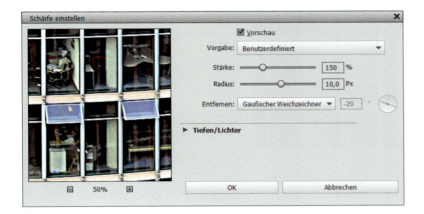

Ergebnis mit dem Modus ***Gaußscher Weichzeichner****.*

6 Mit einem Klick auf die Option *Tiefen/Lichter* lassen sich die Hell-dunkel-Kontraste, die durch die Schärfung intensiviert wurden, fein nachbearbeiten. Damit können auftretende Helligkeitssäume oder Halo-Effekte abgeschwächt werden.

Mit *Verblassen um* wird die Intensität der Kontrastkanten erhöht (0 %) oder verringert (100 %). *Tonbreite* legt fest, wie viele Farbtöne durch die Änderung betroffen sein sollen. Je höher der Wert, desto stärker wirken sich die Änderungen der anderen Regler aus. *Radius* definiert den Umfang an Pixeln, die von der Anpassung mit betroffen sein sollen.

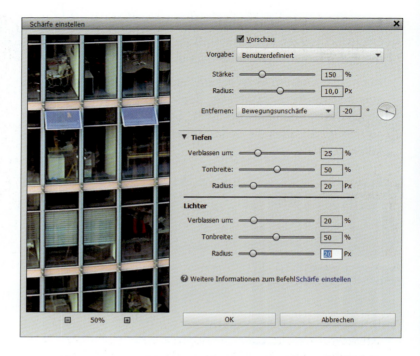

8.4 Partiell schärfen

Kap8-05.jpg

Beim Schärfen gerät man häufig in die Situation, dass bestimmte Bildbereiche richtig viel Schärfe vertragen, während andere davon am besten ganz ausgenommen werden. Daher empfiehlt es sich in sehr vielen Fällen, nur selektiv die benötigten Bereiche scharfzuzeichnen.

Partielle Schärfe mit dem Hochpass-Filter

Die nachfolgende Methode können Sie prinzipiell mit allen Schärfungsfiltern anwenden, also zum Beispiel auch mit dem Filter *Unscharf maskieren*. Hier verwenden wir den *Hochpass*-Filter, um eine knackige Scharfzeichnung anzuwenden. Dieser Filter betont die Konturen besonders, indem er die Motivkanten stark hervorhebt. Gleichzeitig werden glatte Flächen weitestgehend in Ruhe gelassen.

*Partielle Schärfung des Läufers mit dem **Hochpass**- Filter (ganzes Bild, Ausschnitt oben) und das unge-schärfte Ausgangsbild (Ausschnitt unten).*

1 Um den ***Hochpass***-Filter anzuwenden, öffnen Sie das Bild im Fotoeditor-Modus ***Experte***. Duplizieren Sie nun die Hintergrundebene mit ***Ebene/Ebene duplizieren*** (Strg/cmd+J). Die neue Ebene können Sie mit ***Hochpass*** benennen.

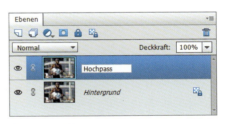

Duplizierte Ebene.

2 Wählen Sie ***Filter/Sonstige Filter/Hochpass*** und stellen Sie den Radius ein. Damit entscheidet sich die Stärke der Kantenbetonung. Wählen Sie bei sehr fein aufgelöstem Bildmaterial Werte zwischen 0,5 und 1 Pixel. Ist das Bild hingegen leicht unscharf, sind auch Werte von 2 bis 5 in Ordnung. Wichtig ist, dass die Konturenbetonung nicht übertrieben wird, weil dies später zu sichtbaren weißen Säumen an den Kanten führt.

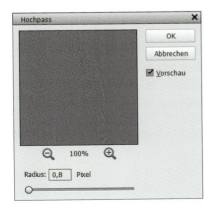

Weil das Motiv an sich schon sehr scharf ist, haben wir den Radius 0,8 gewählt.

3   Da es beim *Hochpass*-Filter zu Farbabweichungen an den Rändern kommt, wird die *Hochpass*-Ebene entfärbt. Dazu wählen Sie einfach ***Überarbeiten/Farbe anpassen/Farbe entfernen*** (⌈Strg⌉/⌈cmd⌉+⌈⇧⌉+⌈U⌉).

4   Verschmelzen Sie nun die graue *Hochpass*-Ebene mit dem Hintergrund, indem Sie einen der folgenden Mischmodi anwenden. Mit ***Ineinanderkopieren*** bleibt der Schärfungseffekt recht stark und es wird eventuell vorhandenes Bildrauschen mit verstärkt. Daher ist diese Füllmethode vor allem für Bilder mit niedrigen ISO-Werten geeignet.

Mit ***Weiches Licht*** wird die Schärfung etwas weniger dominant, dafür werden aber auch unstrukturierte Motivanteile und eventuelle Störpixel weniger hervorgehoben. Diese Methode ist geeignet für Bilder, die bei wenig Licht und höherem ISO-Wert aufgenommen wurden.

*Mischmodus **Weiches Licht** für die **Hochpass**-Ebene.*

5   Damit die Schärfung nur die gewünschten Bildstellen betrifft (partielle Schärfung), klicken Sie die untere Hintergrund-Ebene an ❸. Wählen Sie dann das Schnellauswahl-Werkzeug (⌈🖌⌉, ⌈A⌉) aus ❶ und markieren Sie damit den Läufer ❷.

Klicken Sie nun auf das Miniaturbild der Hochpassfilter-Ebene ❺. Fügen Sie mit ***Ebene/Ebenenmaske/Nichs maskiert*** (Klick auf 🔲 ❹) eine Ebenenmaske ein. Diese deckt automatisch den nicht ausgewählten Bereich ab, somit wird die Schärfung nur noch auf den Läufer angewendet, nicht mehr auf den ohnehin unscharfen Hintergrund.

6 Schauen Sie sich das Bild in verschiedenen Ansichtsvergrößerungen an. Könnte es noch mehr Schärfe vertragen? Dann duplizieren Sie einfach die *Hochpass*-Ebene ein- oder zweimal. Reduzieren Sie die Deckkraft der obersten Ebene, falls die Schärfung nun doch zu intensiv geworden ist. Hier haben wir die *Hochpass*-Ebene zweimal dupliziert und die oberste Ebene dann auf 20 % Deckkraft reduziert.

Der Bildbereich, der nicht geschärft werden soll, wird mit einer Ebenenmaske abgedeckt.

Partiell Schärfen mit dem Scharfzeichner-Werkzeug

Photoshop Elements besitzt in der Werkzeugpalette ein Werkzeug, das speziell zum Scharfzeichnen kleiner Bildpartien gedacht ist, den sogenannten Scharfzeichner (R, ▲).

Dabei handelt es sich um einen Pinsel, der keine Farbe, sondern Schärfe aufträgt. Die Scharfzeichnung wird also direkt auf das Bild „gemalt". Daher sind auch nachträglich keine Änderungen mehr möglich.

Auch ist die Wirkung nicht immer so einfach vorauszuahnen. Der Scharfzeichner eignet sich somit vor allem für ganz feine Nachschärfungen bei einem ansonsten schon fertiggestellten Bild. Zeichnen Sie beispielsweise ganz zum Schluss noch mal ein wenig die Augen scharf.

Kap8-06.jpg

Dazu fahren Sie einmal oder mehrfach über die zu schärfenden Bildstellen. Es kann sein, dass die Wirkung aufgrund der Rechenprozesse im Hintergrund etwas verspätet eintritt. Daher warten Sie nach dem ersten Übermalen ein paar Sekunden und malen dann erst weiter.

Mit dem Scharfzeichner (Modus Luminanz, Größe 70 Pixel, Stärke 25 %) haben wir einmal über das Gesicht gemalt. Dann wurde noch je einmal auf die Augen geklickt.

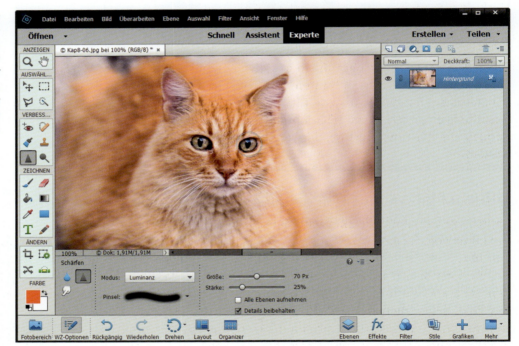

Folgende Optionen bietet der Scharfzeichner: Der *Modus* ähnelt den Mischmodi bei Ebenen. Mit *Abdunkeln* vermeiden Sie beispielsweise helle Farbsäume. Mit *Luminanz* werden die Farben geschützt.

Bei *Pinsel* wählen Sie die Art der Pinselspitze aus. Für fließende Übergänge eignet sich der Pinseltyp *Rund weich*. Mit *Größe* wird der Pinselspitzendurchmesser definiert, und *Stärke* legt den Schärfungseffekt fest.

Bei recht unscharfen Bildstellen ist der voreingestellte 50 %-Wert noch ganz in Ordnung. Für den letzten Feinschliff einer bereits scharfen Aufnahme gehen Sie besser runter auf etwa 20 %.

Sollen alle sichtbaren Ebenen geschärft werden, aktivieren Sie die Checkbox **Alle Ebenen aufnehmen**. Um unschöne Artefakte möglichst zu vermeiden, aktivieren Sie auf jeden Fall die Option **Details beibehalten**.

8.5 Weichzeichnungsoptionen

Nach dem Schärfen darf das diametrale Gegenteil, das Weichzeichnen, natürlich auch nicht fehlen. Photoshop Elements bietet in dem Bereich sogar noch mehr Funktionen und Optionen an.

Schließlich wird das Weichzeichnen in vielen Situationen benötigt: Ausbessern von Auswahlkanten, Beauty-Retusche, Einfügen dynamischer Bildeffekte, kreative Tilt-Shift-Experimente oder die Gestaltung einer geringeren Schärfentiefe sind nur einige Anwendungen, die mit Unterstützung der Weichzeichner durchgeführt werden.

Einfach oder stark weichzeichnen

Photoshop Elements hat zwei automatische Weichzeichner im Programm, die Sie mit **Filter/Weichzeichnungsfilter/Weichzeichnen** bzw. **Stark weichzeichnen** aufrufen können. Allerdings fällt die Wirkung dieser automatischen Weichzeichnung gegenüber den anderen Filtern vergleichsweise schwach aus. Daher müssen Sie den Filter mehrfach einsetzen, um eine sichtbare Wirkung zu erhalten. Im Praxiseinsatz spielen die beiden automatischen Weichzeichner somit eine sehr untergeordnete Rolle. An der hier gezeigten Hasenform, die eine klare harte Kante zum Hintergrund aufweist, können Sie die Wirkung der beiden Automatik-Weichzeichner sehen – oder auch nicht…

*An einer glatten Motivkante können die Unterschiede noch am besten verglichen werden: Original (links), **Weichzeichnen** (Mitte), **Stark weichzeichnen** (rechts).*

Gaußscher Weichzeichner

Einen absoluten Klassiker unter den Weichzeichnern stellt der Filter **Gaußscher Weichzeichner** dar. Öffnen Sie zum Testen das Beispielbild. Es enthält eine Ebene **Statue**, die scharf bleiben soll,

Kap8-07.tif

und eine Ebene *Hintergrund freigestellt*. Die zweite Ebene wurde erstellt, damit die Weichzeichnung nur auf die Hintergrundstrukturen angewendet wird. Würde das gesamte Bild weichgezeichnet, so würden sich um die Statue herum verwischte helle Bereiche des Statuenrandes abzeichnen, was unnatürlich wirken würde. Markieren Sie also die Ebene *Hintergrund freigestellt*.

Die Ebene Hintergrund freigestellt soll weichgezeichnet werden.

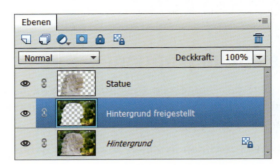

Rufen Sie den Filter mit *Filter/Weichzeichnungsfilter/Gaußscher Weichzeichner* auf. Er lässt einfach alles gleichmäßig unscharf erscheinen. Daher ist er von der Anwendung her auch denkbar einfach. Es gibt nur einen Regler, mit dem Sie die Stärke der Weichzeichnung als Pixelwert angeben können. Bei dem Beispielbild haben wir mit einer Stärke von 7 Pixeln weichgezeichnet, und schon hebt sich die Statue noch prägnanter von ihrem Hintergrund ab.

 Historie

Wer hätte gedacht, dass der große deutsche Mathematiker Johann Carl Friedrich Gauß zu Photoshop Elements beiträgt? Aber so ist das mit großen Mathematikern, die grundlegende Erkenntnisse gewonnen haben. Die Pixel werden im Sinne der gaußschen Normalverteilung stochastisch neu gemischt.

Wer kann sich an den 10-DM-Schein erinnern? Darauf ist Gauß zu sehen, inklusive seiner legendären Gauß-Glockenkurve.

Anwendung des Gaußschen Weichzeichners mit einem Radius von 7 Pixeln auf der Ebene Hintergrund freigestellt.

Durchschnitt

Ein Filter, dessen Einsatzzweck sich nicht unbedingt auf den ersten Blick erschließt, ist der Weichzeichnungsfilter *Durchschnitt*. Mit dieser Funktion berechnet Photoshop Elements die Durchschnittsfarbe und -helligkeit eines ganzen Bildes oder auch nur einer mehr oder weniger großen, ausgewählten Fläche.

Der Filter eignet sich beispielsweise, wenn Sie ein Hintergrundbild und ein Vordergrundobjekt aus zwei unterschiedlichen Fotos miteinander kombinieren möchten. Duplizieren Sie dann die Hintergrundebene und wenden Sie darauf den Filter *Durchschnitt* an. Ziehen Sie die Ebene über die Ebene mit dem Vordergrundobjekt und stellen Sie sie auf den Mischmodus *Ineinanderkopieren*.

Das eingefügte Flugzeug wirkt farblich zu kühl im Vergleich zum warmen Hintergrundton.

Weichzeichner und Wischfinger

Der Weichzeichner (Ⓡ, 🔷) und der Wischfinger (Ⓡ, ✍) aus der Werkzeugpalette arbeiten ähnlich wie der Scharfzeichner, klar, die Werkzeuge teilen sich ja auch eine Gruppe. Sie beeinflussen direkt die Pixel auf der gewählten Bildebene. Daher sind sie auch ein wenig mit Vorsicht zu genießen.

Je länger Sie mit dem Weichzeichner auf einer Bildstelle malen, desto stärker fällt der Effekt aus. Wobei Sie die Stärke in Prozent-

*Das Überlagern der Ebene **Durchschnitt** gleicht die Flugzeugfarben dem Hintergrund an.*

werten zuvor angeben können, genauso wie die Pinselgröße und den Mischmodus.

Wenden Sie den Weichzeichner beispielsweise ganz am Ende einer Bearbeitung und nur auf kleinen Flächen an.

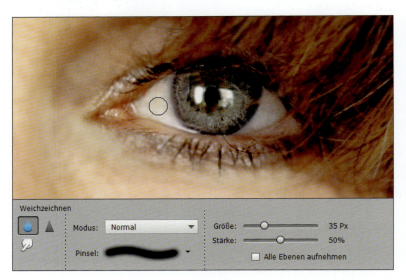

Um die Äderchen im Auge ein wenig abzumildern, wurde das Augenweiß mit dem Weichzeichner behandelt.

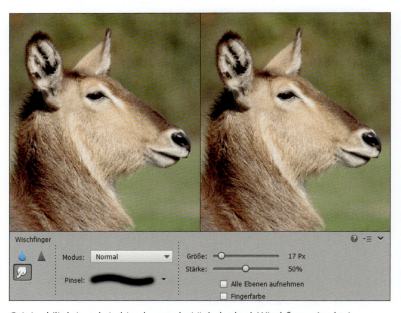

Original (links) und ein bisschen mehr Lächeln dank Wischfinger (rechts).

Mit dem Wischfinger (R,) werden die Pixel so ähnlich wie beim Malen mit Fingerfarben verschmiert. Dadurch geht aber auch jegliche Motivstruktur verloren.

Es entsteht ein mehr oder weniger starker Pixel-Mischmasch. Und wenn Sie die Checkbox *Fingerfarbe* aktivieren, wird auch noch die Vordergrundfarbe mit hinzugemischt.

Wenn Sie Formänderungen an Ihrem Motiv vornehmen möchten, ist der Filter *Verflüssigen* allemal besser geeignet. Daher wird der Wischfinger eher selten zum Einsatz kommen.

8.6 Filter zur Hautretusche

Unvorteilhafte Schatten, großporige Haut oder Fältchen sind nicht gerade die Dinge, mit denen ein Porträt glänzt. Wie es möglich ist, eine dezente Beauty-Retusche anzuwenden, ohne das Gesicht dabei komplett umzugestalten oder es gar in ein puppenartiges Antlitz zu verwandeln, wie es häufig auf Titelseiten diverser Magazine zu sehen ist, möchten wir Ihnen anhand des folgenden Workshops näherbringen.

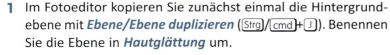

Kap8-08.jpg

1   Im Fotoeditor kopieren Sie zunächst einmal die Hintergrundebene mit *Ebene/Ebene duplizieren* (Strg/cmd+J). Benennen Sie die Ebene in *Hautglättung* um.

2   Weichzeichnen Option 1: Wählen Sie *Filter/Weichzeichnungsfilter/Selektiver Weichzeichner*. Dieser Filter zeichnet vor allem Oberflächen weich und erhält Details und Konturen dabei scharf.

Mit dem Regler *Radius* legen Sie die Stärke des Weichzeichnungseffekts fest (hier 1 Pixel).

Mit *Schwellenwert* wird fein abgestimmt, ab wann der Effekt zum Tragen kommt (hier 10 Stufen). Je höher Sie *Qualität* einstellen, desto besser das Ergebnis, umso länger dauert aber auch die Bearbeitung.

Mit *Modus* können Sie neben der hier gezeigten Anwendung *Normal* auch kreative Effekte einstellen: *Nur Kanten* zeichnet alle Motivkanten weiß vor schwarzem Hintergrund, bei *Ineinanderkopieren* werden die weißen Kanten mit der normalen Weichzeichnung vermischt.

Mit dem Selektiven Weichzeichner lassen sich die Hautpartien sehr natürlich weichzeichnen.

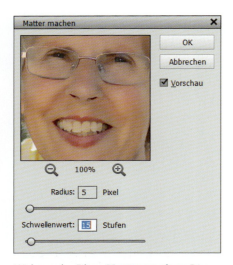

*Wirkung des Filters **Matter machen**. Die Ebene wurde anschließend auf 40 % Deckkraft gesetzt, damit der Effekt natürlich aussieht.*

3 Weichzeichnen Option 2: Alternativ zum Filter *Selektiver Weichzeichner* können Sie auch den Filter *Matter machen* einsetzen. Der Filter zeichnet vor allem Oberflächen weich und erhält Details und Konturen dabei scharf, wobei die Weichzeichnung noch etwas feiner ausfallen kann als beim Selektiven Weichzeichner.

Mit dem Regler *Radius* legen Sie die Stärke des Weichzeichnungseffekts fest (hier 2 Pixel). Mit *Schwellenwert* wird fein abgestimmt, ab wann der Effekt zum Tragen kommt (hier 15 Stufen).

4 Da die Augen, die Augenbrauen, die Haare und der Mund natürlich keinesfalls weichgezeichnet werden sollen, fügen Sie der Ebene eine Ebenenmaske hinzu.

Mit dem Pinsel (B, ✏️) und der Vordergrundfarbe Schwarz decken Sie diese Areale ab. Anhand der roten Maskierungsfolie (mit gehaltener Alt+⇧-Taste auf die Ebenenmaske klicken) können Sie sehen, welche Bereiche von uns übermalt wurden.

Mit dem Pinsel werden die Bereiche auf der Ebenenmaske abgedeckt, die vom Weichzeichnungseffekt nicht betroffen werden sollen.

5 In den nächsten Schritten werden die Fältchen ein wenig reduziert. Wohlgemerkt, nicht entfernt, sondern einfach nur ein
wenig dezenter gestaltet. Schließlich soll hier keine unnatürliche Verjüngungskur stattfinden.

Dafür fassen Sie mit ⌈Strg⌉/⌈cmd⌉+⌈⇧⌉+⌈Alt⌉+⌈E⌉ alle sichtbaren
Ebenen zu einer zusammen und nennen diese *Faltenreduk-
tion*. Aktivieren Sie anschließend den Kopierstempel (⌈S⌉, 🔲)
mit einer Deckkraft von 50 %. Passen Sie die Pinselgröße so
an, dass der Durchmesser etwa doppelt so groß ist wie die
Dicke der Falte. Nehmen Sie nun mit gedrückter ⌈Alt⌉-Taste
parallel zur Falte hellere Haut auf **❶** und malen Sie nach dem
Loslassen der Taste über die Falte **❷**. Das können Sie einmal
oder wiederholt tun. Je öfter Sie über die Falte malen, desto
stärker wird der Effekt ausfallen. Hier reichte ein- bis zweimal
schon aus.

Die Wirkung anpassen

Sollte Ihnen die Weichzeichnung zu stark
vorkommen, können Sie die Deckkraft der
Ebene reduzieren, bis die Hautglättung
Ihren Vorstellungen entspricht.

*Mit dem Pinsel und 50 % Deckkraft werden
hellere Hautpixel auf die Fältchen übertragen.*

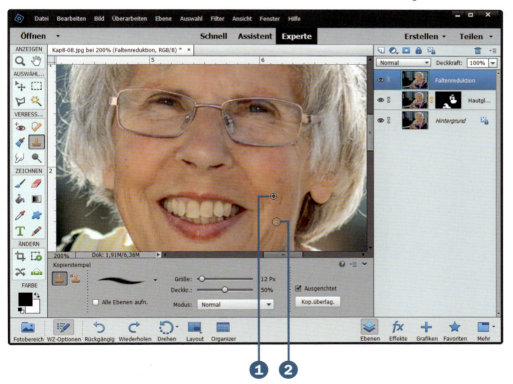

8.7 Dynamik durch Weichzeichnung

Kap8-09.jpg

Bewegung im Bild darzustellen, ist spannend, wirkt sehr dynamisch und führt auch immer wieder zu Überraschungseffekten. Nicht immer sind die Voraussetzungen aber gegeben, um wirklich gute Langzeitbelichtungen mit Bewegungsspuren fotografieren zu können. Verleihen Sie statischen Fotos daher ruhig auch mal per digitaler Bildbearbeitung ein wenig mehr Dynamik. Mit dem Weichzeichnungsfilter *Bewegungsunschärfe* lassen sich fotografische Wischeffekte prima nachstellen.

Oben: Das statische Ausgangsbild.
Unten: Der Motocrossfahrer ist ordentlich in Bewegung geraten.

1 Öffnen Sie das Bild im Fotoeditor-Modus *Assistent*. Wählen Sie im Bereich Kreative Bearbeitungen die Vorgabe Geschwindigkeitsbildlauf aus.

2 Klicken Sie auf die Schaltfläche *Schnellauswahlwerkzeug* und malen Sie anschließend den Motocrossfahrer damit aus. Wechseln Sie im rechten Palettenbereich von *Hinzufügen* zu *Entf.*, wenn Sie zu viel Hintergrund markiert haben. Achten Sie zudem darauf, alle dunklen Bildbereiche des Hauptmotivs großzügig zu markieren, hier vor allem die Reifen. Sonst entstehen beim Weichzeichnen unnatürlich aussehende Säume (siehe den kleinen Bildausschnitt rechts).

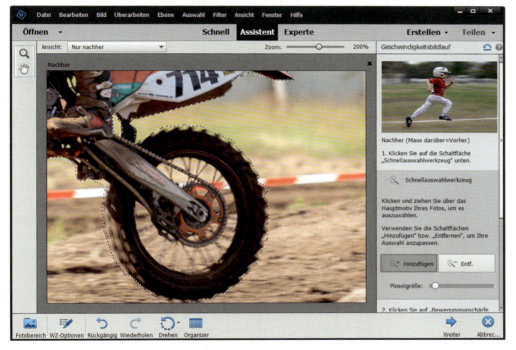

Markieren des Motocrossfahrers mit dem Schnellauswahlwerkzeug.

3 Klicken Sie die Schaltfläche *Bewegungsunschärfe hin…* an. Im Dialogfenster haben Sie folgende Einstellungsmöglichkeiten: *Intensität* imitiert die Stärke der Bewegung, hier mit dem Wert 65. Mit *Winkel* wird die Bewegungsrichtung angegeben.

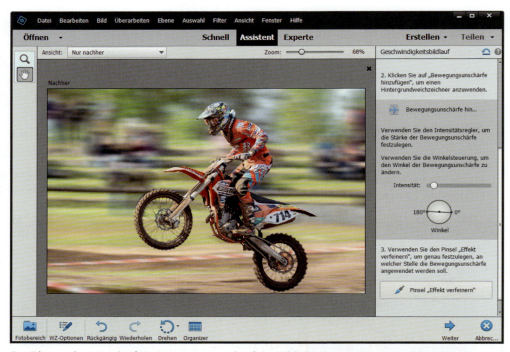

Der Filter zaubert eine kräftige Bewegungsunschärfe ins Bild, die ohne weiteres von einem Kamera-schwenk bei langer Belichtungszeit herrühren könnte.

 Bewegungsunschärfe-Filter

Mit dem Filter *Bewegungsunschärfe* aus dem Menü *Filter/Weichzeichnungs-filter* hat Photoshop Elements eine weitere Funktion zum Imitieren von dynamischen Mitzieheffekten an Bord. In dessen Dialogfenster können Sie mit *Winkel* die Bewegungsrichtung und mit *Distanz* die Effektstärke bestimmen. Da der im Workshop angewendete Effekt *Geschwindigkeitsbildlauf* aber mit weniger Arbeitsaufwand sehr gute Resultate liefert, ziehen wir ihn dem alten Bewegungsunschärfefilter vor.

Nachbearbeiten der Motivkanten mit dem Pinsel Effekt verfeinern.

4 Sollten noch Ungenauigkeiten an den Motivrändern auftreten, können Sie diese mit *Pinsel „Effekt verfeinern"* und den Schaltflächen *Addieren* und *Subtrahie...* nachbessern. Das war's, der Motocrossfahrer fährt. Aber halt, die Felgen sehen noch sehr statisch aus. Führen Sie den Workshop daher gleich mit dem Filter des nächsten Schritts fort.

5 Wechseln Sie hierfür in den Modus Experte. Markieren Sie die oberste Ebene und fassen Sie mit (Strg/cmd+⇧+Alt+E)) alle sichtbaren Ebenen zu einer zusammen.

6 Aktivieren Sie die nun Auswahlellipse (M, ⬭) und ziehen Sie damit eine Auswahl um einen der Reifen. Die Auswahl kann ruhig ein wenig größer sein als der Reifen. Duplizieren Sie die Auswahl anschließend mit *Ebene/Neu/Ebene durch Kopie* (Strg/cmd+J) auf eine neue Ebene. Markieren Sie dann wieder die zusammengefasste Ebene und führen Sie das gleiche Auswahlprozedere mit dem anderen Reifen durch.

Die zusammengefasste **Ebene 1** liegt zuoberst im Ebenen-Stapel.

Die Kopie des linken Reifens liegt schon über der zusammengefassten Ebene, der rechte Reifen befindet sich gerade in der Auswahl.

7 Wählen Sie eine Reifen-Ebene aus und klicken Sie mit gedrückter (Strg/cmd) Taste auf die Ebenenminiatur, so dass eine Auswahlkante um den Reifen erscheint. Wählen Sie anschließend *Filter/Weichzeichnungsfilter/Radialer Weichzeichner.* Hier haben Sie folgende Einstellungsoptionen: *Stärke* (hier 10) definiert die Ausprägung des Effekts. Mit *Methode* legen Sie fest, ob die Bewegung kreisförmig oder strahlenförmig von einem Mittelpunkt ausgehen soll. Beginnen Sie am besten mit

Auswahl transformieren

Wählen Sie *Auswahl/Auswahl transformieren*, um mit den Anfassern die Auswahl dem Bildbereich genau anzupassen. Wenn Sie gleichzeitig die ⌃Strg⌄/⌘cmd⌄-Taste drücken und an den Anfassern ziehen, können Sie die Ellipse flexibel verzerren. Mit ⏎ oder dem grünen Haken bestätigen Sie die Aktion.

Qualität: Entwurf, denn der Filter hat keine Direktvorschau. Daher ist es manchmal etwas schwierig, den Mittelpunkt gleich richtig zu setzen. Der Effekt muss gegebenenfalls mehrmals angewendet und wieder rückgängig gemacht werden, was dann schneller geht. Am Ende sollten Sie die Bearbeitung aber mit der Qualitätsstufe *Sehr gut* ablaufen lassen. Durch Verschieben des Mittelpunktes mit der Maus wird dieser im Bild platziert.

Drehung des linken Reifens nach Anwendung des Radialen Weichzeichners.

8 Fügen Sie der Ebene eine Ebenenmaske hinzu 🔲 ②. Aktivieren Sie dann den Pinsel (Ⓑ, ✎) mit einer weichen Spitze und 13 Pixeln Durchmesser. Wählen Sie die Vordergrundfarbe Schwarz und übermalen Sie den Rand des Reifens ① und die Reifengabel, um die harten Kantenübergänge verschwinden zu lassen und die sich nicht drehenden Motorradteile von der Drehbewegung auszunehmen. Wiederholen Sie die letzten beiden Schritte auch mit dem anderen Reifen.

Ausblenden der Reifengabel und der Kante zwischen Reifen und Hintergrund.

 Strahlenförmige Zoomeffekte

(Beispielfoto auf der nächsten Seite) Sportaufnahmen lassen sich mit einem Zoomeffekt sehr dynamisch in Szene setzen. Dazu verwenden Sie einfach den Radialen Weichzeichner mit der Einstellung *Strahlenförmig*. Bei dem Marathonbild haben wir beispielsweise die Hintergrundebene dupliziert und darauf den Filter mit der Stärke 70 und dem Mittelpunkt unten links auf den Füßen angewendet. Dann bekam die Ebene eine Ebenenmaske und die Turnschuhe wurden mit dem Pinsel vom Effekt befreit. Fertig ist der dynamische Zoomeffekt.

Strahlenförmige Weichzeichnung.

8.8 Schärfentiefe verringern per Verwackeln-Filter

Kap8-10.jpg

Wenn mit offener Blende und längeren Brennweiten fotografiert wird, entstehen wunderbar unscharfe Hintergründe. Diese haben ihre ganz eigene Charakteristik. Beispielsweise werden punktuelle Lichtquellen oder Reflexionen als helle, kreisförmige Lichtflecken wiedergegeben. Diese subjektiv empfundene Qualität der Unschärfe wird im fotografischen Jargon mit dem Begriff *Bokeh* beschrieben. Die Standardweichzeichner von Photoshop Elements sind nicht in der Lage, diese Unschärfecharakteristik nachzuahmen. Mit dem Filter *Verwackeln* ist jedoch eine Variante verfügbar, die das etwas besser kann.

Der Hintergrund des Ausgangsbildes wirkt etwas unruhig. Rechts: Mit dem Filter Verwackeln ließ sich eine natürlich wirkende Unschärfe im Hintergrund erzeugen.

1 Öffnen Sie das Bild im Fotoeditor-Modus *Experte* und duplizieren Sie die Hintergrundebene mit *Ebene/Ebene duplizieren* (Strg/cmd+J).

Aktivieren Sie das Auswahlwerkzeug (A, 🔍) und markieren Sie die Motivbereiche, die scharf erhalten bleiben sollen, hier also den Schwanenkopf ❶. Danach wählen Sie *Ebene/Ebenenmaske/Auswahl ausblenden* (Alt-Taste plus 🔘) und blenden damit den Schwanenkopf aus ❷.

Duplizieren der Hintergrundebene und Auswahl des zu schützenden Bereichs.

2 Klicken Sie die Ebenenminiatur doppelt an, sodass diese, und nicht mehr die Ebenenmaske, blau umrahmt wird.

Auswahl der Ebenenmaskenminiatur.

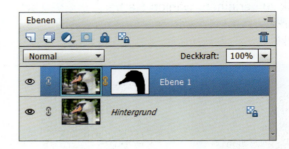

3 Wählen Sie *Filter/Weichzeichnungsfilter/Verwackeln*. Die Bearbeitungsgenauigkeit ist mit der Einstellung *Genauer* am besten, dauert aber sehr lange. Daher beginnen Sie mit der Einstellung *Schneller*.

Wählen Sie im Drop-down-Menü *Quelle* den Bildbereich aus, der von der Weichzeichnung betroffen sein soll. Bei der Einstellung *Ohne* wird das gesamte Bild bearbeitet. *Transparenz* spart die transparenten Bereiche einer Ebene aus. *Ebenenmaske* berücksichtigt die zuvor erstellte Ebenenmaske wie in unserem Beispiel.

Mit dem Regler *Weichzeichnen-Brennweite* können Sie die Schärfe des fokussierten Bereichs justieren. Wenn dieser nichts an Schärfe einbüßen soll, belassen Sie den Wert wie hier auf 0. Die Einstellungen bei *Iris* definieren die Form der imaginären Objektivblende. Je mehr Ecken, desto weicher werden die Unschärfe und die spiegelartigen Lichtpunkte ausfallen (hier *Achteck*).

Mit dem wichtigen Regler *Radius* bestimmen Sie die Intensität der Unschärfe (hier 65). Die teilweise entstehenden Unschärfekreise werden mit *Wölbung der Irisblende* etwas weicher, was aber nicht so stark ins Auge fällt (hier 0). Mit *Drehung* definieren Sie die Orientierung der Blendenecken, was nur bei der Iris in Dreiecksform wirklich sichtbar wird (hier 0). Mit *Spiegelartige Lichter* werden helle Spitzlichter erzeugt. Mit *Helligkeit* bestimmen Sie deren Luminanz (hier 0) und mit *Schwellenwert* den Tonwert, ab dem die Funktion eingreifen soll (hier 0). Beides spielt hier keine Rolle, da das Bild keine Reflexionslichter aufweist.

Schließlich können Sie ein wenig Bildrauschen hinzufügen, um die Wirkung natürlicher zu gestalten. Um dem Bild einen natürlichen Look zu verleihen, wählen Sie bei *Rauschen* am besten eine Stärke von 1 bis 5 mit der Verteilung *Gauß* und aktivierter Checkbox *Monochromatisch*.

*Dialogfenster des Filters **Verwackeln**.*

4 Starten Sie die Bearbeitung des Bildes nach Aktivieren der Option *Genauer*. Sollten die weichen Übergänge noch nicht ganz optimal sein, können Sie sie mit dem Pinsel bei aktivierter Ebenenmaske nacharbeiten, was hier nicht notwendig war.

Auswählen und Freistellen

Für die Belichtungskorrektur, die Farbkorrektur, diverse Retuschevorgänge, aber auch zum Erstellen individueller Collagen werden die Werkzeuge zum Auswählen bestimmter Bildbereiche immer wieder angewendet. Da ist es nur logisch, den Lassos, Zauberstäben, Radiergummis & Co. ein eigenes Kapitel zu widmen. Lernen Sie, wie vielfältig und ausgefeilt die Auswahloptionen von Photoshop Elements inzwischen sind und wie sie gewinnbringend eingesetzt werden.

9.1 Auswahlrechteck und -ellipse

Kap9-01.jpg

Es kommt zwar nicht ganz so häufig vor, dass exakte geometrische Formen in die Auswahl genommen werden, aber wenn doch, dann haben Sie mit dem Auswahlrechteck und der Auswahlellipse auf jeden Fall die richtigen Werkzeuge parat.

Mit dem Auswahlrechteck (M, ▭) lässt sich eine rechteckige Form aufziehen und mit der Auswahlellipse (M, ○) eine mehr oder weniger kreisförmige. Alles, was dafür zu tun ist, ist das Ansetzen der Maus an der gewünschten Bildstelle und das Aufziehen der Form bei gehaltener linker Maustaste.

Um ein perfektes Quadrat oder einen Kreis aufzuziehen, drücken Sie beim Auswählen mit der Maus gleichzeitig die ⇧-Taste. Soll die Form von der Mitte aus aufgezogen werden, drücken Sie die Alt-Taste. Wenn Sie die Auswahl verschieben möchten, klicken Sie in der Optionsleiste unten die Schaltfläche *Neu* ▭ an.

Fassen Sie die Auswahl dann mit der Maus ▸ an und schieben Sie die Auswahlfläche an die gewünschte Stelle. Wenn Sie die ⇧-Taste drücken und die Auswahlfläche dann anfassen, können Sie sie auf einer perfekt geraden Linie horizontal, vertikal

Aufziehen einer Kreisauswahl mit 464 Pixeln Durchmesser und Verschieben der Auswahl auf das Innere des Backsteinrings..

oder diagonal verschieben. Auch ein pixelgenaues Verschieben ist möglich. Dazu verwenden Sie einfach die Pfeiltasten Ihrer Computertastatur.

Optionsleiste von Auswahlrechteck bzw. -ellipse.

In der Optionsleiste können Sie bei aktivierter Schaltfläche *Neu* ☐ entweder eine neue Auswahl einfügen, die vorherige Auswahlen entfernen, oder die bestehende Auswahl anklicken, um sie zu verschieben. Mit *Hinzufügen* ⬜ (⬆) können Sie die bestehende Auswahl erweitern, also mehr Bildfläche in die Auswahl aufnehmen.

Diese kann getrennt von der ersten Auswahlfläche sein oder auch mit ihr überlappen. Mit *Subtrahieren* ⬜ (Alt) werden Auswahlbereiche an den überlappenden Stellen entfernt.

Bei *Schnittmenge* ⬜ (⬆+Alt) bleiben überlappende Auswahlbereiche erhalten, der Rest der Auswahl wird entfernt. Die Option *Glätten* verhindert treppenartige Kanten, die bei gebogenen Auswahlkanten auftreten können. Daher ist die Funktion nur bei der Auswahlellipse wählbar und sollte da auch aktiviert werden. Mit *Weiche Kante* können Sie die Auswahl mit einer weich auslaufenden Kante versehen.

Eine Änderung wirkt sich nur aus, wenn sie vor der Auswahlerstellung eingegeben wurde. Bei *Seitenverhältnis* können Sie eine bestimmte Größe für die Auswahlform eingeben oder ein bestimmtes Seitenverhältnis verwenden, zum Beispiel 1:1 für eine Kreisform. Die Schaltfläche *Kante verb.* wird erst nach dem Auswählen aktiv. Hierüber können Sie die Auswahlkante verfeinern.

 Die Auswahlkante

Allen Auswahlwerkzeugen gemein ist die schwarzweiß gestrichelte und blinkende Markierungslinie um den gewählten Bildbereich. Sollte die Kante nicht sichtbar sein, wählen Sie *Ansicht/Auswahl* (Strg/cmd+H), sodass ein Häkchen vor dem Menüeintrag auftaucht. Wenn Sie die Auswahl nicht mehr benötigen, wählen Sie *Auswahl/Auswahl aufheben* (Strg/cmd+D). Um die Auswahl direkt danach wieder aufzurufen, wählen Sie *Auswahl/Erneut wählen* (Strg/cmd+⬆+D).

*Links: Modus **Hinzufügen**.*
*Mitte: Modus **Subtrahieren**, die Ellipse schneidet einen Teil aus dem Auswahlkreis heraus.*
*Rechts: Modus **Schnittmenge**, nur das Überlappungsrechteck bleibt als Auswahlfläche übrig.*

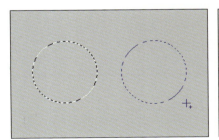

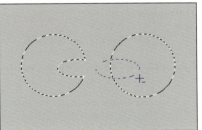

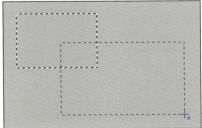

9.2 Die Lasso-Gruppe

Kap9-02.jpg

Die Lasso-Gruppe umfasst drei Auswahlwerkzeuge: das Lasso, das Polygon-Lasso und das Magnetische Lasso. Mit dem Lasso (L, 🔾) können Sie, ähnlich einem Cowboy, eine Schlinge um einen Teil des Bildes ziehen. Dabei malen Sie die Auswahllinie einfach mit der Maus um das Objekt.

Sobald Sie die Maus loslassen, verbinden sich Anfangs- und Endpunkt der Auswahllinie miteinander, sodass eine geschlossene Auswahlform entsteht. Das Werkzeug dient vor allem dazu, schnell eine recht grobe Auswahl eines Motivbereichs vorzunehmen.

Werkzeugwechsel

Wenn Sie bei gedrückter linker Maustaste die Alt-Taste drücken, können Sie die Maustaste loslassen und an eine entfernte Stelle klicken. Die Auswahl wird mit einer geraden Auswahllinie weitergeführt, denn durch den Tastendruck wurde das Polygon-Lasso (L, 🔾) aktiviert.

Da das Lasso so simpel einzusetzen ist, bleibt auch dessen Optionsleiste sehr übersichtlich: So können Sie Mehrfachauswahlen managen (▢, ▢, ▢, ▢), die Kanten Glätten lassen, eine weiche Kante festlegen und nach dem Auswählen die Kante verbessern.

Grobe Auswahl des Goldenen Reiters mit dem Lasso.

Polygon-Lasso für geometrische Auswahlen

Mit dem Polygon-Lasso (L, ▷) werden schnurgerade Auswahllinien gezogen. Dazu klicken Sie einfach von Eckpunkt zu Eckpunkt an dem Objekt entlang.

Wenn Sie beim Setzen der Ankerpunkte gleichzeitig die ⇧-Taste drücken, können Sie horizontal, vertikal oder diagonal ausgerichtete Verbindungslinien herstellen.

Sollten Sie einmal danebengeklickt haben, ist das kein Problem. Denn mit der Rück-Taste können Sie die Ankerpunkte Schritt für Schritt zurücknehmen. Die Optionsleiste des Polygon-Lassos entspricht der des Lassos.

Um die Auswahlform am Ende zu schließen, klicken Sie auf den Anfangspunkt. In dem Fall wird ein kleiner, runder Kreis neben der Werkzeugspitze angezeigt ▷. Aber auch per Doppelklick lässt sich die Auswahl schnell schließen.

Temporäres Freihand-Lasso

Wenn Sie während der Auswahl mit dem Polygon-Lasso die Alt-Taste drücken, wechselt das Werkzeug zum Lasso ▷ und Sie können die Auswahl frei aufmalen. Das Zurücknehmen der letzten Ankerpunkte mit der Rück-Taste ist dann aber nicht mehr möglich.

Auswahl eines geradlinigen Sockelbereichs mit dem Polygon-Lasso.

Magnetisches Lasso zur Objektfreistellung

Ein zunächst vielleicht etwas ungewohntes Verhalten legt das Magnetische Lasso (⬜, 🔲) an den Tag, denn es sucht sich die Objektkanten selbstständig. Damit eignet es sich vor allem für die Freistellung von kurvenreichen Objekten, die sich gut kontrastiert von einem mehr oder weniger einfarbigen oder unscharfen Hintergrund abheben. Dazu vergrößern Sie die Ansicht am besten, um die Motivkanten gut zu erkennen.

Passen Sie das Werkzeug über dessen Optionsleiste an Ihr Motiv an. Bestimmen Sie über *Breite*, in welchem Abstand vom Zeiger das Lasso nach einer Kante suchen soll. Bei diffizilen, wenig kontrastierten Objekten empfiehlt sich ein geringer Wert (hier 2 Pixel).

Wenn Sie ein Grafiktablett verwenden, können Sie mit der Schaltfläche 🖊 die Breite per Stiftdruck ändern. Legen Sie mit *Kontrast* fest, ob der Helligkeitsunterschied zwischen Objekt und Hintergrund stark oder schwach ist. Je geringer der Unterschied, desto niedriger sollte auch der prozentuale Wert sein (hier 60 %). Die Option *Frequenz* bestimmt die Abstände der Ankerpunkte. Vor allem bei Kanten mit vielen Biegungen empfiehlt sich hier ein etwas höherer Wert als der voreingestellte (hier 80). Mit *Weiche*

Markierung der Motivkante mit dem Magnetischen Lasso.

Kante legen Sie fest, wie fließend der Übergang zwischen Auswahlobjekt und Hintergrund sein soll (hier 1 Pixel).

Setzen Sie nun mit der Maus an der Kante an und beginnen Sie, das Objekt zu umfahren. Die Maustaste muss dabei nicht gedrückt werden. Gehen Sie dabei langsam vor, damit möglichst wenig Fehler auftreten. Sollte das Magnetische Lasso „ausscheren" und eine falsche Kante ansteuern, können Sie einen oder mehrere Ankerpunkte mit der [Rück]-Taste wieder zurücknehmen. Möchten Sie an einer bestimmten Stelle einen Ankerpunkt setzen, klicken Sie einfach mit der Maus auf die Stelle.

An geraden Linien oder an Stellen, die gröber ausgewählt werden dürfen, kann es sinnvoll sein, das Werkzeug zu wechseln. Wenn Sie bei gedrückter [Alt]-Taste einen Ankerpunkt setzen, die Maustaste loslassen und den nächsten Ankerpunkt in gewünschter Entfernung setzen, können Sie mit dem Polygon-Lasso ([L], [⌀]) eine gerade Linie ziehen. Wenn Sie zusätzlich die [⇧]-Taste drücken, können Sie horizontale, vertikale oder diagonale Verbindungslinien herstellen.

Sind Sie am Ausgangspunkt angelangt, schließen Sie die Auswahl mit einem Klick auf den ersten Ankerpunkt ab ⌕. Alternativ klicken Sie mit gedrückter [Strg]/[cmd]-Taste oder führen einen Doppelklick durch.

Verschieben/Zoomen während der Auswahl

Bei gedrückter [Leertaste]-Taste wird das Hand-Werkzeug ([H], 🖐) temporär aktiviert und Sie können den Bildausschnitt verschieben. Um den Zoomfaktor zu ändern, drücken Sie [Strg]/[cmd]+[Leertaste] und klicken mit der Maus 🔍 ins Bild. Zum Verkleinern 🔍 drücken Sie [Leertaste]+[Alt].

9.3 Schnellauswahl-Werkzeuge

Die Schnellauswahl-Werkzeuge bieten intuitiv zu bedienende Auswahlmethoden, mit denen relativ schnell komplexe Objekte ausgewählt und freigestellt werden können. Im Folgenden soll ein Löwenkopf aus Marmor freigestellt werden. Passen Sie das Schnellauswahl-Werkzeug ([A], 🖌) dazu folgendermaßen an: Mit *Größe* wird die Pinselspitze dem Motiv angepasst (hier 20 Pixel).

Im Bereich *Pinseleinstellungen* können Sie die Härte der Kante bestimmen, für einen angenehmen Übergang sorgen Werte um 50–80 % (hier 75 %). *Malabstand* definiert die Häufigkeit, mit der die Pinselspitze aufgesetzt wird. Die Voreinstellung auf 25 % passt meistens gut. Mit *Rundung* können Sie die Pinselspitze abflachen, was eher selten benötigt wird. Sollen die sichtbaren Pixel aller Ebenen markiert werden, aktivieren Sie *Alle Ebenen*

Kap9-03.jpg

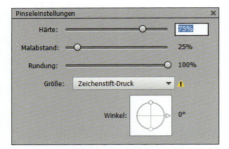

Pinseleinstellungen des Schnellauswahl-Werkzeugs.

aufnehmen, was bei dem Beispielbild nicht notwendig ist. Mit *Automatisch verbessern* wird die Auswahlkante noch besser an die Motiveigenschaften angepasst, daher lohnt es sich, die Option zu aktivieren. Nach der Auswahlmarkierung können Sie die Kante verbessern, wie es in diesem Kapitel später noch gezeigt wird.

Fangen Sie nun an, langsam über die auszuwählenden Strukturen zu malen. Sollten dabei Bereiche übrig bleiben, malen Sie einfach noch einmal darüber. An kleinen Stellen reicht häufig auch schon ein einzelner Klick.

Wurde zu viel markiert, aktivieren Sie das Symbol *Subtrahieren* aus der Werkzeugleiste oder drücken die (Alt)-Taste. Die Pinselspitze wechselt vom Plus- ❶ zum Minuszeichen ❷, und Sie können mit einzelnen Mausklicks oder durch Ausmalen wieder Flächen von der Auswahl abziehen. Hier ist es ein Teil des Hintergrunds, der fälschlicherweise in die Auswahlfläche geraten ist. Prüfen Sie die Auswahlkanten am Ende noch einmal, indem Sie bei starker Vergrößerung und mit kurzzeitig aktiviertem Hand-Werkzeug ((Leertaste)) die verschiedenen Stellen der Auswahl durchgehen.

Der Löwenkopf ist bereits markiert worden ❷. Die überzählige Auswahlfläche ❶ wird entfernt.

Ist alles fertig, können Sie die Auswahl entweder auf eine neue Ebene kopieren (*Ebene/Ebene duplizieren*, Strg/cmd+J) oder in eine Ebenenmaske umwandeln (*Ebene/Ebenenmaske/Auswahl einblenden*,). In diesem Fall haben wir die erste Variante gewählt. Anschließend wurde die Ebenenminiatur der neuen Ebene mit gehaltener Strg/cmd-Taste angeklickt, um die Auswahl zu aktivieren. Mit *Auswahl/Auswahl umkehren* wurde die Leerfläche in die Auswahl genommen. Dann wurde die Ebenminiatur des Hintergrunds angeklickt und die Hintergrundfläche mit Strg/cmd+J ebenfalls auf eine neue Ebene kopiert.

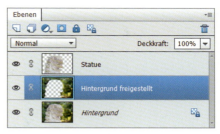

Den freigestellten Löwenkopf finden Sie im Beispielbild **Kap8-07.tif** wieder.

Der Auswahlpinsel

Heinz Erhardt würde sagen: „noch'n Gedicht", wir sagen: „noch'n Pinsel" und fügen den Auswahlpinsel (A,) nahtlos in die Riege der Pinsel-Werkzeuge ein. Mit dem Auswahlpinsel bestimmen Sie die Auswahl durch Ausmalen der gewünschten Fläche im Bild. Hierbei können Sie zwei Modi nutzen: *Auswahl* und *Maskieren*. Bei *Maskieren* wird die ausgewählte Bildfläche mit einer roten Maskierungsfolie überdeckt. Diese schützt die gewählten Bildbereiche vor der anschließenden Bearbeitung. Der Vorteil ist, dass

Kap9-04.jpg

Mit dem Auswahlpinsel im Modus **Maskieren** (Größe 366 Pixel, Kantenschärfe 1 %) wurde der Bodenbereich ausgemalt.

die Übergänge einer weichen Kante durch die Farbüberlagerung wesentlich besser zu erkennen sind, als mit der gestrichelten Markierungslinie im Modus *Auswahl* möglich ist. Im Fall der Maskierung können Sie mit dem Regler *Überlag* die Deckkraft der Farbe festlegen und den Farbton über das Farbwähler-Feld bestimmen.

Für das Beispielbild, bei dem der diesige Himmel mehr Struktur erhalten soll, duplizieren Sie zuerst die Hintergrundebene mit Strg/cmd+J. Anschließend malen Sie den Bodenbereich mit dem Auswahlpinsel im Modus *Maskieren* etwa bis zur Höhe der Bergkette aus. Wählen Sie danach *Ebene/Ebenenmaske/Auwahl einblenden* ⬜. Klicken Sie nun doppelt auf die Ebenenminiatur, damit diese mit einem blauen Rahmen markiert ist, und wählen Sie dann *Überarbeiten/Automatische Dunstentfernung*. Die Bearbeitung wird aufgrund der Ebenenmaske nur auf den Himmel angewendet, so dass die Wirkung natürlich aussieht, der Himmel aber mehr Struktur aufweist.

*Mit der **Automatischen Dunstentfernung** wurde nur der Himmel abgedunkelt und kontrastreicher dargestellt. Wie das Bild vorher aussah, sehen Sie im linken Ausschnitt.*

Anstatt der Automatischen Dunstentfernung können Sie auch *Überarbeiten/Dunstentfernung* wählen und den Effekt anschließend individueller anpassen. Mit dem Regler *Dunstreduzierung*

wird die Stärke des Effekts bestimmt. Achten Sie darauf, dass die Bildkörnung nicht zu stark ansteigt oder unnatürliche Farbverschiebungen auftreten. Mit dem Regler *Empfindlichkeit* lässt sich die Dunstentfernung abschwächen oder weiter intensivieren. Die Bearbeitung wirkt sich auf jedes Bild etwas anders aus, daher experimentieren Sie mit den Reglern einfach ein wenig, bis Ihnen das Ergebnis zusagt.

Dunstentfernung ohne Farbveränderung

Sollten die Farben durch die Dunstentfernung zu intensiv werden oder sich zu sehr verschieben, können Sie die Dunstentfernungsebene auch auf den Mischmodus *Luminanz* setzen. Dadurch wird nur die Kontrastverbesserung auf das Bild angewendet.

Die individuelle Dunstreduzierung mit einem schwächeren Effekt als ihn die Automatik gewählt hat, und dafür etwas weniger Bildkörnung.

Der Zauberstab

Der Zauberstab gehört immer noch zu den Werkzeugen, die eine sehr gute Hilfe bei der schnellen und unkomplizierten Auswahl von Bildbereichen bieten. Denn er erkennt die Ähnlichkeit von Farben und kann daher zur Auswahl einer großen Bildfläche mit nur wenigen Mausklicks beitragen.

Kap9-05.jpg

Mit dem Zauberstab (A, 🪄) klicken Sie einfach eine Bildstelle an, und das Werkzeug wählt automatisch alle Pixel mit der gleichen oder ähnlichen Farbe aus. Hierbei spielt der Wert bei *Toleranz* eine große Rolle.

Bei einem Toleranzwert von 1 wird nur exakt die Farbe markiert, die Sie angeklickt haben. Das kann praktisch sein, wenn Sie Teile aus Grafiken oder Schrift markieren möchten, die mit reinen Farben gestaltet wurden. Bei Fotos ist diese Grenze hingegen meist zu eng. Hier liegen gute Toleranzwerte im Bereich zwischen 15 und 40.

Ein Klick ❶ mit der Toleranz 45 und schon sind weite Teile des Himmels markiert. Noch ein paar weitere Klicks mit gehaltener ⇧ -Taste ❷ auf die Wolken und die dunkleren Blautöne, dann ist der ganze Himmel ausgewählt.

Um alles Gewünschte auszuwählen, reicht ein Klick nicht immer aus. Daher haben Sie die Möglichkeit, mit *Hinzufügen* ▢ (⇧) weitere Bereiche in die Auswahl zu nehmen. Umgekehrt können Sie aber auch mit *Subtrahieren* ▢ (Alt) überzählige Auswahlbereiche wieder ausschließen oder mit *Schnittmenge* ▢ (Alt+⇧) nur die Auswahl beibehalten, die sich bei zwei oder mehr Markierungsflächen überschneidet.

Die Option *Kante verbessern* steht nach der Auswahl zur Verfügung und wird später in diesem Kapitel vorgestellt. Wenn mehrere Ebenen übereinanderliegen, können Sie mit *Alle Ebenen aufnehmen* alle sichtbaren Pixel in die Auswahl nehmen. Mit *Benachbart* werden nur nebeneinanderliegende Pixel markiert, daher sind hier die Wolken weiter oben nicht markiert worden. Aktivieren Sie am besten auch die Funktion *Glätten*, um Auswahlkanten ohne Treppeneffekt zu erhalten.

 Pipettenfläche

Bei der Auswahl der Bildfarbe spielt die Pixelfläche eine wichtige Rolle. Diese können Sie über die Einstellung des Farbwählers (▯, ⚲) auf 1, 3 × 3 oder 5 × 5 Pixel festlegen, wie auf Seite 165 gezeigt.

Auswahl vergrößern oder Ähnliches auswählen

Wenn Sie mit dem Zauberstab (A, 🪄) eine Auswahl erstellen, die noch nicht alle gewünschten Bildbereiche beinhaltet, können Sie die Auswahl auch über das Auswahlmenü auf zwei Arten erweitern. Mit *Auswahl/Auswahl vergrößern* werden der bestehenden Auswahl weitere Pixel hinzugefügt, die in direkter Nachbarschaft an die Auswahlfläche angrenzen.

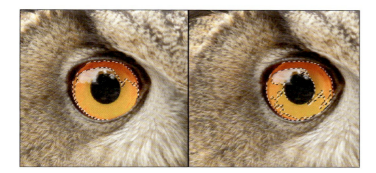

Die erste Auswahl wird um benachbarte Pixel vergrößert.

Mit *Auswahl/Ähnliches auswählen* werden Pixel hinzugefügt, die den ausgewählten Tonwerten ähneln. Diese müssen aber nicht direkt benachbart sein. Als Grundlage für die Erweiterung der Auswahlfläche dient der Toleranzwert. Je höher dieser ist, desto mehr ähnliche Tonwerte gelangen in die Auswahl und die erweiterten Pixelflächen werden größer.

Die erste Auswahl wird auch auf ähnliche Pixel an anderen Stellen ausgedehnt.

9.4 Kanten anpassen

Das Auswählen bestimmter Motivbereiche ist nicht immer so einfach. Daher bietet Photoshop Elements zwei Optionen zum Verbessern von Auswahlkanten an: den *Auswahl verbessern-Pinsel* und die Funktion *Kante verbessern*.

Der Auswahl verbessern-Pinsel

Die zwei Pinselbereiche Größe und Ausrichtungsstärke.

Mit dem Auswahl verbessern-Pinsel (Ⓐ, ☑), den Sie über die Werkzeugleiste aufrufen können, werden nicht optimal getroffene Auswahlkanten an die richtige Stelle verschoben. Das Besondere an dem Pinsel ist, dass er zwar manuell angewendet wird, aber dennoch Kantenübergänge automatisch erkennen kann. Zu diesem Zweck besitzt das Werkzeug zwei Pinselbereiche: Die innere Kreisfläche definiert die Größe der Pinselspitze, wie Sie es von den anderen Pinsel-Werkzeugen her kennen. Der äußere Kreis markiert den Bereich, in dem der Pinsel nach Motivkanten suchen darf. Dieser Bereich wird mit dem Regler *Ausrichtungsstärke* definiert.

Wie der Pinsel die Kanten anpassen soll, legen Sie mit den vier Schaltflächen in der Optionsleiste fest. Mit *Hinzufügen* ⊡ oder *Subtrahieren* ⊡ wird der Bildbereich unter der dunklen Pinselspitze zur Auswahl addiert oder von der Auswahl abgezogen. Gleichzeitig sucht der Pinsel im äußeren Bereich nach Kanten, an die er die neue Auswahllinie anlegen kann. Im Modus *Drücken* ⊶ verschieben Sie die Auswahlkante hingegen nach außen (Pinsel innerhalb der Auswahl angesetzt ❷) oder nach innen (Pinsel außerhalb der Auswahl angesetzt ❶). Damit sind besonders feine Auswahlverschiebungen möglich. Schließlich können Sie gezackte Auswahlkanten im Modus *Abrunden* ⊶ glätten, indem Sie mit dem Pinsel über die Kante fahren.

Um die ausgewählte Fläche besser erkennen zu können, wird der Auswahlbereich mit einer roten Maskierungsfolie oder einer weißen oder schwarzen Fläche überlagert. Dies können Sie bei **Anzeigen** auswählen. Im Fall der roten Maskierungsfolie können Sie zudem die **Deckkraft** und **Farbe** bestimmen.

Zugegeben, es ist etwas gewöhnungsbedürftig, die Auswahlkanten mit dem Auswahl verbessern-Pinsel anzupassen. Zumindest stört uns die Kantenfindungsautomatik dabei eher und wir empfinden den Pinsel daher nicht so intuitiv in der Anwendung.

Uns geht das Nacharbeiten einer Auswahlkante mit dem Auswahlpinsel (A, ✎) oder anhand von Ebenenmasken mit dem normalen Pinsel (B, ✎) leichter von der Hand. Aber das kann eine Sache der Gewöhnung sein, probieren Sie es einfach einmal aus. Wie Sie mit diesem Werkzeug Haare und Fell freistellen können, erfahren Sie ab Seite 393.

*Mit dem Auswahl verbessern-Pinsel im Modus **Drücken** wird die Auswahlkante im Bereich des zu viel markierten Himmels ❶ nach innen geschoben und im Bereich des zu wenig markierten Kopfbereichs ❷ nach außen (Größe: 13 Pixel, Ausrichtungsstärke: 75 %, Auswahlkante 5 Px, Deckkraft 70%).*

Kap9-06.tif

Mac OS

Es kann vorkommen, dass die Tastenkombination cmd + Alt + D für das Aufrufen des Dialogs *Weiche Auswahlkante* dazu führt, dass das Dock ausgeblendet wird. Dies können Sie umgehen, indem Sie die Tastaturbefehle des Betriebssystems ändern (*Systemeinstellungen/Tastatur/Kurzbefehle/Launchpad Dock/ Dock ausblenden: ein/aus*).

Weiche Kanten

Damit ausgewählte Bildbereiche nach dem Ausschneiden und Einfügen in einen anderen Bildbereich nicht wie Fremdkörper wirken, ist es sinnvoll, mit weichen Auswahlkanten zu arbeiten. Auch bei der Retusche von Bildarealen hinsichtlich Belichtung, Farbe oder Bildfehlern spielen weiche Übergänge eine wichtige Rolle. Um eine weiche Auswahlkante zu erzeugen, gibt es zwei Möglichkeiten:

- Geben Sie in der Optionsleiste des jeweiligen Werkzeugs schon vor dem Aufziehen der Auswahl einen Pixelwert bei *Weiche Kante* oder einen Prozentwert bei *Kantenschärfe* ein oder ziehen Sie den Regler an die gewünschte Position.

- Noch angenehmer ist es, die weiche Kante mit *Auswahl/Weiche Auswahlkante* (Strg/cmd + Alt + D) nach der Auswahl einzustellen. Geben Sie den gewünschten Pixelwert in das Feld ein, das war's schon. Der Vorteil ist, dass Sie mit dieser Funktion bei jedem Auswahlwerkzeug eine weiche Kante erzeugen können, also beispielsweise auch beim Schnellauswahl-Werkzeug (A, 🖌) oder beim Zauberstab (A, 🔨).

Auswahl der Statue mit dem Schnellauswahl-Werkzeug und Einfügen einer weichen Auswahlkante (2 Pixel) bei bestehender Auswahl.

Eine für alle Vorhaben zutreffende Pixelgröße lässt sich hierbei leider nicht formulieren. Aber häufig sind Werte zwischen 1 und 3 Pixeln gut für die Montage und Werte um die 30 Pixel für die

Bearbeitung der Belichtung ausgewählter Bildstellen geeignet. Für ganz weiche Auswahlkanten, die fast schon einen Vignettencharakter haben, können Sie auch 100 oder mehr Pixel nehmen.

Ergebnis nach Duplizieren der Auswahl und Ausblenden des Hintergrunds: harte Kante (links) und weiche Auswahlkante mit 2 Pixeln (rechts).

Der Dialog Kante verbessern

Eine viel ausgereiftere Möglichkeit, die Auswahlkanten für den angestrebten Verwendungszweck anzupassen, bietet Ihnen der Dialog *Kante verbessern*. Diesen können Sie entweder über die Schaltfläche *Kante verb.* in der Optionsleiste des jeweiligen Auswahlwerkzeugs aufrufen oder Sie wählen *Auswahl/Kante verbessern*. Im folgenden Workshop soll der dunkelgrüne Saum **1** um die Statue herum entfernt werden.

Kap9-07.tif

1 Öffnen Sie das Beispielbild und klicken Sie mit der Maus bei gedrückter ⌈Strg⌉/⌈cmd⌉-Taste auf die Ebenenminiatur der Statue, um diese in die Auswahl zu nehmen.

2 Wählen Sie *Auswahl/Kante verbessern*. Ganz oben im Dialogfenster gibt es bei Anzeige **2** die Möglichkeit, aus sieben unterschiedlichen Ansichtsmodi zu wählen, um die Auswahlkante besser erkennen zu können. Hier haben wir die Vorgabe *Überlagerung* (⌈V⌉) eingestellt. Aktivieren Sie zudem das Zoom-Werkzeug (⌈Z⌉, 🔍) und vergrößern Sie die Bildansicht, bis Sie die Auswahlkante gut sehen können.

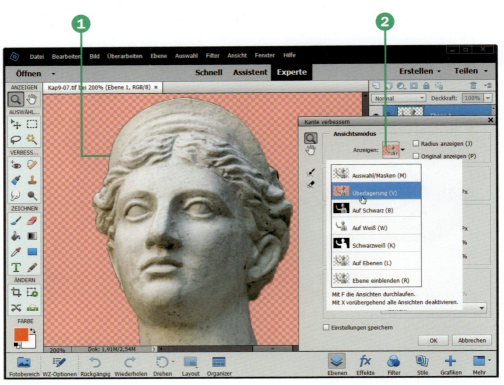

*Dialogfenster **Kante verbessern** im Ansichtsmodus **Überlagerung**.*

3   Mit *Smartradius* ❹ können Sie die Breite der Auswahlkante ❸ variieren (hier 0,5 Pixel). Wenn Sie die Option *Smartradius* aktivieren, wird die Breite je nach Motivbeschaffenheit automatisch angepasst. Das funktioniert meist sehr gut und ist absolut zu empfehlen. Harte Kanten erhalten dann einen feineren Radius und unregelmäßige Kanten einen breiteren. Mit der Checkbox *Radius anzeigen* (J) ❺ können Sie sich die Kantenbreite genauer ansehen.

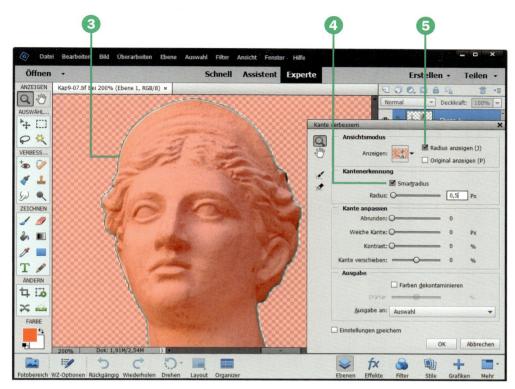

3 4 5

Verbreiterte Auswahlkante mit dem Smar-tradius von 0,5 Pixeln.

4 Aktivieren Sie im Bereich *Kante anpassen* ❼ die Funktion *Abrunden*, um leicht gezackte Kanten zu ebnen. Es empfehlen sich Werte zwischen 1 und 5 (hier 2). Mit einer weichen Kante von 1 bis 3 Pixeln können Sie bei Bildmontagen dafür sorgen, dass das eingefügte Objekt sich harmonisch in seine Umgebung integriert (hier 0,9 Pixel). Der *Kontrast*-Regler wirkt einer vorhandenen weichen Kante entgegen, lässt sie also etwas härter erscheinen (hier 49 %). Mit *Kante verschieben* kann die gesamte Auswahlkante um bis zu 100 % nach innen oder außen verschoben werden (hier -60 %). Um die Wirkung auf die Kante noch besser zu sehen, stellen Sie bei Anzeige ❽ die Vorgabe Auf Weiß Ⓦ oder Auf Schwarz Ⓑ ein.

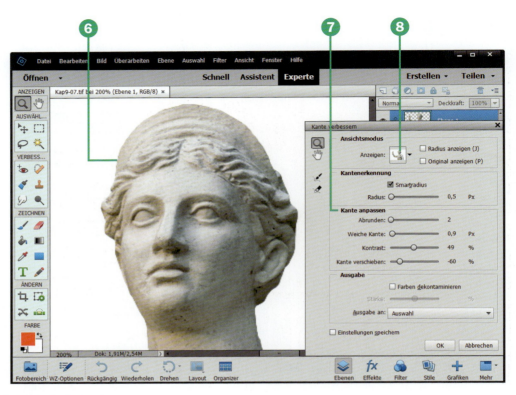

Mit den gewählten Einstellungen verschwin-
det der dunkle Saum um die Statue ⑥.

5 Sollte sich die Auswahlkante an manchen Stellen zu stark in das Motiv hineingeschoben haben, können Sie die Kante mit dem Pinsel des Verfeinerungen-löschen-Werkzeugs (E, 🖌️) übermalen. Wenn Sie sich hierbei vermalen, wählen Sie das Radius-verbessern-Werkzeug (E, 🖌️), die vorherige Kantenauswahl an der betreffenden Stelle wiederherzustellen. Aktivieren Sie das Hand-Werkzeug (H, 🖐️) oder drücken Sie die Leertaste, um die Vorschau mit der Maus zu verschieben und alles in Augenschein zu nehmen.

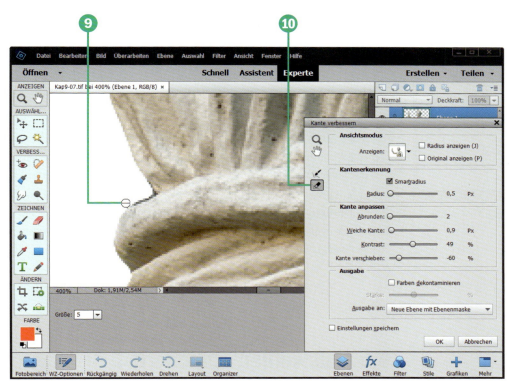

6 Aktivieren Sie zum Schluss bei *Ausgabe* die Option *Farben dekontaminieren*. Sie sorgt dafür, dass Farbsäume, die durch einen farbigen Hintergrund auf das Motiv abfärben, gemindert werden. Mit dem Regler *Stärke* können Sie den Effekt einstellen (hier 80 %). Bei *Ausgabe* lässt sich wählen, wie die verbesserte Kante genutzt werden soll, beispielsweise auf einer neuen Ebene mit Ebenenmaske oder als komplett neues Dokument ohne oder mit Ebenenmaske (hier *Neue Ebene mit Ebenenmaske*).

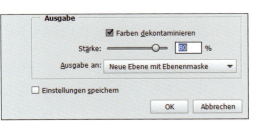

Ausbessern der Kante ⑨ *, an der noch dunkler Saum zu sehen ist, mit dem Verfeinerungen-löschen-Werkzeug* ⑩.

Ausgabeeinstellungen der Auswahl mit verbesserter Kante.

Möglichkeiten zum Verändern einer Auswahl im Menü Auswahl.

Aktive Auswahlbereiche können auf verschiedene Weisen nachbearbeitet werden. Um aus der Auswahl eine Kontur zu gestalten, können Sie *Auswahl/Auswahl verändern/Umrandung* wählen und eine Pixelbreite angeben.

Um die dadurch entstandene Doppellinie zu füllen, wählen Sie *Bearbeiten/Auswahl füllen* und suchen sich eine Farbe oder ein Muster aus. Mit dem Befehl *Auswahl/Auswahl verändern/Abrunden* lässt sich die Auswahllinie glatter bügeln, was dem *Abrunden*-Regler im Menü *Kante verbessern* entspricht.

Mit *Auswahl/Auswahl verändern/Erweitern* können Sie die gesamte Auswahlkante weiter vom Motiv abrücken und mit *Verkleinern* enger zusammenziehen. Da es hierbei keine Vorschau gibt, bietet der Regler *Kante verschieben* im Menü *Kante verbessern* die bessere Alternative.

9.5 Auswahlen speichern, laden und löschen

Gerade bei aufwendigeren Freistellungen kann es sehr hilfreich sein, eine oder mehrere Auswahlen zu speichern. Dann können Sie die Datei schließen und zu einem späteren Zeitpunkt weiter an der Auswahl arbeiten. Für den ersten Speichervorgang haben wir die schwarzweiße Ebenenmaske der Statue ❷ mit gedrückter Strg/cmd-Taste angeklickt, um die Auswahl zu aktivieren (verwenden Sie das Bild aus dem vorherigen Workshop oder aus dem hier angegebenen Beispielbild). Diese Auswahl soll nun gespeichert werden. Dazu wählen Sie *Auswahl/Auswahl speichern*. Stellen Sie bei *Auswahl* ❶ den Eintrag *Neu* und geben Sie einen Namen (hier *Statue*) ein. Bestätigen Sie das Dialogfeld mit *OK*.

Kap9-08.tif

Speichern der Auswahl Statue.

Die Auswahl können Sie anschließend aufheben (Strg/cmd+D). In einem zweiten Durchgang haben wir mit dem Polygon-Lasso (L, 🔗) nur Kopf und Hals ausgewählt und sind dann wieder ins Speichermenü gegangen. Mit *Neu* könnten Sie die Auswahl mit der Bezeichnung *Kopf* als getrennte Auswahl speichern. Es gibt aber auch die Möglichkeit, die Auswahl mit der vorhandenen Auswahl (*Statue*) als getrennte Auswahl speichern. Es gibt aber auch die Möglichkeit, die Auswahl mit der vorhandenen Auswahl *Auswahl*.

Wenn Sie hier wieder den Eintrag *Statue* wählen, können Sie die alte *Auswahl ersetzen* (nur die Kopf-Auswahl wird gespeichert), die neue Auswahl *der Auswahl hinzufügen* (in dem Fall keine Änderung der Auswahl), die neue Auswahlfläche *von Auswahl abziehen* (ie Auswahl umfasst den Rumpf der Statue ohne Kopf und Hals) oder eine *Schnittmenge bilden* (nur das Kopf liegt in der Auswahl).

Kapitel 9 Auswählen und Freistellen **275**

Speicheroptionen für das Sichern einer Kombination aus gespeicherter und aktueller Auswahl.

 Achtung! Dateityp

Speichern Sie Ihr Bild mit den gesicherten Auswahlen als TIFF- oder PSD-Datei. TIFF darf aber nicht mit LZW oder ZIP komprimiert werden. JPEG ist gar nicht in der Lage, Auswahlinformationen mit in die Datei einzubetten.

Um die soeben gespeicherte Auswahl später wieder zu laden, öffnen Sie das Bild und wählen *Auswahl/Auswahl laden*. Aus dem Drop-down-Menü suchen Sie sich die Auswahl aus (hier *Statue* oder *Kopf*).

Und selbstverständlich können Sie die gespeicherten Auswahlen mit *Auswahl/Auswahl löschen* auch wieder aus der Datei entfernen, indem Sie bei *Auswahl* den entsprechenden Eintrag wählen.

9.6 Freistellen mit den Radiergummis

Der Radiergummi (E, 🖉) aus der Werkzeugpalette ist eigentlich nichts anderes als ein Pinsel, der keine Farbe aufträgt, sondern Bildpixel löscht. Er wird gern dafür eingesetzt, retuschierte Bildbereiche, die sich auf verschiedenen Ebenen befinden, zu überblenden. Wobei heutzutage die Ebenenmaskentechnik das Arbeiten mit dem Radiergummi weitgehend ersetzt hat. Die Art der Ebene, auf der radiert wird, entscheidet dabei über die Wirkung:

- Bei Hintergrundebenen oder solchen, deren transparente Pixel fixiert wurden , werden die Motivpixel entfernt und gegen die Hintergrundfarbe ersetzt, die Sie über das Farbfeld in der Werkzeugpalette einstellen können.

- Wird auf schwebenden Ebenen radiert, erzeugt der Radiergummi transparente Malstriche.

In der Optionsleiste können Sie bei *Pinsel* die Form der Pinselspitze wählen, bei *Größe* den Durchmesser der Pinselspitze festlegen und mit *Deckkraft* bestimmen, ob die Bildpixel vollständig (100 %) gelöscht werden sollen oder ob Mischungen aus Motiv und Farbe (Hintergrundebene) bzw. semitransparente Bereiche (schwebende Ebene) entstehen sollen. Die Art der Pinselspitze definieren Sie rechts daneben. Die Option *Buntstift* erzeugt Radierstriche mit harten Kanten ohne Glättungseffekt. Wenn Sie eine Größe von 1 Pixel einstellen, können Sie damit genau ein Bildpixel löschen. Die Vorgabe *Pinsel* sorgt hingegen für weichere Übergänge mit Kantenglättung. Mit *Quadrat* können Sie beispielsweise entlang gerader Kanten radieren. Analog zum Pinsel (B, 🖌) wird es bei gleichzeitigem Halten der ⇧-Taste möglich, schnurgerade Linien oder gerade Verbindungen zu radieren.

Links: Radieren auf der Hintergrundebene. Rechts: Radieren auf einer schwebenden Ebene.

⊗ Achtung! Destruktiv

Die Radiergummi-Werkzeuge arbeiten destruktiv, sprich, gelöschte Pixel können nicht wiederhergestellt werden (außer durch Rückgängigmachen der Arbeitsschritte). Daher duplizieren Sie das Originalbild immer erst, um es ja nicht zu verlieren.

Optionsleiste des Radiergummis.

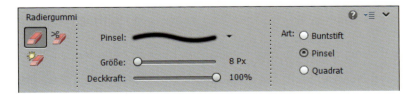

Der Hintergrund-Radiergummi

Kap9-09.tif

Mit dem Hintergrund-Radiergummi (E, ✎) wird es möglich, strukturierte Kanten schön freizustellen. Das können sogar Fell, Haare oder Federn sein, wie das hier gezeigte Beispiel mit dem Pinguin demonstriert. Es werden transparente Pixel an den Stellen eingefügt, an denen Sie den Malstrich ansetzen. Die dabei bearbeitete Fläche entspricht der Größe der Pinselspitze (hier 35 Pixel). Es werden aber nur die Farben entfernt, die der Farbe unter dem Fadenkreuz ähneln. Daher ist es wichtig, die Motivbereiche, die Sie erhalten möchten, nicht unters Fadenkreuz kommen zu lassen. Die Ähnlichkeit wird, vergleichbar mit dem Zauberstab, mit dem Regler *Toleranz* bestimmt (hier 10 %). Der Bereich unter dem Fadenkreuz wird übrigens auch als Hotspot bezeichnet.

Die beigefarbene Hintergrundfläche wird gelöscht, sodass der Hintergrund mit der Afrikakarte zum Vorschein kommt.

Im Menü der Pinseleinstellungen können Sie die Härte der Pinselspitze festlegen, 50–80 % sind hier meist gute Werte (hier 50 %). Je geringer der Malabstand, desto häufiger wird die Pinselspitze angesetzt. Meist eignen sich Werte um 10 % prima, damit der Malstrich flüssiger läuft. Mit der Rundung können Sie ovale Pinselspitzen erzeugen. Wenn Sie die Option *Benachbart* aktivieren, werden nur die Pixel in direkter Pinselspitzen-Nachbarschaft bearbeitet.

Der Magische Radiergummi

Bei Motiven, die vor einem einheitlichen Hintergrund aufgenommen wurden, beispielsweise einem unstrukturierten Himmel, können Sie den Magischen Radiergummi (E, 🖌) prima dazu verwenden, das Objekt freizustellen und vor einem schöneren Hintergrund zu positionieren. Bei unserem Beispielfoto wird der Himmel mit nur einem Mausklick getauscht. Der Magische Radiergummi wirkt hierbei wie eine Kombination aus Radiergummi und Zauberstab. Er wählt ähnliche Farben automatisch aus und radiert diese gleichzeitig.

Wichtig ist also vor allem der Wert bei *Toleranz*, denn dieser bestimmt, wie viele ähnliche Farbtöne neben der per Mausklick ausgewählten Farbe auch noch mitbearbeitet werden dürfen (hier 20). *Deckkraft* definiert, ob die bearbeiteten Pixel vollständig (100 %) oder nur teilweise transparent werden. Wenn nur die markierte Ebene bearbeitet werden soll, was hier der Fall ist, deaktivieren Sie die Checkbox *Alle Ebenen aufnehmen*. Mit *Aufeinander folgend* werden nur Bildpixel radiert, die in direkter Nachbarschaft zueinander stehen. Um mit einem Klick den gesamten blauen Himmel auszuradieren, können Sie diese Checkbox bei dem Beispielbild deaktivieren.

Kommen in Ihren Fotos jedoch ähnliche Farben, wie die zu löschenden, auch innerhalb des Motivs vor, die Sie nicht löschen möchten, sollten Sie die Funktion wieder aktivieren. Damit die Kantenübergänge zwischen Motiv und radierter Fläche weicher verlaufen, aktivieren Sie auf jeden Fall auch die Funktion *Glätten*. Klicken Sie mit der Maus einmal auf den Himmel, sogleich kommt die Himmelsebene darunter zum Vorschein.

Kap9-10.tif

Ausgangsbild mit einem langweiligen einheitlichen Himmel.

Das Motiv wirkt nach dem Himmelstausch plastischer.

 Farbe statt Transparenz

Wenn Sie eine Ebene mit fixierten transparenten Pixeln 🔲 bearbeiten, fügt der Magische Radiergummi anstatt transparenter Pixel die per Farbfeld in der Werkzeugpalette gewählte Hintergrundfarbe ein.

Ein Klick auf die Stelle ❶ reichte, um das gesamte Himmelsblau der Riesenrad-Ebene ❷ zu löschen, sodass die Himmel-Ebene darunter zum Vorschein kommt.

 Hintergrund anpassen

Eventuell sind noch Anpassungen nötig, damit das zusammengesetzte Bild wie eine Einheit wirkt. Dafür können Sie die Beleuchtung mit einer Tonwertkorrektur anpassen oder die Farbe zum Beispiel noch mit einem Fotofilter verändern.

Sollten beim ersten Klick noch nicht gleich alle Bereiche gelöscht werden, klicken Sie die betreffenden Stellen ebenfalls an, am besten mit aktivierter Checkbox *Aufeinander folgend,* damit nicht versehentlich auch Bereiche des Motivs gelöscht werden. Achten Sie stets auf die Kanten der Motivbereiche, die erhalten bleiben sollen. Eventuell muss ein Radierschritt zurückgenommen und mit einer verringerten Toleranz wiederholt werden. Schauen Sie sich die Bearbeitung mit *Ansicht/Tatsächliche Pixel* (Strg/cmd +1) genau an und entfernen Sie diese ebenfalls. Das geht durch das Übermalen mit dem Radiergummi (E, 🖊) am einfachsten.

9.7 Formen ausstechen

Ganz romantisch ein Herz darstellen, gefüllt mit einem Rosen-
motiv, oder ein Bild mit einer kreativen Umrandung gestalten,
das sind die primären Einsatzzwecke des Ausstecher-Werkzeugs
(⌨, ⌨). Hierbei legen Sie eine Form auf das Bild. Der Inhalt der
Form wird mit Bildinhalt gefüllt und der Rest wird ausgeschnitten. Klingt einfach und das ist es auch.

Kap9-11.jpg

Klicken Sie in der Werkzeugleiste als erstes den Pfeil neben der
schwarzweißen Form an. Im Auswahlmenü helfen die Kategorien,
die Sie aus dem Drop-down-Menü *Formen* auswählen können,
bei der Suche nach dem passenden Motiv.

*Optionen des Aus-
stecher-Werkzeugs.*

Mit dem Drop-down-Menü rechts daneben können Sie anschließend die Proportionen der Form festlegen: *Ohne Einschränkung*
ermöglicht eine individuelle Größe und Proportion, *Festgelegte
Proportionen* behält die Originalproportion der Form bei, *Definierte Größe* entspricht der von Photoshop Elements voreingestellten Standardgröße, *Feste Größe* ermöglicht die Eingabe von
Größenangaben.

Mit aktivierter Checkbox *Vom Mittelp.* wird die Form von ihrem Mittelpunkt aus aufgezogen. Die Härte der Auswahlkante können Sie mit *Weiche Kante* zwischen 1 (hart) und 250 Pixeln (weich) wählen. Wenn Sie *Ausstechen* aktivieren, werden alle überzähligen Bildränder um die Form herum automatisch abgeschnitten. Das ist nur zu empfehlen, wenn Sie die Form nach dem Aufziehen nicht weiter skalieren möchten.

Setzen Sie anschließend die Maus ins Bild und ziehen Sie den Formrahmen über den gewünschten Bildausschnitt. Mit den Anfassern können Sie die Form skalieren , verzerren (Strg/cmd-Taste), neigen oder drehen . Wenn Ihnen die Auswahl gefällt, bestätigen Sie die Formauswahl mit dem grünen Häkchen oder der Eingabetaste ↵.

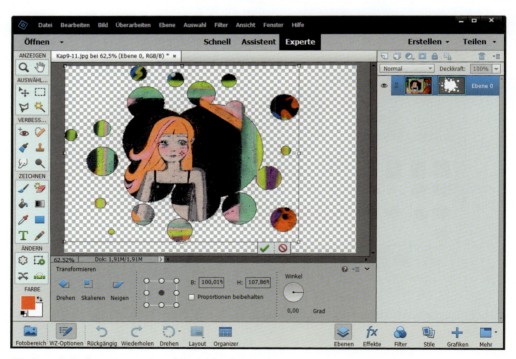

*Die **Ausschnittform 36** wurde auf das Bild aufgezogen.*

Das Bild wurde während des Ausstechvorgangs von der Hintergrundebene gelöst und liegt nun als schwebende Ebene vor. Diese können Sie in ein anderes Bild duplizieren.

Oder Sie speichern es erst einmal als TIFF- oder PSD-Datei unter Erhalt der Ebene ab. Wenn Sie das Bild mit *Ebene/Ebene auf Hintergrund reduzieren* wieder auf eine Hintergrundebene zurücksetzen, wird der Hintergrund mit der Farbe gefüllt, die Sie in der Werkzeugpalette als Hintergrundfarbe eingestellt haben.

Optimieren von Bildgröße und Proportion

Die Größe eines Bildes, das klingt im ersten Moment recht banal. Aber was steckt dahinter und wie war das noch mal mit der Auflösung? Bevor es darangeht, Größe, Auflösung oder Proportion eines Bildes zu manipulieren, ist es sinnvoll, sich mit diesen Parametern etwas vertraut zu machen. Denn oberstes Credo wird sein, durch die geplanten Veränderungen die Bildqualität nicht zu gefährden.

10.1 Bildgröße und Auflösung

Eine oft auftauchende Frage in der Bildbearbeitung ist die nach der richtigen Bildgröße bzw. der Auflösung in Pixeln. Bevor Sie aber gleich zum Profi in Sachen Pixeln werden, gilt es, die grundlegenden Grafiktypen zu beleuchten, die Pixel- und die Vektorgrafik, und einen Blick auf die Smartobjekte zu werfen.

Pixel- und Vektorgrafiken

Kap10-01.jpg

Bei Fotografien, die mit einer Digitalkamera aufgenommen wurden, handelt es sich um Pixelgrafiken. Gleiches gilt auch für mit einem Scanner generierte Dokumente und Bilder. Pixelgrafiken bestehen aus einzelnen quadratischen Bildpunkten, die jeweils einen bestimmten Farbton aufweisen. Die einzelnen Pixel können Sie sich bei starker Vergrößerung mit dem Zoom-Werkzeug (Z, 🔍) anschauen.

Pixelstruktur des Auges eines Rotschnabeltokos bei einer Zoomstufe von 900 %.

Vektorgrafiken sind anders aufgebaut, sie werden durch mathematische Funktionen bestimmt und basieren auf grafischen Strukturen wie Linien, Kreisen, Polygonen etc. Zusätzlich können Strichstärken, Farben und Muster definiert werden, die das genauere

Aussehen der Grafik beeinflussen. Vektorgrafiken lassen sich ohne Qualitätsverlust stufenlos vergrößern und verkleinern. Außerdem verbrauchen sie nur eine geringe Speicherkapazität. Bei Photoshop Elements finden Sie Vektorgrafiken im Bedienfeld **Grafiken**, wie den hier gezeigten Fußball, oder bei den Form-Werkzeugen.

Besonderheit von Smartobjekten

Wenn Sie ein Bild per Drag & Drop aus dem Fotobereich 🖼 des Editors ❶ auf ein anderes Bild ❷ ziehen, wird es als sogenanntes Smartobjekt eingefügt, erkennbar am Symbol 🖻 oben rechts in der Vorschau des Fotobereichs ❸ und auf der Ebenenminiatur der eingefügten Ebene ❹. Das eingefügte Bild wird hierbei automatisch auf die Größe des Zieldokuments angepasst. Es besitzt aber seine ursprüngliche Größe noch. Ein 2000 Pixel breites Smartobjekt sieht in einem 1000 Pixel breiten Zieldokument also nur so aus als wäre es 1000 Pixel breit.

Linker Ball: Die Vektorgrafik eines Fußballs lässt sich ohne Qualitätseinbußen vielfach vergrößern. Rechter Ball: Wird die Vektorebene in eine Rastergrafik verwandelt und dann vergrößert, entstehen durch Interpolation unscharfe Kanten und Pixelartefakte.

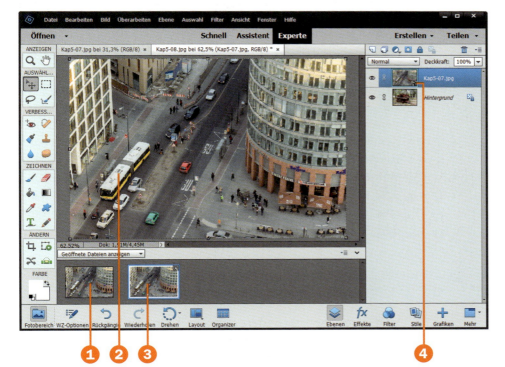

Das linke Bild (2000 Pixel breit) wurde mit der Maus aus dem Fotobereich auf das im Dokumentfenster geöffnete rechte Bild (1000 Pixel breit) gezogen und liegt im Ebenen-Bedienfeld als Smartobjekt vor.

Kap5-07.jpg und Kap5-08.jpg

Wenn Sie aber beispielsweise *Bearbeiten*/ *Transformieren*/ *Frei transformieren* wählen, beträgt die Ausgangsgröße für das Skalieren nicht 100%, sondern liegt in diesem Fall bei 50%. Das wiederum bedeutet, dass Sie das Smartobjekt bis auf 100% hochskalieren könnten, um es doppelt so groß darzustellen, ohne dass hierbei Bildqualität verloren geht. Das Smartobjekt bietet hierfür genügend Reserven. Ein Verlust an Bildqualität träte erst ein, wenn Sie auf mehr als 100% skalieren würden.

Die Ausgangsbreite des Smartobjekts beträgt 50%, weil das Bild eigentlich doppelt so groß ist wie das Bild, in das es hineinkopiert wurde.

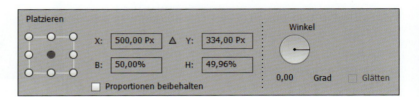

Smartobjekte können somit in gewissem Rahmen verlustärmer skaliert werden, jedoch nicht bearbeitet. Wenn Sie zum Beispiel *Überarbeiten*/ *Tonwertkorrektur* wählen, werden Sie aufgefordert die „intelligente Ebene" zu vereinfachen. Eine vollumfängliche Bearbeitung von Smartobjekt-Ebenen bleibt also noch dem großen Photoshop vorbehalten.

Bedenken Sie auch, dass sich durch das Hochskalieren das Speichervolumen in den Formaten TIFF und PSD erhöht, weil die Mehrinformation im Smartobjekt-Container ja noch enthalten ist. Wenn Sie mit der Bearbeitung fertig sind, ist es daher sinnvoll, Bildebenen in Form von Smartobjekten mit *Ebene*/ *Ebene vereinfachen* in Pixelgrafiken umzuwandeln, das Bild danach mit dem Freistellungswerkzeug (C, ⛏) zu beschneiden und es dann zu speichern. Bei unserem Beispiel mit dem auf 100% skalierten Smartobjekt sinkt das Speichervolumen dadurch von 9,54 MB auf 3,82 MB. Die abgeschnittenen Ränder lassen sich später dann aber nicht wieder zurückholen. Probieren Sie das Spielchen mit den Beispielbildern gleich selbst einmal aus.

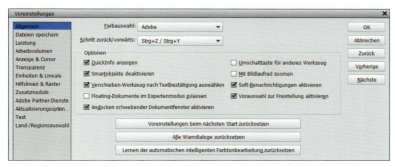

So werden Smartobjekte gar nicht erst angelegt.

Absolute und relative Auflösung

Die absolute Auflösung eines Bildes bezieht sich auf die Gesamtzahl der Pixel oder auf die Pixelzahl der Bildbreite multipliziert mit der Pixelzahl der Bildhöhe. So haben Bilder aus der Canon EOS 80D beispielsweise 24,2 Millionen bildgebende Pixel, die sich aus 6.000 Pixeln in der Breite und 4.000 Pixeln in der Höhe ergeben. Bei Herstellern von Bildschirmen oder Grafikkarten wird diese absolute Auflösung zur Spezifizierung der Produkte verwendet, zum Beispiel 1.920 × 1.080 Pixel für HDTV-Geräte mit den Standards 1080p oder 1080i oder 3.840 × 2.160 Pixel für UHD-TV (4K).

Mit der relativen Auflösung wird beschrieben, wie dicht die Pixel nebeneinander angeordnet sind. Die relative Auflösung wird in der Einheit ppi (**p**ixel **p**er **i**nch) oder dpi (**d**ots **p**er **i**nch) angegeben. Die Angabe ppi beschreibt die Auflösung der Bilddateien, weil deren kleinste Einheit das Pixel ist. Die Angabe dpi wird vor allem bei der Druckausgabe verwendet, da hier ein gedruckter Bildpunkt (= dot) die kleinste Einheit darstellt. Aber auch bei Monitoren oder Scannern wird oft von dpi als Auflösung gesprochen, was streng genommen aber nicht korrekt ist.

 Smartobjekte verhindern

Wenn Ihnen die Smartobjekte zu kompliziert sind oder Sie das häufige Aufforderung zum Vereinfachen stört, können Sie sie ganz unterbinden. Dazu wählen Sie *Bearbeiten* (Windows) bzw. *Adobe Photoshop Elements Editor* (Mac OS)/ *Voreinstellungen*/ *Allgemein* (Strg/ cmd+K) und setzen bei *Smartobjekte deaktivieren* einen Haken – übrigens eine neue Funktion in Photoshop Elements 15. Ein verlustfreies Skalieren von Grafiken und Rahmen ist dann aber auch nicht mehr gegeben (siehe das Beispiel mit dem Fußball aus dem vorigen Abschnitt). Daher empfehlen wir, Smartobjekte zuzulassen.

Das Dialogfeld zur Bearbeitung der Bildgröße. Die absolute Auflösung des Bildes beträgt 1.000 × 667 Pixel ① (= 0,7 Megapixel). Die relative Auflösung liegt bei 250 ppi ②, woraus sich eine Bildgröße von 10,16 × 6,78 cm ergibt. Sie gibt auch Auskunft über die aktuelle Größe eines Bildes.

Das Dialogfeld zur Bearbeitung der Bildgröße gibt auch Auskunft über die aktuelle Größe eines Bildes.

Welche Größe hat mein Bild eigentlich?

Gute Frage, schauen wir doch am besten gleich einmal nach, welche Größe das Rotschnabeltoko-Foto hat. Wählen Sie dazu im Fotoeditor *Bild/Skalieren/Bildgröße* oder Strg+Alt/cmd+I. Die Angabe für die absolute Auflösung finden Sie bei *Pixelmaße* und die Werte für die relative Auflösung im Feld *Auflösung*. Das Foto hat also eine absolute Auflösung von 1.000 × 776 Pixeln und eine relative Auflösung von 250 ppi, also von 250 Pixeln pro Inch bzw. pro 2,54 cm.

Geeignete Druckauflösung

Beim Drucken ist die Auflösung eine wichtige Eigenschaft. Denn je mehr Pixel (pro Inch) nebeneinandersitzen, desto besser werden Bilddetails auf dem Printmedium wiedergegeben und desto schärfer und kontrastreicher wirkt das Bild. Es kommt aber noch der Betrachtungsabstand hinzu. Kleine Bilder werden aus geringeren Abständen betrachtet und müssen daher höher aufgelöst sein als große Bilder oder Plakate. Daraus ergeben sich die in der Tabelle empfehlenswerten Auflösungen.

Druckgröße	Auflösung
Visitenkarte	400 bis 600 ppi
Fotos bis 45 × 30 cm	300 bis 400 ppi
Fotos 45 × 30 cm bis 70 × 105 cm	ca. 250 ppi
Fotos größer als 70 × 105 cm	75 bis 150 ppi

Geeignete Auflösungen abhängig von der Druckgröße.

Gute Bilderdruckdienste geben die benötigte Auflösung in Pixeln oder ppi für die verschiedenen Druckformate an. Daher informieren Sie sich dort über die empfohlene Auflösung. Um schnell festzustellen, welche Bildgröße Ihre Datei bei verschiedenen Auflösungen liefern kann, rufen Sie mit *Bild/Skalieren/Bildgröße* (Strg+Alt/cmd+I) das Dialogfenster *Bildgröße* auf. Deaktivieren Sie unbedingt die Checkbox *Bild neu berechnen mit*, denn an der Pixelzahl soll nichts verändert werden. Geben Sie dann einfach den gewünschten ppi-Wert in das Feld *Auflösung* ein und lesen Sie das maximal mögliche Druckformat bei *Dokumentgröße* ab.

 Tintenstrahldrucker

Für Standard-Tintenstrahldrucker zu Hause reicht eine niedrigere Auflösung von 150 bis 240 ppi normalerweise aus. Das liegt daran, dass im Gegensatz zu professionellen Druckmaschinen die Punkte nicht in einem festen Rastergitter gedruckt werden.

Auflösung für Bildschirm/Internet

Bei der Bildanzeige am Monitor von Computern, Netbooks, Tablet-PCs oder Smartphones zählt allein die absolute Auflösung, also die Anzahl der tatsächlich vorhandenen Pixel. Das liegt daran, dass eine Leuchtdiode im Monitor nur einen Bildpixel darstellen kann und die Monitorpixel in einem starren Raster unveränderlich angeordnet sind. Die meisten sozialen Netzwerke, Bilder-Communitys oder Verkaufsportale geben daher auch geeignete absolute Auflösungen für die Bilder an. Im Dialog *Bildgröße* tragen Sie dann einfach die entsprechenden Pixelmaße ein, um das Foto zu verkleinern (siehe nächsten Abschnitt). Wählen Sie *Ansicht/Tatsächliche Pixel* (Strg/cmd+1), um zu sehen, wie groß das Bild im Internetbrowser angezeigt werden wird, und speichern Sie es am besten mit *Datei/Für Web speichern* ab. Die auf diese Weise verkleinerten Fotos eignen sich übrigens auch für den Versand per E-Mail.

Bildgröße und Auflösung ändern

Nachdem Sie nun einiges über die Größe und Auflösung eines Bildes erfahren haben, soll es darum gehen, die Bildgröße und Auflösung zu verändern. Dazu wählen Sie *Bild/Skalieren/Bildgröße* ((Alt)+(Strg)/(cmd)+(I)).

Um die Bildmaße verändern zu können, aktivieren Sie als Erstes ganz unten die Checkbox *Bild neu berechnen mit*. Wählen Sie über das Drop-down-Menü eine Methode aus, mit der das Bild neu berechnet wird. Bei der Option *Pixelwiederholung (Harte Kante beibehalten)* wird keinerlei Kantenglättung angewendet. Dies führt zu weniger Präzision und gezackten Kanten. Diese Methode ist für Fotos nicht zu empfehlen. Das Verfahren *Bilinear* ist inzwischen veraltet und erzeugt Bilder von nur durchschnittlicher Qualität.

Die Methode *Bikubisch* stellt das aktuelle Standardverfahren dar und ist optimal geeignet für einen glatten Verlauf der Motivkanten. *Bikubisch glatter* empfiehlt sich insbesondere bei Bildvergrößerungen (Upscaling) und *Bikubisch schärfer* für das Verkleinern von Bildern (Downscaling). Bei an sich schon recht scharfen Bildern kann es aber zu Überschärfungen kommen. Nehmen Sie dann lieber *Bikubisch*.

Ändern der Pixelmaße, der Dokumentgröße oder der Auflösung.

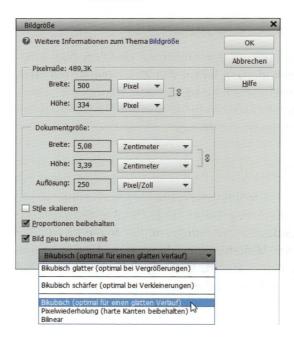

Die angestrebte Bildgröße können Sie zum einen im Bereich *Pixel-maße* festlegen. Geben Sie bei *Breite* und *Höhe* die gewünschten Zahlenwerte ein. Dabei gilt es zu beachten, dass auch die entsprechende Maßeinheit eingestellt wird. Wählen können Sie hier zwischen *Pixel* und *Prozent*. Ist hinter der Maßeinheit ein Kettensymbol ⌐ ⊗ zu erkennen, werden die Proportionen des Bildes beibehalten und können nicht verändert werden. Möchten Sie die Seiten unabhängig voneinander verändern, deaktivieren Sie weiter unten die Checkbox *Proportionen beibehalten*.

Zum anderen lässt sich die Druckgröße im Bereich *Dokumentgröße* festlegen. Wenn das Bild nicht neu berechnet wird, erhöht sich die Auflösung bei einer Verkleinerung der Dokumentgröße und verringert sich bei einer Vergrößerung. Ist die Option *Bild neu berechnen mit* aktiviert, bleibt die ausgewählte Auflösung gleich und die Pixelmaße werden verringert oder erhöht.

Sollte Ihr Bild einen Ebenenstil besitzen, empfiehlt es sich, die Checkbox *Stile skalieren* zu aktivieren, damit beispielsweise der Schlagschatten an die neue Bildgröße mit angepasst wird.

Interpolation

Bei einer Verringerung der Pixelzahl werden Informationen aus dem Bild entfernt. Bei der Vergrößerung werden Pixel addiert, die aus den Farbwerten der Nachbarpixel interpoliert werden. Bedenken Sie, dass sowohl das Downscaling als auch das Upscaling generell einen negativen Effekt auf die Bildqualität haben. Als Anhaltspunkt können Sie sich merken, dass die Skalierung eines Bildes um 30 % oder mehr eine erhebliche Reduktion der Bildqualität zur Folge hat, wobei das bei einer Verkleinerung weniger ins Auge fällt. Daher ist es auch ratsam, ein Bild immer nur einmal zu skalieren.

10.2 Bildausschnitt festlegen und zuschneiden

Eine sehr beliebte, schnell durchführbare und intuitive Möglichkeit zur Größenänderung bietet das Zuschneiden mit dem sogenannten Freistellungswerkzeug. Es kann ein frei wählbarer Bildausschnitt gesetzt werden oder auch eine definierte Größenänderung mit vorgegebenen Werten erfolgen.

Freistellen eines Bildausschnitts

Aktivieren Sie das Freistellungswerkzeug (C, 🔲) aus der Werkzeugpalette. Das Werkzeug bietet Ihnen in der Optionsleiste unten vier verschiedene Freistellungsempfehlungen an, die Sie durch Anklicken der Miniaturbilder direkt auswählen können. Wenn Ihnen eine davon zusagt, bestätigen Sie die Aktion mit einem Klick auf das grüne Häkchen ✔️🚫 oder mit der Eingabetaste ⏎.

Kap10-02.jpg

Auswahl des Bildausschnitts mit dem Freistellungswerkzeug.

Erweitern der Bildfläche

Mit dem Freistellungswerkzeug können Sie das Bild auch erweitern. Dazu markieren Sie zunächst das gesamte Bild. Ziehen Sie anschließend den Rahmen an einem der Anfasser nach außen. Nach Bestätigung der Aktion wird die erweiterte Fläche entweder mit der Hintergrundfarbe aus der Werkzeugpalette (Hintergrundebene) oder mit transparenter Fläche (schwebende Ebene) gefüllt.

Wenn Sie den Rahmen hingegen lieber selbst festlegen möchten, fassen Sie den Rahmen an den eingeblendeten quadratischen Anfassern ▬■▬ mit der Maus an und ziehen ihn nach außen oder innen. Wenn Sie den Rahmen an einer der Ecken anfassen und gleichzeitig die ⇧-Taste drücken, bleibt das Seitenverhältnis des gewählten Ausschnitts erhalten.

Wird die Alt-Taste gedrückt, zieht sich der Rahmen von allen Ecken her proportional zusammen. Drücken Sie Alt+⇧, zieht sich das Foto von allen Seiten her, bei gleichbleibendem Seitenverhältnis, zusammen.

Mit der Maus können Sie zudem in die verkleinerte Rahmenfläche fassen ▶ und den gesamten Rahmen verschieben. Wenn Sie die Maus außerhalb des Rahmens halten und ein Doppelpfeil ↲ erscheint, lässt sich der Rahmen durch Verschieben der Maus mit gedrückter linker Maustaste drehen. Nach der Bestätigung mit dem grünen Häkchen oder der Eingabetaste ⏎ wird alles, was sich außerhalb des Rahmens befindet, abgeschnitten.

Optionen des Freistellungswerkzeugs

Nach der Aktivierung des Freistellungswerkzeugs gibt Ihnen die Werkzeugoptionsleiste auch die Möglichkeit, die Art des Freistellungsrahmens und die gewünschte Auswirkung auf die Bildgröße festzulegen.

Mit dem Drop-down-Menü **1** können Sie verschiedene Größenvorgaben auswählen. Fällt Ihre Wahl auf *Fotoverhältnis verw.*, wird ganz einfach das Format des Originalbildes auch für den Bildausschnitt verwendet. Bei *Keine Beschränkung* können Sie den Rahmen ganz frei wählen.

In den Feldern für die Breite (*B*) und die Höhe (*H*) lässt sich die gewünschte Bildgröße direkt eingeben oder eine vorgefertigte Größe abändern. Wenn Sie Werte für die Bildbreite und/oder -höhe eintragen, wird die Maßeinheit ganz klassisch durch das manuelle Eintragen von *px* (für Pixel), *cm* (für Zentimeter) oder *mm* (für Millimeter) erledigt. Über den blauen Doppelpfeil ⇄ lassen sich die Werte vertauschen, aus Querformat wird Hochformat. Mit dem Feld *Auflös.* rechts neben den Freistellungsempfehlungen können Sie die relative Auflösung festlegen, für den Druck ist die Angabe *Pixel/Zoll* gängig.

> **⊗ Vorsicht bei Größenangaben**
>
> Das bequeme Einstellen der Werte für Breite, Höhe und Auflösung kann schnell dazu führen, dass die Bilder unbemerkt vergrößert werden und durch Interpolation an Qualität einbüßen. Allerdings ist das nur der Fall, wenn Sie beides ausfüllen, die Größenangaben und die Auflösung. Sobald nur die Größe oder nur die Auflösung angegeben wird, passen sich die jeweils anderen Größen an und das Bild wird nicht neu berechnet.

Raster als Bildgestaltungshilfe

Das Freistellungswerkzeug bietet in der Optionsleiste verschiedene Rasterüberlagerungen, die bei der Bildgestaltung oder der geraden Ausrichtung behilflich sind.

Im Modus *Ohne* wird einfach ein leerer Freistellungsrahmen aufgezogen. Das Motiv bleibt frei sichtbar, es „stören" keinerlei Positionslinien.

Mit der Schaltfläche *Drittel-Regel* ⊞ wird der aufgezogene Rahmen durch je zwei horizontale und vertikale Linien in insgesamt neun Felder aufgeteilt. Wird das Hauptmotiv auf den Schnittpunkten der Linien platziert, entsteht eine besonders gute Bildwirkung. Das stimmt häufig tatsächlich, aber wir plädieren dennoch immer dafür, die Wirkung des Bildes durch die eigenen Augen zu beurteilen. Die Verwendung solcher Standardregeln hängt immer auch stark vom abgebildeten Motiv ab.

Bei der Option *Raster* ![Raster-Symbol] ist der Rahmen für den Zuschnitt in ein recht enges Raster aus Quadraten aufgeteilt, was eine sehr genaue Ausrichtung des Motivs an den Hilfslinien ermöglicht.

Positionierung der Möwe nach der Drittel-Regel.

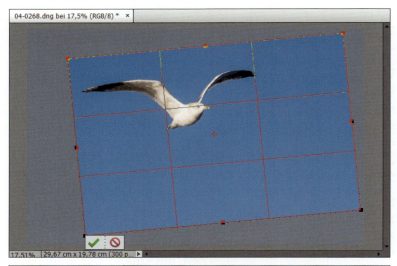

Begradigen des Horizonts mithilfe der Rasterüberlagerung.

✓ Besonderheit Smartobjekte

Bei Smartobjekten ![Smartobjekt-Symbol], etwa einem Bild, das aus dem Fotoeditor in das aktuelle Dokument kopiert wurde, schneidet das Freistellungswerkzeug die überzähligen Ränder nicht ab. Wenn Sie das Bild im TIFF- oder PSD-Format speichern, können Sie die Smartobjekt-Ebene daher später wieder verkleinern und die Randbereiche werden wieder sichtbar. Um die Ränder wirklich abzuschneiden, müssen Sie das Smartobjekt mit *Ebene/Ebene* vereinfachen in eine Pixelgrafik umwandeln und dann mit dem Freistellungswerkzeug beschneiden. Dann reduziert sich auch das Speichervolumen teils deutlich.

Die Arbeitsfläche erweitern oder beschneiden

Hin und wieder ist es notwendig, die Arbeitsfläche zu erweitern, um dem Bild beispielsweise einen Rahmen zu verpassen oder bei einer Collage die Ausdehnung der Arbeitsfläche zu erhöhen. Dazu rufen Sie mit *Bild/Skalieren/Arbeitsfläche* (Alt+Strg/cmd +C) den entsprechenden Dialog auf.

Dort können Sie oben bei *Aktuelle Größe* die Auflösung des vorliegenden Bildes ablesen. Bei *Neue Größe* können Sie für *Breite* und *Höhe* größere Werte als die der aktuellen Dokumentgröße eintragen. Es ist aber auch möglich, kleinere Werte einzugeben und das Bild dadurch zu beschneiden. Als Einheit stehen außer Zentimeter auch Prozent, Pixel, Zoll, Millimeter, Punkt, Pica und Spalten zur Verfügung.

Ist die Checkbox *Relativ* aktiviert, wird nur der Änderungswert angegeben; positive Zahlen dienen der Erweiterung, negative Zahlen (Minuszeichen eingeben, späteren Warnhinweis bestätigen) bewirken einen Beschnitt. Die Richtung der Erweiterung oder Verengung der Arbeitsfläche können Sie bei *Position* festlegen. Sind alle Pfeile rund um das Quadrat angezeigt (Standardeinstellung), wird die Fläche in alle Richtungen erweitert (Pfeile zeigen nach außen) oder beschnitten (Pfeile zeigen nach innen). Wenn Sie auf einen der Pfeile klicken, findet die Änderung auf der gegenüberliegenden Seite statt. Schließlich können Sie über das Drop-down-Menü *Farbe für erw. Arbeitsfläche* noch die Farbe der Erweiterungsfläche festlegen. Eine farbige Darstellung der Erweiterungsfläche ist aber nur dann möglich, wenn die Datei eine Hintergrundebene besitzt. Liegen lediglich schwebende Ebenen vor, wird die Arbeitsflächenerweiterung mit transparenten Pixeln gefüllt.

 Standard-Maßeinheit

Die standardmäßige Maßeinheit für die Größenänderung der Arbeitsfläche orientiert sich an der gewählten Maßeinheit für die Lineale im Menü *Bearbeiten* (Windows) bzw. *Adobe Photoshop Elements Editor* (Mac OS)*/Voreinstellungen/Einheiten & Lineale* (Strg/cmd+ K). Sie lässt sich also auch auf eine andere Einheit umstellen.

10.3 Bildflächen transformieren und drehen

Das Transformieren beschreibt in Photoshop Elements die Größenänderung oder Verzerrung eines Objekts. Das kann ein ganzes Bild sein oder auch nur ein Teil davon oder nur eine Ebene aus einem Ebenenstapel. Sie können auch einen Text verzerren oder eine Grafik neigen. Es lässt sich eigentlich so ziemlich alles transformieren, verzerren, neigen oder drehen. Die Optionen zum Transformieren finden Sie in der Menügruppe *Bild/Transformieren*. Dazu gehören die Funktionen *Frei transformieren*, *Neigen*, *Verzerren* und *Perspektivisch verzerren*.

Funktionsgruppe. **Transformieren**.

Frei transformieren, Skalieren und Drehen

Kap10-03.tif

Durch *Frei transformieren* oder *Skalieren* lässt sich die Größe eines Bildelements sehr variabel ändern. Dazu markieren Sie als erstes das gewünschte Element, hier die Ebene *Fenster* ➏. Wählen Sie anschließend *Bild/Transformieren/Frei transformieren* (Strg/cmd+T). Ziehen Sie den eingeblendeten Rahmen an den Anfassern ➊ auseinander oder zusammen oder geben Sie in der Werkzeugoptionsleiste für Breite (*B*) und Höhe (*H*) den gewünschten Prozentwert ein (hier 130 %, ➍). Mit der Checkbox *Proportionen beibehalten* ➌ bleibt das aktuelle Seitenverhältnis konstant.

Des Weiteren lässt sich durch Anklicken von ⊞ ➋ ein Referenzpunkt festlegen. Dieser bestimmt, in welche Richtung die Transformation stattfinden soll: in alle Richtungen (Mittelpunkt markiert) oder in die zum Referenzpunkt (hier die obere linke Ecke) entgegengesetzte Richtung. Denken Sie daran, dass eine Vergrößerung auch hier durch Interpolation erzielt wird. Die Qualität des Elements wird je nach der Vergrößerungsstufe mehr oder weniger stark sinken.

Soll das Element auch noch gedreht werden, bestimmen Sie den **Winkel** **5** mit der schwarzen Linie innerhalb des Kreises oder durch Eingabe einer Gradzahl (hier −26,3°). Alternativ können Sie die Maus aber auch einfach außerhalb des Rahmens platzieren, sodass ein Doppelpfeil ↙ zu sehen ist, und das Element durch Verschieben der Maus bei gedrückter linker Maustaste drehen.

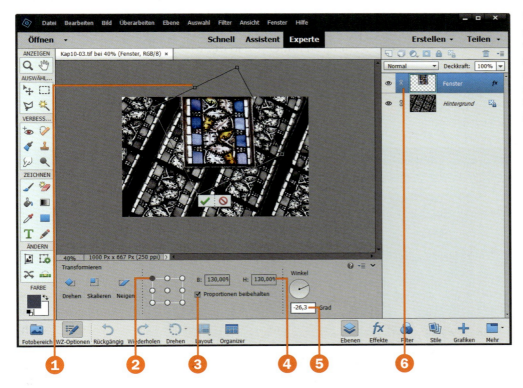

Transformieren des bunten Fensters von der oberen linken Ecke aus um 130 % mit konstanten Proportionen inklusive einer Drehung um −26,3°.

 Alternative Menüwege

Über **Bild/Skalieren/Skalieren** landen Sie ebenfalls in der Optionsleiste **Transformieren**, allerdings ist in diesem Fall schon die Funktion **Skalieren** ◻ aktiviert. Diese dient wie **Frei transformieren** ebenfalls der Größenänderung. Über den Pfad **Bild/Drehen/Freies Drehen** gelangen Sie nach demselben Schema gleich zur Funktion **Drehen** ◆, die nur das Drehen des Elements erlaubt.

Neigen

Um ein Bildelement zu neigen, wählen Sie entweder **Bild/Transformieren/Neigen** oder aktivieren in der Optionsleiste das Symbol **Neigen** oder halten im Modus **Frei transformieren** die Tastenkombination ⌊Strg⌋/⌊cmd⌋+⌊⇧⌋ gedrückt.

Dann ziehen Sie einen der vier seitlichen Anfasser mit der Maus nach links oder rechts bzw. nach oben oder unten.

Wenn Sie die Anfasser an den Ecken verwenden, ergeben sich ähnliche Effekte wie beim Verzerren, wobei die Bewegung nicht stufenlos und flüssig durchgeführt werden kann, sondern in Sprüngen erfolgt, die immer dann auftreten, wenn die Steuerung von der einen Seite zur anderen wechselt.

Der Ausschnitt wurde über den Anfasser oben in der Mitte um -2,7° nach rechts geneigt ❼. Dadurch ergibt sich ein fast rechteckiges Fensterbild.

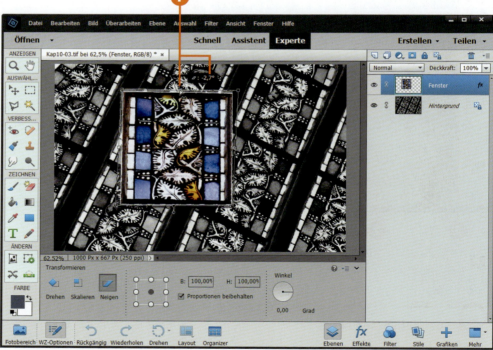

Verzerren

Zum Verzerren eines Bildes wählen Sie *Bild/Transformieren/Verzerren*. Alle Anfasser des Rahmens lassen sich nun frei verschieben. Ergreifen Sie also einfach den gewünschten Anfasser mit der Maus ▷ und ziehen Sie ihn in die gewünschte Richtung. Wenn Sie gleichzeitig die Strg/cmd-Taste drücken, lassen sich die Anfasser noch feineren Abstufungen verschieben. Hier haben wir das Verzerren genutzt, um das Rechteck perfekt gerade zu bekommen. Dazu haben wir mit *Ansicht/Raster* (Strg/cmd+3) die Rasterüberlagerung als Orientierungshilfe eingeblendet. Alternativ können Sie die Verzerrungsfunktion auch im Modus *Frei transformieren* durch Drücken der Strg/cmd-Taste temporär aktivieren.

Verzerren des zuvor transformierten und geneigten Bildausschnitts mit eingeblendetem Raster als Orientierungshilfe

 Zwei Seiten gleichzeitig neigen oder verzerren

Möchten Sie die gegenüberliegenden Seiten des Transformationsrahmens oder die Ecken gleichzeitig neigen oder verzerren, halten Sie im Modus *Frei transformieren*, *Neigen* oder *Verzerren* die Tasten Strg/cmd+Alt gedrückt. Ziehen Sie eine Bildseite nach oben, wandert die andere nach unten. Bewegen Sie eine Ecke nach innen, kommt dieser Ecke die gegenüberliegende Ecke entgegen.

Perspektivisch verzerren

Kap10-04.tif

Eine spezielle Form der Verzerrung ist die ebenfalls im *Transformieren*-Menü gelistete Funktion *Perspektivisch verzerren*. Sie wird meist dazu verwendet, verzerrte Architekturbilder zu korrigieren.

Die Manipulation erfolgt über die Eckanfasser des Transformationsrahmens. Wird eine Ecke auseinandergezogen, strebt automatisch auch der gegenüberliegende Eckpunkt um den gleichen Betrag nach außen und umgekehrt. Dadurch entsteht der Eindruck einer perspektivischen Änderung.

Beim Verschieben der mittleren Anfasser auf einer Seitenlinie verhält sich die Funktion hingegen wie der Modus *Neigen*.

Übrigens, im Modus *Frei transformieren* können Sie das perspektivische Verzerren mit der Tastenkombination ⌃Strg/⌘cmd+⌥Alt+⇧ temporär aktivieren.

Der Anfasser in der oberen rechten Ecke wurde mit der Maus um -2,7° nach rechts gezogen, um die stürzenden Linien gerade zu rücken.

Drehen und Spiegeln

Unabhängig von der Ebenenkonstellation können Sie den gesamten Inhalt einer Arbeitsfläche drehen. Dazu wählen Sie im Menü die Schrittfolge *Bild/Drehen* und suchen sich eine der oberen vier Optionen aus.

Wenn Sie *Eigene...* wählen, können Sie den Winkel in das Zahlenfeld eintragen und die Drehrichtung festlegen. Alle Drehwinkel zwischen 90° und 180° führen allerdings dazu, dass die Arbeitsfläche an den überstehenden Ecken erweitert wird. Wenn das Bild eine fixierte Hintergrundebene besitzt, wird die freie Fläche mit der Farbe gefüllt, die in der Werkzeugleiste als Hintergrundfarbe eingestellt ist.

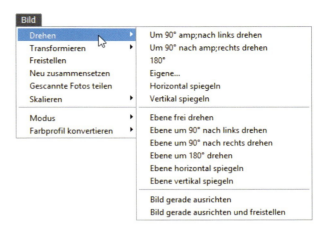

Optionen zum Drehen des gesamten Bildes oder ausgewählter Ebenen

Kap10-05.tif

Drehen der Hintergrundebene um 25° nach rechts. Die überzählige Fläche wird mit der Hintergrundfarbe (hier #66d2ff) gefüllt.

Soll nur eine schwebende Ebene gedreht werden, markieren Sie die betreffende Ebene im Ebenen-Bedienfeld. Anschließend wählen Sie *Bild/Drehen/Ebene...* und entscheiden sich für eine der Optionen.

Mit *Ebene frei drehen* wird die bekannte Optionsleiste *Transformieren* geöffnet, die Sie aus den vorigen Abschnitten bereits kennen. Auch eine aktive Auswahlfläche kann gedreht werden, solange die Auswahlkante noch schwarzweiß blinkt. Die Menüeinträge beginnen dann mit *Bild/Drehen/Auswahl...*

Möglich ist auch, das Bild zu spiegeln, indem Sie *Bild/Drehen/ Horizontal spiegeln* oder *Vertikal spiegeln* wählen. Die Bearbeitung betrifft dann den Hintergrund und alle Ebenen. Gleiches können Sie aber auch mit schwebenden Ebenen oder aktiven Auswahlflächen tun. Dazu wählen Sie *Bild/Drehen/Ebene horizontal spiegeln* oder *Auswahl horizontal spiegeln*. Auf die Möglichkeiten, Bilder gerade auszurichten, gehen wir in Kapitel 12 ab Seite 338 näher ein.

Die Ebene Kind wurde erst horizontal gespiegelt und dann um −10° nach links gedreht.

RAW-Konvertierung

Haben Sie Qualität zu verschenken? Also wir nicht. Daher fotografieren wir fast ausschließlich im RAW-Format. Alle digitalen Spiegelreflexkameras, Systemkameras und auch sehr viele Bridge- und Kompaktkameras bieten das sogenannte RAW-Format als Speicherform an. Erfahren Sie in diesem Kapitel mehr über das Potenzial dieser kleinen Rohdiamanten und darüber, wie sie am besten geschliffen werden, um stets das Optimum aus den Bilddaten herauszuholen.

11.1 Was es mit RAW auf sich hat

Das Tolle am RAW-Format ist, dass die Bilddaten absolut verlustfrei gespeichert werden. Sprich, die kamerainterne Bildbearbeitung lässt diese Dateien weitestgehend unangetastet. Auch die anschließende Bearbeitung mit dem RAW-Konverter von Photoshop Elements erfolgt ohne Verlust an Dateninformation, sie kann jederzeit wieder rückgängig gemacht werden.

Das gibt Ihnen die Möglichkeit, die wichtigsten Parameter selbst zu bestimmen oder auch mal nach Lust und Laune damit zu experimentieren. Selbst nach dem Speichern und Schließen der Datei können später nach erneutem Öffnen alle Einstellungen wieder auf den Ausgangspunkt zurückgesetzt werden. Eine prima Sache, oder?

Links: JPEG-Bild aus der Kamera.
Rechts: Resultat der RAW-Konvertierung
der parallel gespeicherten RAW-Datei.

Die wichtigsten Bearbeitungsschritte mit dem RAW-Konverter von Photoshop Elements sind:

- Belichtungs- und Kontrastkorrekturen,
- Rettung zu dunkler und zu heller Teilbereiche,
- Einstellung des Weißabgleichs und der Farbsättigung,
- das Korrigieren von Bildrauschen,
- Nachschärfen.

Gut, fairerweise sollten wir dazusagen, dass bei günstigen Aufnahmebedingungen natürlich sehr hochwertige Fotos auch im JPEG-Format entstehen. Aber häufig lässt sich nicht alles bis ins

Detail kontrollieren und oft sind auch die Motivkontraste für JPEG zu hoch, sodass ein paar Nachbesserungen notwendig werden. Das RAW-Format bietet Ihnen hierbei die größte Flexibilität, allerdings auch etwas mehr Bearbeitungsaufwand – aber sehen Sie selbst.

 Mehr Farbtiefe, bessere Qualität

Die Farbtiefe definiert, wie viele Farbtöne ein Bildpixel darstellen kann. RAW-Dateien liefern 12 oder 14 Bit Farbtiefe pro Kanal (RGB), JPEG-Dateien lediglich 8 Bit. Das bedeutet, dass JPEG-Fotos maximal 16,7 Millionen Farben – $(2^8)^3$ – besitzen, 14-Bit-RAW-Fotos aber 4,4 Billionen – $(2^{14})^3$. Dank der höheren Reserve können RAW-Bilder wesentlich umfangreicher bearbeitet werden, ohne dass Qualitätsverluste entstehen.

Links: Die Nachbearbeitung führte bei der JPEG-Datei zu Farbabrissen. Rechts: Bei der RAW-Bearbeitung sind die Helligkeitsübergänge fließend.

Warum verschiedene RAW-Formate?

Die RAW-Formate der Kamerahersteller tragen nicht nur unterschiedliche Dateiendungen, zum Beispiel *CR2* bei Canon, *NEF* bei Nikon, *ARW* bei Sony oder *RAF* bei Fujifilm, sondern sind auch nicht offen dokumentiert. Das bedeutet: Wenn Adobe die RAW-Formate in seine Software implementieren möchte, müssen die Programmierer herausfinden, wie das jeweilige RAW-Format funktioniert. Daher kann es vorkommen, dass man bei brandneuen Kameras erst auf ein Update warten muss und ältere Elements-Versionen gar nicht mehr in der Lage sind, diese Dateien zu lesen. Adobe versucht hier, mit dem selbst entwickelten offenen Format DNG (**D**igital **Neg**ative) einen allgemeinen Standard zu etablieren, der das babylonisch anmutende RAW-Gewirr vereinheitlichen soll, konnte sich damit aber bisher noch nicht durchsetzen. Mit dem DNG Converter können Sie aber unterschiedliche RAW-Formate verlustfrei in *DNG* umwandeln.

Adobe hat den DNG Converter sinnvollerweise bereits in Photoshop Elements integriert. Er steht aber auch als eigenständiges und stets aktualisiertes Programm auf den Adobe-Internetseiten zur Verfügung (*www.adobe.com/de/products/dng*).

11.2 Übersicht über Adobe Camera Raw

In Photoshop Elements sind alle notwendigen RAW-Verarbeitungsoptionen bereits vollständig integriert. Das dafür verantwortliche Zusatzmodul heißt (ACR). Mit diesem RAW-Konverter lassen sich sämtliche Einstellungen im Nu erledigen.

RAW-Dateien importieren und öffnen

Kap11-01.dng

Um eine RAW-Datei in Adobe Camera Raw zu importieren, gibt es prinzipiell zwei Möglichkeiten. Entweder markieren Sie die Datei im Organizer und wählen dann *Bearbeiten/Mit Photoshop Elements Editor bearbeiten* (Strg/cmd+I)) bzw. klicken unten in der Taskleiste auf das Symbol *Editor* .

Oder Sie laden die Datei aus dem Fotoeditor heraus über die Befehlskette *Datei/Öffnen* (Strg/cmd+O). In beiden Fällen öffnet sich ein eigenständiges Programmfenster von Adobe Camera Raw automatisch und präsentiert das Bild in der großen Voransicht.

Darüber finden Sie einige Werkzeuge ❶, wie zum Beispiel die Pipette für den Weißabgleich. Mit der Histogrammansicht oben rechts ❷ können Sie die Belichtung des Bildes analysieren. Darunter erhalten Sie Informationen zu den zentralen Aufnahmeeinstellungen (Blende, Verschlusszeit, ISO-Wert und Brennweite).

Im Bedienfeldbereich darunter spielt die eigentliche Musik des RAW-Konverters ❸. Hier werden Sie die meisten Einstellungen vornehmen. Drei Bedienfelder stehen dazu bereit: *Grundeinstellungen* , *Details* und *Kamerakalibrierung* .

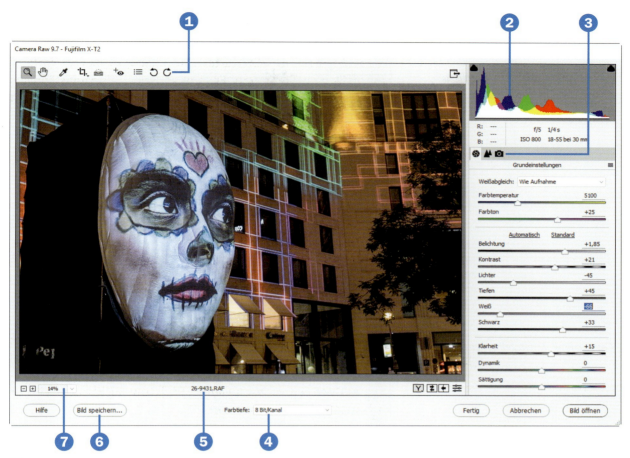

1 *Werkzeuge und Voreinstellungen,* **2** *Histogramm mit Aufnahmeinformationen darunter,* **3** *Paletten für die Entwicklungs-einstellungen,* **4** *Farbtiefenvorgabe,* **5** *Dateiname,* **6** *Speicheroptionen für die DNG-Konvertierung,* **7** *Vorschaugröße.*

 Camera RAW updaten

Sollte es Probleme beim Öffnen der Daten geben, kann dies daran liegen, dass Camera Raw das Roh-datenformat Ihres Kameratyps nicht unterstützt. Adobe aktualisiert die Profile aber regelmäßig und bietet dann entsprechende Updates für Photoshop Elements an. Die Versionsnummer des aktuel-len Camera-Raw-Plug-ins können Sie im Editor mit *Hilfe* (Windows) bzw. *Adobe Photoshop Elements* (Mac OS)*/Über Zusatzmodul/Camera Raw* herausfinden. Wenn eine neue Version verfügbar ist, erscheint entweder automatisch ein Hinweisfenster für ein neues Update, das Sie dann direkt oder beim Beenden von Photoshop Elements installieren können. Bei Wahl des kleinen Pfeils neben der rechten Schaltfläche lässt sich die Erinnerung auch auf einen späteren Zeitpunkt verschieben. Um Camera RAW manuell zu aktualisieren, wählen Sie *Hilfe/Aktualisierungen*. Starten Sie das Update mit der Schaltfläche *Aktualisieren*.

Aktualisieren von Adobe Photoshop Camera Raw auf die Version 9.7.

11.3 Camera Raw einrichten

Bevor es mit der Optimierung der ersten RAW-Datei losgehen kann, sollten Sie sich einige Voreinstellungsoptionen kurz zu Gemüte führen, um die Dateien gleich von vornherein so zu konvertieren, wie es Ihren Vorstellungen entspricht.

Camera Raw-Voreinstellungen: Allgemein.

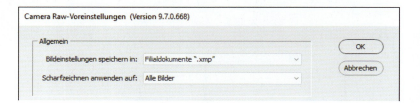

Klicken Sie dazu als Erstes einmal auf das Symbol für die Voreinstellungen (Strg/cmd+K, ☰), das Sie oberhalb der Bildvorschau finden. Im sich öffnenden Dialogfenster können Sie bei der Option **Bildeinstellungen speichern in** festlegen, ob die Änderungen der RAW-Datei in einer Extradatei, einem sogenannten Filialdokument, abgespeichert werden sollen oder ob sie in einer zentralen Camera-Raw-Datenbank gesichert werden. Im Fall der Filialdokumente findet sich nach dem Konvertieren eine wenige KByte große Datei mit der Endung **.xmp** im Speicherordner der RAW-Datei. Diese Datei enthält alle Änderungseinstellungen. Sie muss, quasi wie ein Zwilling, immer zusammen mit der RAW-Datei im gleichen Verzeichnis liegen und den gleichen Dateinamen tragen, sonst sind die Einstellungen beim nächsten Öffnen der RAW-Datei nicht abrufbar.

RAW-Datei mit ihrem Filialdokument.

Mit der Einstellung *Scharfzeichnen anwenden auf* geben Sie an, ob die Nachschärfung auf die zu konvertierende RAW-Datei angewendet wird oder sich nur in der Vorschau darstellt. Wer die Bilder mit dem gängigen Aufwand mit Photoshop Elements weiter bearbeiten möchte, kann hier ruhig *Alle Bilder* wählen.

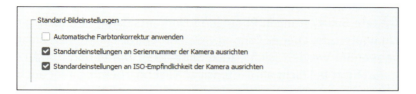

Camera Raw-Voreinstellungen: Standard-Bildeinstellungen.

Unter *Standard-Bildeinstellungen* können Sie auswählen, ob Camera Raw eine automatische Farbkorrektur anwenden soll. Wenn Sie die Kontrolle über die Darstellung des Bildes in der eigenen Hand behalten wollen, nutzen Sie diese Funktion nicht. Ohnehin fügt die Automatik keine gravierenden Änderungen ein. Camera Raw kann zudem die Kamera erkennen und die Standardeinstellungen darauf abstimmen. Daher ist es günstig, die Checkbox *Standardeinstellungen an Seriennummer der Kamera ausrichten* zu markieren. Da die RAW-Dateien mit steigender ISO-Zahl stärker entrauscht werden müssen, ist es sinnvoll, die Funktion *Standardeinstellungen an ISO-Empfindlichkeit der Kamera ausrichten* ebenfalls zu aktivieren. Dann können die ohnehin sehr guten Rauschreduzierungsfunktionen noch besser arbeiten.

Camera Raw-Voreinstellungen: Verarbeitung von DNG-Dateien.

Wer neben RAW-Dateien auch DNG-Dateien im Fundus hat, sollte die Funktion *Filialdokumente „.xmp" ignorieren* deaktivieren. Sonst werden die Konvertierungseinstellungen der RAW-Datei auch auf eine gleichnamige DNG-Datei angewendet. Wenn Sie eine DNG-Datei in Camera Raw bearbeiten, können Sie *Eingebettete JPEG-Vorschauen aktualisieren* lassen. Die Vorschau sieht dann im Organizer oder im Computerverzeichnis so aus wie das bearbeitete Foto. Dies erfordert aber einiges mehr an Rechenleistung und verlangsamt den Prozess.

Auswahl der Farbtiefe.

Einstellen der Vorschaugröße.

Die Farbtiefe bestimmen

Im nächsten Schritt wählen Sie mit dem Drop-down-Menü unterhalb des großen Dokumentfensters die Farbtiefe aus, die das Bild nach der Entwicklung bekommen soll. Ist die Option *16 Bit/Kanal* aktiviert, enthält die konvertierte Datei ein Maximum an Farb- und Helligkeitsinformationen. Nach der Konvertierung läuft die weitere Bearbeitung in Photoshop Elements damit auf höchster Qualitätsstufe, aber es können viele Fotoeditor-Funktionen nicht verwendet werden (siehe auch Seite 133). Die Variante *8 Bit/Kanal* führt bei nicht allzu intensiver Nachbearbeitung aber auch nicht zu sichtbaren Qualitätseinbußen. Sie erfordert zudem weniger Rechenleistung und es können alle Funktionen verwendet werden. Daher ist das eine gute Standardeinstellung.

Werkzeuge für die Ansicht

Flexibilität wird in gewissem Umfang auch bei Camera Raw großgeschrieben. So können Sie über das Symbol *Vollbildmodus aktivieren/deaktivieren* ([F], [⟷]) links neben dem Histogramm flink vom kleinen Dialogfenster auf die Vollbildansicht schalten und wieder zurück. Hinzu gesellt sich die Möglichkeit, das Vorschaubild flexibel zu skalieren. Dazu finden Sie unten links eine Auswahlpalette für bestimmte Vergrößerungsstufen und das Minus- bzw. Plussymbol. Damit können Sie die Vergrößerungsstufen schrittweise durchgehen.

Die Skalierung kann aber auch einfach per Mausklick auf das Vorschaubild gesteuert werden. Dazu wählen Sie oben links das Zoom-Werkzeug ([Z], [🔍]) aus. Der Mauszeiger erhält nun ein Plussymbol. Wenn Sie die [Alt]-Taste drücken, springt er auf Minus um. Noch schneller zwischen den einzelnen Größenstufen der Vorschau können Sie mit speziellen Tastenkombinationen umschalten: [Strg]/[cmd]+[0] (in Fenster einpassen), [Strg]/[cmd]+[Alt]+[0] (100 %), [Strg]/[cmd]+[+] (stufenweise vergrößern) und [Strg]/[cmd]+[-] (stufenweise verkleinern). Um einen vergrößerten Bildausschnitt zu verschieben, können Sie wie gewohnt das Hand-Werkzeug ([H], [✋]) einsetzen.

Das Histogramm

Das Histogramm kennen Sie vermutlich bereits von der Tonwertkorrektur. Es stellt die Verteilung der Bildpixel nach Helligkeit dar und listet sie von Schwarz (links) bis Weiß (rechts) auf. Die Höhe gibt an, wie viele Pixel der jeweiligen Tonwertstufe entsprechen.

Das Histogramm von Camera Raw kann aber noch mehr. So werden auch die einzelnen Farbkanäle getrennt voneinander dargestellt. Daraus lässt sich hier beispielsweise ablesen, dass die Rottöne zu mehr Helligkeit tendieren und die blauen Farbtöne dunkler sind. Das Histogramm können Sie stets als wertvolle Unterstützung der Bildbearbeitung verwenden. Denn es zeigt Ihnen an, ob Ihr Bild unterbelichtete oder überbelichtete Bereiche besitzt, die unbedingt korrigiert werden sollten. Dazu klicken Sie die beiden kleinen Pfeile ▲ oben links und rechts an und aktivieren damit die Funktion *Warnung zur Tiefenbeschneidung* (Ⓤ) und *Warnung zur Lichterbeschneidung* (Ⓞ). Zu dunkle, also flächig schwarze, und zu helle, also flächig weiße Bildpartien, werden in der Vorschau blau ❶ bzw. rot ❷ markiert. Die Farbe der Pfeile verrät, welcher Farbkanal betroffen ist (Weiß = alle Kanäle beschnitten).

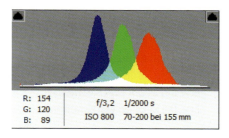

Unter dem Histogramm listet Camera Raw die Aufnahmeeinstellungen des Bildes auf: Blende, Zeit, ISO-Wert und Objektivbrennweite.

Markierung der unterbelichteten ❶ und überbelichteten ❷ Bildstellen.

❶ ❷

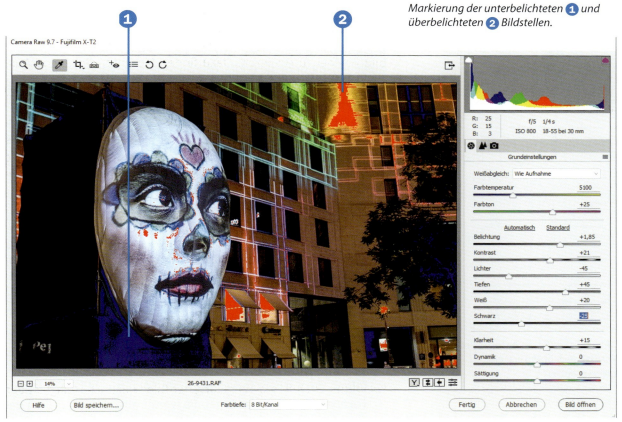

11.4 Workflow der RAW-Entwicklung

Kap11-02.dng

Photoshop Camera Raw ist praktischerweise so aufgebaut, dass Sie sich zur Bearbeitung eines Bildes einfach von oben nach unten einmal durch die Regler der Palette *Grundeinstellungen* ⏚ hangeln können. Öffnen Sie also gleich einmal das Beispielbild oder Ihr eigenes Foto im Fotoeditor. Der RAW-Konverter öffnet sich und Sie können mit der Bildoptimierung loslegen.

Belichtung und Weißabgleich optimieren

In der Palette ganz oben stehen die Einstellungen für den Weißabgleich, mit dem die Bildfarben angepasst werden können. Es ist auch sinnvoll, diese zuerst zu bearbeiten. Wenn das Bild jedoch stark kontrastiert ist, wie hier, oder deutlich unter- oder überbelichtet wurde, lässt sich die Farbgebung schlecht beurteilen. Daher klicken Sie bei dem Beispielbild als erstes einmal auf die Schaltfläche *Automatisch* ❶ und passen die Helligkeit damit grob an. Diese wird später noch weiter verfeinert, aber für die Farbbeurteilung ist das flink aufgehellte Bild besser geeignet.

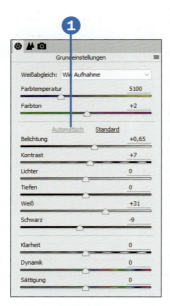

*Mit der Schaltfläche **Automatisch** wird die Belichtung erst einmal grob verbessert.*

Danach geht es weiter mit den Farben. Der Weißabgleich lässt sich auf drei Arten bearbeiten:

- Am einfachsten wählen Sie eine der Vorgaben aus dem Dropdown-Menü aus. Die Angaben *Tageslicht*, *Trüb* (Bewölkt, Wolkig), *Schatten* usw. orientieren sich an den gängigen Voreinstellungen der meisten digitalen Kameras und kommen Ihnen bestimmt bekannt vor.

- Sollten die Vorgaben nicht das gewünschte Ergebnis liefern, verschieben Sie den *Farbtemperatur*-Regler selbst und verfolgen die Farbveränderungen am Monitor. Mit dem Regler *Farbton* lässt sich das Ergebnis weiter abstimmen, indem die

Tendenz in Richtung grüner (links) oder roter Farbtöne (rechts) verschoben wird.

- Eine dritte, intuitive Art der Weißabgleich-Einstellung bietet das Weißabgleich-Werkzeug (⃞, ✒) aus der Werkzeugleiste links über dem Bild. Klicken Sie damit auf eine Bildstelle, die Ihrer Meinung nach neutral hell oder grau wiedergegeben werden sollte, wie hier die graue Dachfläche **1**, und schon wird die Farbgebung entsprechend angepasst.

Für das Beispielbild haben wir mit der Weiß-abgleich-Pipette auf die graue Dachfläche geklickt.

Die Belichtung perfektionieren

Der erste Schritt in der Belichtungsanpassung sollte die Festlegung der grundlegenden Helligkeit des Bildes sein. Ziehen Sie dazu den Regler *Belichtung* **2** nach rechts oder links, um das Bild aufzuhellen oder abzudunkeln (hier +0,85).

Bildhelligkeit vor (links) und nach dem Verschieben des Belichtungsreglers auf den Wert 0,85.

Als nächstes gilt es, den Weißpunkt zu bestimmen. Das ist die hellste Stelle im Bild. Dazu geht es mit den Reglern *Lichter* und *Weiß* weiter. Mit *Lichter* regulieren Sie alle hellen Farbtöne, mit *Weiß* können Sie den ganz rechten Rand des Histogramms bearbeiten.

Drücken Sie beim Verschieben der Regler die ⌐Alt¬-Taste um die betroffenen Bereiche besser zu sehen. Überstrahlungen werden farbig (einzelne Farbkanäle betroffen) oder weiß (alle Farbkanäle überstrahlen) angezeigt ❸ Diese Stellen sollten nur kleine Bereiche betreffen, um weiße, unstrukturierte Flecken im Bild zu vermeiden.

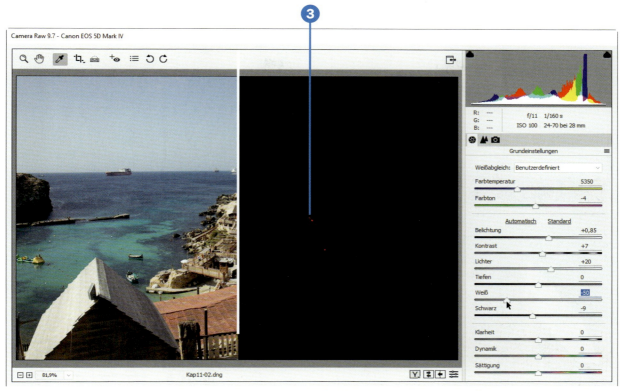

Nach der Korrektur von Lichter (+20) und Weiß (-50) sind die hellen Bildbereiche gut durchzeichnet. Rechts: die Kontrollansicht mit der Alt -Taste plus Mausklick auf den Weißregler.

Verfahren Sie als Nächstes mit der Alt -Taste und den Reglern *Tiefen* und *Schwarz* analog, um den Schwarzpunkt festzulegen. Unterbelichtete Bereiche werden hierbei als schwarze oder bunte Pixel ④ vor weißem Hintergrund wiedergegeben und sollten sich möglichst nicht großflächig im Bild ausbreiten. Dünne schwarze Linien an Kontrastkanten sind dagegen nicht so problematisch.

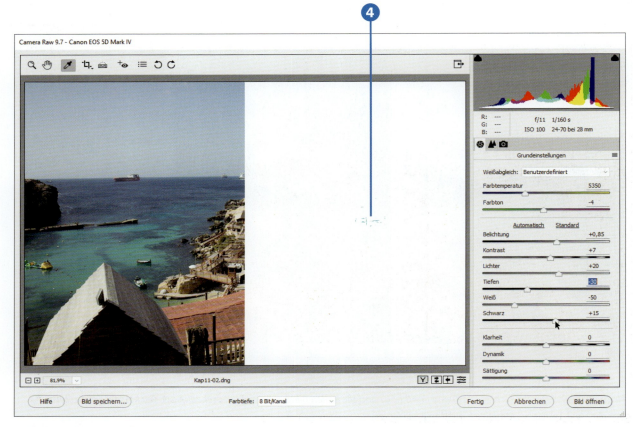

Aufhellung der dunklen Schatten mit den
Reglern *Tiefen* (+-30) und *Schwarz* (+15).
Rechts sehen Sie die Kontrollansicht
(Alt-Taste plus Mausklick auf den Regler).

 Leuchtende Kanten?

Bei starkem Aufhellen dunkler Bildstellen können sogenannte Halo-Effekte auftreten, die sich als heller Schein um die Motivkanten bemerkbar machen. Glück-
licherweise ist Camera Raw inzwischen so gut geworden, dass solche Bildfehler
so gut wie gar nicht mehr auftreten.

Den Kontrast verbessern

Nun kommt es, vor allem bei starken Aufhellungen, häufig dazu,
dass der Bildkontrast abflaut. Dagegen hat Camera Raw mit dem
Kontrast-Regler aber ebenfalls eine prima Hilfe an Bord. Ziehen
Sie ihn nach rechts, um den Bildkontrast anzuheben.

Camera Raw 9.7 - Canon EOS 5D Mark IV

R: ---
G: ---
B: ---

f/11 1/160 s
ISO 100 24-70 bei 28 mm

Grundeinstellungen

Weißabgleich: Benutzerdefiniert

Farbtemperatur   5350
Farbton   -4

Automatisch   Standard
Belichtung   +0,85
Kontrast   +37
Lichter   +20
Tiefen   -30
Weiß   -50
Schwarz   +15

Klarheit   0
Dynamik   0
Sättigung   0

81,9%   Kap11-02.dng

Hilfe   Bild speichern...   Farbtiefe: 8 Bit/Kanal   Fertig   Abbrechen   Bild öffnen

Ergebnis nach der Korrektur des Kontrasts (+37).

Bei der Kontrastkorrektur wird das Histogramm gespreizt. Die Farbtöne werden zu den Rändern hin verschoben, sodass es wieder zu leichtem Beschnitt kommen kann. Prüfen Sie dies mit der Alt-Taste plus *Lichter*/*Weiß* bzw. *Tiefen*/*Schwarz* und regulieren Sie eventuell etwas nach. Bei dem Beispielbild ist dies nicht notwendig.

Sättigung und Dynamik managen

Neben der Belichtung und dem richtigen Weißabgleich spielt natürlich auch die Intensität der Farbe eine bedeutende Rolle. Denken Sie an kräftige Farbtöne bei Landschafts- oder Blütenaufnahmen auf der einen Seite oder an das gezielte Zurücknehmen von Farbe bei Fashionaufnahmen und urbanen Streetshots auf der anderen Seite.

Die Intensität der Farben können Sie bei Camera Raw mit zwei Reglern anpassen: *Sättigung* und *Dynamik*. Die Wirkung entspricht den Reglern, die der Fotoeditor im Modus *Schnell* im Bereich *Farbe* anbietet. Da die Farben mit der Dynamikfunktion weniger schnell überstrahlen, wenden wir den *Dynamik*Regler meist stärker an als den *Sättigung*-Regler. Letzterer kommt nur dann zum Einsatz, wenn das Bild insgesamt deutlich weniger oder nur einen Tick mehr Farbe aufweisen soll.

Angenehme, aber doch kräftige Farbintensivierung mit erhöhter Dynamik (+23).

> ✓ **Dynamik der Hauttöne**
>
> Beim Entwickeln von Porträts hat die Farbanpassung mit dem *Dynamik*-Regler den Vorteil, dass speziell die Hauttöne nur dezent intensiviert werden. Die Natürlichkeit bleibt also besser gewahrt als bei der Sättigungskorrektur.

Klarheit: Romantik oder mehr Kontrast

Der Regler *Klarheit* verstärkt oder vermindert vor allem die weniger ausgeprägten Kontrastkanten im Mitteltonbereich. Nach rechts verschoben intensivieren sich die Detailstrukturen und die Bildschärfe nimmt zu.

Im Prinzip entsteht eine ähnliche Wirkung wie bei der Anwendung des Filters *Unscharf maskieren* mit einem großen Radius.

Bei Fotos mit Nebel oder bei Dunst in entfernt gelegenen Landschaften hilft *Klarheit*, mehr Kontrast und Tiefe ins Bild zu zaubern. Im umgekehrten Fall kann durch Verschieben des Reglers nach links eine Weichzeichnung erzeugt werden, die zum Beispiel Porträts oder Blütenbildern ein gewisses romantisches Flair verleiht.

Hier haben wir den Klarheit-Regler auf -10 gesetzt, um die Detailstrukturen des kontrastreichen Motivs etwas weniger hart wirken zu lassen.

Am besten schauen Sie sich Ihr Foto in der 100 %-Ansicht ([Strg]/[cmd]+[Alt]+[0]) an, um die Änderungen gut verfolgen zu können und darauf zu achten, dass keine übertriebenen Effekte entstehen.

Begradigen und Beschneiden

Bei dem Beispielbild ist der Horizont leider nicht so ganz gerade geworden. Aber auch hierfür bietet Adobe Camera Raw eine passende Funktion an: das Gerade-ausrichten-Werkzeug ([A], [⬚]) aus der Werkzeugleiste. Ziehen Sie die Horizontlinie damit nach. Es kann zwischen horizontalen und vertikalen Linien unterscheiden. Daher können Sie damit beispielsweise auch eine schief stehende Häuserfassade ausrichten.

Geradeausrichten des Horizonts.

Sobald Sie die Maus loslassen, wird der Bildausschnitt neu ausgerichtet. Dabei wird das Freistellungswerkzeug (C,) aktiviert, das prinzipiell genauso funktioniert wie sein Pendant im Fotoeditor (siehe Seite 293).

Beschneiden Sie das Bild damit noch stärker oder bestätigen Sie die Aktion einfach mit der ←-Taste, um das Bild lediglich gerade zu rücken.

Bildrauschen entfernen

Moderne Digitalkameras stoßen in immer höhere ISO-Bereiche vor und schaffen es dabei nicht immer, das Bildrauschen wirkungsvoll zu unterdrücken. Dies lässt sich mit den Rauschunterdrückungstools von Adobe Camera Raw aber ganz ordentlich verbessern.

Vergrößern Sie das Bild dazu auf 100 % oder 200 %, um die Details besser beurteilen zu können. Aktivieren Sie das Hand-Werkzeug (H,) und schieben Sie den Bildausschnitt an eine Stelle, in der sowohl glatte als auch strukturierte Elemente vorliegen.

Wechseln Sie nun zur Registerkarte *Details* ▲. Hier finden Sie im Bereich *Rauschreduzierung* die Regler *Luminanz* und *Farbe*.

Ziehen Sie den Regler *Luminanz* auf einen Wert, der das Pixelrauschen so gut wie ganz verschwinden lässt (meist 25 bis 60). Mit dem Regler *Luminanzdetails* können Sie die Stärke des Effekts anschließend fein nacharbeiten.

Je höher der Wert, desto mehr Details bleiben erhalten, desto mehr Störungen bleiben aber auch sichtbar. Gleiches gilt für den Regler *Luminanzkontrast*, der bei geringen Werten glattere, aber kontrastärmere Ergebnisse liefert.

Achten Sie insbesondere darauf, dass nicht zu viele Strukturen verloren gehen. Das Bild verliert sonst zu viel an Schärfe und sieht verschwommen aus.

Ziehen Sie nun den Regler *Farbe* auf einen Wert, der die Farbstörung verschwinden lässt (meist 40 bis 60). Auch hier können Sie, in dem Fall mit dem *Farbdetails*-Regler, die Auswirkung des Effekts nachregulieren.

Beschnitt später wieder ändern

Wenn Sie die RAW-Datei später erneut öffnen, wird Ihnen nur der gerade gerückte und beschnittene Bildausschnitt angezeigt. Um das Bild in Originalgröße aufzurufen, müssen Sie das Freistellungswerkzeug (C, 🔲) auswählen und den Rahmen auf die Außenkanten zurückschieben und drehen.

Luminanz und Farbe beim Pixelrauschen

Mit der Bezeichnung *Luminanz* ist das Helligkeitsrauschen gemeint, das vor allem bei hohen ISO-Werten und in stark aufgehellten Bildbereichen auftritt. Die Bezeichnung *Farbe* bezieht sich auf das Farbrauschen, also die zufällig verteilten bunten Störpixel, die auch bei mittleren ISO-Stufen schon auftreten können.

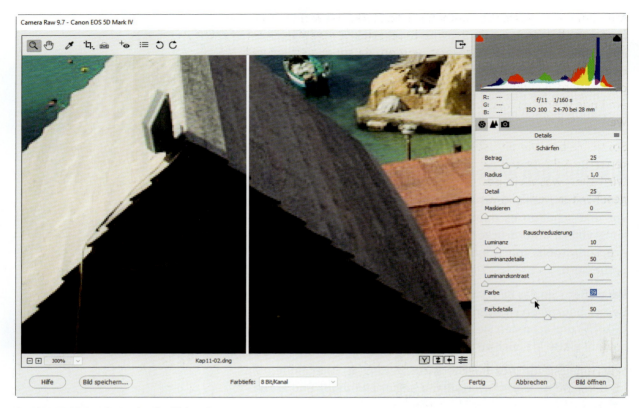

Luminanz: 10, Luminanzdetails: 50, Luminanzkontrast: 0, Farbe: 39 und Farbdetails: 50.

Nachschärfen

Der finale Schritt in der RAW-Bearbeitung ist das Nachschärfen. Dieses sollte moderat ausfallen, wenn Sie das Foto im Editor weiterverarbeiten möchten. Verpassen Sie der Datei also bereits im RAW-Konverter die notwendige Grundschärfe. Dazu betrachten Sie das Bild am besten in der 100 %-Ansicht und schieben den Ausschnitt auf ein Areal mit deutlichen Kanten. Wählen Sie also am besten einen Bildausschnitt, der beim Fotografieren im Fokus lag.

Passen Sie die Bildschärfe an

Mit dem Regler *Betrag* legen Sie die grundlegende Scharfzeichnungsintensität fest. Der *Radius*-Regler bestimmt, mit welchem Abstand zur Kontrastkante die Schärfung erfolgt. Bei sehr detailreichen Bildern sind Werte zwischen 0,8 und 1,5 gut geeignet.

Mit dem *Detail*-Regler bestimmen Sie die Stärke der Kantenschärfung. Vor allem bei an sich schon recht scharfen Fotos sollte dieser Regler nicht höher als 25 gesetzt werden, da sonst ganz schnell übertrieben geschärfte Kanten entstehen und Bildrauschen produziert wird. Mit dem *Maskieren*-Regler können Sie die Schärfung am Ende wieder etwas abmildern. Das wirkt sich auf Bildteile mit weniger Struktur deutlicher aus, als auf kontrastierte Bereiche.

Somit bleiben die diffusen Bildstellen glatter, während die Kanten mehr Schärfe abbekommen. Wenn Sie die Alt-Taste drücken, wird alles, was nicht geschärft wird, schwarz dargestellt und die geschärften Bereiche werden weiß markiert.

Betrag: 60, Radius: 0,8, Detail: 20, Maskieren: 20. Rechts: Maskieren-Kontrolle mit gedrückter Alt-Taste.

11.5 Retusche roter Augen

Kap11-03.dng

Wenn der Blitz zu dicht zur optischen Bildachse steht, scheint er in einem sehr flachen Winkel ins Gesicht. Dies führt vor allem bei Bildern in dunkler Umgebung schnell mal zu sogenannten roten Augen. Mit dem Werkzeug Rote-Augen-Korrektur (E, ⬕) lässt sich dieser Makel aber flink beheben.

Ziehen Sie einfach ein Rechteck über das Auge. Adobe Camera Raw detektiert die rote Pupille sogleich ganz eigenständig und färbt sie schwarz ein.

Anschließend lassen sich die Größe der Pupille und die Helligkeit über die beiden Regler im Palettenbereich nachbessern ❶. Meist trifft Camera Raw eine gute Wahl, sodass hier nichts weiter zu tun ist. Bei in Dunkelheit sehr großen Pupillen kann es aber notwendig sein, die Größe zu erhöhen. Bearbeiten Sie anschließend auch noch das zweite Auge wie zuvor.

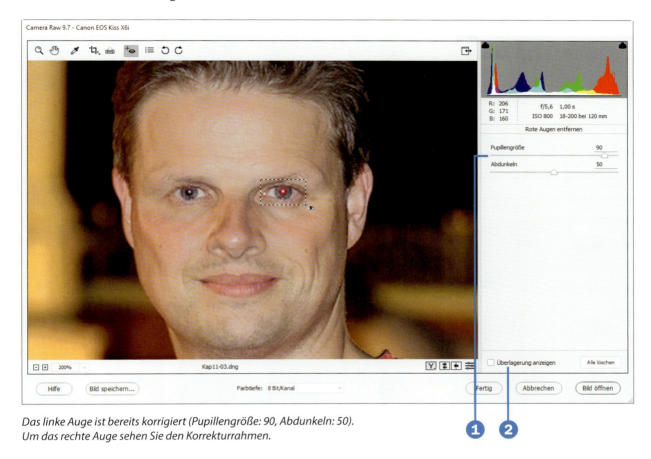

Das linke Auge ist bereits korrigiert (Pupillengröße: 90, Abdunkeln: 50).
Um das rechte Auge sehen Sie den Korrekturrahmen.

Wenn Sie das Ergebnis ohne den Rahmen um die Pupille näher kontrollieren möchten, deaktivieren Sie die Checkbox *Überlagerung anzeigen* ❷. Mit der Schaltfläche *Alle löschen* kann die Bearbeitung direkt oder auch bei einer späteren Neubearbeitung wieder entfernt werden.

11.6 Die Stapelverarbeitung nutzen

Wenn Sie eine ganze Bilderserie unter identischen Bedingungen fotografiert haben, etwa ein Panorama, können Sie die Konvertierung mit der Stapelverarbeitung ein wenig beschleunigen. Dazu wählen Sie im Organizer oder beim Öffnen im Fotoeditor einfach mehrere Bilder aus, die Sie mit gedrückter ⇧-Taste zusammenhängend oder mit der Strg/cmd-Taste getrennt voneinander anklicken. Die Fotos erscheinen dann im linken Fensterbereich von Adobe Camera Raw. Markieren Sie nun das Foto, an dem die Korrekturen durchgeführt werden sollen. Es erhält einen blauen Rahmen und wird im großen Fenster angezeigt. Mit der Schaltfläche *Alles auswählen* nehmen Sie anschließend auch die anderen Bilder mit in die Auswahl. Je mehr es sind, desto länger dauert es, bis die anschließend durchgeführten Einstellungen auf alle Fotos übertragen sind. Erkennbar ist das am gelben Achtung-Dreieck .

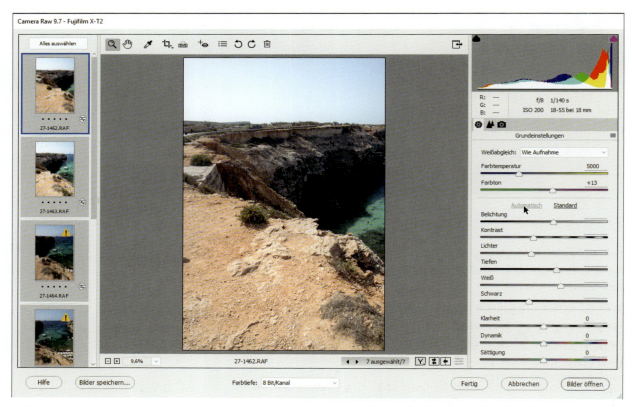

Stapelverarbeitung einer Panorama-Bilderserie in Adobe Camera Raw.

✓ Einzelbild-Bearbeitung

Natürlich können Sie auch einzelne Bilder anklicken und getrennt von den anderen individuell bearbeiten. Um alle geöffneten Fotos am Ende in den Editor zu übertragen, müssen mit dem Schalter *Alles auswählen* aber wieder alle markiert werden.

Wenn Sie ein Bild besonders gut finden, können Sie bis zu fünf Favoriten-Sternchen ★ vergeben. Klicken Sie dazu einfach auf die entsprechende Anzahl an Sternchen unterhalb der kleinen Bildvorschauen.

Dann wird das konvertierte Bild (nicht die RAW-Datei) im Ordnerverzeichnis Ihres Computers oder im Organizer von Photoshop Elements die entsprechende Sternchen-Anzahl aufweisen. Sind alle Einstellungen erledigt, öffnen Sie alle markierten Bilder mit der Schaltfläche *Bilder öffnen*.

Konvertiertes Bild im TIF-Format mit Darstellung der Favoriten-Sterne im Windows-Explorer.

 Mac OS

Bei Mac OS werden die Favoriten-Sterne im Finder nicht angezeigt. Zur Beurteilung können Sie aber farbige Tags oder auch mit iPhoto Favoriten-Sterne vergeben.

Einstellungen übertragen und speichern

Das unscheinbare Symbol ▤ am Palettenrand rechts oben hat es in sich. Es bietet einige Optionen, mit denen sich ordentlich Zeit einsparen lässt.

Bildeinstellungen zeigt die Einstellungen an, die mit der RAW-Datei verknüpft sind, also entweder den Ausgangszustand bei einer neuen Datei oder die zuvor eingefügten Veränderungen beim erneuten Öffnen der Datei.

Mit *Camera Raw-Standards* können alle vorgenommenen Veränderungen wieder auf den Ausgangszustand zurückgesetzt werden. Wenn Sie die Anpassungen des zuvor bearbeiteten Bildes auf das aktuelle anwenden möchten, wählen Sie *Vorherige Konvertierung*. Den aktuellen Status aller getätigten Änderungen zeigt *Benutzerdefinierte Einstellungen* an.

Optionen zum Übertragen und Speichern von Einstellungen.

Mit *Neue Camera Raw-Standards speichern* können Sie beispielsweise grundlegende Einstellungen, die Sie immer wieder durchführen, speichern. Wird ein neues Bild geöffnet, wählen Sie *Camera Raw-Standards*, und schon werden Ihre persönlichen Grundeinstellungen angewendet. Dann brauchen Sie nur noch die individuellen Veränderungen des Bildes hinzuzufügen und sind schneller am Ziel.

Mit der Option *Camera Raw-Standards zurücksetzen* lassen sich die eigenen Standards wieder löschen und in den Ausgangszustand bringen.

11.7 Speichern, konvertieren, im Editor öffnen

Am Ende einer gelungenen RAW-Bearbeitung stellt sich die Frage: Wie geht es denn jetzt weiter? Sprich, soll das Bild oder sollen die Bilder im Elements-Editor gleich weiterbearbeitet werden oder reicht es erst einmal, nur die getätigten Änderungen zu sichern?

Oder soll eine DNG-Konvertierung stattfinden, um die Kompatibilität für andere Programme zu erhöhen? Natürlich bietet Camera Raw auch hierfür geeignete Optionen.

Speichermöglichkeiten am unteren Fensterrand von Adobe Camera Raw.

Mit der Schaltfläche *Fertig* speichern Sie alle getätigten Änderungen und schließen Camera RAW, ohne das Bild in Photoshop Elements zu öffnen. Die Datei wird aber beim nächsten Öffnen mit genau den gleichen Einstellungen wieder in Camera Raw geöffnet.

Bei *Abbrechen* wird Camera Raw geschlossen, ohne die Einstellungen zu speichern. Wenn Sie die [Alt]-Taste drücken, steht auf der Schaltfläche *Zurücksetzen*. Klicken Sie darauf, und der Ausgangszustand des Bildes wird wiederhergestellt.

Mit *Bild öffnen* wird die RAW-Datei in den Fotoeditor übertragen. Mit gedrückter [Alt]-Taste ändert sich diese Schaltfläche in *Kopie öffnen*. Das bedeutet, dass die Datei zwar mit allen Einstellungen im Fotoeditor geöffnet wird. Gleichzeitig werden die RAW-Einstellungen aber nicht an die RAW-Datei angehängt. Sprich, beim nächsten Öffnen der RAW-Datei befindet sich diese wieder im Ausgangszustand.

Mit **Bild speichern...** gelangen Sie in den Dialog für die Konvertierung des Bildes ins DNG-Format. Mit gedrückter [Alt]-Taste und **Bild speichern** (ohne die drei Punkte) können Sie die RAW-Datei direkt in DNG umwandeln, ohne über das DNG-Einstellungsmenü gehen zu müssen.

DNG-Speicheroptionen

Über die Schaltfläche **Bild speichern...** gelangen Sie in die Speicheroptionen für das DNG-Format. Hier können Sie den Speicherordner festlegen und den Namen ändern oder gegebenenfalls mit einem Suffix verlängern.

Dazu wählen Sie einfach eines der Felder aus und tragen selbst einen Begriff ein (hier **-Panorama**) oder wählen eine Vorgabe aus dem Drop-down-Menü aus.

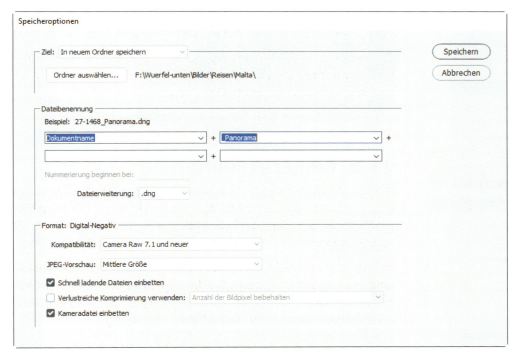

Speicheroptionen für die DNG-Konvertierung.

Damit Software, die nur mit älteren Camera-Raw-Versionen arbeitet, die DNG-Dateien erkennen kann, können Sie bei **Kompatibilität** eine ältere Konverter-Version auswählen.

Von der Dateigröße her macht das keinen Unterschied. Zu empfehlen ist es auch, einen Haken bei *Schnell ladende Dateien einbetten* zu setzen.

Dann verkürzt sich die Zeit des Öffnens, wenn Sie die Datei später noch einmal in Camera Raw öffnen. Die Dateigröße erhöht sich dadurch auch nicht merklich.

Die Option *Verlustreiche Komprimierung verwenden* (Reduktion auf 8 Bit, Datenformat unflexibler gegenüber späteren Konvertierungsalgorithmen) ist eigentlich nur dann empfehlenswert, wenn Sie auf den Erhalt der vollen Bildqualität zugunsten eines kleineren Speichervolumens verzichten können oder wenn Sie parallel zum Original kleine Dateien benötigen, um sie zum Beispiel per E-Mail zu verschicken. In dem Fall könnten Sie mit dem Dropdown-Menü zudem noch die Dateigröße verringern.

Wenn Sie die Option *Kameradatei einbetten* aktivieren, steigt die Speichergröße etwa auf das Doppelte an. Das liegt daran, dass das RAW-Original quasi mit in den DNG-Karton verpackt wird. Das Original kann später mit dem DNG Converter *(www.adobe.com/de/products/dng)* wieder extrahiert werden. So bleibt das wertvolle Originaldokument Ihrer Fotografie mit allen darin enthaltenen Informationen (Exif-Daten, Kameradaten etc.) erhalten.

11.8 Kamerakalibrierung

Im Palettenbereich *Kamerakalibrierung* ◉ wird festgelegt, auf welche Art und Weise Camera Raw die RAW-Dateien verarbeitet. Dies betrifft vor allem die grundlegende Darstellung von Farbe und Kontrast.

Kameraprofile wählen

RAW-Dateien eines jeden Kameratyps besitzen individuelle Farb- und Kontrasteigenschaften, die abhängig vom Hersteller und von dem verwendeten Weißabgleich bei der Aufnahme sind. Diese Eigenschaften werden von Adobe analysiert und in einem Profil gespeichert, das wiederum von Camera Raw angewendet wird. Öffnen Sie nun eine RAW-Datei, erkennt Camera Raw den Kameratyp und wendet das passende Profil an.

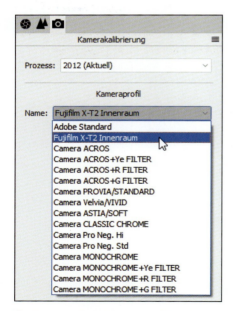

Fujifilm-spezifische Kameraprofile, die anstelle des Adobe Standardprofils angewendet werden können. Hier sehen Sie zudem ein von uns für die Fujifilm X-T2 erstelltes spezifisches Kameraprofil für Innenraumfotos.

Zu empfehlen ist es, an der vorgegebenen Einstellung *Adobe Standard* nichts zu ändern. Sie bietet die beste Basis für die weitere Bildbearbeitung. Möchten Sie jedoch einen lieb gewonnenen Bildstil der Kamera verwenden, den Sie auch bei JPEG-Fotos gern einsetzen, finden Sie im Drop-down-Menü bei *Kameraprofil* voreingestellte Profile.

Möglich ist aber auch, spezifische Kameraprofile auszuwählen, die zuvor anhand einer Testkarte und dazugehöriger Kalibrierungssoftware angefertigt wurde (zum Beispiel ColorChecker Passport von x-rite oder SpyderCHECKR von Datacolor). Im Rahmen einer professionellen Bildverarbeitung werden die Farben und Kontraste auf diese Weise besonders genau wiedergegeben.

Den Prozess aktualisieren

Das Drop-down-Menü *Prozess* macht es möglich, den Entwicklungsalgorithmus von Camera Raw zu wählen. Hier stellt Adobe den alten Prozess 2003, den Prozess 2010 sowie den aktuellen Prozess 2012 zur Verfügung, den es seit Erscheinen von Camera Raw 7 gibt. Alle Bilder, die Sie ganz neu in Camera Raw laden, werden standardmäßig nach dem neuesten Prozess 2012 verarbeitet.

Auswahl des Bearbeitungsprozesses.

Der aktuelle Prozess 2012 unterscheidet sich vom Prozess 2010 vor allem bei der Belichtungsanpassung. So stellt der Prozess 2012 die verbesserten Regler *Weiß* und *Schwarz* bereit, die es zuvor nicht gab.

Dafür gibt es die Regler *Aufhelllicht* und *Wiederherstellung* nicht mehr. Sollten Sie ein Bild laden, das mit Prozess 2003 oder Prozess 2010 entwickelt wurde, erscheint als Hinweis rechts unten im Bild ein Ausrufezeichen !.

Um auf den neuen Prozess umzuschalten – was Sie tun können, aber nicht müssen –, reicht ein Klick auf !. Es kann sein, dass sich die Darstellung des Bildes etwas ändert und ein paar Anpassungen notwendig werden.

Retuschen: Fehler ausbessern, Klonieren und Schönheitskorrekturen

In einer idealen Fotowelt wäre dieses Kapitel so gut wie überflüssig, denn dort würden aus unseren Kameras ausschließlich perfekte Aufnahmen kommen. Und selbstverständlich würden uns hinter der Kamera nicht diese kleinen, fiesen Fehler unterlaufen, die hin und wieder in schrägen Horizonten und leichten Unschärfen resultieren. Da die Fotowelt aber nicht ideal ist, erfahren Sie in diesem Kapitel jede Menge Tipps, wie Sie Ihre Bilder mit den Retuschemöglichkeiten von Photoshop Elements verbessern können.

12.1 Motive gerade rücken

Wenn es darum geht, ein Motiv korrekt proportioniert zu zeigen, gehört eine gerade Ausrichtung einfach dazu. Natürlich können schiefe Horizonte den Bildern mehr Spannung und Individualität verleihen. Aber ein so eben nicht ganz exakt austarierter Horizont stört einfach. Knapp vorbei ist auch daneben.

Kap12-01.jpg

Mit dem praktischen Gerade-ausrichten-Werkzeug (P, 🖼) ist das Begradigen einer leichten Schieflage total einfach. Dieses Werkzeug finden Sie im Fotoeditor-Modus *Schnell* und *Experte*, in der Werkzeugleiste und im Modus *Assistent* im Bereich *Grundlagen* bei **DREHEN UND BEGRADIGEN**.

Größe anpassen.

Hintergrund entfernen.

Originalgröße.

Größe anpassen mit automatisch gefüllten Kanten.

Im Expertenmodus können Sie in der Optionsleiste des Werkzeugs fünf Voreinstellungen wählen.

- Mit *Größe anpassen* (bzw. *Bildgröße erhalten* in den Modi *Schnell* und *Experte*) werden die Bildränder nach der Begradigung nicht abgeschnitten, sondern mit der Hintergrundfarbe oder bei schwebenden Ebenen mit transparenten Pixeln gefüllt. Hierbei bleiben die Bildinhalte komplett erhalten. Allerdings stimmt das Seitenverhältnis nicht mehr mit dem Original überein.

- Bei *Hintergrund entfernen* ⊟ (nur im Expertenmodus) schneidet das Werkzeug die überzähligen Randbereiche automatisch ab. Das ist die schnellste Methode und eignet sich, wenn das Foto genügend bildunwichtige Randflächen hat.

- Im Fall von *Originalgröße* ⊟ (bzw. *Arbeitsfläche erhalten* in den Modi *Schnell* und *Experte*) wird das Bild unter Erhalt der Originalgröße gedreht. Dabei werden die Ränder des Fotos beschnitten, aber es treten auch überzählige Freiflächen auf.

- Interessant ist die Möglichkeit, die überzähligen Randflächen mit Motivinhalt füllen zu lassen, anstatt mit der Hintergrundfarbe.

  Hierzu aktivieren Sie die Option *Kanten automatisch füllen* (*Schnell*, *Assistent*, *Experte*). Achten Sie aber gut auf die Bildränder, denn nicht immer schafft es Photoshop Elements, den Motivinhalt ohne Störungen zu erweitern.

> ✓ **Vertikale Ausrichtung**
>
> Bei vertikal verlaufenden Linien ist das Gerade-ausrichten-Werkzeug nicht geeignet, da sich das Bild beim Ziehen einer senkrechten Linie um 90° dreht. Das Werkzeug möchte also die senkrechte Linie in die Waagerechte bringen. Für die vertikale Ausrichtung verwenden Sie daher besser das Freistellungswerkzeug (C), ☐).

- Wenn *Alle Ebenen drehen* aktiviert ist (nur im Expertenmodus), werden alle Ebenen der Datei gleichermaßen gedreht. Soll nur eine bestimmte Ebene gedreht werden, deaktivieren Sie die Funktion und markieren die zu drehende Ebene im Ebenen-Bedienfeld.

Klicken Sie nun mit der Maus links auf den Beginn des Horizonts ① und ziehen Sie die Linie entlang des Horizonts bis nach rechts ②. Sobald Sie die Maustaste loslassen, richtet Photoshop Elements das Bild anhand der gezogenen Linie gerade aus.

*Hier haben wir die Linie mit dem **Geradeausrichten-Werkzeug** entlang des Schiffes nachgezogen, um den Horizont zu begradigen.*

12.2 Typische Kamerafehler korrigieren

Selbst die noch so teure Kamera oder das 1-a-Profiobjektiv sind nicht fehlerfrei, einmal abgesehen von der humanen Fehlerquelle hinter dem Aufnahmegerät. So gibt es eine ganze Reihe an Einflüssen der Glasoptik auf das Bild, wie Vignettierung, Verzeichnung und chromatische Aberration. Manchmal stören auch nur einige Staubflecken die perfekte Bildqualität, und häufiger stört das ISO-bedingte Bildrauschen das Resultat. Gut, dass Photoshop Elements eigens hierfür konzipierte Verbesserungsfunktionen besitzt.

Rote Augen retuschieren

Bei Porträtaufnahmen mit Blitzlicht kommt es leider immer wieder zu dem unschönen Klassiker unter den Bildfehlern, dem Rote-Augen-Effekt. Daher bietet Photoshop Elements eine Schnellkorrektur zur Behebung dieses sehr spezifischen Makels an.

Kap12-02.jpg

Wählen Sie dazu das Rote-Augen-entfernen-Werkzeug (Y, 👁) aus. Es befindet sich in der Werkzeugpalette der Modi *Schnell* und *Experte* oder im *Assistent*-Modus im Bereich *Spezielle Bearbeitungen* bei *PERFEKTES PORTRÄT*.

Mit der Schaltfläche *Auto-Korr.* aus der Optionsleiste der Modi *Schnell* und *Experte*, findet Photoshop Elements die roten Lichtreflexe selbstständig und ersetzt sie durch schwarze Pupillen. Bei dem Beispielbild funktioniert das ganz wunderbar.

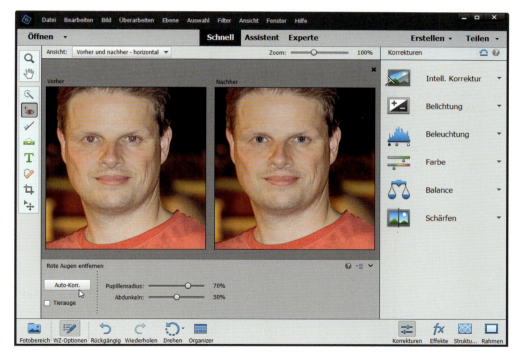

Vor (links) und nach der automatischen Rote-Augen-Korrektur (rechts).

Manuelle Rote-Augen-Korrektur

Sollte die Automatik nicht das gewünschte Resultat liefern, führen Sie die Korrektur manuell durch. Dazu markieren Sie die Pupille des ersten Auges, indem Sie mit dem Rote-Augen-entfernen-Werkzeug (Y, 👁) einfach in die Mitte der Pupille klicken.

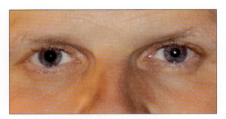

*Links: Abdunkelung 75 % (zu dunkel),
rechts: Abdunkelung 25 % (realistischer).*

Alternativ können Sie auch einen Rahmen um das Auge ziehen und Photoshop Elements die Pupille in dem Bereich automatisch suchen lassen. Fertig, das erste Auge ist von der roten Pupillenfarbe befreit. Weiter geht's mit dem zweiten.

Sollte die Korrektur nicht die gesamte Pupille ausfüllen oder – im Gegenteil – zu viel vom Auge schwarz markieren, können Sie den Pupillenradius mit dem entsprechenden Schieberegler im Optionsfenster anpassen.

Gleiches gilt für die Helligkeit der Färbung. In der Regel erzeugt Photoshop Elements mit der 50 %-Voreinstellung bei **Abdunkeln** aber sehr natürlich wirkende Ergebnisse

Blitzreflexionen in Tieraugen

Selbst vor Tieraugen macht das Rote-Augen-entfernen-Werkzeug nicht halt. Wenn Sie ein Bild wie das gezeigte Hasenfoto haben, bei dem der Blitz starke Lichtreflexionen ausgelöst hat, aktivieren Sie die Option **Tierauge** und ziehen Sie einen Rahmen um das Auge.

*Angeblitztes Hasenauge vor
und nach der Pupillenkorrektur.*

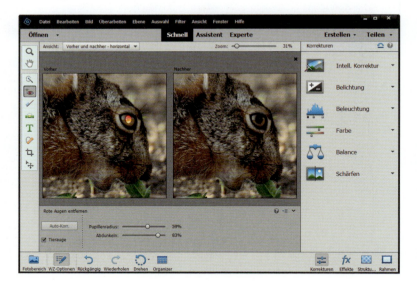

Vignettierung beheben

Kap12-03.jpg

Wenn das Objektiv nicht das gesamte Bildfeld gleichmäßig auszuleuchten vermag, entstehen dunkle Bildecken. Es kann auch sein, dass ein Filter am Objektiv zu weit nach vorne heraussteht und die Bildränder daher abgeschattet werden. Egal, was dazu geführt hat, mit Photoshop Elements haben Sie probate Mittel zur Hand, einer solchen Vignettierung den Garaus zu machen.

Wählen Sie hierzu im Expertenmodus des Fotoeditors **Filter/ Kameraverzerrung korrigieren**. Um die dunklen Ecken besser erkennen zu können, deaktivieren Sie am besten gleich einmal unten die Checkbox **Raster einblenden**. Im rechten Funktionsbereich finden Sie nun zwei Regler für die Vignettierungskorrektur: **Stärke** und **Mittelpunkt**. Schieben Sie den Regler **Stärke** nach rechts, um die Bildecken aufzuhellen (hier +18). Wenn diese nicht ganz verschwinden, ändern Sie die Ausdehnung der Vignette mit dem Regler **Mittelpunkt**. Bei einer breitrandigen Vignette sollten Sie den Wert erhöhen, um dagegenzuwirken. Betrifft die Vignettierung nur einen schmalen Randbereich, muss der Regler nach links verschoben werden. Sind die dunklen Ränder komplett verschwunden, bestätigen Sie die Korrekturen schließlich über die Schaltfläche **OK**.

Originalbild (linker Ausschnitt) und das Ergebnis nach der Korrektur der Vignette mit den Werten Stärke +18 und Mittelpunkt +27.

Verzerrung korrigieren

Objektivbedingte Verzeichnungen fangen eigentlich immer nur dann an, wirklich zu stören, wenn sich im Bildfeld schnurgerade Linien befinden. Das ist naturgemäß bei Architektur- und Sightseeing-Aufnahmen ausgeprägter, als bei Fotos von Personen und

Naturlandschaften. Besonders augenfällig werden die Verzerrungen, wenn Weitwinkelobjektive die eigentlich geraden Linien nach außen gewölbt darstellen (tonnenförmige Verzeichnung).

Tonnenförmige Verzeichnung.

Kissenförmige Verzeichnung.

Aber auch Teleobjektive üben einen Einfluss auf gerade Linien aus. Meist ist dieser nicht so ausgeprägt, führt aber, wenn vorhanden, zu einem Nach-innen-Biegen gerader Linien (kissenförmige Verzeichnung). Gut, dass dagegen ein wirksames Kraut gewachsen ist: die Verzeichnungskorrektur von Photoshop Elements.

Kap12-04.jpg

Wählen Sie im Editor-Arbeitsbereich *Filter/Kameraverzerrung korrigieren* und aktivieren Sie die Rasterüberlagerung mit der Checkbox *Raster einblenden*. Der Unterschied zwischen den geraden Rasterlinien und den gebogenen Linien Ihres Bildes wird so besser sichtbar.

Konzentrieren Sie sich nun auf den obersten Regler *Verzerrung entfernen*. Schieben Sie diesen nach links , um einer kissenförmigen Verzeichnung von Teleobjektiven entgegenzuwirken. Oder wählen Sie Werte weiter rechts , um die tonnenförmige Verzeichnung von Weitwinkeloptiken in den Griff zu bekommen. In der Regel werden Sie nur geringe Zahlenwerte von ±4 benötigen. Der Effekt lässt sich übrigens besonders bequem verfolgen, wenn Sie in das Zahlenfeld klicken und mit der ⬆- oder ⬇-Taste feine Schritte nach oben oder unten machen.

> **✓ Korrektur nicht 100-prozentig**
>
> Da die objektivbedingte Verzeichnung der Linien nicht immer ganz gleichförmig verläuft, kann es vorkommen, dass sich mit der Korrektur keine zu 100 % geraden Linien oder Kantenverläufe produzieren lassen. Mit ein wenig krummen Linien muss man also leben können, aber besser als vorher sieht das Ergebnis allemal aus.

Farbsäume entfernen

Bestimmt sind Ihnen bei der 100 %-Ansicht eines Fotos schon einmal diese bunten Farbsäume an Kontrastkanten aufgefallen, die vor allem am Bildrand auftreten und häufig magentafarben, grünlich oder blau aussehen. Fallen diese – als chromatische Aberration bezeichneten – Farbkanten zu deutlich aus, können sie die Qualität eines Fotos ganz schön beeinträchtigen. Leider gibt es bei Photoshop Elements zum Beseitigen der störenden Farbsäume kein automatisches Werkzeug, bei dem mit einem Klick alles erledigt ist. So werden Sie ein wenig Hand anlegen müssen.

Kap12-06.jpg

Die untere rechte Ecke des Beispielbildes vor (links) und nach der Korrektur der Farbsäume mit dem Kopierstempel.

1 Öffnen Sie das Bild im Editor und duplizieren Sie die Hintergrundebene mit *Ebene/Ebene duplizieren* (Strg/cmd+J). Wählen Sie den Kopierstempel (S, 🔲) aus der Werkzeugpalette aus. In der Optionsleiste geben Sie eine Pinselstärke von 5 Pixeln ein und wählen bei *Modus* die Vorgabe *Farbe* und bei *Deckkraft* den Wert 100 %.

Einstellungen für den Kopierstempel.

2 Vergrößern Sie die Bildansicht mit dem Zoom-Werkzeug (Ⓩ, Ⓠ), so dass die bunten Farbsäume gut zu erkennen sind. Mit dem Hand-Werkzeug (Ⓗ, ✋) oder den seitlichen Schiebereglern des Vorschaufensters können Sie die untere linke Bildecke ansteuern. Die Farbsäume sollten nun gut zu sehen sein.

3 Klicken Sie nun bei gleichzeitig gedrückter Alt-Taste auf den Fensterbereich neben dem Farbsaum ❶. Lassen Sie die Alt-Taste los und malen Sie über den Farbsaum ❷. Dieser verschwindet sogleich wie von Geisterhand. An den Innenkanten der Fensterrahmen wird es etwas kniffliger, aber auch hier können Sie graue Fensterrahmenfarbe mit dem Kopierstempel aufnehmen, gegebenenfalls von einem nicht benachbarten Fenster ohne Farbsaum, und die Farbsäume damit übermalen.

Farbaufnahmeklick ❶ und Übermalen des Farbsaums ❷ mit dem Kopierstempel.

4 Sollten die übermalten Ränder an manchen Stellen zu viel überdecken oder unsauber aussehen, können Sie eine Ebenenmaske ⬕ einfügen. Malen Sie mit dem Pinsel (Ⓑ, ✎) und der Vordergrundfarbe Schwarz über die Störstellen, um sie abzudecken.

Bildrauschen minimieren

Wenn das Licht des Tages schwindet oder in dunkleren Innenräumen fotografiert wird, muss die Lichtempfindlichkeit der Digitalkamera nach oben geschraubt werden. ISO-Werte von 6400 und mehr sind da heute keine Seltenheit mehr.

Kap12-07.jpg

Aber auch wenn die moderne Technik zur kcamerainternen Rauschunterdrückung immer weiter voranschreitet, ist die ISO-bedingte Bildkörnung ein immer noch aktuelles Problem. Es gilt, die unterschiedlich farbigen (Farbrauschen) oder verschieden kontrastierten Fehlpixel (Luminanzrauschen) angemessen zu entfernen, ohne dass das Bild dabei zu sehr an Brillanz und Detailschärfe verliert.

Der Rauschen-reduzieren-Filter

Um das vorhandene Bildrauschen erst einmal zu prüfen, öffnen Sie das Bild im Fotoeditor und betrachten es mit *Ansicht*/*Tatsächliche Pixel* (Ⓢⓣⓡⓖ/⌘+①)) in der 100 %-Ansicht. Danach wählen Sie *Filter*/*Rauschfilter*/*Rauschen reduzieren*. Mit dem Regler *Stärke* können Sie nun das sogenannte Helligkeits- oder Kontrastrauschen mindern, das sich vor allem auf die Bildkörnung auswirkt. Wählen Sie den Wert aber nicht zu hoch, da sonst die Detailauflösung des Bildes leidet. Werte bis zu 6 oder 7 sind meist noch in Ordnung.

Automatische Rauschentfernung

Mit der Funktion *Filter*/*Rauschfilter*/*Rauschen entfernen* bietet Photoshop Elements eine schnelle Automatik zur Rauschunterdrückung an, die ganz ohne Regler auskommt. Die Methode greift aber so marginal ein, dass sie nur für gering verrauschte Fotos geeignet ist, die zum Beispiel bei ISO 200 aufgenommen wurden.

Mit dem Regler *Farbrauschen reduzieren* mindern Sie die Intensität der farbigen Störpixel. Hier liefern Werte bis zu 70 % meist gute Resultate. Der vorletzte Schritt befasst sich mit dem Erhalt der Detailzeichnung. Bei sehr verrauschten Fotos sollten Sie mit dem Regler *Details erhalten* jedoch nur sehr geringe Werte oder sogar 0 % einstellen. Das Bildrauschen verstärkt sich sonst wieder zu stark. Schauen Sie sich am Ende verschiedene Bildausschnitte in der Vorschau an und regeln Sie eventuell noch einmal nach. Wenn Sie zufrieden sind, bestätigen Sie alle Einstellungen mit *OK*.

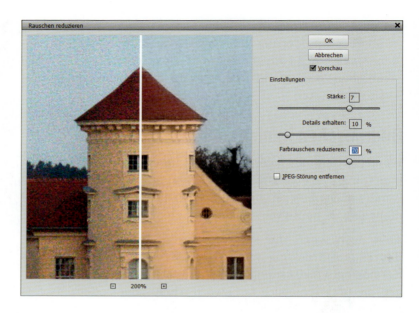

*Das Bild vor (links) und nach der Bearbeitung mit dem Filter **Rauschen reduzieren**: Stärke 7, Details erhalten 10 %, Farbrauschen reduzieren 70 %.*

Flächen entrauschen mit Helligkeitsinterpolation

Da das Bildrauschen auf glatten Flächen, wie hier beim Himmel, besonders störend ist, können Sie einen weiteren Trick anwenden. Duplizieren Sie dazu die Hintergrundebene (Strg/cmd+J). Markieren Sie dann den gesamten Himmel mit dem Schnellauswahl-Werkzeug (A, 🔍). Wählen Sie danach *Filter/Rauschfilter/ Helligkeit interpolieren*.

Geben Sie bei *Radius* einen geeigneten Pixelwert ein (hier 5 Pixel), und schon wird die betroffene Fläche geglättet. Das funktioniert aber wirklich nur bei unstrukturierten Motivflächen gut, da der Filter die Details zu stark weichzeichnen würde. Zu viel bearbeitete Bereiche, in denen beispielsweise die Bäume zu schwammig aussehen, können Sie anschließend mit einer Ebenenmaske 🔲 und dem Pinsel (B, ✏️) mit schwarzer, weicher Spitze abdecken oder dem Radiergummi (E, 🖊️) entfernen. Auch ist es ratsam, im Anschluss wieder eine ganz leichte Körnung einzufügen, um eine natürliche Wirkung zu erzeugen. Aalglatte ungekörnte Farbflächen sehen einfach nicht so aus wie Farbflächen in einem fotografierten Bild.

Andere Rauschreduzierungsprofis

Die Rauschreduzierung ist nicht unbedingt eine der größten Stärken von Photoshop Elements. Daher kann es sinnvoll sein, vor allem wenn Sie häufig mit hohen ISO-Werten fotografieren, sich ein zusätzliches Programm zum Entrauschen zu besorgen.

Empfehlenswert sind hier Noiseware oder Denoise Projects, die als Plug-in-Version zu haben sind. Auf diese Weise können Sie direkt aus Photoshop Elements auf die Software zugreifen.

Den Himmel glätten mit der Funktion ***Helligkeit interpolieren****.*

Entrauschen mit Adobe Camera Raw (nur Windows)

Mit der Möglichkeit, JPEG-Bilder in den RAW-Konverter von Photoshop Elements zu laden, können Sie die dort implementierte, sehr gute Rauschreduzierung auch für diese Fotos nutzen. Wählen Sie dazu ***Datei/In Camera Raw öffnen*** ([Strg]+[Alt]+[O]). Steuern Sie im rechten Fensterbereich die Registerkarte ***Details*** ▲ an und nehmen Sie die Änderungen im Bereich ***Rauschreduzierung*** vor.

Hier haben wir folgende Werte verwendet: ***Luminanz*** 70, ***Luminanzdetails*** 42, ***Luminanzkontrast*** 26, ***Farbe*** 65, ***Farbdetails*** 6 (mehr zu den Funktionen und Reglern erfahren Sie auch ab Seite 325).

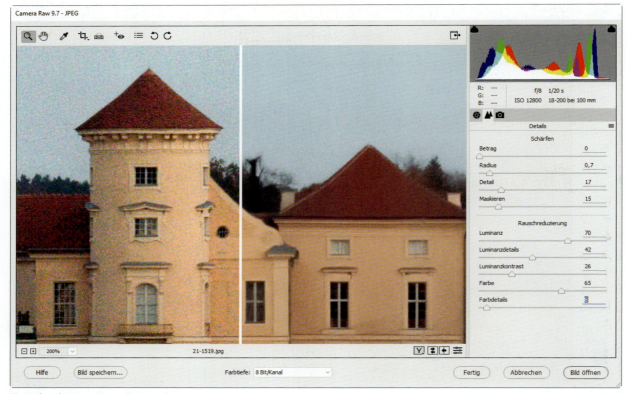

Rauschreduzierung mit Camera Raw.

Rauschen hinzufügen

Kap12-08.jpg

Auch wenn es im ersten Moment etwas seltsam klingt, aber es kann hin und wieder sinnvoll sein, eine Störung gezielt hinzuzufügen. Setzen Sie mit der Funktion *Filter/Rauschfilter/Rauschen hinzufügen* kreativ künstlerische Akzente. Schwarzweiß- oder Sepia-getönte Aufnahmen eignen sich dafür beispielsweise sehr gut. Die Körnung vermittelt den Effekt einer alten Fotografie aus Analogzeiten. Mit ein wenig Bildrauschen (Werte in etwa bis +1) können aber auch Bildmanipulationen unsichtbar gemacht werden. Wenn Sie beispielsweise Teile eines Bildes stark entrauscht haben, wie den Himmel unseres Beispielbildes auf Seite 348 (*Helligkeit interpolieren*), sollte die Körnung des Bildes etwas erhöht werden, sonst wirkt die glatte Farbfläche zu unecht.

Die Intensität des Bildrauschens kann über den Regler *Stärke* eingestellt werden (hier 0,5 %). Mit der Vorgabe *Gleichmäßig* erhalten Sie eine feinere Verteilung des Bildrauschens und mit *Gaußsche Normalverteilung* eine stärker gesprenkelte Optik.

Dem zuvor stark geglätteten Himmel haben wir etwas Rauschen hinzugefügt: Stärke 0,5%, Gleichmäßig, Monochrom.

Ganz unten finden Sie dann noch die Option **Monochrom**, die bewirkt, dass der Filter nur auf die vorhandenen Tonwerte im Bild angewendet wird. Es werden also keine Veränderungen an den Farben vorgenommen. Subjektiv bewirkt das Einschalten der **Monochrom**-Option bei höheren Stärken einen etwas gröberen Rauscheffekt.

Staub entfernen

Moderne Spiegelreflex- und Systemkameras besitzen zwar ausgeklügelte Mechanismen zur Staubentfernung, ganz vermeiden lässt es sich aber nicht, dass sich Staubpartikel auf dem Sensor absetzen und dann im Bild unschöne dunkle Flecken hinterlassen.

Kap12-09.jpg

Manchmal – und wenn die Blende stark geschlossen wird – ist es aber auch Staub in oder auf dem Objektiv, der die Störstellen verursacht. In jedem Fall sollen diese schnell wieder verschwinden.

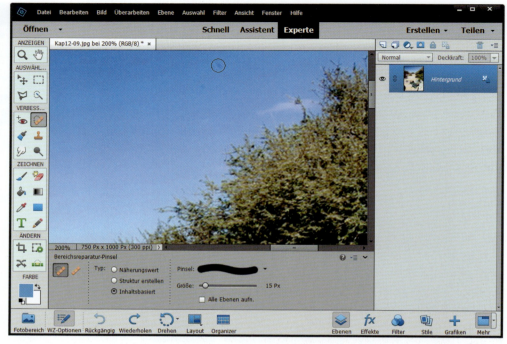

Klick auf die Störstelle, um den Sensorfleck zu entfernen.

Betrachten Sie das Bild dazu im Fotoeditor in der 100 %- oder 200%-Ansicht (Strg/cmd+[+]). Schieben Sie den Bildausschnitt an eine Stelle, die eine Störung aufweist, hier der obere linke oder rechte Himmelsbereich. Wählen Sie anschließend den Bereichsreparatur-Pinsel (J, ✎) aus, den Sie im Modus *Schnell* und *Experte* in der Werkzeugpalette finden.

Legen Sie im Optionsfenster bei *Größe* einen Durchmesser fest, bei dem die Pinselspitze etwas größer ist als der Fleck (hier 30 Pixel).

Auch sollten Sie die Vorgabe *Inhaltsbasiert* wählen, da die Überlagerung der Fehlstelle mit neuen Pixeln die Struktur des Untergrunds so am besten erhält. Klicken Sie nun nacheinander auf die Sensorflecken im Himmel oder übermalen Sie sie. Das war's schon, die Sensorflecken sind verschwunden.

12.3 Die Perspektive korrigieren

In den meisten Situationen werden Sie beim Fotografieren sicherlich auf dem Boden bleiben. Nicht auf dem sprichwörtlichen, sondern wirklich auf ebener Erde. Da ist es nur logisch, dass Ihnen die Gebäude im wahrsten Sinne des Wortes über den Kopf wachsen. Die Folge sind mehr oder weniger starke stürzende Linien im Foto. Sprich, die eigentlich vertikalen Seitenwände einer Gebäudefront verjüngen sich nach oben hin. Also gehen Sie mit Photoshop Elements gleich mal dagegen an.

Kap12-05.jpg

Links: Ausgangsbild perspektivischer Verzerrung.
Rechts: Mit der Perspektivenkorrektur gerade ausgerichtetes Parktor.

Wählen Sie im Fotoeditor **Fenster/Kameraverzerrung korrigieren** und blenden Sie das Raster ein, falls es ausgeschaltet sein sollte. Die Perspektivenkorrektur finden Sie im Bereich **Perspektive steuern** des rechten Fensterbereichs. Dort können Korrekturen in zwei Dimensionen erfolgen: vertikal und horizontal.

Zum Ausgleich der stürzenden Linien wählen Sie den Regler **Vertikale Perspektive** und richten das Gebäude mit einem Wert von -15 auf. Die stürzenden Linien sind damit schon ganz gut behoben, aber irgendwie wirkt das Bild noch ganz leicht schief. Das könnte an einer horizontalen Verschiebung liegen. Daher wählen Sie den Regler **Horizontale Perspektive** ⬜ und ziehen ihn auf den Wert -6. Jetzt steht das Gebäude fast gerade. Bei Winkel können Sie es noch ein wenig, um 0,1 Grad nach rechts drehen.

Sollte das Bild zu stark beschnitten werden, ziehen Sie den Regler **Skalieren** nach links, hier auf 85%. Bestätigen Sie alle Eingaben mit **OK**.

Die überzähligen Ränder können Sie im Anschluss beispielsweise mit dem Auswahlrechteck (Ⓜ, ⬚) entfernen. Ziehen Sie das Rechteck mit einem festen Seitenverhältnis von 3:2 über das Bild

> ✅ **Großzügiger Rand**
>
> Wenn sich stürzende Linien kaum vermeiden lassen, denken Sie daran, schon beim Fotografieren am Bildrand genügend Platz zu lassen, damit für das Abschneiden der überzähligen Freiflächen Puffer vorhanden ist. Und noch ein Tipp: Richten Sie die Häuserwände bei höheren Gebäuden nicht perfekt gerade aus. Das wirkt natürlicher, denn es entspricht der normalen Seherfahrung.

Das Parktor nach der Korrektur der Perspektive: **Vertikale Perspektive** *-15,* **Horizontale Perspektive** *-6,* **Winkel** *0,10,* **Skalieren** *85%.*

und wählen Sie anschließend **Bild/Freistellen**. Die Ränder werden entfernt und Sie können die schwebende Ebene in eine Hintergrundebene zurückführen (**Ebene/Auf Hintergrundebene reduzieren**), um das Bild schließlich zu speichern.

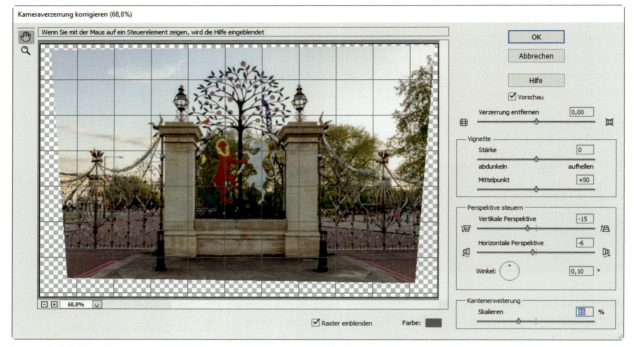

Schnell perspektivisch freistellen

Eine weitere Möglichkeit, Gebäude oder andere Gegenstände perspektivisch zu korrigieren, bietet das neu in Photoshop Elements 15 eingeführte Werkzeug **Perspektivisches Freistellen** (C),). Setzen Sie damit an einer Bildecke an und ziehen Sie Schritt für Schritt ein Rechteck auf, oder ziehen Sie den Rahmen in einem Schwung einmal über das gesamte Bild und passen die Eckpunkte anschließend an.

Wichtig ist, dass der Rahmen alle Motivbereiche umfasst, die erhalten bleiben sollen, denn die äußeren Randbereiche werden durch das Werkzeug abgeschnitten. Außerdem müssen die Ränder des Rechtecks in ihrer Neigung optimal mit den Motivkanten übereinstimmen, sonst sieht das Bild verzerrter aus als vorher. Nach dem Aufziehen des Freistellungsrahmens haben Sie daher die Möglichkeit, die Eckanfasser und die mittleren Anfasser an

Seiten mit der Maus entsprechend nach innen oder außen zu verschieben.

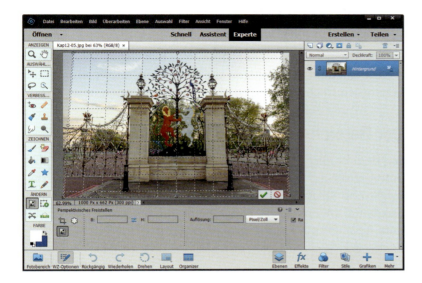

Geradeausrichten des Parktors mit dem Werkzeug Perspektivisches Freistellen.

Wenn der Rahmen gut sitzt, bestätigen Sie die Aktion durch Anklicken des grünen Häkchens. Die Motivkanten innerhalb des Rahmens werden daraufhin perspektivisch an den Kanten des Freistellungsrahmens ausgerichtet. Dadurch, dass die äußeren Ränder automatisch abgeschnitten werden, muss das Bild anschließend nicht von überzähligen und schiefen Randbereichen befreit werden, aber das Seitenverhältnis stimmt höchstwahrscheinlich nicht mehr mit dem Originalbild überein. Um wieder ein Bild im Fotoformat 3:2 oder 4:3 zu erhalten, können Sie jedoch im Anschluss eine Auswahl mit dem Auswahlrechteck (M, ⬚) und festgelegtem Seitenverhältnis treffen und das Bild über **Bild/Freistellen** zuschneiden.

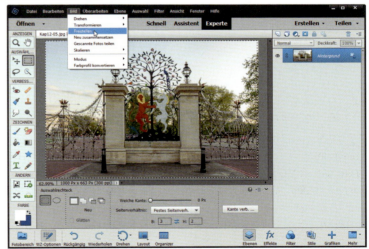

Aufziehen eines Auswahlrechtecks im Seitenverhältnis 3:2 und anschließendes Freistellen des Bildes.

12.4 Störende Elemente entfernen

Wir Fotografen hätten es gern, wenn die Szene sich genau so präsentiert, wie es unserer Vorstellung entspricht, ist es nicht so? Doch in vielen Fällen müssen wir uns mit unschönen Pfosten, Baugerüsten oder Menschen, die durchs Bild laufen, auseinandersetzen. Mit dem reichhaltigen Fundus an Reparaturinstrumenten lassen sich solche Störungen aber prima entfernen.

Der Bereichsreparatur-Pinsel

Kap12-10.jpg

Mit dem Bereichsreparatur-Pinsel werden benachbarte Bildpixel automatisch auf die Fehlstelle übertragen. Dabei wird deren Helligkeit und Struktur mit dem Untergrund verrechnet. Entfernen Sie damit unkompliziert und schnell den störenden Faden aus dem Beispielfoto mit nur wenigen Malstrichen.

Mit wenigen Malstrichen wurde der störende Faden an der rechten Vordertatze der Katzenfigur entfernt.

Dazu aktivieren Sie den Bereichsreparatur-Pinsel (J, 🖊) aus der Werkzeugpalette des Fotoeditors *Schnell* oder *Experte*. Praktisch daran ist, dass Sie damit nicht nur punktuelle Korrekturen durchführen können, so wie im vorigen Abschnitt beim Entfernen der Sensorflecken, sondern eben auch größere Bereiche retuschierbar sind.

Wählen Sie in der Optionsleiste eine harte Pinselspitze mit einer *Größe*, bei der die Störstelle gerade noch gut überdeckt wird (hier 8 Pixel). Setzen Sie den Pinsel auf der Störstelle an und malen Sie über den Bereich, hier also den orangefarbenen Faden. Wenn Sie bei einem anderen Bild eine gerade Linie ziehen möchten, halten Sie einfach nach dem Aufsetzen des Pinsels die ⇧-Taste

Mit dem Bereichsreparatur-Pinsel haben wir rechts unten am Faden angesetzt und im Halbkreis nach oben über den Faden gemalt (Größe: 8 Pixel, Inhaltsbasiert).

gedrückt. Dann können Sie eine exakte vertikale oder auch horizontale Linie ziehen. Danach übermalen Sie weitere Störstellen, wie den Faden auf der rechten Seite der Tatze und die dünnen Schatten, die der Faden auf dem Boden hinterlassen hat. Möglich ist auch, einzelne Stellen zu betupfen, um nur punktuelle Korrekturen durchzuführen. Mit ein wenig Übung werden Sie es einzuschätzen lernen, welches Vorgehen sich in der jeweiligen Situation eignet.

Der Bereichsreparatur-Pinsel verfügt in seiner Optionsleiste zudem über drei Füllmethoden, zu finden unter der Bezeichnung **Typ**. Als Standard empfehlen wir Ihnen auf jeden Fall die Einstellung **Inhaltsbasiert**, denn Photoshop Elements ist dann in der Lage, geeignete Strukturelemente aus der Nachbarschaft so über die Störstelle zu legen, dass meist keine weiteren Bearbeitungen notwendig werden. Stromdrähte, Personen oder Ähnliches lassen sich in nur wenigen Klicks entfernen und mit passendem Inhalt füllen.

Wenn sich um das zu entfernende Detail unstrukturierte Umgebung befindet, blauer Himmel, eine glatte Wasserfläche, feinste Hautstrukturen, kann manchmal aber auch die Option **Näherungswert** besser passen. Mit **Struktur erstellen** werden die markierten Bildstellen dazu verwendet, eine Struktur zu ermitteln und die Markierungen damit auszufüllen. Wichtig ist, dass Sie die Option **Alle Ebenen aufn.** deaktivieren, wenn nur die Pixel der aktuell gewählten Ebene von der Retusche betroffen sein sollen.

Bildretusche mit Auswahl füllen und dem Reparatur-Pinsel

Kap12-11.jpg

Nicht immer führt der Bereichsreparatur-Pinsel zum perfekten Resultat. Daher sollten Sie auch die inhaltssensitive Auswahlfüllung und den Reparatur-Pinsel in petto haben. In unserem Beispiel geht es darum, das Schlauchboot aus dem Bild zu entfernen, also einer recht starke Manipulation an der Aufnahme durchzuführen.

Links: Ausgangsbild.
Rechts: Das „aufgeräumte" Bild nach dem Entfernen des Schlauchboots und der hellen Masten im Hintergrund.

1 Aktivieren Sie dazu als erstes das *Lasso*-Werkzeug (L, ⌒) und malen Sie damit einmal um das Schlauchboot samt Insassen herum.

Markieren des Schlauchboots mit dem Lasso.

2 Wählen Sie nun *Bearbeiten*/*Auswahl füllen*. In dem sich öffnenden Dialogfenster wählen Sie in der Drop-down-Liste bei *Füllen* mit die Option *Inhaltssensitiv*.

Diese arbeitet vergleichbar mit der inhaltsbasierten Füllmethode des Bereichsreparatur-Pinsels, vermag es also auch, die Auswahl mit strukturell und farblich geeigneten Nachbarpixeln aufzufüllen. Das funktioniert erstaunlich gut. Heben Sie die Auswahl danach mit *Auswahl*/*Auswahl aufheben* (Strg/cmd+D) auf.

*Ergebnis der Auswahlfüllung mit der Methode **Inhaltssensitiv**.*

3 Auch bei dieser Retuscheform kann es jedoch zu Fehlern kommen. So sieht das Wasser am rechten Auswahlrand etwas schwammig und zu unstrukturiert aus. Aktivieren Sie daher gleich einmal den Reparatur-Pinsel (J, ✎) aus der Werkzeugleiste. Mit ihm nehmen Sie Bildpixel auf und übertragen sie auf die Störstelle.

Anders als beim Kopierstempel werden Helligkeit und Kontrast aber an den Untergrund angepasst. Stellen Sie bei *Größe* den Durchmesser der Pinselspitze ein (hier 25 Pixel).

Aktivieren Sie zudem die Option *Ausgerichtet*. Dann „wandert" die Pixelaufnahmestelle mit dem Ort der Retusche mit.

Wenn die Checkbox deaktiviert ist, bleibt die Aufnahmestelle konstant, es werden also immer die gleichen Pixel übertragen, egal wo sich die Fehlstelle befindet.

Wählen Sie bei *Quelle* die Vorgabe *Aufgenommen*, um Pixel aus dem Bild verwenden zu können. Wenn Sie hingegen ein Muster übertragen möchten, nehmen Sie die Voreinstellung *Muster*. Dann erscheint ein Auswahlmenü für die Art des Musters. Die Art und Weise, wie die übertragenen Pixel mit der Störstelle verrechnet werden, legen Sie bei *Modus* fest (hier *Normal*).

Optionsleiste des Reparatur-Pinsels.

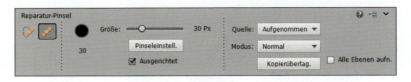

4 Im Bedienfeld *Pinseleinstellungen* definieren Sie mit *Härte* die Kantenschärfe des Pinsels. Je weicher die Motivübergänge im Bild sind, desto weicher kann auch der Pinsel ausfallen.

Meist werden gute Resultate mit Werten zwischen 40 % und 80 % erzielt. *Malabstand* legt den Abstand zwischen den Pinseldruckpunkten fest, wenn Sie eine Linie ziehen oder einen größeren Bereich ausmalen.

Pinseleinstellungen des Reparatur-Pinsels.

Gut geeignet sind hier Werte zwischen 10 % und 25 %. Mit *Rundung* beeinflussen Sie die Pinselform. Bei *Größe* kann das Verhalten des Pinseldrucks bei Verwendung eines Grafiktabletts eingestellt werden.

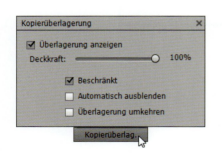

5 Die Funktion *Kopierüberlagerung* sollten Sie auf jeden Fall aktiviert haben, auch wenn es am Anfang vielleicht etwas gewöhnungsbedürftig ist. Denn so können Sie genau sehen, welchen Bereich Sie über die Störstelle legen und ob dieser zu den benachbarten Motivdetails passt, was bei strukturierten Arealen sehr wichtig ist.

Aktivieren Sie dazu im Bedienfeld *Kopierüberlagerung* die Checkbox *Überlagerung anzeigen*. Mit *Deckkraft* wird dann bestimmt, wie intensiv die Überlagerung ausfallen soll.

Optionen für die Kopierüberlagerung.

Die Checkbox *Beschränkt* reduziert die angezeigte Überlagerung auf den Pinseldurchmesser. Mit *Automatisch ausblenden* ist die Überlagerung beim Betupfen oder Übermalen der Störstelle nicht zu sehen. *__Überlagerung umkehren__* bedeutet, dass die zu übertragende Bildstelle farblich invertiert wird. Dadurch treten die Strukturen manchmal besser zutage und Sie können die neuen Pixel genauer an den Motivbereich anpassen.

6 Klicken Sie nun bei gedrückter Alt-Taste links neben den unscharfen Wasserbereich **1**. Lassen Sie die Taste los und klicken Sie rechts auf eine Wasserstelle, bei der sich das zuvor ausgewählte Muster gut mit der Umgebung deckt **2**. Nach dem Loslassen der Maustaste werden die Pixel miteinander verrechnet. Führen Sie dies an mehreren Stellen durch, probieren Sie hierbei auch verschiedene Pinselstärken und Pinselhärten aus.

Wenn Sie möchten, können Sie auch noch die störenden hellen Masten im Hintergrund entfernen. Bei harten Übergängen zwischen dem Himmel und strukturierten Bereichen, wie Bäumen oder Häusern, kann es sinnvoll sein, den Modus des Reparatur-Pinsels von *__Normal__* auf *__Ersetzen__* umzustellen. Der Reparatur-Pinsel überträgt die ausgewählten Pixel dann nahezu eins zu eins auf die Störstelle, wodurch ein Verschmieren der Strukturen verhindert wird.

Auswählen einer Bildstelle mit dem Reparatur-Pinsel und Übertragen der Pixel auf den zu retuschierenden Bildbereich.

Beauty-Retusche mit dem Reparatur-Pinsel

Im Fall von Porträtaufnahmen können Sie den Reparatur-Pinsel auch sehr gut für die Retusche etwas größerer Pickel und Unreinheiten verwenden. Wählen Sie am besten eine Pinselstärke, die etwa doppelt so groß wie die Störstelle ist. Mit einer weichen Kante von 0 % bis 40 %, wählbar in den Pinseleinstellungen, werden die Ränder unsichtbar miteinander verschmolzen. Sollte der Reparatur-Pinsel im normalen Modus nicht zum gewünschten Erfolg führen, weil in der

Beauty-Retusche mit dem Reparatur-Pinsel (Bild: © Katie Little – Fotolia).

Nachbarschaft zum Beispiel Strukturen wie Haare liegen, können Sie in den Modus Ersetzen wechseln. Oder Sie schwenken auf den nachfolgend vorgestellten Kopierstempel ([S], 🖌) um. Damit das Retuscheergebnis so natürlich wie möglich aussieht, können Sie die Deckkraft des Kopierstempels auf 30 % bis 50 % reduzieren. Eventuell müssen Sie die Stelle dann mehrfach betupfen.

Bildoptimierung mit dem Kopierstempel

Kap12-12.jpg

Der Kopierstempel überträgt die ausgewählten Bildpixel eins zu eins auf ein anderes Bildareal. Daher eignet sich dieses Werkzeug einerseits für die Retusche strukturierter Bildbereiche. Andererseits können Sie den Kopierstempel auch zum Klonen verwenden, sprich, Sie könnten einen Gegenstand kopieren und dann an einer anderen Stelle ins Bild setzen. Bei dem hier verwendeten Beispielbild sollen die schwarze Tafel an der Wand und der davongehende Soldat entfernt werden.

Das Ausgangsbild.

Ist da nicht gerade jemand vorbeigelaufen? Muss mich geirrt haben...

1 Öffnen Sie das Bild im Modus *Experte* des Editors. Aktivieren Sie den Kopierstempel (⑤,) aus der Werkzeugleiste. Über das Drop-down-Menü mit dem kleinen schwarzen Pfeil neben dem Pinselstrich wählen Sie die Art des Pinsels, zum Beispiel weich oder hart. *Alle Ebenen aufn.* aktivieren Sie, wenn Sie für die Retusche die Pixel aller Ebenen aufnehmen möchten, die sich unter der Retuscheebene befinden.

Größe legt den Pinseldurchmesser fest. *Deckkr.* definiert die Stärke der Überlagerung. Bei 100 % wird die Störstelle vollkommen mit neuen Bildpixeln überdeckt. *Modus* bestimmt die Füllmethode.

Soll beispielsweise nur die Farbinformation übertragen werden, wählen Sie *Farbe*. Soll nur die Helligkeitsinformation übertragen werden, wählen Sie *Luminanz*. Ist die Checkbox *Ausgerichtet* aktiviert, wandert die Auswahlstelle der zu übertragenden Pixel mit den Mausklicks mit.

Diese Einstellung eignet sich zum Retuschieren von Störstellen. Bei deaktivierter Funktion werden die Pixel immer von der gleichen Aufnahmestelle aufgenommen, auch wenn Sie die Maus absetzen und an einer anderen Bildstelle weiterarbeiten.

Dies eignet sich beispielsweise zum Klonen bestimmter Motivbereiche. Wird die Funktion *Kop.überlag.* aktiviert, wird Ihnen die zu übertragende Bildstelle zur Orientierung und Strukturanpassung angezeigt (siehe Reparatur-Pinsel im vorigen Kapitel).

> **✓ Retuschespuren vermeiden**
>
> Achten Sie beim Kopieren auf markante Bilddetails. Diese sollten nicht mehrfach zu sehen sein, sonst wird die Retusche sofort augenfällig. Überdecken Sie diese Stellen am Ende gegebenenfalls noch einmal mit weniger strukturierten Nachbarpixeln und verwenden Sie dafür kleine Pinseldurchmesser.

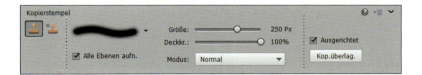

Optionsleiste des Kopierstempels.

2 Damit die Retusche nondestruktiv verläuft, erstellen Sie mit *Ebene/Neu/Ebene* (Strg/cmd+⇧+N) 🔲 eine leere Ebene oberhalb der Hintergrundebene. Alle weiteren Schritte laufen auf dieser Ebene ab, daher lassen Sie die leere Ebene markiert. Damit die Retuschepixel von der Hintergrundebene aufgenommen und über die Störstelle geklont werden können, muss die Checkbox *Alle Ebenen aufn.* in der Optionsleiste des Kopierstempels aktiviert sein.

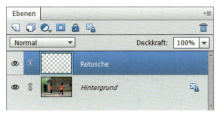

Die Bildretusche wird auf der neuen Ebene ablaufen.

3 Passen Sie die Werkzeugspitze dem Bereich an, den Sie überdecken möchten. Bei dem hier verwendeten Foto eignet sich
zum Beispiel eine weiche Spitze mit 250 Pixeln Durchmesser.
Nehmen Sie anschließend mit gedrückter ⎡Alt⎤-Taste die Pixel
auf, die Sie übertragen möchten ❶.

Wählen Sie dann die Stelle, an der die aufgenommenen Pixel
landen sollen, und übermalen Sie den Bereich bei losgelasse-
ner ⎡Alt⎤-Taste ❷. Bei kleineren Kopierstellen können Sie die
Pixel auch durch einzelne Mausklicks übertragen.

*Hier ist es wichtig, die
Struktur der Backstei-
ne im überstempel-
ten Bereich sauber
fortzusetzen. Die
Kopierüberlagerung
hilft beim genauen
Ansetzen des Pinsels.*

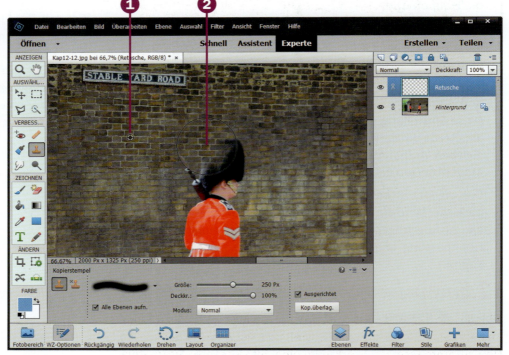

4 Fahren Sie mit dem Kopierstempel weiter fort, bis der laufende Soldat wegretuschiert ist. Variieren Sie dazu den Pinseldurchmesser immer wieder einmal. Nehmen Sie Pixel von
verschiedenen Mauerstellen auf, die strukturell und farblich
an die neue Stelle passen.

Mit ein wenig Übung wird die Person absolut unsichtbar. Füh-
ren Sie das Gleiche mit dem schwarzen Schild durch. Durch
Ein- und Ausblenden der eingefügten Retuscheebene können
Sie hierbei stets zwischen der Vorher- und der Nachher-An-

sicht wechseln. Speichern Sie die Datei unter Erhalt der Ebenen ab (TIF- oder PSD-Format), um später noch einmal Änderungen vornehmen zu können, oder reduzieren Sie die Ebene auf den Hintergrund und nehmen dafür das JPEG-Format.

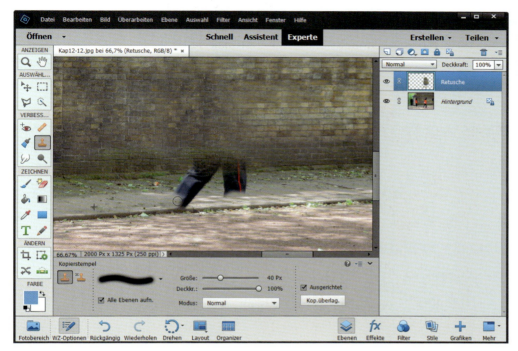

Die feingliedrigeren Strukturen des Gehwegs wurden mit einer Pinselgröße von 40 Pixeln retuschiert.

12.5 Inhalte neu zusammensetzen

Für alle, die ihre Bilder gern in Form von Collagen, Fotoalben oder im Rahmen anderer kreativer Bastelideen verwenden, bietet das Neu-zusammensetzen-Werkzeug eine interessante Alternative zum klassischen Freistellungswerkzeug. Denn damit können Sie unwichtige, quasi leere Bildbereiche aus dem Foto verbannen oder störende Elemente entfernen und gleichzeitig bildwichtige Details erhalten, ohne dabei irgendeine Verzerrung der wichtigen Motivbereiche zu riskieren.

Bei dem hier verwendeten Beispielfoto sollen die Quadfahrer etwas dichter aneinandergerückt werden, um aus der Querformat- eine Hochformataufnahme zu gestalten. Dazu öffnen Sie das Bild im Modus Experte des Fotoeditors und wählen das Neu-zusammensetzen-Werkzeug (W, 🔲) aus der Werkzeugpalette aus.

Kap12-13.jpg

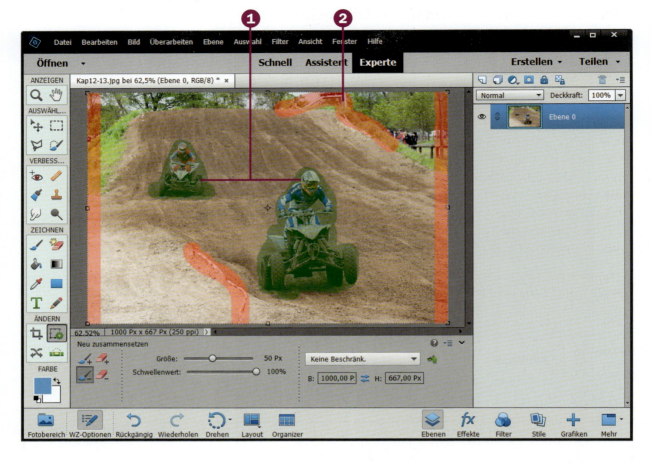

Stellen Sie in der Optionsleiste die Pinselstärke auf 50 Pixel und den Schwellenwert auf 100 %. Wählen Sie dann den Pinsel *Als geschützt markieren* ◢ aus. Malen Sie die Bereiche grün an, die erhalten bleiben und nicht verzerrt werden sollen ❶, wobei die Markierung nicht genau sein muss. Mit dem Pinsel *Zum Löschen markieren* ◢ malen Sie die Areale rot an, die auf jeden Fall entfernt werden können ❷.

Sollte an manchen Stellen zu viel vom Motiv rot oder grün übermalt worden sein, radieren Sie die Markierung dort wieder weg. Mit dem Radiergummi *Schutzmarkierungen entfernen* ◢ werden grüne Bereiche wegradiert.

Rote Markierungen können mit dem Radiergummi *Löschmarkierungen entfernen* ◢ zurückgenommen werden. Mit dem Symbol *Hauttöne hervorheben* ◢ sucht sich Photoshop Elements alle Hautfarben des Bildes heraus und markiert diese grün, also als schützenswert. Häufig geraten hierbei aber auch Bildbereiche mit ähnlichen Farben in die Auswahl, achten Sie daher genau darauf, welche Stellen markiert werden.

Greifen Sie nun einen der seitlichen Anfasser mit der Maus an und schieben Sie das Bildfenster zusammen, bis die Objekte eng genug nebeneinanderliegen und alles verschwunden ist, was gelöscht werden sollte. Das fällt bei strukturierteren Motiven natürlich mehr auf als bei gleichmäßigen oder gar unscharfen. Achten Sie darauf, dass die Bildfläche zwischen den beibehaltenen Elementen nicht allzu unnatürlich zusammengedrückt erscheint. Alternativ können Sie im Optionsfenster über das Drop-down-Menü auch bestimmte Größenvorgaben wählen, wie Sie es vom normalen Freistellungswerkzeug her kennen, oder konkrete Größenangaben eintragen, wie hier 500 × 667 Pixel.

Leere Bildfläche löschen

Die überzählige Fläche können entfernen, indem Sie die Ebenenminiatur mit gedrückter Strg/cmd-Taste anklicken, so dass das Bild mit einer Auswahlkante versehen wird. Wählen Sie anschließend **_Bild/Freistellen_** und speichern Sie das neue Bild unter einem anderen Namen ab, um das Original nicht zu verlieren.

Hier haben wir die Bildbreite auf 500 Pixel reduziert. Dadurch wird aus dem Querformat ein hochformatiges Bild mit eng zusammengerückten Quadfahrern. Den Schwellenwert konnten wir bei 100 % belassen.

Mit dem Regler für den **Schwellenwert** können Sie Einfluss darauf nehmen, wie strikt die zu löschenden Bereiche entfernt werden. Bei 0 % wird das Bild nur verkleinert, bei 100 % werden die löschbaren Areale auch tatsächlich entfernt und die grünen bleiben unverzerrt erhalten. Im Bereich dazwischen fällt der Löschvorgang moderater aus. Bestätigen Sie die Aktion schließlich mit der Eingabetaste ⏎ oder einem Klick auf den grünen Haken

Links: Das Ausgangsfoto – Rechts: Das Ergebnis der Neu-zusammensetzen-Bearbeitung.

12.6 Photomerge-Szenenbereinigung

Kap12-14.jpg
Kap12-15.jpg

Oftmals ist es gar nicht so einfach, stimmungsvolle Fotos von Sehenswürdigkeiten, beliebten Plätzen oder anderen schönen Orten zu machen. Denn irgendwie gelangt hier und da immer ein störendes Detail ins Bild, sei es eine Person, ein Radfahrer oder ein vorbeifahrendes Auto.

Mit der Composing-Funktion Photomerge-Szenenbereinigung (Scene Cleaner) gibt es jedoch eine verlässliche Möglichkeit, die ungewollt ins Bild geratenen „Störenfriede" auf unkomplizierte Art und Weise wieder loszuwerden. Umgekehrt kann die Funktion aber auch dazu eingesetzt werden, mehr Leben ins Bild zu bringen, indem unterschiedliche Personen oder Tiere aus einer Bilderserie in das neue Bild hinzugefügt werden.

Aus den beiden leicht verschobenen Ausgangsbildern (links) ließ sich mit der Photomerge-Szenenbereinigung recht einfach ein Resultat ohne störende Passanten generieren.

Für die Verwendung der Photomerge-Szenenbereinigung benötigen Sie mindestens zwei und maximal zehn Ausgangsfotos. Diese sollten das Motiv so abbilden, dass alle Bildteile, die Ihnen wichtig sind, in einem der Bilder optimal dargestellt werden. Außerdem sollten alle Bilder aus derselben Position heraus aufgenommen worden sein. Andernfalls können perspektivische Unterschiede und Belichtungsdifferenzen dazu führen, dass das Photomerge-Ergebnis nicht in bester Qualität herzustellen ist.

1 Öffnen Sie die beiden Dateien im Fotoeditor. Wechseln Sie dann in den Modus *Assistent* und wählen Sie im Bereich *Photomerge* die Option *SCENE CLEANER* aus.

2 Im Fotobereich 🖼 sehen Sie unten die beiden Beispielfotos. Zur leichteren Unterscheidung sind die Bilder farblich codiert. Darüber wird Ihnen im linken Bild die Quelle und rechts das Photomerge-Endergebnis angezeigt. Zu Beginn ist dieses leer, denn Sie müssen erst das Basisfoto, hier das rechte mit dem gelben Rahmen und den Passanten rechts im Bild, aus dem Projektbereich in das Fenster *Endergebnis* ziehen.

3 Klicken Sie im Fotobereich das linke blau umrahmte Bild an, damit es oben im linken Bereich *Quelle* erscheint.

4 Aktivieren Sie nun im Einstellungsbereich rechts das Buntstift-Werkzeug . Setzen Sie ein Häkchen bei *Striche anzeigen*, um die Buntstiftstriche zur besseren Orientierung anzeigen zu lassen. Mit der Option *Regionen anzeigen* werden die Bildareale zusätzlich gelb und blau eingefärbt. Definieren Sie mit dem Schieberegler noch die geeignete Pinselstärke, die sich an der Größe des zu bereinigenden Bereichs orientiert (hier 13 Pixel).

5 Markieren Sie mit dem Buntstift einen oder mehrere Bereiche, die Sie in das Endergebnis aufnehmen möchten. Dafür können Sie zum Beispiel ein Bilddetail ausmalen, umranden oder auch einfach nur einen Punkt setzen. Probieren Sie aus, welche Methode für Ihr Foto die beste ist.

> ### ✓ Markierungen zurücknehmen
>
> Wenn versehentlich zu viel Bildmaterial vom einen in das andere Foto übertragen wird, können Sie mit dem Buntstift wieder Inhalte aus dem „blauen" Foto zurückübertragen. Oder Sie wählen die Schaltfläche *Radiergummi* 🖊 und entfernen die überschüssigen Markierungen damit.

Übertragen der störungsfreien Bildfläche von der Quelle (blauer Rahmen) in das Endergebnis.

6 Die übertragenen Pixel werden noch fließender überblendet, wenn die Option **Pixel überblenden** aus dem Bereich **Erweiterte Optionen** aktiviert wird. Aber nicht immer ist das von Vorteil. Prüfen Sie das Ergebnis mit beiden Einstellungen. Hier finden Sie auch das Ausrichtungswerkzeug . Damit können Sie versuchen, perspektivisch verschobene Fotos besser zu überblenden. Hierzu werden sowohl im Ausgangs- als auch im Zielfoto drei Punkte gesetzt, die die gleichen Bildbereiche markieren. Dies führt aber nicht immer zur perfekten Überblendung und kann auch starke Verzerrungen hervorrufen. Daher ist es wichtig, dass die Bildinhalte per se schon so gut wie möglich übereinstimmen.

7 Klicken Sie unten rechts auf die Schaltfläche **Weiter** ➡, um das szenenbereinigte Bild fertigzustellen und im nächsten Einstellungsfenster mit **Speichern** oder **Speichern unter** zu sichern. Wenn die Bilder jedoch nicht ganz deckungsgleich waren, kann es sein, dass Sie noch verzerrte Randbereiche entfernen müssen. Wählen Sie dazu die Schaltfläche **In Experte**. Aktivieren Sie anschließend das Freistellungswerkzeug (ⓒ, 🔲) und schneiden Sie die überzähligen Randbereiche damit ab.

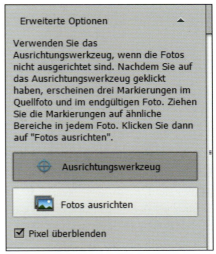

Pixel überblenden für weichere Übergänge zwischen den Bildteilen.

✓ **Ähnliche Arbeitsweise bei Gruppenfotos und Gesichtern**

Die Vorgehensweise beim Optimieren von Gruppenfotos mit Photomerge-**GROUP SHOT** oder dem Verschmelzen zweier Gesichter mit Photomerge-**FACES** läuft vom Prinzip her genauso ab wie der hier gezeigte Scene-Cleaner. Auch dort werden Bilder miteinander fusioniert und per Pinselstrich Personen oder Gesichter von einem Ausgangsbild in das Ergebnisbild übertragen.

12.7 Verflüssigen-Filter zur Beauty-Retusche

Mit dem Filter **Verflüssigen** machen Sie die Pixel locker. Ja wirklich, an der Stelle, an der Sie den Pinsel aufs Bild setzen, werden alle Pixel vom Untergrund gelöst und verschoben. Das kann nach außen, nach innen oder verdreht geschehen. Je länger Sie den Pinsel auf die Stelle halten, desto stärker fällt der Effekt dabei auf. Daher ist beim Verflüssigen auch stets Vorsicht geboten. Schnell können total überzogene Effekte entstehen, wie zum Beispiel

Glupschaugen, Stupsnasen oder zu große Ohren. Klar, für Spaßbilder ist das natürlich perfekt, probieren Sie's mal aus. Aber wenn es darum geht, nur ganz marginal, quasi als digitaler „Schönheitschirurg" einzugreifen, um kleine Pölsterchen zu glätten, Augen etwas zu vergrößern oder Nasen zu schmälern, sollten nur minimale Eingriffe ins Bild getätigt werden.

Ausgangsbild (Foto: © Monkey Business – Fotolia.com).

Ergebnis nach der kleinen Schönheitskorrektur.

Im gezeigten Beispiel haben wir nur kleine Änderungen vorgenommen, und das eigentlich auch nur, um Ihnen die Funktionen zu veranschaulichen. Ansonsten sind wir persönlich eher Vertreter natürlicher Darstellungsformen – das abgebildete Model sieht an sich doch schon super aus. Aber der Kunde ist ja bekanntlich König, und die Werbeindustrie giert eben meist nach Perfektion. Also ab in den digitalen OP.

Duplizieren Sie den Hintergrund mit *Ebene/Ebene duplizieren* (Strg/cmd+J), um später einen Vorher-Nachher-Vergleich durchführen zu können. Markieren Sie danach die Bereiche, die Sie bearbeiten möchten, mit dem Lasso oder dem Polygon-Lasso (L). Wählen Sie *Filter/Verzerrungsfilter/Verflüssigen*.

Das Menü präsentiert Ihnen nur den Bildausschnitt mit den markierten Regionen, was sehr praktisch ist, da Sie die Vorschau nun nicht ständig hin- und herschieben oder vergrößern und verkleinern müssen. Falls dies doch der Fall sein sollte, finden Sie die bekannten Zoom- und Hand-Werkzeuge unten links in der Werkzeugleiste.

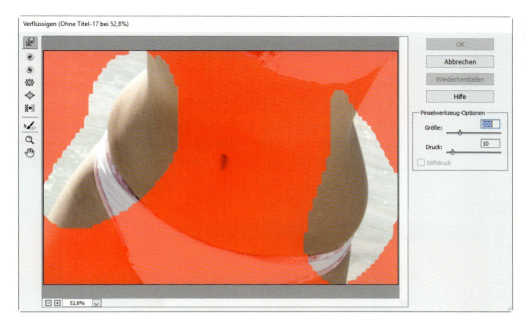

Verflüssigen (Ohne Titel-17 bei 52,8%)

OK
Abbrechen
Wiederherstellen
Hilfe

Pinselwerkzeug-Optionen
Größe: 500
Druck: 10
Stiftdruck

52,8%

*Dialogfenster **Verflüssigen** mit den ausgewählten Bildstellen in der großen Vorschau.*

Die Werkzeugpalette auf der linken Seite stellt die verschiedenen **Verflüssigen**-Optionen zur Verfügung. Mit dem Verkrümmen-Werkzeug (W, 🖋) werden die Pixel quasi vor der Maus hergeschoben. Bei der Beauty-Retusche ist dies eines der am häufigsten verwendeten Werkzeuge.

Das **Strudel**-Werkzeug dreht den Bildbereich nach rechts (C,) oder links (L,), als würden die Pixel wie in einem Strudel in Richtung Abfluss fließen. Der Effekt nimmt zu, je länger Sie die Maus auf die Bildstelle halten. Mit dem **Zusammenziehen**-Werkzeug (P,) werden die Pixel auf einen Mittelpunkt zusammengezogen. Das **Aufblasen**-Werkzeug (B,) bewirkt das Gegenteil, die Pixel werden vom Mittelpunkt des Pinsels nach außen geschoben, was sich beispielsweise zum Vergrößern der Augen eignen kann. Mit dem **Pixel-verschieben**-Werkzeug (S,) werden die Pixel im 90°-Winkel zur Malrichtung verschoben. Ziehen Sie die Maus nach unten, findet eine Verschiebung nach rechts statt. Malen Sie von unten nach oben, verschieben sich die Pixel nach links. Nach rechts gemalt wandern die Pixel nach oben und nach links gemalt nach unten. Das **Rekonstruktion**swerkzeug (E,) wirkt hingegen wie ein Radiergummi und nimmt die vorgenommenen Änderungen an der Stelle wieder zurück, an der über das Bild gemalt wird. Schließlich können Sie mit dem **Zoom**-Werk-

Werkzeugoptionen.

zeug (Z, 🔍) die Vorschau skalieren und den Bildausschnitt mit dem *Hand*-Werkzeug (H, 🖐) verschieben.

Im Bereich *WZ-Optionen* werden die Pinselgröße und der Pinseldruck festgelegt. Dieser bestimmt die Stärke des Effekts. Werte um 20 sind für die leichte Porträtretusche prima geeignet.

Um bei dem gezeigten Bild die Hüften etwas zu verschlanken, ist das *Verkrümmen*-Werkzeug (W, 🖌) genau das Richtige. Mit einem Pinseldruck von 10 haben wir die Körperlinien ein wenig begradigt.

Retuscheergebnis mit dem Ver-krümmen-Werkzeug.

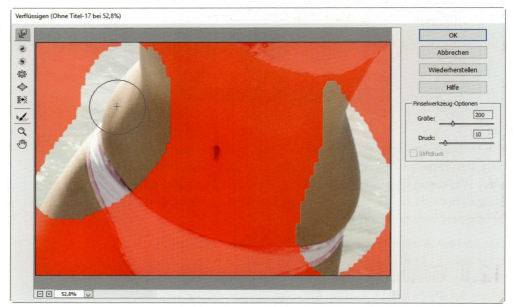

✓ **Schritte revidieren oder wiederholen**

Übrigens, wenn Sie eine Bearbeitung wieder zurücknehmen möchten, aktivieren Sie das *Rekonstruktions*werkzeug (E, 🖌) und übermalen damit den betreffenden Bildbereich. Soll nur der letzte Pinselstrich revidiert werden, wählen Sie Strg/cmd+Z (und Strg/cmd+Y, um ihn zu wiederholen). Über die Schaltfläche *Wiederherstellen* können Sie das Bild hingegen wieder ganz in den Ursprungszustand zurückversetzen. Um mehrere Schritte zurückzunehmen oder zu wiederholen, wählen Sie Strg/cmd+Alt+Z oder Strg/cmd+⇧+Y.

Nach der Bearbeitung können Sie durch Ein- und Ausblenden der oberen Ebene einen Vorher-Nachher-Vergleich durchführen.

Alternativ können Sie die obere Ebene auch auf die Füllmethode **Differenz** setzen, um die bearbeiteten Kanten weiß vor schwarzem Hintergrund ganz plakativ darzustellen.

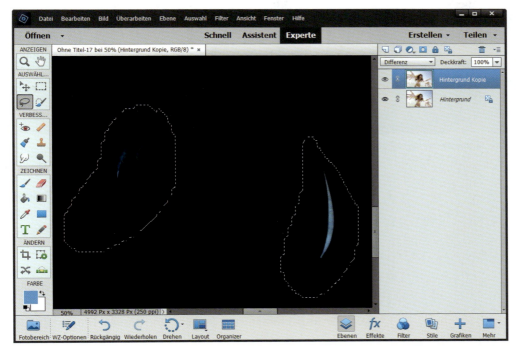

*Die **Differenz**-Ansicht macht die retuschierten Bereiche sichtbar, die sich hier aktuell noch in der Auswahl befinden.*

12.8 Bitte Lächeln: Gesichtsmerkmale anpassen

Schnappschüsse oder Selfies, auf denen alle Beteiligten ihr schönstes Lächeln zeigen, sind häufig schwierig zu bekommen, denn nicht immer blicken alle so entspannt in die Kamera, wie es für die Bildwirkung optimal wäre. Bei unserem Beispiel hat die Sonne so geblendet, dass es nicht leicht war, unverkrampft ins Objektiv zu lächeln. Mit der neu in Photoshop Elements 15 eingeführten Funktion zum Anpassen von Gesichtsmerkmalen können Sie solchen Bilder jedoch im Handumdrehen ein wenig mehr Esprit verleihen.

Kap12-16.jpg

Nach Anpassen der Gesichtsmerkmale (rechts) wirkt die Aufnahme nicht völlig verfremdet, aber das Lächeln sieht ein wenig entspannter aus.

1 Öffnen Sie das Bild dazu im Fotoeditor *Experte* (*Schnell* oder *Assistent* wäre auch möglich). Duplizieren Sie dann gleich einmal die vorhandene Hintergrundebene mit *Ebene*/*Ebene duplizieren* (Strg)/(cmd)+(J)).

2 Wählen Sie anschließend *Überarbeiten*/*Gesichtsmerkmale anpassen*. Im Dialogfenster des Werkzeugs werden alle erkannten Gesichter mit einer Kreismarkierung versehen. Klicken Sie also einfach das Gesicht an, dessen Merkmale Sie

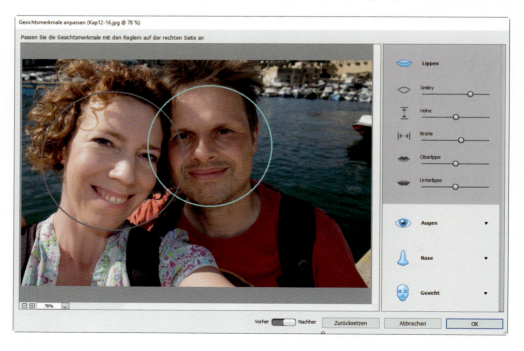

verändern möchten (hier das rechte). Im rechts angeordneten Palettenbereich finden Sie alle Anpassungsmöglichkeiten, aufgegliedert in *Lippen*, *Augen*, *Nase* und *Gesicht*.

3 Klappen Sie nun einfach die gewünschte Kategorie auf und verschieben Sie die Regler. Die Korrekturen erfolgen alle auf Sicht, es gibt also keine Werteangaben bei den Reglern. Mit der *Vorher-Nachher*-Schaltfläche können Sie die Auswirkung der Änderung aber stets verfolgen. Wenn Ihnen eine Änderung nicht zusagt, klicken Sie doppelt auf den entsprechenden Regler, der daraufhin in seine Ausgangsposition versetzt wird. Wenn Sie alle Änderungen verwerfen möchten, wählen Sie die Schaltfläche Zurücksetzen oder brechen die Bearbeitung ab. Wenn Ihnen das Resultat gefällt, beenden Sie den Dialog stattdessen mit *OK*.

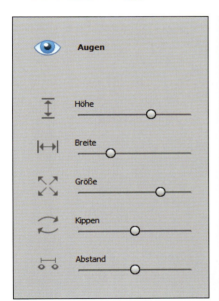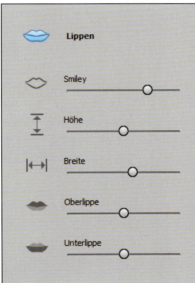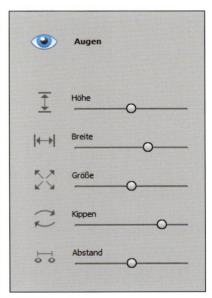

Die von uns durchgeführten Korrekturen am linken Gesicht (links) und am rechten Gesicht (Mitte, rechts).

Bildkompositionen und Collagen

In erster Linie wird Photoshop Elements sicherlich zum Verbessern und Retuschieren von Fotografien eingesetzt. Aber in dem Programm steckt weit mehr. Erstellen Sie ganz individuelle Collagen. Fügen Sie grafische Elemente ein, erstellen Sie eine Panoramalandschaft oder bringen Sie mit der Dynamikerweiterung (DRI) die Belichtung in Schwung. Und wenn Sie Lust aufs Malen bekommen, brauchen Sie sich keinesfalls zu zügeln. Eigenhändig kolorierte Aquarelle oder Ölgemälde liegen ebenfalls im Bereich der kreativen Möglichkeiten, die Ihnen in diesem Kapitel an die Hand gegeben werden.

13.1 Mit Photomerge zu neuen Bildern

Kap13-01.jpg
Kap13-02.jpg

Manchmal sind es nur Kleinigkeiten, die ein Bild besser machen. Da fehlt eine Person im Gruppenfoto, weil sie an dem Tag nicht beim Shooting dabei sein konnte, oder das Bild wirkt irgendwie noch zu leer, oder Sie möchten einen Gegenstand gegen einen anderen austauschen. Für derartige, relativ überschaubare Collageprojekte bietet Photoshop Elements eine neue, eigens darauf ausgerichtete Funktion an. Mit *Photomerge Compose* bzw. *Komposition* können Sie Teile aus einem Foto in ein anderes übertragen und die Beleuchtung und Farbe dabei so anpassen, dass sich das Element harmonisch in das neue Bild einfügt. Alle Arbeitsschritte werden Ihnen dabei Punkt für Punkt an die Hand gegeben, sodass sich der Aufwand wirklich in Grenzen hält. Bei unseren Beispielbildern geht es darum, eine Steppenlandschaft mit einer Löwin aufzupeppen, die durchs Gras streift.

Ausgangsbilder der an unterschiedlichen Tagen und Orten aufgenommenen Motive.

Fusionsergebnis mit der Löwin in der Steppenlandschaft, zusammengestellt aus zwei Bildern, die an unterschiedlichen Tagen und Orten aufgenommenen wurden.

1 Dazu öffnen Sie beide Bilder im Fotoeditor. Aktivieren Sie als erstes das Verschieben-Werkzeug (V, ⊹) und setzen Sie in dessen Optionsleiste einen Haken bei *Begrenzungsrahmen einbl.* Das ist wichtig, um das ausgeschnittene Bildelement bei der späteren Komposition skalieren zu können.

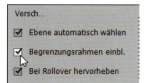

Begrenzungsrahmen einblenden lassen.

2 Wechseln Sie anschließend in den Modus *Assistent* und wählen im Bereich *Photomerge* den Eintrag *Photomerge Compose*. Ziehen Sie das Bild, aus dem Sie einen Teil ausschneiden möchten, auf den Arbeitsbereich des großen Dokumentfensters – hier das Bild mit der Löwin.

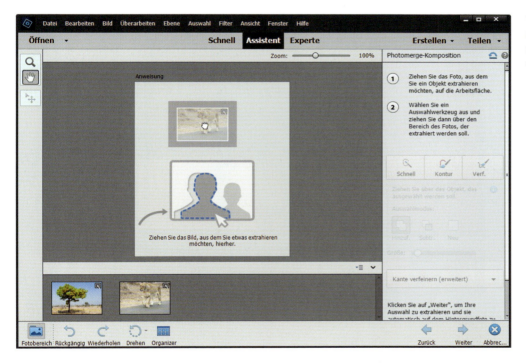

Verschieben des Bildes, das das Auswahlelement enthält, auf die Arbeitsfläche.

3 Um den geplanten Auswahlbereich gut beurteilen zu können, vergrößern Sie die Bildansicht mit dem Zoom-Werkzeug (Z, 🔍) und schieben ihn mit dem Hand-Werkzeug (H, ✋) an die richtige Stelle.

Im rechten Bedienfeldbereich finden Sie die verfügbaren Auswahlwerkzeuge. Mit dem Schnellauswahl-Werkzeug 🔍 können Sie mit der Maus über das gewünschte Element fahren, es erkennt die Motivkanten automatisch. Hier haben wir die Löwin damit vorsichtig Schritt für Schritt markiert.

Mit dem Kontur-Pinsel können Sie bei filigraneren Objekten aber auch manuell an der Motivkante entlangfahren, wobei Photoshop Elements auch hier versucht, automatisch die richtige Kante zu treffen.

Falls die Markierungslinie an einigen Stellen nicht optimal angelegt wurde, können Sie mit dem Auswahl-verbessern-Pinsel arbeiten. Drücken Sie die Kante zum Beispiel mit der Funktion Schieben an die richtige Stelle oder glätten Sie die Auswahlkante mit .

Markieren der Löwin mit dem Schnell-auswahl-Werkzeug und Glätten der Auswahlkanten an manchen Stellen mit dem Auswahl verbessern-Pinsel.

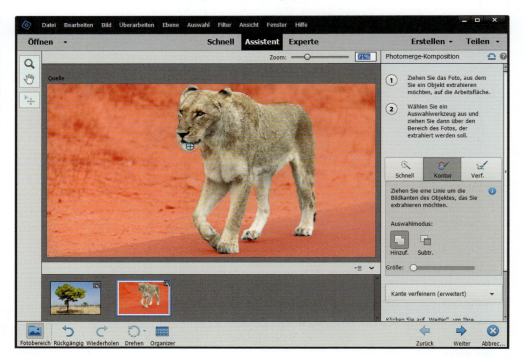

4 Damit sich der ausgeschnittene Bildbereich harmonisch in die Komposition einfügt, sollten die Kanten nicht zu hart sein und es darf sich auch keine Farblinie an den Rändern entlangziehen, die aus dem Ursprungsfoto stammt – vor allem, wenn große Farbunterschiede vorliegen. Daher passen Sie die Kante mit der Schaltfläche *Kante verfeinern* an.

Hier haben wir folgende Werte verwendet: *Smartradius*: 2 Pixel, *Abrunden*: 5, *Weiche Kante*: 1 Pixel und *Kante verschieben*: –10 %. Wählen Sie unten rechts die Schaltfläche *Weiter* ⇨.

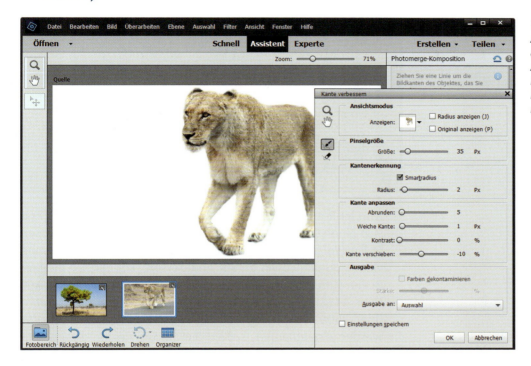

Verfeinern der Auswahlkante mit der Anzeige der Auswahl vor weißem Hintergrund, um die Kanten besser erkennen zu können.

5   Im nächsten Schritt können Sie das Bildelement mit dem Verschieben-Werkzeug an die gewünschte Stelle setzen und es mit den Anfassern am Begrenzungsrahmen skalieren. Im Fall der Löwin haben wir eine Größe von 185 × 231 Pixeln gewählt.

Wenn Bildelemente entfernt werden müssen, können Sie mit dem Ausblenden-Pinsel 🖌⊖ die entsprechenden Bereiche unsichtbar machen – oder sie mit dem Einblenden-Pinsel 🖌⊕ auch wieder hervorholen.

Hier haben wir die Pranken von unten her teilweise ausgeblendet, damit die Löwin optisch ins Gras einsinkt. Wählen Sie anschließend wieder die Schaltfläche *Weiter* ⇨.

> **✓ Aus- und Einblenden mit Ebenenmaske**
>
> Das Aus- und Einblenden von Bildbereichen können Sie auch nach der Photomerge-Bearbeitung im Fotoeditor *Experte* durchführen. Dazu fügen Sie der Ebene des eingefügten Objekts eine Ebenenmaske hinzu und bearbeiten diese mit dem Pinsel.

Skalieren des neu eingefügten Bildaus-schnitts und Ausblenden der Pranken, die optisch im Steppengras versinken sollen.

6 Nun fehlt nur noch die Anpassung der Beleuchtung. Dies lässt sich einerseits mit der Schaltfläche *Farbton autom. anpassen* erledigen, wobei das Ergebnis bei unserem Beispiel eine viel zu dunkle Löwin ergab. Andererseits können Sie die vier Regler für die *Luminanz* (Leuchtkraft, hier 888), den *Kontrast* (hier 1412), die *Temperatur* (hier 1291) und die *Sättigung* (hier 2500) aber auch manuell einstellen. Die Zahlenwerte werden eingeblendet, sobald Sie auf die Regler klicken. Mit der Schaltfläche *Weiter* ➡ schließen Sie die Bearbeitung ab. Anschließend können Sie die Komposition speichern, weiter bearbeiten oder direkt auf Facebook, Flickr oder Twitter teilen.

Anpassen der Beleuchtung und Farbe der eingefügten Löwin an die neue Umgebung.

13.2 Kontrasterweiterung mit Photomerge Exposure

Moderne Digitalkameras sind bereits in der Lage, einen recht hohen Kontrastumfang zu verarbeiten. Oftmals reicht das aber noch nicht ganz aus, um unsere Umgebung von den dunkelsten bis zu den hellsten Bereichen perfekt belichtet wiederzugeben. Um dieses Problem zu beheben, gibt es die Möglichkeit, unterschiedlich helle Einzelbilder miteinander zu verschmelzen. Photoshop Elements nutzt hierbei die sogenannte Belichtungsüberblendung (Exposure Blending). Hierbei werden alle gut belichteten und optimal durchzeichneten Bildbereiche der Einzelbilder miteinander kombiniert. Heraus kommt ein Bild mit einem über das normale Maß erhöhten Kontrastumfang, weshalb diese Bearbeitungsform auch unter dem Oberbegriff *D*ynamic *R*ange *I*ncrease (DRI) läuft. Lernen Sie in den folgenden Abschnitten die Photomerge-Belichtung kennen.

Kap13-03.jpg
Kap13-04.jpg

Photoshop Elements kann kein HDR

Photoshop Elements ist nicht in der Lage, eine HDR-Verarbeitung (*H*igh *D*ynamic *R*ange) mit Tonemapping durchzuführen, weil das Programm nicht mit 32-Bit-Dateien umgehen kann, die für diese Bearbeitungsform benötigt werden. Wer richtig in die HDR-Welt eintauchen möchte, greift daher besser auf HDR-Spezialprogramme wie Oloneo, Photomatix, Luminance HDR oder HDR projects zurück.

Die beiden Ausgangsbilder.

Hierfür sollten die Einzelbilder, die Sie zum Beispiel mit der automatischen Belichtungsreihe Ihrer Kamera aufnehmen können, möglichst deckungsgleich sein. Daher fotografieren Sie am besten vom Stativ aus. Auch sollte sich der Weißabgleich nicht unterscheiden, legen Sie ihn beim Fotografieren möglichst fest.

Ergebnis der Photomerge-Belichtung mit selektiver automatischer Überblendung (links) und manueller Bearbeitung (rechts).

Öffnen der Bilder und Starten von Photomerge EXPOSURE.

*Arbeitsbereich von Photomerge-Belichtung. Hier hat die Einstellung **Einfach** bereits ein gutes Ergebnis geliefert.*

*Die folgenden Werte im Bereich **Selektiv** ergeben ebenfalls ein gut durchzeichnetes Ergebnis: Lichter: –71, Tiefen: +39, Sättigung: +6.*

1 Öffnen Sie die beiden Dateien im Fotoeditor. Wechseln Sie in den Modus Assistent und öffnen Sie im Bereich Photomerge die Option **PHOTOMERGE EXPOSURE**. Sollten mehr als zwei Bilder verwendet werden, bestätigen Sie den Dialog mit **Alle öffnen** mit **OK**.

2 Im Photomerge-Bearbeitungsfenster sehen Sie oben bereits das Endergebnis. Darunter befinden sich die geöffneten Einzelbilder. Wenn Sie hier einen Haken vor einem der Bilder entfernen, wird das Foto aus dem Ergebnis wieder herausgerechnet und Sie können sehen, welche Auswirkung dies auf Ihr überblendetes Bild hat. Rechts befindet sich der Bedienfeldbereich mit den Bearbeitungsmöglichkeiten **AUTOMATISCH** und **MANUELL**.

3 Im Bereich **AUTOMATISCH** können Sie zwischen den Überblendungsmethoden **Einfach** und **Selektiv** wählen. Bei der einfachen Überblendung bleiben die Kontraste meist ein wenig höher als bei der selektiven Überblendung. Die selektive Überblendung kann dagegen mit drei Schiebereglern selbst nachjustiert werden: Mit dem Regler **Lichter** kommen die hellen Bildanteile stärker (links) oder schwächer (rechts) zum Vorschein – aber Vorsicht, dabei kann auch ein unschöner dunkler Schein an den Motivkanten entstehen, ein sogenannter Halo-Effekt. Der Regler **Tiefen** beeinflusst die dunklen Bildanteile, die nach links verstärkt und nach rechts abgeschwächt werden. Die Farbintensität des Bildes wird mit **Sättigung** angepasst. Welcher Methode, **Einfach** oder **Selektiv**, der Vorzug gegeben werden sollte, kann nicht pauschal beantwortet werden, es kommt schlichtweg auf den eigenen Geschmack und das jeweilige Bildmotiv an. Oftmals sind es auch nur Nuancen, in denen sich die Resultate unterscheiden.

4 Schließen Sie die Bearbeitung mit der Schaltfläche **Weiter** ab und speichern Sie das Bild anschließend ab, bearbeiten es weiter oder teilen es über Facebook, Twitter oder Flickr.

Geisterbilder entfernen

Wenn sich Objekte im Bildausschnitt bewegt haben, können in der Bilderserie sogenannte Geisterbilder entstehen. Personen oder Autos tauchen in schwach abgebildeter Form an mehreren Stellen auf. Mit der eingefügten Ebenenmaske ❹ und dem Pinsel (B, ✏) mit der Vordergrundfarbe Schwarz können Sie das semitransparente Geisterbild anmalen und damit unsichtbar machen. Günstig hierfür ist es, wenn Sie das mittelhelle Bild *vor* der Bearbeitung im Fotobereich des Modus Experte per Drag & Drop an die erste Position schieben. Es wird dann als Basis für die Photomerge-Belichtung verwendet. An den späteren Retuschestellen, an denen das Basisbild freigelegt wird, fallen Helligkeitsunterschiede weniger stark aus, so dass es meist nicht notwendig wird, die Beleuchtung an den Korrekturstellen nachzubessern.

Manuelles Überblenden von zwei bis zehn Bildern

Auch im Modus *MANUELL* können Sie zur Belichtungsoptimierung zwei bis zehn Bilder miteinander verschmelzen.

1 Öffnen Sie die Bilder und starten Sie Photomerge-EXPOSURE. Schieben Sie das helle Basisbild auf den rechten Arbeitsbereich, bei mehr als zwei Bildern nehmen Sie das Mittelhelle.

2 Danach wählen Sie das andere Bild aus und übertragen mit dem Buntstift die Areale, die mit dem Basisbild überblendet werden sollen. Hier wurde der Himmel und Teile des Bodens übertragen. Führen Sie dies mit weiteren Bildern durch, wenn die Aufnahmereihe umfangreicher ist. Die Vorgehensweise ähnelt der von Photomerge *SCENE CLEANER*. Mit dem Regler *Deckkraft* können Sie die Stärke der Überblendung fein angleichen.

Manuelle Übertragung des dunklen Himmels und Teile des Bodenbereichs aus dem gelb umrahmten Bild auf das Ausgangsbild (blauer Rahmen).

3 Zum Schluss können Sie die Überblendung noch ein wenig optimieren, damit die Übergänge fließender sind. Dazu wählen Sie nach dem Bestätigen der Überblendung mit *Weiter* ➡ die Schaltfläche *In Experte*.

4 Markieren Sie im Bedienfeld *Ebenen* 🗇 die obere Ebene mit dem Überblendungsergebnis. Fügen Sie mit *Ebene/Ebenenmaske/Nichts maskiert* 🔲 eine Ebenenmaske ein **3**. Aktivieren Sie dann das Verlaufswerkzeug (G, ▣) mit dem Verlauf *Schwarz, Weiß* und einem linearen Verlauf 🔲. Ziehen Sie von unten nach oben eine schräge Linie über die Bildmitte **2**. Jetzt gehen der hellere Bodenbereich und der dunklere Himmel nahtlos ineinander über. Aktivieren Sie danach den Pinsel (B, 🖌) mit einer weichen Spitze und 450 Pixeln und malen Sie mit weißer Farbe über die hellen Stellen unten links, die noch etwas zu hell aussehen **1**.

5 Mit Einstellungsebenen ◑ können Sie die Wirkung weiter optimieren. Hier haben wir eine Ebene *Helligkeit/Kontrast* (Helligkeit: +7, Kontrast: +29) und eine Ebene Farbton/Sättigung (Sättigung: +10) hinzugefügt, um das Bild noch frischer aussehen zu lassen.

Verbessern der Bildübergänge.

13.3 Panoramen erstellen

Das Panoramaformat ist prädestiniert für Landschaftsaufnahmen oder Bilder von weiten Plätzen und breiten Gebäuden. Schließlich lässt sich die Weite unserer natürlichen Umgebung kaum besser ins Bild nehmen. Dabei können Sie sogar bis zur Rundumsicht gehen und eine Projektion mit unnatürlich gebogenen Linien und spannenden Formen kreieren. Lernen Sie also gleich einmal die wichtigsten Schritte zum Anfertigen beeindruckender Panoramafotos kennen – Photomerge-Panorama macht's möglich.

1 Öffnen Sie die Einzelbilder des Panoramas im Fotoeditor und markieren Sie alle Bilder im Fotobereich ![icon]. Steuern Sie dann den Modus Assistent an und wählen Sie im Bereich *Photomerge* den Eintrag **PHOTOMERGE PANORAMA**.

2 Klicken Sie im rechten Einstellungsbereich unterhalb von Automatisches Panorama auf das Symbol ![icon], um das gewünschte Layout zu wählen. Im Fall der Beispielbilder verwenden Sie am besten die Vorgabe *Zylindrisch* ![icon] ❶.

Diese Einstellung liefert meist sehr gute Resultate. Das fertige Bild wird nicht unnötig in die Breite gezogen. Bei *Perspektivisch* ![icon] wird das mittlere Bild hingegen als feststehender Ausgangspunkt verwendet und alle anderen Fotos hinzugereiht. In den Randbereichen treten dadurch starke Verzerrungen auf.

Das Layout *Kugelförmig* ![icon] richtet das Panorama so aus, als würde es die Innenfläche einer Kugel auskleiden, die jedoch zweidimensional auf einer planen Fläche ausgebreitet wird. Damit ist diese Berechnungsart gut für 360°-Rundumpanoramen geeignet.

Ergebnis der Panoramabearbeitung aus sieben Einzelbildern mit der Vorgabe *Zylindrisch.*

Kap13-05.jpg bis
Kap13-11.jpg

Markieren Sie alle geöffneten Bilder im Fotobereich, damit sie zum Panorama verschmolzen werden können.

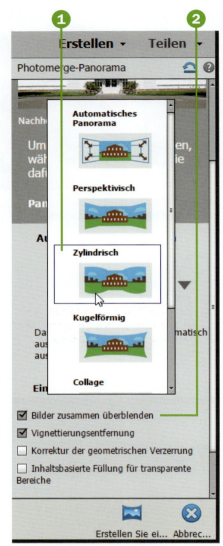

Wahl des Panorama-Layouts und der Überblendungseinstellungen.

Mit **Collage** werden die Bilder überlappend angeordnet, ohne stärker in die Perspektive einzugreifen. Dabei kann es zu leichten Verzerrungen kommen.

Beim **Repositionieren** werden die Bilder lediglich überlappend angeordnet. Verzerrungen treten nicht auf. Allerdings funktioniert das nur einwandfrei, wenn die Bilder mit einem Panoramakopf perspektivisch korrekt aufgenommen wurden.

3 Öffnen Sie weiter unten den Bereich **Einstell.** und aktivieren Sie die Checkbox **Bilder zusammen überblenden** ❷, sonst werden die Einzelbilder nicht fusioniert. Aktivieren Sie außerdem die Checkbox **Vignettierungsentfernung**, um eventuell vorhandene dunkle Bildecken gleich mit zu behandeln. Die Übergänge zwischen den Einzelbildern werden dann gleichmäßiger ausfallen.

Mit der Option **Korrektur der geometrischen Verzerrung** können Sie tonnen- oder kissenförmige Verzeichnungen oder Verzerrungen von Fischaugenobjektiven korrigieren.

Wenn keine starken Verzeichnungen vorhanden sind, wie bei den Beispielbildern dieses Workshops, aktivieren Sie die Funktion lieber nicht, sonst können stark gebogene Panoramen die Folge sein. Starten Sie die Bearbeitung anschließend mit **Erstellen Sie ein Panorama** .

⊗ **Leistungseinstellungen prüfen**

Da die Panoramaberechnung viel Computerleistung benötigt, sollten Sie die Leistungseinstellungen (Strg/cmd+K) nicht zu strikt setzen. Erhöhen Sie auf jeden Fall die Cache-Stufen auf 8. Sonst kann es vorkommen, dass Photomerge-Panorama Probleme beim Überblenden der Bilder bekommt oder sogar ganz abstürzt. Falls es dennoch Probleme geben sollte, wählen Sie **Bearbeiten**/**Voreinstellungen**/**Allgemein** bei Windows bzw. **Adobe Photoshop Elements Editor**/**Voreinstellungen** bei Mac OS (Strg/cmd+K), klicken die Schaltfläche **Voreinstellungen beim nächsten Start zurücksetzen** an, schließen Photoshop Elements und starten es neu.

---

4 Die Einzelbilder werden nun automatisch in eine Datei geladen und anhand ihrer Merkmale ausgerichtet. Nachdem dies abgeschlossen ist, werden Sie im Dialog **Kanten bereinigen** gefragt, ob Photoshop Elements eventuell auftretende trans-

parente Ränder mit Bildmaterial auffüllen soll. Meist liefert diese Aktion keine zufriedenstellenden Ergebnisse, daher verneinen Sie diesen Schritt und schneiden überzählige Ränder später lieber ab.

Kanten bereinigen.

5 Ist das Panorama fertig, wechseln Sie mit der Schaltfläche In **Experte** in den Fotoeditor. In dessen Ebenenpalette finden Sie die einzelnen Bilder als übereinander gelagerte Ebenen wieder. Jede Ebene ist mit einer Ebenenmaske versehen, mit der die im Panorama sichtbaren Bildstellen definiert werden. Die Übergänge der einzelnen Bilder können Sie sich ganz genau ansehen, wenn Sie einzelne Ebenen mit dem Augensymbol aus- und wieder einblenden ➊. Sollte ein Übergang nicht ganz stimmen, können Sie ihn mit dem Pinsel (B,) und der bewährten Ebenenmaskentechnik nachbearbeiten, was aber meistens nicht notwendig ist.

Hier wurde eine Ebene ausgeblendet. Dadurch wird ersichtlich, welchen Bildbereich die betreffende Ebene zum Panorama beisteuert.

6 Da die Ränder des Panoramas nicht automatisch abgeschnitten werden, wählen Sie am besten das Freistellungswerkzeug (C,) aus. Geben Sie in dessen Optionsleiste keine Größenangaben oder Auflösungswerte ein, um die Originalgröße nicht zu verändern. Schieben Sie also einfach die Begrenzungsränder an die passenden Stellen und bestätigen Sie Ihre Auswahl mit der Eingabetaste bzw. einem Klick auf das grüne Häkchen.

Freistellen des Panoramas.

7 Stimmt alles, sind keine störenden Übergänge zu sehen? Dann reduzieren Sie die Ebenen mit *Ebene/Auf Hintergrundebene reduzieren* auf eine Ebene und nehmen die finalen Bearbeitungsschritte, wie Kontrast- und Farboptimierungen oder perspektivische Anpassungen erst an diesem fertigen Panorama vor. So kann es nicht passieren, dass versehentlich unterschiedliche Bearbeitungen der Einzelbilder erfolgen.

Bilder nur deckungsgleich ausrichten

Sollten Sie bei Nicht-Panorama-Projekten Probleme mit nicht perfekt ausgerichteten Ausgangsbildern haben, können Sie folgenden Trick anwenden: Laden Sie die Bilder in den Photomerge-Panorama-Dialog. Deaktivieren Sie aber unbedingt die Checkbox *Bilder ineinander übergehen lassen*.

Photomerge-Panorama wird die Bilder nun in einen Ebenenstapel laden und sie so gut wie möglich ausrichten, sodass die Motive deckungsgleich übereinander liegen. Es werden aber keine Überblendungen angelegt.

Danach können Sie die Ebenen in getrennte Dateien speichern und beispielsweise mit Photomerge-Belichtung eine Belichtungsüberblendung anfertigen. Oder Sie behalten die Ebenen bei und blenden die Bildbereiche manuell per Ebenenmaske aus, die nicht sichtbar sein sollen. Das eignet sich gut, um eine Bewegungssequenz in einem Foto darzustellen.

13.4 Haare freistellen, Hintergrund tauschen

Kap13-12.jpg

Sicherlich haben Sie sich auch schon einmal die Aufgabe gestellt, den Hintergrund bei einem Porträt zu entfernen oder durch einen anderen zu ersetzen. Klar, das Freistellen der glatten Kanten eines Jacketts oder T-Shirts ist eigentlich nicht so extrem schwer, aber was machen Sie bei den Haaren? Da wird die ganze Angelegenheit schon wesentlich filigraner. In solchen Fällen können Sie jedoch vom Auswahl-verbessern-Pinsel Gebrauch machen, der auch gar nicht so kompliziert in der Anwendung ist. Denken Sie auch bei Collagen und Komposings an dieses Werkzeug, wenn es darum geht, dass Haare, Federn oder Fellstrukturen freigestellt werden müssen, die sich vor einem farbigen oder strukturierten Hintergrund befinden.

Links: Das Ausgangsbild mit Originalhintergrund.
Rechts: Ergebnis nach der Porträtfreistellung mit dem Schnellauswahl-Werkzeug und dem Auswahl-verbessern-Pinsel.

1 Öffnen Sie das Bild im Fotoeditor *Experte* und wählen Sie die Ebene mit dem Porträt aus.

2 Aktivieren Sie das *Schnellauswahl-Werkzeug* (A,) aus der Werkzeugpalette und malen Sie die Person mit einer Pinselgröße von 20 Pixeln vollständig aus, um sie in die Auswahl zu nehmen.

Schnellauswahl der Person, die vor einem neuen Hintergrund positioniert werden soll

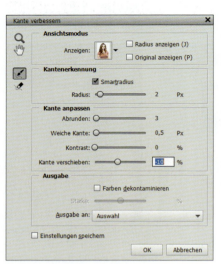

Verbessern der Auswahlkante.

Hinzufügen oder Abziehen von Auswahlflächen an glatten Haarkanten.

3 Wählen Sie die Schaltfläche *Kante verbessern* aus der Optionsleiste aus und stellen Sie folgende Werte ein: *Smartradius*
2 Pixel, *Abrunden* 5 Pixel, *Weiche Kante* 0,5 Pixel *Kante verschieben* −10% und *Ausgabe an* Auswahl.

4 Wechseln Sie anschließend zum Auswahl-verbessern-Pinsel
(A, ✓). Stellen Sie eine *Größe* von 10 Pixeln, eine *Ausrichtungsstärke* von 85 % und eine *Kante* von 10 Pixeln ein.

5 An Stellen, an denen Teile der Haare von der roten Maskierungsfolie überdeckt sind **2**, setzen Sie den Pinsel im Modus
Hinzufügen ⬜ **4** nun so an, dass die dunkle Kreisfläche
des Pinsels auf der Haarkante liegt, und malen Sie damit auf
der Haarkante entlang. Der Pinsel sucht sich die Motivkanten
selbstständig aus und nimmt die Haare in die Auswahl mit auf.

An Stellen, an denen zu viel Hintergrund in der Auswahl ist
1, wechseln Sie den Pinselmodus auf *Subtrahieren* ⬜ oder
halten die Alt-Taste gedrückt, dann wechselt das Werkzeug
temporär in diesen Modus. Setzen Sie den Pinsel dann wieder
auf der Haarkante an und übermalen Sie den entsprechenden
Kantenbereich, um Hintergrundfläche von der Auswahl abzu-
ziehen. Auch die Auswahl an den glatten Kanten der Arme
oder des T-Shirts können Sie mit dem Auswahl-verbessern-Pinsel optimieren. Wenn Sie bei *Anzeigen* die Vorgabe *Auf Weiß*
3 wählen, können Sie die Freistellung noch besser erkennen.

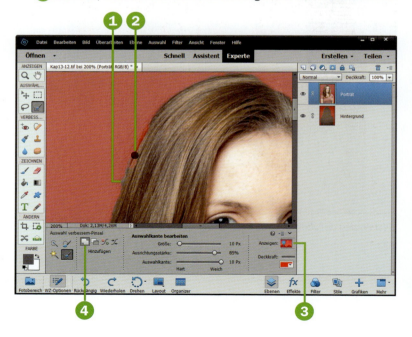

6 An breiteren Übergangsflächen, wie hier im Bereich der aufgelockerten Haarsträhnen, erhöhen Sie die Pinselgröße im Modus *Subtrahieren* auf 60 Pixel. Klicken Sie mit der dunklen Pinselfläche auf den Hintergrund dicht neben dem Bereich der Haare **6** und halten Sie die Maustaste gedrückt. Die Auswahl dehnt sich konzentrisch nach außen hin aus. Lassen Sie die Maustaste los, wenn die Auswahl den Rand der dichteren Haare erreicht hat **5**. Generell muss bei jedem Motiv ein wenig mit den Einstellungen experimentiert werden. Manchmal ist das Ergebnis besser, wenn anstatt mit dicker Pinselspitze, mit der dünneren mehrfach über lockere Haarsträhnen gemalt wird. Mit etwas Übung werden Sie sicherlich bald den richtigen Dreh raushaben. Dann läuft das Freistellen intuitiv aus der Hand.

7 Nach erfolgreicher Freistellung der Person wählen Sie *Ebene*/*Ebenenmaske*/*Nichts maskiert* 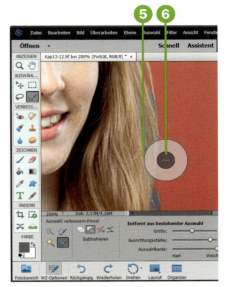 und blenden damit den alten Hintergrund einfach aus, so dass der Neue zum Vorschein kommt. Sollten manche Übergänge noch nicht ganz optimal sein, können Sie die Ebenenmaske mit dem Pinsel (B, ✎) nachbessern.

Bearbeiten der lockeren Haarsträhne mit einer größeren Pinselspitze im Modus Subtrahieren.

Ausblenden des Hintergrunds mit einer Ebenenmaske.

✓ Farbsäume entfernen

Sollte bei Bildern, deren Hintergrund kräftig gefärbt ist, wie etwa blauer Himmel, noch zu viel Hintergrundfarbe an den Rändern zu sehen sein, gibt es einen weiteren Trick. Fügen Sie eine Einstellungsebene 🞂 *Farbton*/*Sättigung* ein. Wählen Sie *Ebene*/*Schnittmaske erstellen* (Strg/cmd+G), damit die Einstellungsebene sich nur auf das freigestellte Objekt auswirkt. Entsättigen Sie die jeweilige Farbe mit dem Sättigung-Regler für den jeweiligen Farbton, bei blauem Himmel die *Blautöne* und die *Cyantöne*. Wenn auch das Motiv dadurch stellenweise entsättigt wird, können Sie der Einstellungsebene eine Ebenenmaske ▢ verpassen und die Motivbereiche mit dem Pinsel und schwarzer Vordergrundfarbe abdecken.

13.5 Motive inhaltssensitiv verschieben

Kap13-13.jpg

Bilder wirken sehr attraktiv, wenn die gezeigten Inhalte harmonisch angeordnet sind. Da es beim Fotografieren aber nicht immer möglich ist, Gruppenaufnahmen oder Bewegungssequenzen so aufzunehmen, dass sich alle Personen perfekt platziert im Bildausschnitt befinden, kann eine unkomplizierte Hilfe zum Neuanordnen nicht schaden. Recht intuitiv und unkompliziert lassen sich ausgewählte Bildteile mit dem Inhaltssensitives-Verschieben-Werkzeug (Q, ✂) an die gewünschte Stelle rücken. Mit dem Beispielbild, bei dem wir drei Einzelaufnahmen zu einer Sprungsequenz verschmolzen haben, können Sie das gleich einmal nachvollziehen. Der dritte Sprungabschnitt soll ein wenig nach links gerückt werden, um die Lücke zu den beiden anderen Teilsequenzen zu verringern.

Oben: Das Ausgangsbild
Rechts: Ergebnis nach dem Verschieben des rechten Sprungabschnitts und Beschnitt des Bildes.

1 Rufen Sie das Bild im Fotoeditor auf und aktivieren Sie das Inhaltssensitives-Verschieben-Werkzeug (Q, ✂) aus der Werkzeugpalette. Da es sich hierbei um ein Auswahlwerkzeug handelt, finden Sie in dessen Optionsleiste die üblichen Möglichkeiten für eine neue Auswahl ▢, das Hinzufügen ▢ einer Auswahl zu einer bestehenden oder das Subtrahieren ▢ von Auswahlbereichen, sowie das Erstellen einer Schnittmengenauswahl ▢. Malen Sie nun einfach eine recht großzügige Auswahllinie um den rechts abgebildeten Springer.

Auswahl des zu verschiebenden Bereichs.

2 Fassen Sie die Auswahl anschließend mit der Maus an und schieben Sie sie an die gewünschte Stelle. Dazu haben wir den Bereich um 151 Pixel nach links und um 15 Pixel nach oben versetzt (siehe kleiner schwarzer Kasten im Bild).

Wichtig ist, dass Sie zuvor in der Optionsleiste bei *Modus* den Eintrag *Verschieben* aktivieren. Sobald Sie die Maus loslassen, beginnt Photoshop Elements damit, das Bild neu zu berechnen.

Verschieben des Auswahlbereichs nach links.

Einstellen des Reglers für den Reparaturvor-
gang ganz nach rechts.

3 In unserer Bearbeitung wurden der linke Fuß und die Hände zunächst noch nicht optimal dargestellt. Aber das lässt sich gleich beheben. Dazu versetzen Sie den Regler *Reparaturvorgang läuft* ganz nach rechts. Diese Funktion ist dazu da, den Berechnungsvorgang mit einem anderen Algorithmus noch einmal neu durchzuführen. Hierbei können wir nur empfehlen, abhängig von der Bildbeschaffenheit einfach auszuprobieren, welche Einstellung beim jeweiligen Bild das beste Resultat liefert. In unserem Beispiel sind wir jetzt fertig, und Sie können die Auswahl mit *Auswahl/Auswahl aufheben* (Strg/cmd+D) deaktivieren.

4 Den aufgewirbelten Sand, der sich jetzt mitten unter dem Springer befindet, können Sie schnell noch mit dem Bereichsreparatur-Pinsel (J,) entfernen. Malen Sie dazu mit einer Pinselgröße von 40 Pixeln, Typ *Inhaltsbasiert*, eine Linie von oben nach unten über den Bereich.

Achten Sie auf duplizierte Inhalte (hier im Bereich des übermalten Busches), die die Retusche bemerkbar machen. Diese können Sie mit dem Kopierstempel (S,) ausbessern. Nehmen Sie von verschiedenen Stellen Pixel auf und überdecken Sie die Duplikatstrukturen damit. Danach können Sie das Bild mit dem Freistellungswerkzeug (C,) ein wenig beschneiden, fertig ist die Aktion.

> **✓ Bildbereiche erweitern**
>
> Wenn Sie in der Optionsleiste des Werkzeugs Inhaltssensitives-Verschieben die Funktion *Erweitern* wählen, wird der markierte Bildbereich beim Verschieben dupliziert. Anschließend können Sie mit dem Reparaturvorgangsregler wieder eine Anpassung der Berechnung vornehmen.

Retusche des aufgewirbelten Sands mit
dem Bereichsreparatur-Pinsel.

Zwar erzeugt das Inhaltssensitives-Verschieben-Werkzeug nicht in jedem Fall auf Anhieb perfekte Resultate. Aber es liefert schnell und unkompliziert eine gute Bildbasis, sodass weitere Retuscheschritte mit den Reparaturpinseln oder dem Kopierstempel weniger aufwendig werden.

13.6 Grafische Elemente einfügen

Die meisten Anwendungen, die mit Photoshop Elements umgesetzt werden, betreffen sicherlich die Bearbeitung, Retusche oder Montage von Bildern. Es gibt aber immer wieder auch Projekte, bei denen eine Form benötigt wird, um besondere Inhalte unterzubringen oder um mit Unterstützung durch die Form bestimmte Bildbereiche auszuwählen. Der Fotoeditor hat daher eine ganze Palette an Form-Werkzeugen an Bord, die wir Ihnen in den folgenden Abschnitten gerne vorstellen möchten.

Welche Form-Werkzeuge gibt es?

Um die nachfolgend gezeigten Form-Werkzeuge selbst anwenden zu können, erstellen Sie im Fotoeditor am besten gleich einmal eine leere Datei. Dazu wählen Sie *Datei/Neu/Leere Datei* ([Strg]/ [cmd]+[N]) und geben bei *Vorgabe* ganz unkompliziert *Foto* und bei *Größe* die Option *Querformat, 20 × 30* ein. Als Hintergrundinhalt eignet sich *Weiß*. In die erstellte Datei können nun jedwede Formen eingefügt werden.

Erstellen einer leeren Übungsgrundlage für die Anwendung der Form-Werkzeuge.

Die Form-Werkzeuge ([U], 🧩) finden Sie unten links in der Werkzeugpalette. Mit einem Klick auf das Symbol öffnet sich die dazugehörige Werkzeug-optionsleiste, die Ihnen alle Kategorien an Formen zur Auswahl präsentiert.

Malen Sie nun Rechtecke, abgerundete Rechtecke, Kreise oder andere Formen jedweder Art auf das Bild. Dabei können Sie über das Drop-down-Menü in der Optionsleiste einstellen, ob das Rechteck frei wählbar sein soll (*Ohne Einschränkungen*) oder ob es als *Quadrat* (▣, ▢) oder *Kreis* (⬤) aufgezogen wird. Mit *Proportional* können Sie das Seitenverhältnis vorgeben und mit *Feste Größe* bestimmen Sie die Maße des Rechtecks ganz genau.

Optionsleiste der Rechteckformen.

Festgelegte Proportionen

Wenn Sie Formen mit festgelegten Proportionen aufziehen möchten, können Sie beim Aufziehen auch einfach die ⬆-Taste drücken. So wird ein perfekt gleichmäßiges Quadrat bzw. ein runder Kreis oder eine gleichmäßig proportionierte eigene Form erstellt.

Rechtecke, erstellt mit den Vorgaben
***Ohne Einschränkungen**, **Quadratisch**,*
Feste Größe** und **Proportional
(hier mit dem Seitenverhältnis 2:3).

Ist zudem die Checkbox *Vom Mittelp.* aktiviert, wird die Form von der Mausposition ausgehend in alle Richtungen erweitert. Zu guter Letzt entscheidet die Checkbox *Ausrichten* darüber, ob sich die Form entweder genau an den Pixelgrenzen orientiert (Checkbox aktiviert) oder nicht.

Die Formen wirken bei aktiviertem Ausrichten schärfer, was aber nicht immer gewünscht ist. Denn gerade kleine Logos oder Favicons fürs Internet sehen dann etwas sehr eckig oder pixelig aus. Auch wenn Sie mehrere Formen aufziehen und diese zum Beispiel alle die gleiche Höhe haben sollen, geht das mit deaktivierter Checkbox meist besser.

Das abgerundete Rechteck

Von den grundlegenden Einstellungsmöglichkeiten her unterscheidet sich das Abgerundetes-Rechteck-Werkzeug (🔲) nicht vom Rechteck-Werkzeug. Es kommt nur eine Option hinzu: *Radius*. Mit dem darin angegebenen Pixelwert wird die Stärke der Eckenabrundung festgelegt.

Das Polygon-Werkzeug

Das Polygon-Werkzeug (⬟) liefert sehr vielseitige Formen, denn die Anzahl der Ecken kann individuell festgelegt werden. Dazu tragen Sie bei *Seiten* einfach einen Wert von mindestens 3 und maximal 100 Eckpunkten ein. Zudem können Sie die Ecken abrunden lassen, wobei die Stärke der Rundung sich nicht mit Pixelangaben festlegen lässt.

Auswahl der Seitenzahl beim
Polygon-Werkzeug mit der Option,
die Ecken abzurunden.

Wenn Sie die Form aufziehen und bei weiterhin gedrückter linker Maustaste die ⌂-Taste drücken, können Sie die aufgezogene Form mit der Maus so drehen, dass sie entweder exakt auf einer der Spitzen steht oder auf einer der Seiten. Die Drehung erfolgt dann in ruckartigen Rasterschritten. Dies gilt auch für das Stern-Werkzeug ✦ und den Linienzeichner ✎.

Polygonformen: Dreieck, Sechseck, Zwölfeck und ein Dreieck mit abgerundeten Ecken.

Das Stern-Werkzeug

Sternförmige Formen dürfen bei einer gelungenen Formenauswahl natürlich auch nicht fehlen. Wichtig bei Sternen ist die Anzahl an Spitzen und die Tiefe der Einkerbungen dazwischen, in Photoshop Elements als *Einzug* bezeichnet. Daher können Sie diese beiden Parameter beim Stern-Werkzeug ✦ wie erwartet einstellen. Analog zur Polygonform können 3 bis 100 Sternspitzen eingefügt werden. Die Stärke des Einzugs lässt sich mit Werten zwischen 1 % und 99 % angeben.

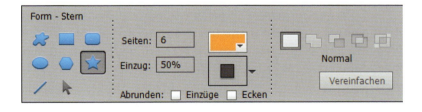

*Bei Sternen können die Anzahl der Spitzen bzw. der eingekerbten Seiten (**Seiten**), die Tiefe der Einkerbungen (**Einzug**) und die Abrundung von Ecken und Einzügen festgelegt werden.*

Hinzu kommt die Möglichkeit, die Sternspitzen und die Eckpunkte der Einzüge abzurunden. Auch hier gibt es keine Möglichkeit, die Rundungsstärke zu bestimmen. Diese ergibt sich automatisch aus der Anzahl an Spitzen und der Tiefe der Einzüge.

Sterne: 5 Spitzen (Einzug 50 %), 8 Spitzen (Einzug 25 %), 5 Spitzen (Einzug 50 %, Einzug abgerundet), 5 Spitzen (Einzug 50 %, Ecken abgerundet), 5 Spitzen (Einzug 50 %, Einzüge und Ecken abgerundet).

Der Linienzeichner

Der Linienzeichner ![Icon] macht seinem Namen alle Ehre und zeichnet Linien, deren Dicke über die Angabe *Breite* in Pixeln, aber zum Beispiel auch in Millimetern oder Zentimetern festgelegt werden kann.

Wenn Sie nach dem Ansetzen der Maus die ⇧-Taste drücken, können Sie perfekt horizontale, vertikale oder um 45° geneigte Linien zeichnen.

Das ist aber noch nicht alles, denn es besteht die Möglichkeit, Pfeile an die Enden der Linien zu setzen, entweder am Anfang, am Ende oder an beiden Enden.

Gestaltungsoptionen des Linienzeichners.

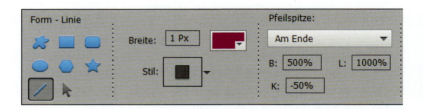

Haben Sie eine der Pfeiloptionen aktiviert, können Sie darüber hinaus die Ausprägung des Pfeils individuell anpassen. Geben Sie die Breite und die Höhe in Prozentwerten zwischen 10 % und 5000 % an.

Je stärker die Länge die Breite übersteigt, desto spitzer wird der Pfeil und umgekehrt. Mit dem *K*-Wert wird die Einkerbung des Pfeils definiert. Dazu können Sie Werte zwischen -50 % und +50 % eintragen.

Linien und Pfeile.

Das Eigene-Form-Werkzeug

Das Eigene-Form-Werkzeug ![Icon] tanzt ein wenig aus der Reihe, denn es bietet nicht nur schlichte geometrische Formen, sondern auch Ornamente, Grafiken und Piktogramme.

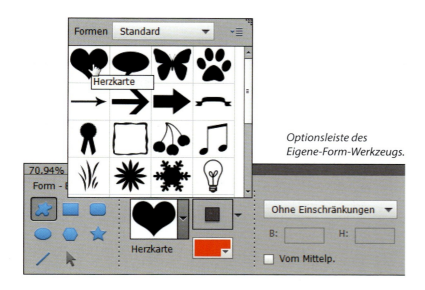

Optionsleiste des
Eigene-Form-Werkzeugs.

Der Form einen Stil verpassen

Den Formen können diverse Bildstile hinzugefügt werden. Dies erzielen Sie mit einem Klick auf das Feld mit dem zunächst durchgestrichenen weißen Quadrat ◻. Wählen Sie aus der Palette an möglichen Stilen einen aus. Für die hier gezeigten Formen haben wir beispielsweise die Vorgabe *Hoch* aus der Kategorie *Schlagschatten* gewählt. Über das Zeichen *fx* neben der Formebene im Ebenen-Bedienfeld können Sie den Ebenenstil manuell weiter anpassen. Alles Wichtige dazu und zu den Ebenenstilen im Allgemeinen erfahren Sie ab Seite 412.

Die Einstellungsoptionen für die Größe entsprechen weitestgehend denen des Rechtecks. Um eine der vielzähligen Formen auszuwählen, klicken Sie auf die Formansicht in der Optionsleiste. Nun können Sie aus dem darin befindlichen Drop-down-Menü bestimmte Kategorien auswählen oder auch einfach alle Elements-Formen einblenden.

Formenbeispiele: **Herzkarte**, **Seepferdchen**, das Piktogramm **Konstruktion 2**, die **Sprechblase 9** und der Umkehrpfeil **Pfeil 18**.

Überlappungsregeln aufstellen

Wenn Sie mehr als nur eine Form in das Bild einfügen, können Sie deren Überlappungseigenschaften anhand von fünf Funktionsvarianten anpassen.

Wichtig dabei ist, dass Sie sich vor dem Einfügen der Form für eine Variante entscheiden, denn nachträglich ist das Ändern der Überlappungsform nicht mehr möglich.

Mit *Normal* ⬜ wird die zweite Form auf einer getrennten Ebene über die erste gelegt und kann individuell mit Farbe und Bildstil bearbeitet werden. Bei *Addieren* wird die zweite Form der ersten hinzugefügt und dabei direkt in die Formebene mit integriert. Daher ist es nicht möglich, für die zweite Form eine andere Farbe zu wählen.

Mit *Subtrahieren* wird die zweite Form von der ersten subtrahiert. Dadurch entstehen an den überlappenden Stellen transparente Bereiche. Bei *Schnittlinie* bleiben die Formen nur an den Stellen sichtbar, an denen sie sich überlappen. *Ausschließen* bewirkt, dass die Formen an den Stellen transparent werden, an denen sie sich überlappen.

Oben links: **Normal**.
Oben Mitte: **Addieren**.
Oben rechts: **Subtrahieren**.
Unten links: **Schnittlinie**.
Unten rechts: **Ausschließen**.

Transformieren und Pfade anpassen

Kap13-14.tif

Das Ändern der Größe läuft bei allen Formen absolut verlustfrei ab. Das liegt daran, dass es sich bei Formen um Vektorgrafiken handelt. Um eine Form zu transformieren, markieren Sie die Formebene mit dem Formauswahl-Werkzeug (U,) direkt im Bild.

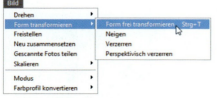

Formen können transformiert werden, ohne dass sie an Qualität verlieren oder die Schärfe ihrer Kanten abnimmt.

Sobald Sie einen der Anfasser mit der Maus anklicken, öffnet sich die Optionsleiste der Funktion *Frei transformieren*. Darüber können Sie die Form nun skalieren, drehen oder neigen. Alternativ zum Formauswahl-Werkzeug können Sie das Skalieren-Menü auch mit *Bild/Form transformieren* aufrufen. Dort steht auch die Option *Perspektivisch verzerren* zur Verfügung.

Die Pfade bearbeiten

Formen erhalten ihre Gestalt durch Pfade, die von Pfadpunkt zu Pfadpunkt aufgezogen werden. Das Praktische daran ist, dass Sie die Form über die Pfadpunkte individuell anpassen können. Allerdings müssen Sie hierfür einen kleinen Umweg gehen. Dazu wählen Sie das Text-auf-eigenem-Pfad-Werkzeug (T, T) aus. Aktivieren Sie in dessen Optionsleiste das Symbol *Verändern*.

1 *Verschieben.*

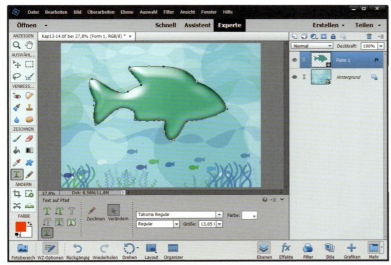

Die Pfadpunkte des Fisches wurden über die Optionsleiste des Text-auf-eigene-Form-Werkzeugs eingeblendet und können nun verändert werden.

2 *Entfernen.*

3 *Hinzufügen.*

Die Pfadpunkte können Sie nun wie folgt verändern:

- Fassen Sie einen der Pfadpunkte mit der Maus 🖑 an und verschieben **1** Sie ihn.

- Drücken Sie die Alt-Taste und klicken Sie dann auf einen der Pfadpunkte. Der Mauszeiger erhält ein Minuszeichen 🖑– und der Pfadpunkt wird gelöscht **2** .

- Wenn Sie die ⇧-Taste drücken und den Rahmen der Form berühren, erhält der Mauszeiger ein Pluszeichen 🖑+ und Sie können einen neuen Pfadpunkt hinzufügen **3** .

Mit den gezeigten Pfadanpassungen können Sie aus einem harmlosen Goldfisch einen Hai zaubern. Cool, nicht wahr? Vor allem deshalb, weil die Bearbeitung von Pfaden eigentlich dem großen Photoshop vorbehalten ist.

Aus dem Goldfisch ist ein Hai entstanden.

Filter, Stile und Effekte

Neben den Farbeffekten, die sich per Fotofilter oder gezielter Farbveränderung einbauen lassen, hat Photoshop Elements noch eine riesengroße Palette Filter an Bord. Einige davon haben Sie im Laufe dieses Buches bereits kennengelernt, zum Beispiel die Filter zur Rauschreduzierung oder zum Weich- oder Scharfzeichnen. In den nachfolgenden Abschnitten soll es daher in erster Linie um bildverfremdende Maßnahmen gehen. Denn die Filter, Stile und Effekte bieten ein sehr breites Spektrum für kreative Bildergebnisse.

14.1 Filter & Co. – Helfer für kreatives Gestalten

Die Filter auszuwählen, ist bei Photoshop Elements auf unterschiedliche Arten möglich. Einerseits gibt es ein extra dafür angelegtes Effekte-Bedienfeld *fx*, andererseits befinden sich viele Filter auch im *Filter*-Menü der Menüleiste. Zudem hat der Assistent-Modus ebenfalls noch ein paar Spezialfilter an Bord.

Kap14-01.jpg

Das Effekte, Filter und Stile anwenden

Im Fotoeditor-Modus Experte können **Effekte** *fx*, **Filter** oder **Stile** direkt über die entsprechenden Schaltflächen in der Taskleiste unten rechts oder im benutzerdefinierten Arbeitsbereich über das Menü der Schaltfläche **Mehr** aufgerufen werden.

Mit den Effekten lässt sich das Bild einfärben oder teilweise schwarzweiß darstellen. Es stehen aber auch stärker abstrahierende Optionen zur Verfügung. Mit den Filtern lässt sich beispielsweise eine Weichzeichnung durchführen. Es ist aber auch möglich, bestimmte Gemäldestile zu imitieren, wie zum Beispiel ein Aquarell, eine Buntstiftschraffur oder ein Ölgemälde. Die Stile wirken sich entweder auf das ganze Bild oder nur auf die Kanten einzelner Bildelemente aus. So können Sie einerseits Fotoeffekte anwenden, andererseits aber auch Formen, Ebenen oder Texte mit Schlagschatten und Konturen aufpeppen.

Um einen Effekt, Filter oder Stil auf das Bild anzuwenden, wählen Sie im Modus Experte die entsprechende Schaltfläche ❸ aus. Öffnen Sie anschließend die Dropdown-Liste und markieren Sie eine Kategorie, zum Beispiel die Kategorie **Kunstfilter** ❶. Alle dazugehörigen Effekte werden mit ihren Symbolen aufgelistet. Markieren Sie die gewünschte Option (hier den Effekt **Ton-**

*Effekt **Altes Papier** aus der Kategorie **Antik**.*

*Filter **Tontrennung und Kantenbetonung** aus der Kategorie **Kunstfilter**.*

*Stil **Sepia-Ton** aus der Kategorie **Fotografische Effekte**.*

trennung und Kantenbetonung) und ziehen Sie das Symbol einfach mit der Maus auf Ihr Foto. Alternativ können Sie den Filter auch anwenden, indem Sie einen Doppelklick auf das Filtersymbol ausführen.

Bei manchen Filtern lassen sich spezifische Einstellungen treffen. Passen Sie die Regler dann gegebenenfalls an, bis Ihnen das Resultat zusagt, und schließen Sie die Aktion mit einem Klick auf den grünen Haken ❷ oder mit der Eingabetaste ⏎ ab.

Auswahl des Effekts, Filters oder Stils, Anpassen der Einstellungen und Anwenden auf das Bild.

✅ Vektorebenen

Wenn Sie Filter und Effekte auf Vektorebenen, also Formen, Füllebenen, Grafiken oder Texte, anwenden möchten, müssen Sie die Ebene zuvor vereinfachen (*Ebene/Ebene vereinfachen*). Oder Sie ziehen den Filter einfach auf die Ebene und bestätigen den Warnhinweis von Photoshop Elements mit *OK*. Dann wird die Ebene automatisch vereinfacht und der Effekt anschließend gleich angewendet.

*Der Antik-Effekt **Altes Papier** wurde auf einer neuen Ebene angelegt*

Schauen Sie sich danach einmal das Ebenen-Bedienfeld an. Viele Effekte werden auf eigenen Ebenen angelegt. Das Originalbild bleibt somit erhalten. Das ist aber nicht immer der Fall. Daher duplizieren Sie die Hintergrundebene vor der Filteranwendung, um das Original nicht zu verlieren (Strg/cmd+J). Die Datei muss dann aber auch als TIFF oder im PSD-Format gespeichert werden.

 Filterebenen anpassen

Wird der Effekt auf einer getrennten Ebene oder einer duplizierten Bildebene angewendet, steht es Ihnen frei, diese Ebenen weiter zu bearbeiten. Ändern Sie die Deckkraft oder den Mischmodus, um zu ganz individuellen Gestaltungsvarianten zu kommen.

Feintuning mit der Filtergalerie

Eine weitere Möglichkeit, Filter auf ein Bild anzuwenden, besteht im Aufrufen der Filtergalerie, die es schon sehr lange in Photoshop Elements gibt. Der Vorteil ist, dass Sie die Filtergalerie auf diesem Wege auch aus den Modi Schnell und Assistent aufrufen können, indem Sie *Filter/Filtergalerie* wählen. Außerdem können bequem mehrere Filter miteinander kombiniert werden. In der Filtergalerie lässt sich die Auswirkung auf das Bild im großen Dokumentfenster sofort mitverfolgen. Über die Prozentangabe oder das Plus-/Minussymbol darunter kann die Bildansicht skaliert werden, um alles genau in Augenschein zu nehmen.

Die Filtergalerie von Photoshop Elements.

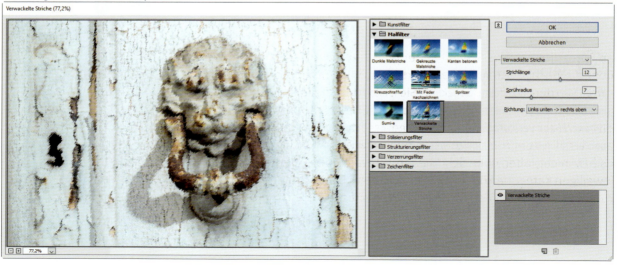

Vergleichbar mit dem Bedienfeld 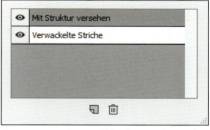 präsentiert der mittlere Bereich die Filter, sortiert nach Kategorien. Über das kleine Pfeil-symbol lässt sich der ganze Bereich ein- und ausblenden. Wählen Sie nun einfach einen Filter aus, und schon wird dieser auf die Vorschau angewendet. Die Filterauswahl kann aber auch über das Drop-down-Menü im rechten Fensterbereich erfolgen, denn darin listet das Programm alle 47 Filter alphabetisch auf. Dort finden Sie auch die Regler für das Feintuning eines jeden Filters. Wenden Sie die Regler einfach „auf Sicht" an. Ziel ist es, sich spielerisch an das Ergebnis heranzutasten. Was am Ende gefällt, ist Trumpf.

Jeder angewendete Filter wird übrigens auf einer eigenen Effekt-ebene angelegt. Möchten Sie mehrere Filter auf das Bild anwen-den, wählen Sie das Symbol *Neue Effektebene* . Die neue Ebene wird über der aktuellen Effektebene angeordnet, und Sie können diese Ebene markieren und einen anderen Effekt anwen-den. Über das Augensymbol lassen sich die Filterebenen ein- und ausblenden. Auch können Sie die Ebenen verschieben, um die Filterwirkung mit einer anderen Reihenfolge zu prüfen. Wird eine Effektebene nicht mehr benötigt, löschen Sie sie mit dem Mülleimersymbol .

Die neu eingefügte Effektebene **Mit Struktur versehen** *liegt über der ersten Ebene* **Verwackelte Striche***. Wenn Sie die Reihen-folge per Drag & Drop ändern, wird sich auch die Optik des Bildes ändern. Probieren Sie's mal aus.*

Die Effektebenen sind allerdings nicht mit richtigen Bildebenen vergleichbar. Sie visualisieren die angewendeten Effekte nur. Nach Bestätigen der Bearbeitung mit OK und dem Schließen der Fil-tergalerie werden alle Effektebenen auf die zuvor gewählte Bil-debene angewendet und können nachträglich nicht mehr verän-dert werden.

Viele neue Filter im Modus Schnell

Im Fotoeditor-Modus Schnell finden sich weitere Bildeffekte, die über die dortige Schaltfläche *Effekte* in der Taskleiste aufge-rufen werden können. Schauen Sie sich die Möglichkeiten auf jeden Fall auch einmal an, denn die Effekte wirken teils noch etwas moderner oder cooler als einige der althergebrachten Filter aus der Filtergalerie. Einstellungsmöglichkeiten über Regler gibt es hier nicht, aber über den kleinen schwarzen Pfeil neben der jeweiligen Kategorie können Sie verschiedene Effektvarianten auf-rufen, und diese einfach durch Anklicken auf das Bild anwenden.

Auswahl eines Effekts aus dem Bereich **Spielzeugkamera***.*

Kap14-02.tif

14.2 Ebenenstile gekonnt anwenden

Mit Ebenenstilen können alle Bildelemente versehen werden, die nicht auf dem Hintergrund fixiert sind, sondern in Form einer Ebene vorliegen. Das können Texte, Grafiken, Formen oder Bildausschnitte bzw. ganze Bilder sein. Um dies gleich einmal nachzuvollziehen, können Sie die Beispieldatei öffnen und den afrikanischen Kontinent mal eben schnell mit einem ansprechenden Schlagschatten vom Hintergrund abheben. Dazu rufen Sie das Ebenen-Bedienfeld auf und markieren bei gedrückter ⇧-Taste alle Ebenen außer der Hintergrundebene.

Um die Ebenenstile auswählen zu können, navigieren Sie zum Bedienfeld **Stile** 🗐 oder klicken die Registerkarte **Stile** an, wenn Sie sich im Benutzerdefinierten Arbeitsbereich befinden. Im Dropdown-Menü wählen Sie die Kategorie **Schlagschatten** und klicken nun einfach doppelt auf die Stilvorgabe **Tief** oder ziehen das Symbol auf das Bild. Der Effekt wird automatisch auf alle markierten Ebenen angewendet

Die markierten Ebenen der Beispieldatei.

Alle markierten Ebenen erhalten den Ebenenstil **Tief** *aus der Kategorie* **Schlagschatten**.

Weitere Ebenenstile hinzufügen

Bei dem einen Bildstil muss es nicht bleiben, denn toll an den Stilen ist ja, dass sie beliebig miteinander kombiniert werden können. Wählen Sie also beispielsweise den Elefanten aus, indem Sie nur die Ebene *Elefant* im Ebenen-Bedienfeld anklicken. Wenden Sie nun aus der Stilkategorie *Glasbuttons* die Vorgabe *Orangefarbenes Glas* auf das Bild an, schon sieht er viel gefälliger aus.

*Übertragen des Stils **Orangefarbenes Glas** auf die zuvor ausgewählte Ebene mit dem Elefanten.*

Für die anderen Bildelemente können Sie ebenfalls noch ein paar passende Stile auswählen. Hier haben wir folgende Stile eingefügt, um zum gezeigten Bild zu kommen:

- Schrift: *Muster* (*Getrockneter Schlamm*), *Abgeflachte Kanten* (*Einfach – Relief an allen Kanten*)

- Elefant: *Konturen* (*Braune Kontur*)

- Afrika: *Bildeffekte* (*Verblichenes Foto*), *Abgeflachte Kanten* (*Einfach außen*)

- Tatzen: *Wow-Plastik* (*Wow-Plastik transparent*), *Abgeflachte Kanten* (*Einfach außen*)

Wenn Sie sich das Bild zwischendurch einmal ohne all die eingefügten Ebenenstile anschauen möchten, können Sie mit Ebene/Ebenenstil/Alle Effekte ausblenden alle Stile unsichtbar machen – oder sie mit Alle Effekte einblenden wieder anzeigen lassen.

> **Überschreibende Stile**
>
> Es gibt einige Stile, die den Effekt der zuvor angewendeten Stile teilweise überschreiben. So würden die Stile aus dem Bereich *Wow-Plastik* beispielsweise den Schlagschatten entfernen, aber eine zuvor ebenfalls eingefügte Kontur unverändert erhalten. Bei der Stilkombination ist daher immer ein wenig Ausprobieren gefragt.

*Collage nach dem Einfügen aller genann-
ten Stile.*

*Aufrufen der Stileinstellungen mit einem
Doppelklick auf das fx-Symbol.*

*Stileinstellungen der Ebene mit dem
Elefanten.*

Ebenenstile anpassen

Was jetzt noch nicht so richtig gut aussieht, ist die dicke Kontur des Elefanten. Diese wird im Folgenden von der automatischen Stärke von 5 Pixeln auf 1 Pixel reduziert. Denn viele Ebenenstile können Sie nach der Anwendung individuell anpassen.

Dazu navigieren Sie zurück zum Bedienfeld Ebenen. Was hier auffällt, ist, dass jede Ebene, die Sie mit einem Stil verändert haben, das Symbol *fx* trägt. Dieses verrät dem informierten Photoshopper, dass die Ebene mit einem Ebenenstil versehen wurde. Um den Stil aufzurufen, klicken Sie doppelt auf das Symbol *fx* oder wählen *Ebene/Ebenenstil/Stileinstellungen*.

Das Dialogfenster *Stileinstellungen* öffnet sich. Dieses unterglie-dert sich in vier übergeordnete Bereiche: *Schlagschatten*, *Schein*, *Abgeflachte Kante* und *Kontur*. Jeder Bereich kann durch Aktivie-ren oder Deaktivieren der zugehörigen Checkbox ein- oder aus-geschaltet werden. Da die Stile *Schlagschatten* und *Abgeflachte Kante* den Einfall einer Lichtquelle imitieren, können Sie den Ein-fallswinkel mit einer Gradangabe bei *Lichtwinkel* steuern.

Zudem gibt es die Möglichkeit, die Farbe des jeweiligen Stils über die Farbfelder individuell auszuwählen. Für die Zahlenwerte der einzelnen Parameter gibt es keine allgemeingültigen Empfehlungen. Es zählt, was gefällt.

Daher probieren Sie verschiedene Einstellungen aus, um Ihr Ergebnis individuell weiter zu optimieren. Da es im gezeigten Fall um die Kontur geht, geben Sie bei **Kontur** im Feld für die Größe einfach den Wert 1 Pixel ein, so sieht die Umrandung des Elefanten nicht mehr so dominant aus. Auch können Sie wählen, ob die Kontur innen, außen oder in der Mitte verlaufen soll (hier **Innen**).

Ebenenstile skalieren

Eine weitere Möglichkeit der Stilanpassung besteht im Skalieren der Effekte. Im Fall des Beispielbildes können Sie dafür die Ebene **Tatzen** auswählen. Navigieren Sie dann über **Ebene/Ebenenstil/Effekte skalieren** zum entsprechenden Dialogfenster. Hier können Sie die Größe des Stils zwischen 1 % und 1000 % variieren und die Auswirkung zeitgleich im Bild verfolgen.

Wenn Sie einen Ebeneneffekt skaliert haben, zum Beispiel auf 50 %, das Menü schließen und den Effekt dann erneut skalieren möchten, beginnen Sie wieder bei einem Wert von 100 %. Um die vorherige Skalierung zurückzunehmen, müssten Sie also 200 % einstellen.

*Skalieren des Ebenenstils der Ebene **Tatzen** auf 30 %.*

Die Tatzen vor und nach der Ebenenstil-Skalierung.

Ebenenstile kopieren/löschen

Um einen Ebenenstil zu übertragen, wählen Sie die Ebene mit dem Stil aus und dann **Ebene/Ebenenstil/Ebenenstil kopieren**. Anschließend markieren Sie die Ebene(n), die den Stil erhalten soll(en), und wählen **Ebene/Ebenenstil/Ebenenstil einfügen**. Die Optionen zum Kopieren, Einfügen oder Löschen eines eines Stils finden Sie auch im Kontextmenü, wenn Sie mit der rechten Maustaste ((ctrl) + Klick bei Mac OS) auf die Ebene klicken, nicht auf das Symbol **fx**.

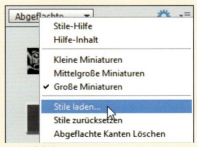

Neue Ebenenstile laden

Im Internet kursieren viele interessante Ebenenstile, meistens erstellt für die große Photoshop-Programmversion. Diese können Sie aber auch in die Bibliothek von Photoshop Elements laden.

Dazu öffnen Sie das Menü ▾≣ des Effekte-Bedienfelds und wählen **Stile laden**. Navigieren Sie zum Speicherort der heruntergeladenen Ebenenstil-Datei mit der Endung **.asl** und integrieren Sie diese mit der Schaltfläche **Laden** ins Programm.

Neue Stile laden.

Mit Text arbeiten

Das Arbeiten mit Text ist bei der Besprechung eines Bildbearbeitungsprogramms ja eher ein Außenseiterthema. Wobei es hier natürlich nicht um den Inhalt geht, sondern darum, wie ein Text ansprechend gestaltet und im Bild positioniert werden kann. Wenn Sie bereits mit Textverarbeitungssoftware gearbeitet haben, wird Ihnen der Umgang mit Text sicherlich auch in Photoshop Elements schnell und leicht von der Hand gehen. Neben dem reinen Textblock in horizontaler Richtung warten aber auch noch kreativere Werkzeugfunktionen darauf, entdeckt zu werden. Erfahren Sie in den folgenden Abschnitten daher alles über das Erstellen und Gestalten von Text.

15.1 Das Textwerkzeug

In Photoshop Elements ist die Textwerkzeug-Gruppe in der Werkzeugpalette des Fotoeditors die zentrale Funktionseinheit zum Erstellen von Texten. Wenn Sie eines der Textwerkzeuge markieren, zum Beispiel das Horizontale Textwerkzeug (T, T), öffnet sich die zugehörige Werkzeugoptionsleiste. Darin werden Ihnen sieben unterschiedliche Textwerkzeug-Typen zur Auswahl gestellt.

Textwerkzeuge des Fotoeditors von Photoshop Elements.

Mit dem Horizontalen Textwerkzeug T wird der Text zeilenweise von links nach rechts geschrieben. Das Vertikale Textwerkzeug T dient zum Schreiben des Textes zeilenweise von oben nach unten und von rechts nach links. Mit dem Horizontalen Textmaskierungswerkzeug T wird der Text zeilenweise von links nach rechts in Form einer Auswahl ins Bild geschrieben.

Die Auswahl kann anschließend mit Verläufen oder Bildinhalten gefüllt werden. Gleiches gilt für das Vertikale Textmaskierungswerkzeug T, nur dass die Textauswahl damit von oben nach unten und von rechts nach links auf das Bild geschrieben wird. Mit dem Text-auf-Auswahl-Werkzeug T werden vor der Texterstellung Bildbereiche ausgewählt. Auf der Auswahllinie kann der Text anschließend aufgefädelt werden. Auf Formen wie Kreisen, Rechtecken oder Rauten können Sie den Text hingegen mit dem Text-auf-Form-Werkzeug 🆃 auffädeln. Zu guter Letzt ist es mit dem Text-auf-eigenem-Pfad-Werkzeug 🆃 möglich, einen individuell erstellten Pfad als Basislinie zum Auffädeln des Textes zu verwenden.

Im Bereich neben den Textwerkzeug-Icons befindet sich der Optionsbereich, in dem die optischen Eigenschaften der Schrift eingestellt werden und auch ein nachträgliches Editieren möglich ist.

Jeder Text, und ist er noch so kurz, wird auf einer eigenen Textebene generiert. Daher erhält das Bild im Ebenen-Bedienfeld eine oder mehrere Textebenen, die über das Ebenen-Bedienfeld ausgewählt und weiterbearbeitet werden können.

Das Bild mit den zwei Textebenen.

15.2 Text erstellen und editieren

Das Einfachste, was Sie im Sinne einer Texterstellung tun können, ist das Schreiben eines einzeiligen Textes, eines sogenannten Punkttextes. Dazu wählen Sie das Horizontale Textwerkzeug (🆃, 🆃) aus der Werkzeugpalette aus. Platzieren Sie die Maus an der Stelle im Bild, an der Sie den Text einfügen möchten.

Kap15-01.tif

Der Mauszeiger präsentiert Ihnen eine entsprechende Einfügemarke 𝕀. Drücken Sie nun einfach die linke Maustaste. Es erscheint eine blinkende vertikale Linie ❶ und Sie können den gewünschten Text eingeben. Im Ebenen-Bedienfeld wird gleichzeitig eine Textebene vorbereitet, die zu Beginn die Bezeichnung *Ebene 1* ❷ trägt (s. Abb. auf der nächsten Seite).

Wenn Sie einen manuellen Zeilenumbruch einfügen möchten, drücken Sie die Eingabetaste ↵ (nicht die Enter-Taste des Ziffernblocks!). Wenn Sie fertig sind, bestätigen Sie die Texteingabe mit dem grünen Häkchen oder drücken die Enter-Taste des Ziffernblocks.

Sollte kein Ziffernblock zur Verfügung stehen, funktioniert auch die Tastenkombination Strg/cmd+↵. Anschließend wird der Name der Textebene mit dem Anfang des eingegebenen Textes gefüllt. Zudem springt die Werkzeugauswahl automatisch auf das Verschieben-Werkzeug (V, ⊹) um.

> **Textebenen sind Vektorebenen**
>
> Textebenen gehören zu den Vektorebenen. Sie können daher beliebig skaliert und verzerrt werden, ohne dass Qualitätsverluste auftreten.

Einfügen eines horizontalen Textes.

Den Text individualisieren

Die Eigenschaften der Schrift, also letztlich vor allem die Optik, können Sie mit den verschiedenen Formatierungsfunktionen der Werkzeugoptionsleiste festlegen. Hierbei können Sie die Texteigenschaften entweder schon vor der Texteingabe oder erst danach gestalten. Um einen bestehenden Text zu editieren, klicken Sie einfach doppelt auf die Ebenenminiatur ⊤ der Textebene.

Schriftart und Schriftschnitt

Wählen Sie nun die Schriftart aus dem Drop-down-Menü aus, indem Sie das Menü aufklappen und einen Schriftstil festlegen ❶ . Zur Option werden alle auf Ihrem Computer vorhandenen Schriftarten gestellt, was sich natürlich von Gerät zu Gerät unterscheidet. Sie können aber auch mit der Maus in das Feld klicken und dann am Mausrad drehen oder die Tasten ⊔ oder ⊔ drücken, um die Schriftarten nacheinander durchlaufen zu lassen. Sie werden stets auf den Text angewendet, was die Auswahl sehr angenehm gestaltet. Des Weiteren können Sie einfach den Namen der gesuchten Schrift in das Textfeld der Schriftart eintippen.

Mit dem Drop-down-Menü unterhalb der Schriftart legen Sie den Schriftschnitt ❷ fest. Der Schriftschnitt stellt die Variation einer Schriftart dar und bietet zum Beispiel verschiedene Optionen bezüglich der Stärke, Laufweite und Lage der Schrift. Die Anzahl der Optionen kann von Schriftart zu Schriftart variieren. Die Schriftschnitte sind auch in der deutschen Elements-Version in Englisch angegeben: *Regular* = Standard, *Italic* = Kursiv, *Bold* = Fett und *Narrow* = Schmal.

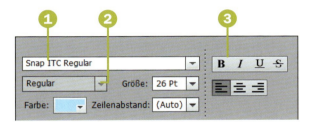

Faux-Version
Faux ist eine vom Rechner generierte Schriftversion, mit der Sie Kursiv- und Fettschnitt für Schriftarten erstellen können ❸, die diese Schriftschnitte nicht in der Liste anbieten. Alternativ ist es möglich, während der Texteingabe die rechte Maustaste (ctrl + Klick bei Mac OS) zu wählen und im Kontextmenü *Faux Fett* oder *Faux Kursiv* auszuwählen.

Auswahl von Schriftart und Schriftschnitt, sowie die Bedienfelder für die Schriftschnitte Faux Fett, Faux Kursiv, Unterstrichen und Durchgestrichen.

Schriftgröße und Zeilenabstand

Bei *Größe* bestimmen Sie die Schriftgröße in der für die Typografie üblichen Maßeinheit Punkt (Pt). Die Schriftgröße kann über das Drop-down-Menü allerdings nur maximal 72 Pt betragen. Daher wird es eventuell notwendig sein, die Größe manuell in das Textfeld einzutippen. In dem Fall können Sie dann theoretisch Schriften mit einer Größe bis zu 1.296 Pt anwenden. Der kleinstmögliche Wert beträgt 0,01 Pt – sicherlich ein gut geeigneter Wert für das Lesen unter dem Mikroskop.

Auswahl von Größe und Zeilenabstand.

Zeilenabstand legt den Platz zwischen den einzelnen Textzeilen fest. Dabei sorgt Photoshop Elements mit der Vorgabe *(Auto)* von allein für einen zur Textgröße passenden Abstand.

Maßeinheit ändern
Soll die Schriftgröße in Pixel oder Millimeter angegeben werden, können Sie die Maßeinheit über *Bearbeiten* (Windows) bzw. *Adobe Photoshop Elements Editor* (Mac OS)*/Voreinstellungen/Einheiten & Lineale* (Strg/cmd+K) im Bereich *Maßeinheiten* bei *Text* ändern. Wenn Sie Schrift für Internetseiten bearbeiten empfiehlt es sich, auf Pixel umzustellen, da dort alles in Pixeln angegeben ist.

Unterschiedliche Schriftgrößen und Schriftschnitte lassen sich auch auf Wörter und einzelne Buchstaben anwenden. Wählen Sie den entsprechenden Textbereich zuerst aus. Dazu klicken Sie mit dem Textwerkzeug in den Text, sodass wieder die blinkende Einfügemarke erscheint.

Navigieren Sie per Mausklick oder mit den Pfeiltasten der Tastatur zur gewünschten Stelle. Drücken Sie die ⇧-Taste und gleichzeitig eine der vier Pfeiltasten, um Buchstaben oder Textstellen am Stück zu markieren. Alternativ klicken Sie mit der Maus an die Stelle und ziehen mit gehaltener linker Maustaste eine Markierung über den Text.

Zwei Buchstaben wurden markiert und auf 14 Pt verkleinert.

Absatzausrichtung

Die Symbole für die Textausrichtung sehen so aus, wie Sie es von bekannten Textverarbeitungsprogrammen bestimmt seit Jahren gewohnt sind. Darüber können Sie den Text linksbündig ☰ (Strg/cmd+⇧+L), zentriert ☰ (Strg/cmd+⇧+C) oder rechtsbündig ☰ (Strg/cmd+⇧+R) ausrichten. Für die Ausrichtung des Textes im Blocksatz gibt es leider kein Bedienfeld. Sie kann aber mit der Tastenkombination Strg/cmd+⇧+F erreicht werden. Der Blocksatz funktioniert jedoch nur dann, wenn der Text innerhalb eines Textblocks geschrieben wurde, die Textzeilen also nicht mit Absatzmarken (⏎-Taste) enden (siehe Abschnitt „Absatztexte erstellen").

Schriftfarbe

In der Werkzeugoptionsleiste finden Sie auch das Menü *Farbe* Farbe: ▾, mit dem Sie Ihrem gesamten Text, aber auch einzelnen Wörtern oder Buchstaben eine bestimmte Farbe zuweisen können. Zur Auswahl stehen verschiedene Kategorien an Farbfeldern oder der Farbwähler-Dialog, der sich mit einem Klick auf das Symbol 🔴 öffnen lässt.

Textausrichtung

Durch das Betätigen des Symbols *Textausrichtung* T↓ lässt sich ein horizontaler in einen vertikalen Text umwandeln und umgekehrt. Die Modifikation wird dabei immer auf den Inhalt einer ganzen Ebene angewendet, es werden somit alle Zeilen des Textes neu ausgerichtet.

Beachten Sie, dass nach dem Transformieren eines horizontalen Textes T, in einen vertikalen Text T↓ der Anfang des vertikalen Textes rechts beginnt und die Zeilen von rechts nach links zu lesen sind. Dies gilt auch für das Schreiben mehrzeiliger Texte mit dem Vertikalen Textwerkzeug T und dem Vertikalen Textmaskierungswerkzeug T. Der Text muss also verkehrt herum geschrieben werden, damit er vertikal richtig ausgerichtet wird.

Wird der mehrzeilige Text vertikal ausgerichtet, steht er leider verkehrt herum.

Wird der Text verkehrt herum geschrieben, also hier „aus dem Urlaub Viele Grüße", wird er vertikal richtig angezeigt.

Verkrümmten Text erstellen

Mit dem Symbol *Verkrümmten Text erstellen* T lässt sich der gesamte Text einer Textebene auf die verschiedensten Arten verzerren. Markieren Sie dazu einfach die gewünschte Textebene im Ebenen-Bedienfeld. Nach dem Aktivieren des Verkrümmen-Symbols öffnet sich das Dialogfeld *Text verkrümmen*.

Wählen Sie darin als Erstes aus dem Drop-down-Menü einen der grundlegenden Verkrümmungsstile aus, beispielsweise das Modell *Flagge* oder *Bogen*. Stellen Sie anschließend die Intensität der Biegung und die Stärke der horizontalen und vertikalen Verzerrung mit Schiebereglern ein, bis Ihnen das Resultat gefällt.

Die Verkrümmung des Textes kann allerdings immer nur auf die gesamte Textebene angewendet werden. Es ist also nicht möglich, einzelne Zeilen, Wörter oder gar Buchstaben unabhängig zu krümmen. Legen Sie daher mehrere Textebenen an, um nur bestimmte Zeilen zu verkrümmen.

Schrift glätten

Eine Glättung der Schriften kann durch das Aktivieren der entsprechenden Checkbox **Glätten** **1** durchgeführt werden. Alternativ können Sie die Glättung der Schrift auch in der Menüleiste über **Ebene/Text** steuern.

Oder Sie klicken mit der rechten Maustaste auf den Text im Bild oder die Textebene (`ctrl` + Klick bei Mac OS) und wählen **Glättung aktivieren** aus dem Kontextmenü.

Was passiert aber eigentlich beim Glätten? Nun, auch Buchstaben und Zeichen sind auf dem Bildschirm aus eckigen Pixeln aufgebaut.

Das ergibt einen Treppeneffekt, der mithilfe der Glättung harmonisiert wird. Die Linien der Zeichen erscheinen glatter und eleganter. Der IT-Experte bezeichnet diesen Effekt auch als Antialiasing.

Nicht geglätteter Text mit sichtbaren Pixeltreppen (linker Bildausschnitt) und geglätteter Text in der 400 %-Ansicht.

Stile einfügen

Selbstverständlich ist es möglich, die von Photoshop Elements zur Verfügung stehenden Ebenenstile auch auf die Texte anzuwenden. Hierzu markieren Sie die Textebene und rufen die Auswahlliste für die verschiedenen *Stile* über die Taskleiste auf. Solange Sie noch keinen Stil gewählt haben, ist ein durchgestrichenes weißes Quadrat als Symbol zu sehen.

Anwenden des Stils Schmaler Rand aus der Kategorie Schein nach außen auf beide Schriftzüge. Nachträglich haben wir in den Stileinstellungen bei Schein die Größe des Rands auf 20 Pixel reduziert.

Nachdem Sie das Bedienfeld geöffnet haben, können Sie aus dem Drop-down-Menü eine Stilgruppe auswählen und daraus den gewünschten Stil wählen. Mehr zum Bearbeiten von Stilen erfahren Sie in Kapitel 14 ab Seite 412.

Absatztexte erstellen

Möchten Sie einen Text mit mehr als einer Zeile einfügen, können Sie entweder ganz simpel mit der Eingabetaste ⏎ einen Zeilenumbruch erzeugen oder Sie gehen etwas professioneller vor und verwenden einen Absatztext. Beim Absatztext wird mit einem Textfeld gearbeitet, das vorab einen definierten Bildbereich für die Texteingabe festlegt.

Um den Bereich auszuwählen, in dem der Text anschließend eingefügt wird, aktivieren Sie zuerst das Horizontale Textwerkzeug (T, **T**) oder das Vertikale Textwerkzeug (T, **T**). Ziehen Sie nun den Rahmen für den Absatztext auf, indem Sie die Maus im Bild ansetzen und bei gedrückter linker Maustaste ein Rechteck aufziehen ❶. Möchten Sie ein exakt quadratisches Feld erstellen, drücken Sie vor und während des Aufziehens einfach die ⇧-Taste.

Aufziehen eines Absatzrahmens und eintragen des Textes. Das Bestätigen- und Abbruchsymbol sind ebenso vorhanden, wie die Symbole zur nachträglichen Anpassung der Rahmengröße.

Zudem ist es möglich, die Größe des Textfelds pixelgenau festzulegen. Hierzu gilt es, während des Rahmenziehens die Alt-Taste zu drücken. Nach dem Absetzen der Maus öffnet sich ein Dialogfeld, in dessen Texteingabefeld Sie die gewünschte Breite und Höhe des Rahmens eingeben können. Auch hier gilt die Maßeinheit für Schrift (Punkt, Pixel, Millimeter), die Sie über **Bearbeiten** (Windows) bzw. **Adobe Photoshop Elements Editor** (Mac OS)/**Voreinstellungen**/**Einheiten & Lineale** (Strg/cmd+ K) wählen können.

Dialogfeld zur direkten Eingabe der Dimension des Absatztextfelds.

Schreiben Sie nun direkt Ihren Text in das Textfeld. Durch die Begrenzung des vordefinierten Rahmens werden automatisch Zeilenumbrüche eingefügt, sobald der Text am rechten (horizontale Eingabe) oder unteren Rand (vertikale Eingabe) anstößt.

Ist das Textfeld zu klein oder möchten Sie nachträglich eine andere Rahmengröße erstellen, lässt sich das problemlos mit den auf dem Rahmen befindlichen Anfassern beheben. Das funktioniert an sich genauso wie beim Skalieren von Bildern. Auch das Verschieben des gesamten Bereichs während der Texteingabe(Strg/ cmd-Taste drücken) oder nach der Texteingabe mit dem Verschieben-Werkzeug (V,) ist möglich – ebenso wie das Drehen, Neigen oder Verzerren des Textfelds. Wählen Sie hierfür nach der Texteingabe **Bild/Transformieren/Frei transformieren** (Strg/cmd+ T). Innerhalb des Absatzes können Sie den Text nun nach Belieben mit unterschiedlichen Schriftarten, Schriftschnitten, Größen oder Farben editieren.

> **Absatztext größer als Rahmen**
>
> Haben Sie mehr Text eingegeben, als der Rahmen für den Absatztext aufnehmen kann, erscheint in der rechten unteren Ecke des Rahmens das Symbol . Dieses zeigt an, dass der vorhandene Text nicht vollständig angezeigt werden kann und der Rahmen erweitert werden sollte.

15.3 Text kreativ gestalten

Kreative Textgestaltung spielt häufig mit verschiedenen Fülleffekten oder an Formen und Bildelementen flexibel ausgerichteten Textzeilen. Erfahren Sie in den folgenden Abschnitten, wie Ihnen das Textmaskierungswerkzeug und die Werkzeuge für das Aufziehen von Texten auf Auswahlen, Formen oder Pfade hierbei unter die Arme greifen können.

Das Textmaskierungswerkzeug

Möchten Sie die Form eines Textes aus einem Bild ausschneiden, geht das am einfachsten mit dem Horizontalen oder dem Vertikalen Textmaskierungswerkzeug, die sich in der Optionsleiste der Textwerkzeuge befinden. Zunächst gilt es, Schriftstil, Größe etc. in der Textwerkzeug-Optionsleiste zu bestimmen. Hierbei ste-

Kap15-02.jpg

hen Ihnen alle Editierungsmöglichkeiten zur Verfügung, die Sie von den „normalen" Textwerkzeugen schon kennen.

Klicken Sie nun einfach mit der Maus an die Stelle, von der Sie die Bildstruktur übernehmen möchten, und schreiben Sie den Text aufs Bild. Erschrecken Sie nicht, wenn plötzlich fast das ganze Bild rot erscheint. Dabei handelt es sich nur um die Textmaske, die alles bis auf den Bereich der Buchstaben abdeckt. Solange die Maske zu sehen ist, können Sie die Schrift mit allen Mitteln der Optionsleiste anpassen. Später geht das, abgesehen von der Positionierung, nicht mehr.

*Mit der Schriftart Stencil Std Bold in der Größe 23 Pt haben wir das Wort **BASS ROCK** auf den Felsen geschrieben*

Wenn Ihnen die Position der Textmaske nicht zusagt, drücken Sie die ⌈Strg⌉/⌈cmd⌉-Taste. Dadurch wird temporär das Verschieben-Werkzeug aktiviert und Sie können in das Textfeld klicken und den Text positionieren. Auch ein Transformieren oder Verzerren ist dann über die Anfasser des Textrahmens möglich.

Nach dem Bestätigen mit dem grünen Häkchen erscheinen die Auswahllinien als Umriss des Textes. Damit ist der Text fixiert und kann von nun an nicht mehr geändert werden.

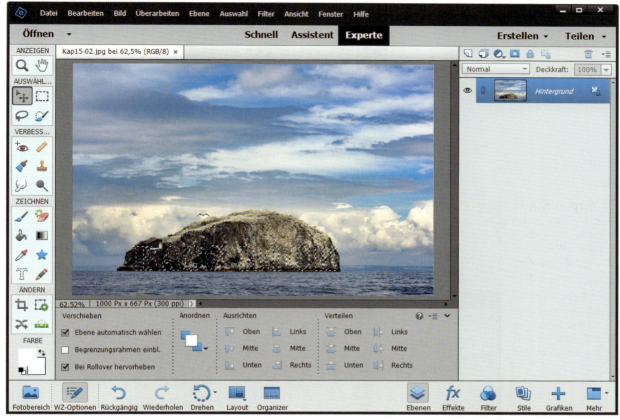

Auswahllinien als Umriss des Textes innerhalb des Bass Rock-Felsens.

Nun können Sie den Text kopieren, zum Beispiel mit ⌈Strg⌉/⌈cmd⌉+⌈C⌉ oder über *Bearbeiten/Kopieren*. Anschließend ist es ein Leichtes, den Text mit ⌈Strg⌉/⌈cmd⌉+⌈V⌉ oder *Bearbeiten/ Einfügen* in ein anderes Bild einzufügen. In diesem Fall haben wir es uns erlaubt, den Text in dasselbe Bild einzufügen, aus dem er herausgeschnitten wurde. Dazu wurde der Text mit dem Verschieben-Werkzeug (⌈V⌉,) oben rechts platziert und mit den Anfassern der Textform proportional auf 130 % vergrößert. Dann haben wir auf die Ebene noch den Stil *Einfach – scharfes Relief an allen Kanten* aus der Kategorie *Abgeflachte Kanten* angewendet und über die Stileinstellungen *fx* eine weiße Kontur außen mit 2 Pixel Größe eingefügt.

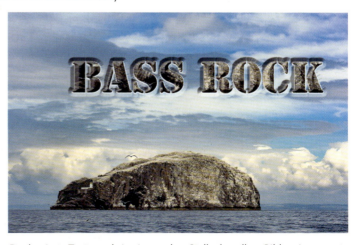

Der kopierte Text wurde in eine andere Stelle desselben Bildes eingepasst.

Schrift mit Farbe oder Farbverläufen füllen

Mit dem horizontalen T oder vertikalen T Textmaskierungswerkzeug können Sie auch einen Text mit Farbe oder einem Farbverlauf füllen, um ihn dann anschließend in ein neues Bild einzufügen. Erstellen Sie dazu als Erstes eine neue leere Ebene mit *Ebene/Neu/Ebene* 📄 ❹. Schreiben Sie den Text auf die leere Ebene. Aktivieren Sie dann das Verlaufswerkzeug (G, ▣) ❶ mit dem gewünschten Verlaufstyp ❷. Setzen Sie mit der Maus am oberen oder unteren Schriftrand an, ziehen Sie eine Gerade bis zum anderen Schriftrand ❸ (auch andere Verlaufsrichtungen sind natürlich möglich). Nach dem Loslassen der Maustaste wird die Schrift mit den Farben gefüllt. Abschließend heben Sie die Auswahl der Schrift auf (Strg/cmd+D), die damit fertig gestaltet ist.

*Ergebnis des **BASS ROCK**-Schriftzugs (Schrift Stencil Std Bold, 30 Pt) mit einem Blau-Weiß-Verlauf*

Im Modus Assistent des Fotoeditors finden Sie bei *Kreative Bearbeitungen* mit der Vorgabe *FOTOTEXT* eine weitere interessante Variante zur individuellen Texterstellung. Hierbei wird der Text einfach auf das Bild geschrieben und der Hintergrund mit einer wählbaren Farbe oder durch transparenten Hintergrund ersetzt. Hier haben wir mit der Schriftart *Impact Regular* (Größe 73 Pt, Zeilenabstand Auto) den Schriftzug *BASS ROCK* auf das Bild geschrieben. Dann wurde der Text mit der Schaltfläche *Ausfüllen* an die Bildfläche angepasst, der Hintergrund mit schwarzer Farbe gefüllt und die Schrift mit der Vorgabe für abgeflachte Kanten *Groß* versehen. Über die Schaltfläche *Erweitert* wurde im Dialog *Stileinstellungen* noch eine weiße *Kontur* (Innen, 3 Pixel) eingefügt.

Kontureinstellung des Fototextes auf schwarzem Grund.

Ergebnis des Effekts FOTOTEXT aus dem Editormodus Assistent.

Text-auf-Auswahl-Werkzeug

Sie haben ein tolles Bild fotografiert und sitzen mit Ihrem Notebook im Internetcafé? Nutzen Sie doch einfach Photoshop Elements, um Ihren Freunden und Bekannten eine selbst kreierte digitale Postkarte zu schicken. Dazu können Sie den Text ganz einfach auf eine vorher generierte Auswahllinie im Bild setzen.

Aktivieren Sie das Text-auf-Auswahl-Werkzeug (T, T). Der Mauszeiger nimmt die vom Schnellauswahl-Werkzeug bekannte Gestalt an (+). Solange das Symbol *Addieren* in der Optionsleiste aktiv ist, werden mit jedem Klick ins Bild weitere Pixelflächen zur Auswahl hinzugefügt. Mit *Subtrahieren* lassen sich Pixelflächen von der Auswahl abziehen. Mit dem Regler *Versatz* können Sie die gesamte Auswahlkante ein wenig zusammenziehen, um die Fläche zu verkleinern (Regler nach links)

Kap15-03.jpg

oder leicht zu vergrößern (Regler nach rechts). Die Auswirkung fällt aber sehr marginal aus. Markieren Sie nun den Bildbereich unterhalb des Regenbogens ➊, sodass die Markierungslinie den Umriss nachzeichnet. Ist die Auswahl getroffen, bestätigen Sie diese mit dem grünen Häkchen oder der Eingabetaste ⟨←⟩. Aus der blinkenden Auswahl wird eine durchgezogene Linie. Diese stellt die Basislinie für den Text dar.

Auswahl des Bildbereichs unterhalb des Regenbogens mit dem Text-auf-Auswahl-Werkzeug.

Bestimmen Sie im Anschluss den gewünschten Schriftstil, die Größe und die Farbe des zu erstellenden Textes. In unserem Beispiel haben wir als Stil *Ravie Regular* ➋ mit der Größe 11 Pt verwendet und als Farbe *Weiß* ➍ gewählt.

Zum Schreiben des Textes bestätigen Sie den grünen Haken, um die Auswahl abzuschließen. Berühren Sie anschließend die Pfadlinie mit dem Mauszeiger, sodass er die Form ⌁ annimmt. Klicken Sie nun mit der linken Maustaste, und schon erscheint eine blinkende Texteinfügemarke. Das ist der Ausgangspunkt für den Text, den Sie nun mit der Tastatur eingeben können. Nach der Eingabe gilt es, den Text mit dem bekannten grünen Häkchen zu bestätigen, und voilà, fertig ist die individuelle Postkarte.

Von der Ansatzstelle aus lässt sich der Text mit dem Text-auf-Auswahl-Werkzeug auf dem Pfad der Auswahl entlang auffädeln.

Auswahl transformieren

Um den Text noch etwas ansprechender zu gestalten, können Sie ihn mit dem Verschieben-Werkzeug markieren, das Bedienfeld *Stile* 🔲 öffnen und einen Ebenenstil ❸ darauf anwenden (hier: *Weißes Gitter auf Orange* aus der Kategorie *Komplex* und *Innere Kante* aus der Kategorie *Abgeflachte Kanten*).

Wenn Sie nicht möchten, dass der Text so eng an der Auswahllinie „klebt", wählen Sie *Bild*/*Form transformieren*/*Form frei transformieren* (Strg/cmd+T). Vergrößern Sie bei aktivierter Checkbox *Proportionen beibehalten* die Auswahl zum Beispiel von unten aus ❶, hier mit einem Wert von 107 % ❷. Natürlich können Sie die Form auch verkleinern, dann wird der Text innerhalb der vorherigen Auswahlfläche platziert.

Der Text wird durch Transformation ein kleines Stück vom Regenbogen nach oben hin abgerückt

 Texte auf Formen aufziehen

Mit dem Text-auf-Form-Werkzeug (T, T) können Sie den Text auf eine geometrische Form aufziehen, die sich zuvor aus einem Katalog auswählen lässt. Nach dem Aufziehen der Form können Sie direkt mit der Maus an der Formlinie ansetzen ⌇ und den Text auffädeln. Alles Weitere läuft genauso wie beim Text-auf-Auswahl-Werkzeug T ab.

Text editieren und verschieben

Auch ein mit dem Text-auf-Auswahl-Werkzeug erstellter Text lässt sich nachträglich editieren oder ergänzen. Dazu klicken Sie mit dem Horizontalen Textwerkzeug (T, T) in den Text, sodass die blinkende Einfügemarke erscheint.

Um weiteren Text einzufügen, genügt es, den Textcursor an der gewünschten Stelle zu platzieren, und schon kann über die Tastatur neuer Text hinzugefügt werden. Auch können Sie die Textausrichtung ändern und Verkrümmungen einfügen. Das gilt übrigens für alle drei Text-auf-Werkzeuge.

Gefällt Ihnen die Lage des Textes auf der Auswahllinie noch nicht, können Sie ihn entlang der Linie verschieben. Hierzu halten Sie die Strg/cmd-Taste gedrückt, klicken auf den Kreis am Beginn des Textes ❶ und verschieben den Text nach rechts oder links. Der Mauszeiger nimmt hierbei die Form ⌇ an ❷. Schon steht die Schrift genau da, wo Sie sie haben wollten.

Verschieben des Textes auf der Auswahllinie.

Text-auf-eigenem-Pfad-Werkzeug

Als dritte Variante, einen Text auf eine Form zu bringen, steht das Text-auf-eigenem-Pfad-Werkzeug (T, T) zur Verfügung. Es ist sozusagen der Freestyle-Spezialist unter den Text-auf-Werkzeugen. Hiermit können Sie völlig frei einen benutzerdefinierten Pfad zeichnen und auf diesen dann den eigenen Text schreiben. Wenn Sie zum Beispiel ein Murmeltier mal so richtig formschön jodeln lassen wollen, zeigen wir Ihnen, wie solche und ähnliche Projekte in die Tat umgesetzt werden können.

Aktivieren Sie das Text-auf-eigenem-Pfad-Werkzeug (T, T) und in dessen Optionsleiste die Schaltfläche *Zeichnen*. Malen Sie mit der Maus einen individuellen Pfad ins Bild, in unserem Fall ist das eine geschwungene Linie oberhalb des Murmeltierkopfes.

Kap15-04.jpg

Mit dem Text-auf-eigenem-Pfad-Werkzeug wird jedes Murmeltier zum Profi-Jodler.

Einfacher Pfad, der mit dem Text-auf-eigenem-Pfad-Werkzeug generiert wurde.

Man braucht nicht genauer hinzusehen, um zu erkennen, dass der Pfad etwas wackelig geraten ist, was bei der recht empfindlichen Auslegung des Werkzeugs kein Wunder ist. Das ist aber kein Beinbruch, denn als Nächstes kommt die Funktion *Verändern* zum Zuge. Wird das Symbol in der Optionsleiste aktiviert, erscheinen auf dem Pfad mehr oder weniger viele einzelne Pfadpunkte, mit denen dieser sehr exakt korrigiert werden kann. Zuerst ist es allerdings notwendig, die meisten Pfadpunkte zu entfernen, da sie einem einfachen Schwung des Pfades im Weg stehen würden. Dazu klicken Sie mit gedrückter (Alt)-Taste 🖋 _ auf den Pfadpunkt, ein Klick bei gehaltener (⇧)-Taste 🖋 ₊ fügt hingegen einen Pfadpunkt hinzu.

> ✓ **Schnell zeichnen**
>
> Der Pfad wird über Pfadpunkte definiert. Je schneller Sie den Pfad zeichnen, desto weniger Pfadpunkte werden verwendet. Das spart Ihnen Arbeit beim Löschen überzähliger Pfadpunkte.

Hinzufügen (links) oder Entfernen (rechts) eines Pfadpunktes.

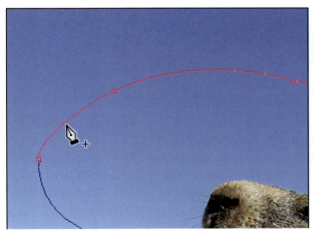

Nachdem nur einige wenige Pfadpunkte übrig sind, können Sie diese nutzen, um dem Pfad eine Form zu geben. Dazu fassen Sie den gewünschten Pfadpunkt mit der Maus an ❶ und ziehen ihn in eine Position Ihrer Wahl. Über die Anfasser am Ende der seitlichen Flügel ❷ können Sie die Rundung des Pfades beeinflussen. Sind Sie mit dem Gesamtergebnis der Korrektur zufrieden, bestätigen Sie die Aktion mit dem grünen Häkchen oder der Eingabet-Taste ⏎, und schon ist der Pfad bereit für den Text.

In eine geschwungene Form gebrachter Pfad, der nur noch bestätigt werden muss.

Anschließend setzen Sie die Texteinfügemarke ⌘ an die gewünschte Position des Pfades, klicken auf den Pfad und geben Ihren Text ein. Nur noch bestätigen mit dem grünen Häkchen, voilà, fertig. Natürlich können Sie den Text auch nachträglich weiter verändern oder einen Ebenenstil einfügen.

Um einen zweiten Text auf den Pfad aufzufädeln, positionieren Sie die Maus mit dem Text-auf-eigenem-Pfad-Werkzeug (T, T̲) in der Nähe der Kreismarkierung auf dem Pfad des bestehenden Textes, so dass der Mauszeiger wieder das Symbol ⌘ annimmt, und klicken Sie auf die Stelle. Dadurch wird ein eigenständiger Text auf einer neuen Ebene angelegt, der aber auch auf dem Pfad entlangläuft. Hier haben wir beispielsweise einen spiegelbildlichen Text in weißer Schrift aufgezogen („!!!höidoooirdalloH"). Dieser wurde anschließend markiert und mit gedrückter Strg/cmd-Taste ⊩ auf die andere Seite gekippt und so auf dem Pfad verschoben, dass er spiegelbildlich angeordnet ist.

Ansatzpunkt hinter dem ersten Text, um einen weiteren Text auf dem Pfad aufzufädeln.

Der direkt auf den Pfad hinzugefügte weiße Text wird auf einer neuen Ebene angelegt

Dadurch, dass der zweite Text auf einer anderen Ebene liegt, ließ er sich mit einer Ebenenmaske teils abgedeckt gestalten und unter die erste Textebene ziehen. Der orangefarbene Text wurde schließlich noch über das Bedienfeld *Stile* mit der Vorgabe *Einfach – scharfes Relief an allen Kanten* aus der Kategorie *Abgeflachte Kanten* bearbeitet und die Größe der Kanten über die Stileinstellungen auf 5 Pixel verringert.

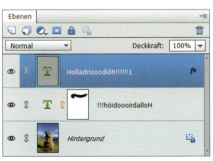

Ebenenkonstellation des fertigen Bildes.

Bilder mit dem Organizer verwalten

Wer viel fotografiert, hat auch viel zu verwalten – eine Tatsache, die nicht gerade jedem das Liebste ist. Uns geht es jedenfalls so. Möglichst wenig Zeit darauf aufzuwenden, um die Bilder in die richtigen Ordner zu bugsieren, sie alle umzubenennen und sie dann auch noch zu verschlagworten – so lautet die Devise. Aber wir erkennen auch immer wieder an, dass sich die Arbeit lohnt. Denn das Suchen bestimmter Fotos kann ohne die notwendige Ordnung im System ganz schön viel Zeit in Anspruch nehmen. Also behandeln Sie den Organizer nicht allzu stiefmütterlich. Er hat mehr drauf, als zunächst vielleicht angenommen wird.

16.1 Die Organizer-Arbeitsoberfläche

Aufrufen des Organizers über den Startbildschirm von Photoshop Elements.

Mit dem Organizer können Sie Ihre gesammelten Bilder, aber auch Videos, Textdateien oder PDF-Dokumente, von zentraler Stelle aus verwalten und verteilen. Dabei ist es völlig unerheblich, ob die Fotos auf der Computerfestplatte liegen oder sich in einem Netzlaufwerk befinden. Das Angenehme daran ist, dass Sie sich nicht in den Tiefen des Ordnersystems verstricken, sondern je nach Wunsch alle oder nur bestimmte Dokumente ansprechend aufbereitet in Form von Miniaturansichten präsentiert bekommen. Ein weiterer Vorteil des Organizers gegenüber dem gängigen Computerverzeichnis ist auch die Tatsache, dass RAW-Dateien als Miniaturvorschauen angezeigt werden, das können viele Explorer nicht und blenden anstatt des Bildes nur irgendwelche Standardsymbole ein.

Übersicht der Arbeitsbereiche

Um in den Organizer zu gelangen, wählen Sie entweder im Startbildschirm von Photoshop Elements 15 die Schaltfläche *Organizer* ◎ oder klicken im Fotoeditor unten in der Taskleiste auf die

Menüleiste, Suchfeld und die Importieren-, Ansichten- und Weitergabeschaltflächen des Organizers.

Schaltfläche *Organizer* ▦. Die wichtigsten Arbeitsbereiche und Menüfelder des Organizers sehen Sie im hier gezeigten Bild.

Ganz oben in der Organizer-Arbeitsoberfläche finden Sie die *Menüleiste* ❶, die den Zugriff auf verschiedene Bearbeitungs-, Such- und Ansichtsoptionen bietet. Darunter befindet sich die Schaltfläche *Importieren* ❷, über die unkompliziert neue Mediendateien in den Organizer geladen werden können. Darunter sind Sortierfunktionen in Form von *Alben* und *Ordner* ❸ untergebracht. Weitere Sortierungs- und Bewertungsmöglichkeiten befinden sich in der Leiste rechts daneben bei *Sort. nach* und *Bewertungen*.

Darüber sind die Schaltflächen für die vier Ansichtmodi ❹ zu finden: *Medien* (Anzeige der geladenen Mediendateien), *Personen* (Bilder mit erkannten Gesichtern und Personen), *Orte* (Kartenansicht für Bilder mit GPS-Daten) und *Ereignisse* (bestimmten Themen zugeordnete Mediendateien). Der zentrale Bereich des Organizers ist der *Medienbrowser* ❺. Hier werden sämtliche Dateien als Vorschauminiaturen angezeigt, können ausgewählt und mit einfachen Mitteln bearbeitet werden. Per Doppelklick können Sie das Bild einzeln betrachten und per erneutem Doppelklick wieder zu den Miniaturen zurückkehren. Umfangreiche Suchen nach Bildern und Stichwörtern können Sie mithilfe des *Suchfelds* ❼ durchführen. Und über die Schaltflächen *Erstellen* und *Teilen* ❻ lassen sich die Funktionen zum Drucken, Erstellen von Diashows oder zum Hochladen der Bilder auf Internetplattformen wie Facebook und Twitter aufrufen. Direkt darunter finden Sie die Schaltfläche *Tags* ❽, die Stichwörter für die Verschlagwortung, sowie *Informationen*, also die Aufnahmedaten der Bilder. Dieser Bereich lässt sich mit der Schaltfläche 🏷 *Tags/Info* ❾ ein- und ausblenden.

Ganz unten in der Taskleiste können Sie die Vorschaugröße der Miniaturbilder mit dem *Zoom*-Regler ❿ einstellen. Zu guter Letzt finden Sie unten links Schaltflächen für häufig benötigte Funktionen – wie *Rückgängig* ↶, *Drehen* ↻, *Hinzufügen* von Standorten 📍 oder Ereignissen 📅, die Startfläche zur Wiedergabe einer *Diashow* ▶, die Schaltfläche *Sofortkorrektur* ⚡ zum Aufrufen der Bildbearbeitungsfunktionen des Organizers und den Umschalter zum 🖼 *Editor* ⓫.

Vollbildansicht mit Diaschaufunktion

Mit *Ansicht/Vollbildschirm* (F11) lässt sich die Bildansicht auf den gesamten Monitor erweitern und mit der *Wiedergabe*-Taste ▶ eine Diashow starten, die nach Wunsch auch mit Musik vertont wird. Über das Menü *Einstellungen* ⚙ können weitere Optionen für die Diashow festgelegt werden. Alternativ kann eine *Diashow* ▶ aber auch aus dem Medienbrowser des Organizers heraus gestartet werden. Der Vorteil ist, dass Sie zuerst alle gewünschten Fotos auswählen können.

Ein paar generelle Voreinstellungen

Es gibt im Organzier ein paar Voreinstellungen, die sich auf die grundlegende Darstellungsoptionen oder Standard-Speicherorte auswirken, an die sich der Organizer halten soll. Damit ersparen Sie sich in vielen Fällen das wiederholte anpassen häufig verwendeter Funktionen. Um die Voreinstellungen aufzurufen, wählen Sie *Bearbeiten* (Windows) bzw. *Elements Organizer* (Mac OS)/ *Voreinstellungen* (⌃Strg)/(⌘cmd)+(K)).

Voreinstellungen: Allgemein

Rufen Sie den Bereiche Allgemein auf. Bei *Druckformat* können Sie festlegen, welche Maßeinheiten angewendet werden sollen, wenn es darum geht, die Bildgrößen und Druckformate einzustellen. Das metrische System kann hier natürlich einfach beibehalten bleiben.

Warndialoge, die Sie beim Arbeiten mit dem Organizer über die Checkbox *Nicht wieder anzeigen* deaktiviert haben, können Sie mit der Schaltfläche *Alle Warndialoge zurücksetzen* wieder aktivieren.

Basiseinstellungen im Bereich Allgemein

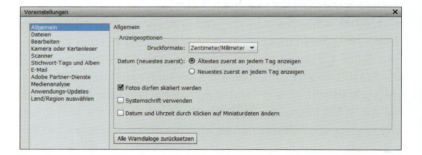

Voreinstellungen: Dateien

Im Bereich *Dateien* aktivieren Sie am besten die Checkbox *EXIF-Informationen importieren*. Dann werden beim Importieren von Bildern die Aufnahmedaten, wie Blende, ISO, Brennweite, in die Informationsanzeige des Organizers übernommen. Das ist wichtig für die Suche nach solchen Parametern.

Damit Videos im Organizer als Miniaturvorschau angezeigt werden können, muss ein Bild daraus extrahiert werden. Aktivieren Sie hierfür die Funktion *Automatisch Miniaturen für Videodateien generieren*.

Bei *Ordner für gespeicherte Dateien* wird der Standard-Ordner definiert, in den der Organizer Dateien wie Audiokommentare oder Fotos von Wechselmedien ablegt. Behalten Sie diesen ruhig bei.

Mit *Größe der Vorschaudatei* können Sie die Größe der Miniaturbilder festlegen, die beim Import generiert werden. Diese dienen zur schnelleren Bildansicht und dazu, dass Medienelemente, die sich auf nicht angeschlossenen externen Datenträgern befinden, dennoch im Organizer bildlich zu sehen sind. 640 × 480 Pixel bietet zwar einen guten Kompromiss aus geringem Speicherbedarf und Ansichtsqualität. Größere Vorschaubilder sind aber sinnvoll, wenn Sie häufig mit Bildern arbeiten, die sich auf externen Speicherplatten befinden, die nicht am Rechner angeschossen oder ausgeschaltet sind. Die Festplatte, auf der der Organizer-Katalog liegt (in der Regel C:\ProgramData\Adobe\Elements Organizer\Catalogs\), sollte dann genügend Speicherplatz frei haben. Als Anhaltspunkt: Ein Katalog mit 1000 RAW-Bildern benötigt etwa 25 MB (Vorschaubilder 1280 × 960 Pixel) bzw. 4,5 MB (Vorschaubilder 640 × 480 Pixel).

Grundlegende Einstellungen im Bereich ***Dateien****.*

Vorschaubilder aktualisieren

Wenn Sie die Größe der Vorschaubilder ändern, können Sie bereits vorhandene Vorschaubilder neu erstellen. Dazu markieren Sie im Medienbrowser den betreffenden Ordner. Um alle darin enthaltenen Medienelemente zu markieren, wählen Sie *Bearbeiten*/*Alles auswählen* (Strg/cmd+A). Mit *Bearbeiten*/*Miniatur für ausgewählte Elemente aktualisieren* (Strg/cmd+⇧+U) starten Sie den Vorgang, der bei vielen Bildern allerdings eine Weile dauern kann. Wichtig ist, dass die Medienelemente auf der jeweiligen Festplatte verfügbar sind, also nicht auf einer externen Festplatte liegen, die nicht am Computer angeschlossen ist.

Aktualisieren der Vorschaubilder, die für die Ansicht der Medienelemente im Organizer-Katalog notwendig sind

16.2 Bilder importieren

Solange noch keine Bilder und Videos importiert wurden, präsentiert sich die Organizer-Oberfläche leer. Es wird beim ersten Start des Organizers aber automatisch ein sogenannter Katalog angelegt, der wie ein Auffangbecken alle Medienelemente aufnimmt. Dieser erste Katalog trägt in der Regel die Bezeichnung *Mein Katalog*. Der aktuell verwendete Katalog wird Ihnen stets ganz unten rechts in der Statusleiste des Organizers angezeigt. Um Bilder in den Katalog zu importieren, klicken Sie auf das Dropdown-Menü *Importieren*.

Aus Dateien und Ordnern

Mit der Vorgabe *Aus Dateien und Ordnern* werden vorhandene Medienelemente aus Festplattenordnern von internen oder externen Festplatten, von Kartenlesern oder von CD/DVD in den Organizer importiert. Wählen Sie zum Beispiel die Workshop-Bilder dieses Buches aus, die Sie sich von der Bildner-Homepage heruntergeladen haben.

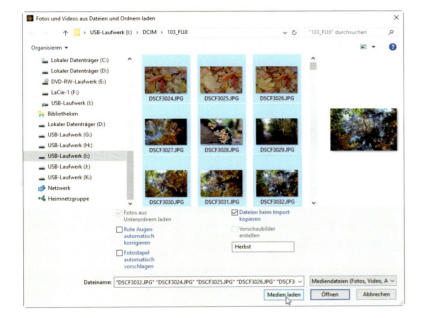

Laden von Mediendateien in den Organizer.

Im Importdialog können Sie mit der Checkbox *Fotostapel automatisch vorschlagen* Photoshop Elements dazu bringen, die Bilder nach dem Import auf Ähnlichkeit zu untersuchen. Finden sich vergleichbare Motive, schlägt der Dialog *Fotosuche nach visueller Ähnlichkeit* Stapelmöglichkeiten vor. Die Ähnlichkeitssuche lässt sich aber auch später noch durchführen (*Suchen*/*Visuelle Ähnlichkeit*/*Doppelte Fotos*), daher haben wir die Checkbox deaktiviert. Die Funktion *Rote Augen automatisch korrigieren* haben wir ebenfalls nicht gewählt, um die Kontrolle über die Bilder zu behalten und versehentlich falsch ausgeführte Veränderungen zu vermeiden.

Übrigens, wenn Sie Dateien von einer Festplatte importieren, bleiben die Medienelemente im jeweiligen Ordner liegen. Der Organizer stellt lediglich eine Verknüpfung her und hinterlegt Vorschau-

> **✓ Import per Drag & Drop**
>
> Medienelemente können auch im Festplattenordner ausgewählt (*drag*) und mit der Maus auf den Medienbrowser des Organizers geschoben werden (*drop*). Die Importeinstellungen stehen Ihnen dabei nicht zur Verfügung, was im Normalfall aber auch nicht weiter stört.

Laufender Importvorgang.

bilder in der Organizer-Datenbank. Anders sieht es aus, wenn Sie als Quelle, wie hier gezeigt, den Bilderordner einer Speicherkarte im Kartenlesegerät angeben. Dann können Sie den Organizer über die Checkbox *Dateien beim Import kopieren* dazu auffordern, die Bilder nicht nur in den Organizer aufzunehmen, sondern sie auch physisch von der Karte auf den Computer zu kopieren. Hierbei lässt sich aber nur ein Name für den Bilderordner eintragen (hier *Herbst*), es gibt keine Möglichkeit, einen bestimmten Zielordner auszusuchen. Die Bilder landen in der Regel auf der Festplatte D:\Pictures\Adobe\. Daher empfiehlt sich für solche Fälle die Importmethode *Aus Kamera oder Kartenleser* ⬛ des nächsten Abschnitts. Mit *Medien laden* starten Sie den Importvorgang.

Stichwörter importieren

Wenn die zu importierenden Dateien in anderen Programmen oder einer älteren Elements-Organizer-Version bereits mit Stichwörtern versehen wurden, öffnet sich das Dialogfenster *Angehängte Stichwort-Tags importieren*. In der Liste können Sie nun alle oder einzelne Stichwörter auswählen, die Sie in den Organizer übernehmen möchten. Das spart viel Arbeit beim Verschlagworten der Bilder, und Sie können die Stichwörter auch gleich für die Suche im Organizer nutzen.

Auswahl vorhandener Stichwort-Tags, die beim Import in den Organizer übernommen werden sollen.

Import abbrechen und Wiederaufnehmen

Wird der Importvorgang über die Schaltfläche *Stopp* abgebrochen, lässt er sich später problemlos wiederaufnehmen. Dazu wählen Sie erneut *Importieren/Aus Dateien und Ordnern* 📁, markieren die Dateien im gewünschten Verzeichnis und starten den Vorgang mit *Medien laden*. Wenn Sie an den Einstellungen sonst nichts verändert haben, werden auch nur die neu hinzukommenen Bilder in den Organizer aufgenommen. Dementsprechend gibt Ihnen der Organizer am Ende eine Hinweis, welche Medienelemente bereits enthalten waren.

Zuvor bereits importierte Medienelemente werde nicht erneut importiert.

Aus Kamera oder Kartenleser

Mit der Option *Aus Kamera oder Kartenleser* 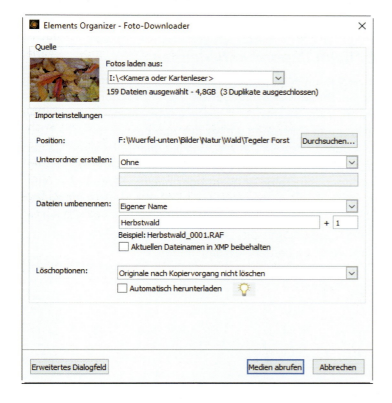 lassen sich Bilder von der Speicherkarte einer direkt mit dem Computer gekoppelten Kamera oder von einem angeschlossenen Kartenleser importieren. Wählen Sie bei *Fotos laden aus* die Kamera oder die Speicherkarte aus. Bei *Position* bestimmen Sie den zukünftigen Speicherort. Mit *Unterordner erstellen* können Sie festlegen, ob die Bilder automatisch in einen Unterordner gespeichert werden oder nicht (*Ohne*).

Importieren von Bildern auf der Speicherkarte in den Elements Organizer.

Achten Sie darauf, dass die Option *Originale nach Kopiervorgang nicht löschen* gewählt ist. Die Fotos bleiben dann auf dem Datenträger erhalten. Löschen Sie sie erst, wenn Sie sich davon überzeugt haben, dass die Bilder korrekt auf den Computer übertragen wurden. Die Checkbox *Automatisch herunterladen* sollten Sie nur dann aktivieren, wenn Sie die Mediendateien ohne den manuellen Weg über den Foto-Downloader übertragen möchten. Schauen Sie sich dazu auf jeden Fall auch die Voreinstellungen für den automatischen Import in diesem Abschnitt an. Mit *Medien abrufen* starten Sie den Importprozess.

Bilder werden auf den Rechner kopiert und in den Organizer importiert.

> **Erweitertes Dialogfeld**
>
> Über die Schaltfläche *Erweitertes Dialogfeld* können Sie die zu importierenden Bilder einzeln auswählen oder den Import auf bestimmte Medientypen eingrenzen (Fotos, Videos). Hinzu kommen bei *Erweiterte Optionen* ein paar Stapelverarbeitungsfunktionen. Auch können Sie den Bildern mit ‚*Eigener Gruppenname' als Tag setzen* die Bezeichnung des Unterordners als Stichwort anhängen oder die Bilder mit *In Album importieren* gleich in ein Organizer-Album einsortieren.

Bilder beim Import umbenennen

Wenn Sie die Bilder im Zuge des Imports umbenennen möchten, wählen Sie im Foto-Downloader bei *Dateien umbenennen* eine Option an, zum Beispiel *Erweitertes Umbenennen*. Geben Sie dann jeweils im linken Feld die Art des Namensbausteins an (Text, Zahlensequenz oder ein Datum). Im Feld daneben tragen Sie den Text oder gewünschten Wert ein. Mit den Plus- und Minussymbolen können Bausteine entfernt oder hinzugefügt werden. Hier haben wir beispielsweise aus der Bezeichnung *DSCF3024.RAF* den Namen *27-4039_Herbstwald_Tegeler-Forst.RAF* gebastelt. Die Bilder tragen somit die laufende Nummer *4039*, *4040* etc., umrahmt von den beiden Textbausteinen.

Erweitertes Umbenennen.

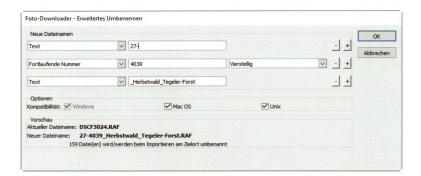

Voreinstellungen für den (automatischen) Import

Die Voreinstellungen für den automatischen Import über den Foto-Downloader finden Sie im Organizer bei *Bearbeiten* (Windows) bzw. *Elements Organizer* (Mac OS)/*Voreinstellungen*/*Kamera oder Kartenleser* (⌷Strg⌷/⌷cmd⌷+⌷K⌷). Legen Sie dort zunächst bei *Dateien speichern in* den Speicherort fest, in den die Mediendateien kopiert werden dürfen. Die Option *RAW- und JPEG-Dateien automatisch stapeln* sollten Sie aktivieren, wenn Sie Ihre Bilder parallel in beiden Formaten aufnehmen. Sonst werden doppelte Miniaturen im Organizer angelegt.

Bei *Ladeoptionen* ist es sinnvoll, den Eintrag *Adobe Foto-Downloader-Dialogfeld anzeigen (Standard)* oder *...(Erweitert)* zu wählen, was Sie über die Schaltfläche *Bearbeiten* erledigen können. Dann öffnet sich der Foto-Downloader, sobald eine Kamera oder Speicherkarte erkannt wurde, und Sie können wählen, ob Sie den Kopiervorgang direkt starten oder zuvor Änderungen vornehmen möchten, etwa ein anderes Zielverzeichnis bestimmen. Wenn Sie bei *Ladeoptionen* die Vorgabe *Automatisches Herunterladen* wählen und bei *Ladevorgang beginnen* den Eintrag *Sofort (ohne Dialogfeld)*, beginnt der Organizer ohne weiter Auswahlmöglichkeiten damit, die Medienelemente auf den Rechner zu kopieren und in den Organizer zu importieren.

Entscheiden Sie sich nun noch, ob *Unterordner*, zum Beispiel nach Datum, automatisch erstellt werden dürfen. Bei *Löschoptionen* ist es sinnvoll, den Eintrag *Originale nach Kopiervorgang nicht löschen* zu wählen, und die Bilder und Filme erst dann von der Speicherkarte zu entfernen, wenn alles sicher auf den Rechner und in den Organizer übertragen wurde. Empfehlenswert ist auch, die Option *Nur neue Dateien kopieren...* zu aktivieren. Dann werden bei Wiederaufnahme des Imports nach einem Abbruch die bereits übertragenen Medienelemente nicht noch einmal kopiert und importiert – eine lohnenswerte Zeitersparnis.

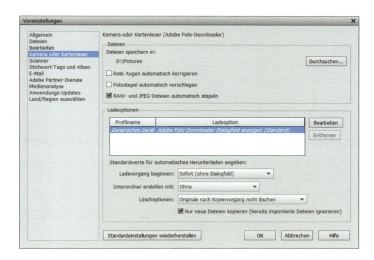

Einstellungen für den automatischen Import von Mediendateien aus Kameras und Kartenlesegeräten.

Sollte sich der Foto-Downloader beim Anschließen einer Kamera oder Speicherkarte nicht automatisch öffnen, ändern Sie die Einstellungen für die *Automatische Wiedergabe* in der Systemsteuerung Ihres Rechners. Bei *Speicherkarte* sollte *Organisieren und Bearbeiten (Adobe Elements 15.0 Organizer)* stehen, hier am Beispiel von Windows 10 gezeigt.

Mit dieser Einstellung öffnet sich der Foto-Downloader, wenn eine Speicherkarte ins Ladegerät gesteckt wird.

(Automatischen) Importvorgang abbrechen

Sollten Sie den Importvorgang des Foto-Downloaders mit der Schaltfläche *Stopp* abbrechen, wählen Sie im nächsten Menüfenster, ob die bereits übertragenen Dateien in den Organizer aufgenommen werden dürfen (*Ja*) oder nicht (*Nein*). Die Medienelemente bleiben in beiden Fällen auf dem Rechner liegen und müssen ggf. von Hand gelöscht werden. Möchten Sie die Dateien gar nicht auf dem Rechner haben, ist auch ein Import in den Organizer sinnlos. Wenn Sie den Import aber später fortsetzen möchten, lassen Sie den Organizer-Import zu.

Organizer-Import der bereits übertragenen Dateien zulassen oder ausschließen.

Um den Import später fortzusetzen, entfernen Sie die Speicherkarte oder schalten die Kamera aus und verbinden Sie sie anschließend neu. Der Foto-Downloader öffnet sich oder Sie können ihn wieder manuell starten mit *Importieren*/*Aus Kamera oder Kartenleser* . Wenn Sie am Ziel-Speicherort nichts verändern und den Import starten, wird Ihnen der Organizer am Ende alle vorher bereits übertragenen Medienelemente auflisten und

Sie informieren, dass diese nicht erneut übertragen wurden. Dies findet aber nur statt, wenn Sie in den Voreinstellungen *Nur neue Dateien importieren...* gewählt hatten.

Vom Scanner

Mit dem Importdialog *Vom Scanner* wird der Scandialog aufgerufen, mit dem Bilder aus einem Scanner direkt in den Organizer überführt werden können. Einige Scanner, vor allem, wenn die Scanfunktion Teil eines Multifunktionsdruckers ist, werden aber nicht immer zuverlässig erkannt. Scannen Sie das Bild oder Dokument daher besser mit der Scannersoftware ein und speichern Sie es im gewünschten Ordner ab. Importieren Sie die Datei anschließend mit den Vorgaben *Aus Dateien und Ordnern* 📁 in den Organizer.

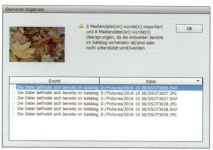

Liste der bereits übertragenen Bilder, die nicht noch einmal auf den Rechner kopiert und in den Organizer importiert wurden.

Dokument im Vorschau-Scan.

✅ **Mac OS**

Die Option *Vom Scanner* 🖨 steht bei Mac OS nicht zur Verfügung. Dafür gibt es einen Importdialog für das Integrieren von Medienelementen Aus iPhoto 📁, mit dem die Bilder direkt, also ohne weitere Einstellungsmöglichkeiten, in den Medienbrowser geladen werden.

Abschnittsweiser Stapelimport

Mit der Vorgabe *Abschnittweise* 📁 kann der Organizer in einem oder mehreren von Ihnen ausgewählten Ordnern ❶ nach Bildern suchen und diese zum Import vorschlagen. Mit ➕ *Ordner hinzuf.* lassen sich bestimmte Ordner in diesen Dialog mit aufnehmen. Nach dem Suchvorgang können Sie durch Anklicken des Ordnernamens die darin enthaltenen Bilder auswählen (blaue Schrift, ❷) oder vom Import ausschließen (graue Schrift, ❸). Mit der Schaltfläche *Importieren* ziehen die Medienelemente allesamt in den Organizer ein. Praktisch ist auch die Möglichkeit, den Ordner mit dem Symbol ⓜ zu überwachen. Werden neue Bilder in den Ordner kopiert, erscheinen diese automatisch auch im Organizer.

Importieren der vom Organizer gefundenen Bilder in den von Ihnen ausgewählten Ordnern.

16.3 Alles über Kataloge

Im Organizer steht der Katalog in der Hierarchie ganz oben. Er hält die Verbindung zu den Dateien in den jeweiligen Ordnern auf der Computerfestplatte oder dem externen Datenträger aufrecht. Sprich, die Daten sind nach wie vor an ihrem ursprünglichen Speicherort zu finden und werden im Katalog nur in Form einer Verknüpfung aufgeführt. Wichtig ist, diesen Katalog regelmäßig zu sichern, zu optimieren und in bestimmten Abständen Backups zu erstellen, damit die wertvolle Arbeit, die Sie in die Verschlagwortung & Co. gesteckt haben, nicht umsonst war.

Kataloge managen

Wenn Sie das erste Mal mit Photoshop Elements arbeiten, wird beim Starten des Organizers automatisch ein Katalog angelegt. Diesen können Sie unverändert verwenden. Es besteht aber auch die Möglichkeit, dem Katalog einen aussagekräftigeren Namen zu verleihen oder weitere themenspezifische Kataloge zu erstellen.

Hierzu rufen Sie den *Katalogmanager* über *Datei*/*Kataloge verwalten* (Strg/cmd+⇧+C)) auf.

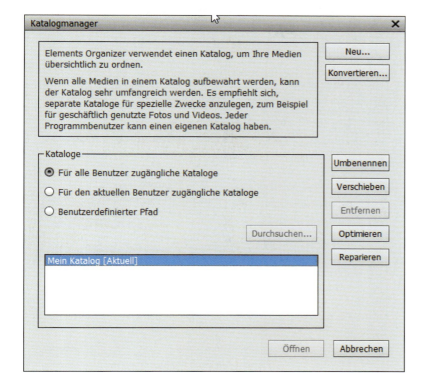

Katalogmanager des Elements Organizer 15.

Einen neuen Katalog erstellen

Möchten Sie einen zusätzlichen Katalog anlegen, wählen Sie *Neu*. Vergeben Sie einen Namen, zum Beispiel *Reisefotos*, wenn Sie in dem Katalog nur Urlaubsfotos unterbringen möchten, oder *Alle Bilder*, wenn Sie einen großen Katalog eröffnen möchten, der alle Ihre Bilder enthält. Anschließend können die Fotos aus der Kamera, von der externen Festplatte oder anderen Datenträgern importiert werden, wie im vorigen Abschnitt gezeigt.

Einen neuen Katalog erstellen.

Um einen Katalog an einem individuellen Speicherort zu installieren, wählen Sie im Katalogmanager unten bei *Kataloge* die Option *Benutzerdefinierter Pfad*. Navigieren Sie anschließend zu dem Speicherplatz Ihrer Wahl. Danach erstellen Sie einen neuen Katalog, der nun an diesem Speicherort abgelegt wird. Ein individueller Speicherort kann beispielsweise sinnvoll sein, wenn die Festplatte bereits recht voll ist und Sie den Katalog auf einer anderen Partition oder einer externen Festplatte speichern möchten. Alle Computernutzer, die den Speicherort öffnen können, haben dann auch Zugriff auf den Katalog.

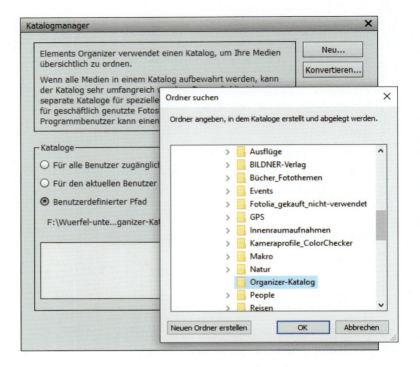

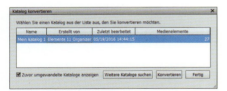

Auflistung konvertierbarer Kataloge.

Kataloge aus Vorgängerversionen importieren

Sollten Sie bereits mit einer Vorgängerversion von Photoshop Elements gearbeitet haben, lässt sich der bestehende Katalog flink in die Organizer-15-Version konvertieren. Dazu wählen Sie im Katalogmanager die Schaltfläche *Konvertieren*.

Falls Ihr Katalog nicht in der Liste erscheint, aktivieren Sie die Checkbox *Zuvor umgewandelte Kataloge anzeigen*. In unserem Fall taucht ein Katalog auf, der mit Photoshop Elements 11 wurde. Sollte Ihr Katalog an einem anderen Speicherort liegen, können Sie ihn mit der Schaltfläche *Weitere Kataloge suchen* aufspüren und in die Liste der zu konvertierenden Kataloge übernehmen. Markieren Sie nun den gewünschten Katalog und wählen Sie die Schaltfläche *Konvertieren*. Die Medienelemente werden daraufhin in einem Rutsch in den Elements 15 Organizer überführt.

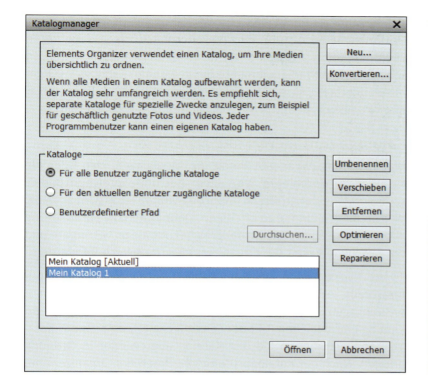

Der konvertierte Katalog, hier *Mein Katalog 1*, ist zum Öffnen bereit.

> ### ✓ Alter Katalog bleibt erhalten
>
> Der alte Katalog wird nach der Konvertierung nicht gelöscht, sondern mit der Namenserweiterung „*1*" im zentralen Katalogordner gesichert. Dadurch wird es möglich, den Katalog weiterhin auch mit der Vorgängerversion von Photoshop Elements zu nutzen.

Wenn Sie den Katalogmanager erneut öffnen, können Sie den vorherigen Katalog, der nun nicht mehr die Endung *[Aktuell]* trägt, mit *Entfernen* löschen. Das ist sinnvoll, wenn Sie darin noch keine oder nur wenige Medienelemente haben, die sich unkompliziert in den konvertierten Katalog importieren lassen.

Umbenennen, verschieben, Zugriffsrechte verwalten

Den Standardkatalog, konvertierte Kataloge oder neu erstellte Kataloge können im Katalogmanager über die Schaltfläche *Umbenennen* mit einem anderen Namen versehen werden. Mit *Verschieben* lässt sich ein Katalog an einem anderen Speicherort unterbringen. In dem Zuge können Sie auch gleich die Zugriffsrechte der bestehenden Kataloge ändern. Mit der Option Für alle Benutzer zugängliche Kataloge wird der Katalog in den zentralen Speicherort von Photoshop Elements verschoben. Alle Benutzer des Computers können auf den Katalog zugreifen. Für den aktuellen Benutzer zugängliche Kataloge können nur von dem jeweils im Computer eingeloggten Benutzer verwendet werden. Meldet

Zugriffsrechte beim Verschieben vergeben.

Optimierter Katalog.

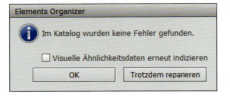

Dialogfenster nach der Katalogprüfung.

sich ein anderer Benutzer an, ist der Katalog nicht sichtbar. Diese Option eignet sich somit für Computerplätze, die von mehreren Personen genutzt werden. Mit der Schaltfläche *Öffnen* werden schließlich alle Medienelemente des gewählten Katalogs im Organizer angezeigt. Diese können Sie nun mit allen Mitteln der Organizer-Kunst verschlagworten, bearbeiten und weitergeben.

Kataloge optimieren und reparieren

Der Katalogmanager gibt Ihnen die Möglichkeit, den oder die Kataloge zu optimieren. Vor allem bei umfangreichen Bildersammlungen oder größeren Importaktivitäten ist es ganz sinnvoll, dies ab und zu einmal zu erledigen. Denn durch die Optimierung kann der Speicherplatz umfangreicher Kataloge verringert und die Geschwindigkeit des Organizers gleichzeitig erhöht werden.

Es kann vorkommen, dass der Katalog aufgrund eines Computerausfalls, einer Stromstörung oder anderer Ereignisse nicht ordnungsgemäß beendet wird. Dadurch können sich Fehler im Katalog einschleichen. Mit der Schaltfläche *Reparieren* des Katalogmanagers können Sie den Katalog aber wieder in Ordnung bringen. Nach der Katalogprüfung gibt Ihnen der Organizer eine Statusmeldung aus. Im besten Fall lautet diese: *Im Katalog wurden keine Fehler gefunden*. Um sicher zu gehen, können Sie den Katalog mit *Trotzdem reparieren* dennoch der Reparaturprozedur unterziehen.

Ein Katalog-Backup erstellen

Von Zeit zu Zeit sollte der Katalog gesichert werden. Photoshop Elements gibt Ihnen daher beim Öffnen eines bislang ungesicherten Katalogs einen Hinweis. Gehen Sie der Aufforderung am besten nach. Dann können Sie den Katalog auch wiederherstellen, falls irgendetwas schiefgegangen ist und Sie den vorherigen Status wieder aufrufen möchten. Wählen Sie *Datei*/*Katalog sichern* (Strg/cmd+B).

Die Einstellung *Komplettes Backup* empfiehlt sich für die erste Sicherung des Katalogs, denn hierbei werden die notwendigen Informationen und die Bilder in voller Gänze gespeichert. Mit *Inkrementelles Backup* werden nur noch die Veränderungen in die bestehende Katalogsicherung eingefügt, was bei Folgesicherungen eines vorhandenen Katalogs sinnvoll ist. Neu eingefügte

Bilder werden hierbei aber nicht im Backup-Ordner abgelegt. Um diese mitzuspeichern müssen Sie das komplette Backup erneut durchführen und dabei entweder das alte Backup überschreiben oder einen neuen Ordner dafür wählen.

Backup-Optionen.

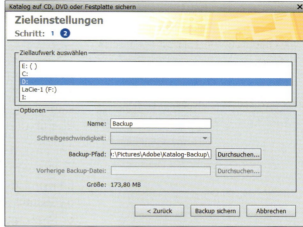

Auswahl des Namens und des Speicherorts für das komplette Backup.

Wählen Sie im nächsten Schritt einen Speicherort aus, der groß genug ist, um alle Bilder aufzunehmen. Nach der Sicherung finden Sie die Backup-Datei mit der Endung *.tly*, sämtliche Mediendateien und die zugehörigen Satellitendateien, die Zusatzinformationen aus dem Organizer, wie Stichwörter, oder Albenzugehörigkeit speichern, im gewählten Backup-Ordner.

Defekten Katalog wiederherstellen

Sollte der Katalog beschädigt oder sogar versehentlich gelöscht worden sein, können Sie ihn wiederherstellen. Das funktioniert jedoch nur, wenn zuvor ein Backup erstellt wurde. Wählen Sie einfach *Datei*/*Katalog wiederherstellen*. Navigieren Sie zum Speicherort des Backups und wählen Sie darin die Datei mit der Endung *.tly* aus. Sollte der Datenträger, auf dem der Katalog vorher lag, defekt sein, wählen Sie bei *Dateien und Katalog wiederherstellen in* ein neues Verzeichnis.

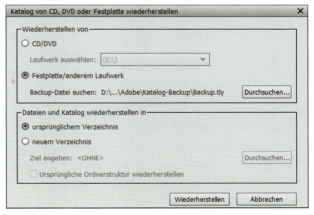

Katalog-Backup zum Wiederherstellen eines defekten Katalogs verwenden.

Sinnvolle Ordnerüberwachung (nur Windows)

Überwachte Ordner.

Wenn Sie möchten, dass der Organizer neue Bilder in Ihren Festplattenordnern automatisch importiert, lassen Sie die Ordner überwachen. Dann meldet sich der Organizer, wenn Sie neue Fotos in die zur Überwachung ausgewählten Ordner einfügen, und Sie brauchen die Ordneraktualisierung nur noch zu bestätigen. Wählen Sie dazu *Datei*/*Ordner überwachen*. Klicken Sie auf die Schaltfläche *Hinzufügen* und suchen Sie sich einen Ordner aus. Es können auch mehrere Ordner hintereinander eingetragen werden. Legen Sie fest, ob der Import automatisch oder mit Benachrichtigung erfolgen soll, und bestätigen Sie Ihre Eingaben schließlich mit *OK*. Überwachte Ordner tragen im Bereich *Ordner* anstatt des Standardsymbols 🖼 das Symbol für überwachte Ordner 🗂. Auf neue Medienelemente wird aber immer erst beim nächsten Programmstart hingewiesen bzw. werden diese dann erst automatisch in den Organizer importiert.

Medien aus dem Katalog entfernen

Löschen von Medienelementen aus dem Katalog.

Nach dem Import sind vielleicht auch ein paar Medienelemente aufgelistet, die Sie doch nicht im Katalog speichern wollten. Um diese zu entfernen, markieren Sie die entsprechenden Vorschauminiaturen und drücken die Entf-Taste oder wählen *Bearbeiten*/*Aus Katalog löschen* (eine Datei gewählt) oder *Bearbeiten*/*Ausgewählte Elemente aus Katalog löschen* (mehrere Dateien ausgewählt). Wenn Sie danach einfach nur die *OK*-Schaltfläche anklicken, wird die Datei nur aus dem Katalog gelöscht. Sprich, es wird lediglich die imaginäre Verbindung zwischen der Datei und dem Organizer gekappt, das Bild liegt weiterhin auf der Festplatte. Ausgewählte Elemente auch von der Festplatte zu löschen, ist mit der entsprechenden Checkbox natürlich auch möglich. Die Dateien landen dann im Papierkorb des Computers.

 Medien verstecken

Anstatt die Datei ganz aus dem Organizer zu entfernen, können Sie sie auch einfach ausblenden. Dazu markieren Sie die Dateien im Medienbrowser und wählen anschließend *Bearbeiten*/*Sichtbarkeit*/*Als ausgeblendet markieren* ([Alt]+[F2]). Die versteckten Elemente tragen das Symbol 👓. Damit die ausgeblendeten Dateien auch tatsächlich nicht im Medienbrowser auftauchen, muss die Option *Bearbeiten*/*Sichtbarkeit*/*Versteckte Dateien ausblenden* mit einem Häkchen versehen sein. Um die versteckten Dateien gezielt zu suchen, wählen Sie *Bearbeiten*/*Sichtbarkeit*/*Nur versteckte Dateien einblenden* oder *Alle Dateien einblenden*.

16.4 Flexible Ansichtsoptionen

Im Zentrum des Organizers stehen die Bilder und Videos, was nicht weiter verwundert, denn das ist ja auch das, was man sich am liebsten anschaut. Daher gibt es sehr flexible Möglichkeiten der Bildvorschau.

Miniaturen anpassen

Zu Beginn präsentiert der Organizer die Bilder als kleine Miniaturen. Das können Sie so belassen. Aber Sie könnten die Miniaturvorschau auch nach Ihren eigenen Wünschen anpassen. Dazu finden Sie unter dem Medienbrowser den Regler *Zoom*, mit dem sich die Größe der Miniaturen vom kleinsten Format bis zur formatfüllenden Größe stufenlos einstellen lässt. Nutzen Sie die kleine Vorschau beispielsweise, um Bilder für einen Kalender, eine Diashow oder den E-Mail-Versand auszuwählen. Die größte Darstellung eignet sich zur genaueren Beurteilung der Qualität einer Aufnahme.

Zoomen per Tastenkürzel und Maus

Stufenweise zoomen können Sie auch mit den Tastenkombinationen (Strg)/(cmd) +(+) und (Strg)/(cmd)+(-). Durch Doppelklick mit der Maus auf die Miniatur lässt sich schnell zwischen der formatfüllenden und der per Zoomregler gewählten Stufe hin- und her wechseln.

Größte Zoomstufe der Bildvorschau.

Vollbildansicht

Die Einzelbildanzeige stellt das Foto zwar schon recht groß dar, es könnte zur besseren Beurteilung ruhig noch größer sein? Kein Problem, wechseln Sie einfach in die Ansichtsgröße *Vollbildschirm*. Dazu wählen Sie *Ansicht*/*Vollbildschirm* oder drücken Sie die Taste F11 Das Bild wird nun über den gesamten Bildschirm gezogen. Mit der Esc-Taste oder der Schaltfläche *Beenden* schließen Sie die Vollbildansicht wieder. Um zu verhindern, dass Bilder, die kleiner sind als die Monitorauflösung, für die Vollbildansicht auf über 100% skaliert werden und damit qualitativ minderwertig aussehen können, deaktivieren Sie die Checkbox *Fotos dürfen skaliert werden* über *Bearbeiten* (Windows) bzw. *Elements Organizer* (Mac OS)/*Voreinstellungen*/*Allgemein* (Strg)/(cmd)+(K)).

Auch in der Vollbildansicht bleibt die Vorschaugröße flexibel, wählbar per Mausrad oder Tastenkombination (Strg)/(cmd)+(+), (Strg)/(cmd)+(-).

Details einblenden

Oftmals reicht die alleinige Ansicht der Miniaturvorschauen nicht aus. So können Sie einer Vorschau beispielsweise nicht ohne Weiteres ansehen, ob es sich bei dem betreffenden Bild um eine JPEG- oder eine TIFF-Datei handelt. Aus einer kleineren Zoomstufe heraus lassen sich mit *Ansicht*/*Dateinamen* und *Ansicht*/*Details* (Strg/cmd+D) aber alle wichtigen Kurzinformationen einblenden. Die Miniaturen werden dann jedoch im normalen Raster und nicht mehr im schicken *Adaptivraster* präsentiert. Mit der Tastenkombination *Ansicht*/*Details* (Strg/cmd+D) können Sie jedoch geschwind zwischen beiden Anzeigerastern umschalten.

Weitere Informationen

Neben den Informationen zur Mediendatei werden mit aktivierter Detailansicht auch die Katalogisierungsinformationen sichtbar, als da wären: Bewertung ⭐, identifizierte Person 👤, angehängte Stichwörter 🏷, Album-Zugehörigkeit ▭, Ereignis-Zuordnung 📅, Ortsdaten 📍.

Das Erstellungsdatum, die Zeit, der Dateiname und der Dateityp lassen sich einblenden, um mehr Informationen auf die Schnelle zu erhalten.

16.5 Kategorien und Stichwörter vergeben

Eines der besten Mittel, um Fotos schnell aufzufinden, besteht darin, sie in Kategorien einzuordnen und Stichwörter zu vergeben. Klar, ein wenig Zeit müssen Sie hierfür aufwenden. Später reicht es dann aber aus, beispielsweise den Begriff *Löwe* ins Suchfeld einzugeben, um schnell alle passenden Aufnahmen aufgelistet zu bekommen.

Verschlagwortung aufbauen

Erstellen einer neuen Stichwort-Kategorie.

Um mit der Verschlagwortung zu starten, öffnen Sie mit der Schaltfläche *Tags*/*Info* 🏷 unten rechts den Bedienfeldbereich und wählen oben den Eintrag *Tags* 🏷 (Tag = Etikett) aus. Praktischerweise bietet Ihnen der Organizer bei *Stichwörter* bereits beim ersten Öffnen ein paar Kategorien an: *Natur*, *Farbe*, *Fotografie* und *Sonstige*. Im erwähnten Papageitaucher-Beispiel passt der Begriff *Natur* zwar ganz gut, die Kategorie *Säugetier* als übergeordnete Instanz für die Löwenbilder wäre aber noch besser. Also wird sie kurzerhand erstellt.

Dazu klappen Sie das Drop-down-Menü des Bedienfelds *Stichwörter* mit dem kleinen schwarzen Pfeil neben dem grünen Pluszeichen 🟩 auf und navigieren zu *Neue Kategorie*.

Eigenschaften der neuen Kategorie *Säugetier.*

Wählen Sie eine *Farbe* aus, mit der der Rahmen des *Kategoriesymbols* gefärbt wird. Die Kategorien und die damit verknüpften Unterkategorien und Stichwörter lassen sich auf diese Weise farblich von den anderen Kategorien noch prägnanter unterscheiden. Tragen Sie zudem den gewünschten Kategorienamen in das Feld ein. Entscheiden Sie sich anschließend für ein passendes Symbol, mit dem die Kategorie im Verschlagwortungsbaum angezeigt werden soll. Die neue Kategorie taucht nun in der Liste der Stichwörter auf.

Um die Sortierung zu verfeinern, wird als Nächstes mit der Schaltfläche 🟩 eine neue Unterkategorie eröffnet, die im gezeigten Beispiel den Namen *Raubtier* trägt. Vergeben Sie im nächsten Dialog also den gewünschten Namen.

Unterkategorie einfügen.

Den Abschluss der Verschlagwortungskette bilden schließlich die Stichwort-Tags. Zu deren Erstellung navigieren Sie mit der Schaltfläche ![] zur Option **Neues Stichwort-Tag**. Tragen Sie den Namen ein (hier **Löwe**) und fügen Sie eventuell eine Bemerkung hinzu.

Über die Schaltfläche **Symbol bearbeiten...** lässt sich dem Stichwort-Tag-Symbol ein Bild zuweisen. Dazu können Sie im nächsten Dialogfenster mit der Schaltfläche **Importieren** beispielsweise ein Bild aus dem Computerverzeichnis wählen, dass dann mit der Schaltfläche **Öffnen** eingebunden wird.

Die erstellte Hierarchiestruktur ist jetzt in der **Stichwörter**-Palette zu sehen. Markieren Sie nun einzelne (Strg/cmd-Taste) oder zusammenhängende (⇧-Taste) Bilder im Medienbrowser und ziehen Sie sie auf das Stichwort-Tag. Oder verfahren Sie umgekehrt und ziehen das Stichwort-Tag auf das jeweilige Bild oder die ausgewählte Bildergruppe. Die Bilder erhalten das entsprechende Kategoriesymbol und können nun anhand der Begriffe **Säugetier**, **Raubtier** und **Löwe** schnell wiedergefunden werden.

Links: Einfügen eines neuen Stichwort-Tags. Rechts: Das Stichwort-Tag-Symbol wird mit einem Bild gefüllt.

> **✓ Stichwörter sortieren und löschen**
>
> Mit der Maus können Sie die Stichwörter und Unterkategorien ganz einfach per Drag & Drop verschieben, um beispielsweise Stichwörter, die beim Import neuer Dateien in den Organizer mitgeladen wurden (Kategorie **Importierte Stichwort-Tags**), in die bestehende Stichwortliste einzuordnen. Soll ein Stichwort in eine Unterkategorie umgewandelt werden, klicken Sie mit der rechten Maustaste auf das Stichwort (ctrl + Klick bei Mac OS) und wählen **In eine Unterkategorie ändern** aus dem Kontextmenü. Auch die Option zum Löschen finden Sie per Rechtsklick im Kontextmenü. Aber Achtung! Beim Löschen einer Kategorie oder Unterkategorie werden auch alle darunter angeordneten Stichwörter gelöscht.

Ausgewählte Bilder auf das Stichwort-Tag ziehen, um es den Bildern zuzuordnen.

Um die Bilder einer bestimmten Kategorie, Unterkategorie oder eines Stichwortes ausfindig zu machen, klicken Sie auf die 🔍 Checkbox **2** der Kategorie, Unterkategorie oder des Stichwort-Tags 🏷️. Sogleich werden alle zugeordneten Mediendateien aufgelistet. Wird ein Bild angeklickt, sind alle zugeordneten Stichwörter im Bereich ***Bild-Tags*** **3** zu sehen (hier Säugetier, Raubtier, Löwe und Reisen, Südafrika, Kalahari).

Wenn Sie mehrere Stichwörter markieren, ist es wichtig, mit dem Drop-down-Menü ***Optionen*** **1** zu entscheiden, ob nur Medienelemente aufgelistet werden, die allen gewählten Kriterien entsprechen (***Teiltreffer ausblenden***), oder ob mit ***Teiltreffer einblenden*** alle Elemente aufgelistet werden, die entweder dem einen oder dem anderen Kriterium entsprechen. Diese Art der schnellen (Kombinations-)Suche gilt für alle vergebenen Stichwörter, also auch für die anschließend vorgestellten Personen-Tags 👤, Ort-Tags 🔶 und Ereignis-Tags 📅.

Auswahl aller Bilder mit dem Stichwort
Löwe.

Bild-Tags hinzufügen

Unterhalb des Bedienfelds *Stichwörter* finden Sie den Eintrag *Bild-Tags*. Hierüber können neue Stichwörter eingetragen und direkt den gewünschten Bildern zugeordnet werden. Und das geht so: Markieren Sie eines oder mehrere Bilder im Medienbrowser. Tragen Sie nun den Stichwort-Begriff bei den Bild-Tags ein und bestätigen Sie dies mit der Schaltfläche *Hinzufügen* oder mit der Eingabetaste ⏎. Allerdings landen die neuen Stichwörter zunächst in der Stichwörter-Liste bei *Sonstige*. Die Begriffe müssen daher im Anschluss noch in die richtige Kategorie bzw. Unterkategorie geschoben werden. Aber das geht per Drag & Drop ja schnell.

Hinzufügen des Bild-Tags Gepard. Das Stichwort wird anschließend in die Unterkategorie Raubtier verschoben.

Automatisierung mittels Smart-Tags

Smart-Tags ablesen und gegebenenfalls einzelne löschen.

Mit den intelligenten Tags, den sogenannten Smart-Tags ⚡, können Sie dem Organizer einiges an Arbeit übertragen, denn er kann die Bilder in gewissem Umfang selbst analysieren und dann verschiedene Stichwörter automatisch vergeben. Dem hier gezeigten Bild wurden beispielsweise automatisch folgende Stichwörter zugefügt: Tier, Natur, wild, Wildtiere, Afrika, Safari, Katze, Löwe, Löwin, Löwe.

Etwas seltsam finden wir, dass die Smart-Tags nicht bei den Tags 🏷 im rechten Bedienfeld auftauchen. Man

kann Sie nur ablesen, indem mit der rechten Maustaste auf das Bild geklickt wird (ctrl + Klick bei Mac OS) und *Smart-Tag entfernen* angesteuert wird. Das gibt einem aber auch gleich die Möglichkeit, nicht ganz passende oder doppelte Smart-Tags zu löschen, hier etwa einen der doppelten *Löwe*-Tags. Wie Sie anhand der Smart-Tags bestimmte Bilder finden können, erfahren Sie ab Seite 486 in diesem Kapitel.

Damit der Organizer die Smart-Tags auch tatsächlich vergibt, müssen Sie bei *Bearbeiten* (Windows) bzw. *Elements Organizer* (Mac OS)/*Voreinstellungen*/*Medienanalyse* (Strg/cmd+K) die beiden Checkboxen *Gesichtserkennung automatisch durchführen* und *Medien für Smart-Tags automatisch analysieren* aktivieren und im Gegenzug die Checkbox *Keine Smart-Tags anzeigen* deaktivieren. Sollten Sie dies erst nachträglich tun, schließen Sie den Organizer und öffnen ihn erneut. Die Analyse läuft dann automatisch ab.

Zulassen, dass der Organizer Medienelemente nach Gesichtern und Smart-Tags analysiert.

Der Bildtitel, die Bewertung und die Stichwörter können im Windows-Explorer eingesehen werden (Rechtsklick auf die Datei, Eigenschaften, Reiter Details).

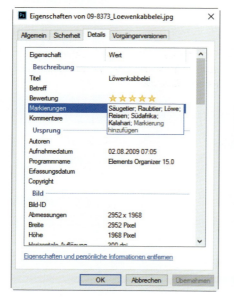

Stichwörter in die Datei einbetten

Wenn Sie Ihre mühsam erstellten und zugewiesenen Stichwörter fest in die Dateien speichern möchten, ist das mit *Datei/Metadaten in Datei speichern* (Strg/cmd+W) möglich.

Die Stichwörter und gegebenenfalls im Bedienfeld *Informationen* eingefügte Bildtitel landen dann in den sogenannten IPTC-Daten. Auch die in den nachfolgenden Abschnitten vorgestellten Personen-Tags 👥, Ort-Tags 📍, Ereignis-Tags 🗓 und Favoriten-Sterne ⭐ werden in die ausgewählten Dateien eingebettet, wohingegen Smart-Tags ⚡ nicht übernommen werden.

Auf diese Weise können andere Datenbanken die eingebetteten Informationen auch einlesen, die ansonsten außerhalb des Elements Organizer verloren gehen würden. Allerdings werden die

Einträge so auch für andere einsehbar, wenn Sie die Datei zum Beispiel ins Internet laden oder per E-Mail versenden. Entscheiden Sie daher selbst, wie Sie diesen Punkt handhaben möchten.

16.6 Personenerkennung und Personen-Tags

Mit der Gesichtserkennung lassen sich Personen schnell finden und automatisch mit entsprechenden Stichwort-Tags versehen. Um die vom Organizer automatisch im Zuge des Imports erkannten Gesichter bestimmten Personen zuzuordnen, wählen Sie oberhalb des Medienbrowsers den Ansichtsmodus *Personen* ❷ aus. Deaktivieren Sie die Checkbox *Kleine Stapel ausblenden* ❶, um alle gefundenen Gesichter sehen zu können. Diese tauchen beim ersten Ausführen alle im Bereich *Unbekannt* ❹ auf, aber dies wird sich gleich ändern. Geben Sie nun unterhalb einer Person deren Namen ❸ ein. Mit der Schaltfläche *FB-Freundesliste hinzufüg.* können Sie Ihre Facebook-Freundesliste für die Namensvergabe nutzen. Bestätigen Sie die Verbindung zum Facebook-Konto mit der Schaltfläche *Autorisieren*. Loggen Sie sich anschließend in Facebook ein. Zurück im Organizer beenden Sie die Aktion mit der Schaltfläche *Autorisierung abschließen*. Bestätigen Sie die Namensvergabe am Ende durch Anklicken des dunkelgrauen Häkchens, und bestätigen Sie auch den nächsten Dialog mit *OK*. Das Bild wird anschließend in den Bereich *Bekannt* verschoben.

IPTC Standard

Mit IPTC (International Press Telecommunications Council) wird der international gängige Speicherstandard für zusätzliche Bildinformationen abgekürzt. Dazu gehören die Stichwörter, Bildtitel, Beschreibungen der abgebildeten Szene, Copyright-Informationen oder Autorenkontaktdaten und einige mehr.

Ansichtsmodus **Personen** mit den automatisch während des Bilderimports identifizierten Gesichtern.

6%

Personen in Ihren Fotos analysieren

Scannen eines großen Katalogs kann einen Moment dauern

 Medienanalyse deaktivieren/neu starten

Möchten Sie die automatische Gesichtserkennung nicht nutzen? Dann deaktivieren Sie bei *Bearbeiten* (Windows) bzw. *Elements Organizer* (Mac OS)/*Voreinstellungen*/*Medienanalyse* (Strg/cmd+K) die Checkbox *Gesichtserkennung automatisch durchführen*. Um alle bereits erkannten Personen zu löschen, wählen Sie die Schaltfläche *Gesichtsanalyse zurücksetzen*. Um die Analyse erneut durchzuführen, aktivieren Sie die genannte Checkbox wieder, schließen den Organizer und starten ihn neu. Die Analyse beginnt dann automatisch, was je nach Medienbestand eine Weile dauern kann.

Zuordnung prüfen und Gesichter verschlagworten

Nachdem Sie einer Person einen Namen zugordnet haben können Sie in den Bereich *Benannt* ❸ wechseln. Sollte der Organizer weitere Bilder gefunden haben, die der gleichen Person zuzuordnen sind, erscheint ein Ausrufezeichen unterhalb des Gesichts. Klicken Sie nun auf das Gesicht ❶. Mit den Schaltflächen *Fotos* und *Gesichter* ❷, die darunter eingeblendet werden, können Sie die Ansicht der Bilder auf die Gesichter beschränken oder jeweils das gesamte Bild anzeigen lassen. Navigieren Sie nun im Bereich *Ist das „Name"?* zum jeweiligen Gesicht und bestätigen den eingeblendeten Haken. Alternativ klicken Sie mit der rechten Maustaste auf das Gesicht (ctrl + Klick bei Mac OS) und wählen *Ist Name* ❺. Sollte sich ein Gesicht fälschlicherweise in der Liste befinden, wählen Sie statt des Häkchens den durchgestrichenen Kreis oder wählen im Kontextmenü Nicht Name. Mit Nicht wieder anzeigen können Sie Gesichter unbekannter Personen auch ganz aus der Gesichterliste entfernen. Der Organzier wird dieses Gesicht auch zukünftig ignorieren.

Im Bereich *Bestätigte Gesichter* haben Sie über das Kontextmenü ❻ ebenfalls die Möglichkeit, eine falsche Zuordnung mit Nicht Name aufzuheben oder das Bild mit *Nicht wieder anzeigen* aus dem Personenstapel auszuschließen. Zudem können Sie mit *Als Profilbild zuweisen* ein Bild als Miniaturbild für den Personenstapel auswählen.

*Überprüfen der dem Namen automatisch zugeordneten Bilder und Hinzufügen von Gruppen-Tags (hier **Familie**).*

Wenn Sie mit der Schaltfläche *Gruppen* das rechte Bedienfeld ausklappen, lässt sich die Person einer vordefinierten Gruppe oder auch neu erstellten Gruppen zuordnen. Ziehen Sie dazu den Bilderstapel mit der Maus auf den Kategorienamen, hier *Familie* ❹ oder umgekehrt, ziehen Sie die Kategorie auf ein Gesicht.

Navigieren Sie anschließend wieder in den Bereich *Unbenannt* und führen Sie die Namensvergabe auch bei den anderen gefundenen Gesichtern durch.

Neue Bilder einer Personen zuordnen

Werden neue Bilder in den Organizer importiert, auf denen Personen zu sehen sind, die in der Organizer-Liste bekannter Personen bereits vorhanden sind, können Sie die Gesichter flink zuordnen. Dazu öffnen Sie im Bereich *Personen* den Gesichtsstapel der betreffenden Person in der Ansicht *Benannt*. Markieren Sie im Bereich *Ist das „...“?* alle richtig zugeordneten Gesichter und klicken Sie anschließend das weiße Häkchen auf dem Bild oder die Schaltfläche *Bestätigen* unten in der Taskleiste an. Das läuft vom Prinzip her genauso ab wie bei der zuvor beschriebenen initialen Namensvergabe.

> ✅ **Personen in der Stich-wort-Liste**
>
> Im Ansichtsbereich *Medien* des Organizers lassen sich die Personen-Tags 👥 genauso wie die zuvor vorgestellten Stichwörter, zum schnellen Aufrufen 🔍 bestimmter Bilder nutzen.

Die Personen-Tags dienen, wie die Stichwörter, zum schnellen Suchen und Finden bestimmter Personenbilder.

Nicht erkannte Personen hinzufügen

Sollte in einem Bild eine Person noch nicht detektiert worden sein, weil sie beispielsweise nur im Profil zu sehen ist oder von hinten abgebildet wurde, rufen Sie das Bild im Ansichtsbereich Medien des Organizers auf. Klicken Sie doppelt auf das Bild, um es in die Vollansicht zu bringen. Wählen Sie dann unten die Schaltfläche 🖼 *Gesicht* ❷ und platzieren Sie einen Rahmen um das Gesicht oder die Person ❶. Geben Sie den Namen ein ❸ und bestätigen Sie die Aktion mit dem grünen Häkchen oder der Eingabetaste ⏎. Diese Methode ist auch geeignet, um Personen wieder in die Gesichtserkennung aufzunehmen, die Sie zuvor mit der Schaltfläche *Nicht wieder anzeigen* aus der Gesichtsdatenbank entfernt hatten.

Manuelle Eingabe eines Namens bei nicht erkannten Personen.

16.7 Ortsdaten managen

GPS ist heutzutage in allen möglichen Geräten und Applikationen zu finden. Wer fährt noch mit einer Straßenkarte aus Papier in den Urlaub? Immer mehr Kameramodelle besitzen eine eingebaute GPS-Funktionalität oder können mit einem passenden externen Gerät verbunden werden. Schauen Sie sich gleich hier einmal an, wie der Organizer mit Ortsdaten umgehen kann.

Vorhandene GPS-Daten einsehen

Das Einfachste, was Ihnen passieren kann, ist, dass die Medienelemente bereits über Ortsinformationen verfügen. Um zu sehen, ob und welche Art von GPS-Daten eine Datei besitzt, markieren Sie das Bild im Ansichtsbereich *Medien* und wählen rechts im Bereich *Tags*/*Info* 🏷 das Bedienfeld *Informationen* **1** aus. Öffnen Sie die vollständige Anzeige aller Metadaten mit dem Schalter ⊞ und schauen Sie sich weiter unten die Rubrik *GPS* **2** an.

Anzeige der GPS-Daten.

GPS-Bilder in der Kartenansicht

Um die GPS-Bilder in der Weltkarte zu betrachten, wählen Sie oben den Ansichtsbereich *Orte* ❹ aus und klicken gleich darunter die Schaltfläche 📌 *Fixiert* ❸ an. Daraufhin öffnet sich im großen Programmfenster eine Google-Maps-Karte. Geben Sie im Suchfeld oberhalb der Karte am besten gleich einmal grob den Ort an, an dem Sie die Aufnahmen gemacht haben (hier *Valletta*) und drücken Sie die Eingabetaste ⏎. Wählen Sie einen der vorgeschlagenen Ortsnamen aus (hier *Valletta*, *Malta* ❶). Vergrößern Sie die Kartenansicht mit den unten rechts angeordneten *Zoom*-Schaltflächen ❼ und schieben Sie den Kartenausschnitt mit der Maus an die gewünschte Stelle, um alles genau in Augenschein zu nehmen.

Ortsansicht mit Bildern, die bereits über GPS-Informationen verfügen.

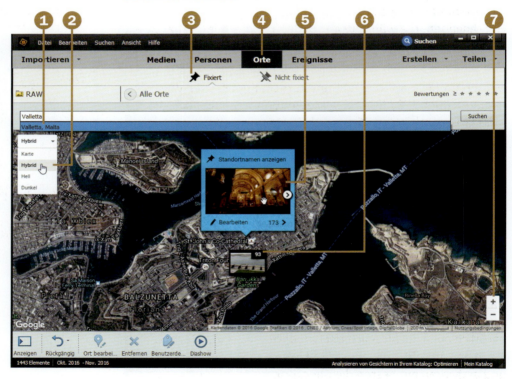

In der Karte werden alle mit GPS-Daten versehenen Medienelemente anhand von Ortsmarkierungen (Pins) mit kleinem Vorschaubild angezeigt ❻. Die Zahl innerhalb der Markierung gibt an, wie viele Dateien an dem Ort oder in nächster Umgebung aufgenommen wurden. Wenn Sie mit der Maus auf eine Miniatur fahren, wird das erste Bild aus der Serie vergrößert **5**. Klicken Sie am besten gleich einmal oben auf *Standortnamen anzeigen*, damit der Standort der Bilder in den Organizer aufgenommen wird. Dann können Sie die Bilder später auch nach diesen, als *Ort-Tags* 📍 bezeichneten Stichwörtern durchsuchen.

Mit den Pfeiltasten neben dem kleinen Vorschaubild können Sie zudem von Bild zu Bild navigieren. Wenn Sie unten links auf das Bleistiftsymbol *Bearbeiten* klicken oder in der Taskleiste die Option *Ort bearbeiten* 📍 wählen, lässt sich der Ort ändern, falls das GPS-Gerät eine falsche Verortung erzeugt hat. Möglich ist auch, die Ortsbezeichnung über die Schaltfläche *Benutzerdefinierter Name* anzupassen. Die Bezeichnung gilt dann aber für alle Bilder, die der gewählten Miniaturvorschau zugeordnet sind. Um die Ortsmarkierung zu löschen, klicken Sie auf *Entfernen* ✖. Die GPS-Angaben, die während der Bildaufnahme oder mit anderen Programmen in die Dateien gespeichert wurden, werden bei der Löschaktion aber nicht entfernt.

Mit einem Klick auf die Zahl unten rechts neben der Vorschauminiatur (hier 173) listet der Medienbrowser nur noch die zur Markierung gehörigen Bilder auf. Zurück zur vorherigen Ansicht gelangen Sie dann mit der Schaltfläche *Zurück* oben links oberhalb der Bilder im Organizer-Fenster.

Wie Sie es bestimmt schon von Google Maps her kennen, lässt sich zudem die Kartenansicht auf Straßenangaben oder Geländeansichten umstellen. Dazu wählen Sie eine Vorgabe aus dem Drop-down-Menü **2** aus.

Nach Datum sortierte Bildergruppen verorten

Da nicht jeder über ein kamerainternes GPS-System oder einen externen Daten-Logger verfügt, können Sie Bilder und Videos natürlich auch nachträglich mit Ortsdaten versehen. Dazu wählen Sie in der Ansicht *Orte* oben den Eintrag ✖ *Nicht Fixiert* **3** aus und aktivieren am besten die Checkbox *Nach Zeit gruppieren* **1**. Der Organizer fügt nun alle Bilder mit gleichem oder nah beieinanderliegendem Aufnahmedatum einer Gruppe zusammen. Mit dem Regler *Anzahl der Gruppen* **4** können Sie die Bilderstapel beeinflussen. Mit *Min* fasst der Organizer mehrere Daten bis hin zu Jahren in einer Gruppe zusammen und bei *Max* werden die Gruppen immer kleinteiliger.

✅ Suche mittels Ort-Tags

Alle Fotos, die mit GPS-Daten aufgezeichnet wurden oder nachträglich Ortsinformationen erhalten haben, werden im Bereich Medien in der Ansicht der Stichwörter mit *Ort-Tags* 📍 aufgelistet. Somit können Sie darin auch schnell nach Bildern an bestimmten Orten suchen, indem Sie den Tag anklicken 🔍. Hier besteht auch die Möglichkeit, Ort-Tags hinzuzufügen, umzubenennen oder zu löschen – vergleichbar mit der Vergabe der Kategorien und Stichwörter.

Schnellsuche nach Bildern mit bestimmten Ort-Tags.

Klicken Sie anschließend neben einer der Gruppen auf *Standort hinzufügen* ❷. Geben Sie anschließend den Ort oder eine Adresse in die Suchzeile ein und drücken Sie die Eingabetaste ⏎. Wählen Sie einen passenden Vorschlag aus ❺ und klicken danach die Schaltfläche *Anwenden* an. Der Ort wird zugewiesen, sodass die Bilder aus der Liste der nicht fixierten Aufnahmen im linken Medienbrowser verschwinden.

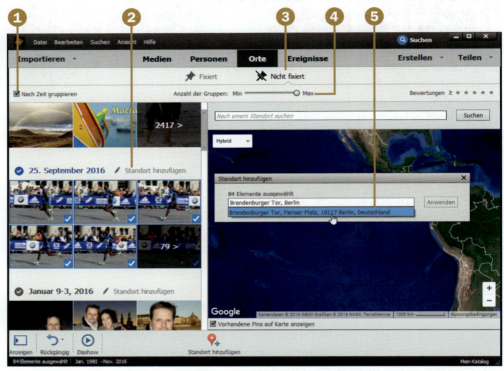

Hinzufügen eines Standorts zu einer automatisch vorgeschlagenen Bildergruppe.

 Ort-Tags in Metadaten speichern

Bei den Ort-Tags, den ortsbezogenen Stichwörtern, handelt es sich zunächst noch nicht um dateiinterne GPS-Daten. Erst wenn Sie das Bild im Medienbrowser markieren und *Datei*/*Metadaten in Datei speichern* (Strg/cmd+W) wählen, werden die geografische Breite und Länge in die Datei eingebettet und tauchen als GPS-Metadaten auf.

Jetzt können Sie in die Ansicht *Fixiert* 📌 wechseln. Die neu verorteten Bilder finden Sie innerhalb eines Pins an der gewählten Stelle in der Karte wieder. Sollte die Ortszuweisung ungenau gewesen sein, können Sie den Pin anklicken und in der Taskleiste unten den Eintrag *Ort bearbeiten* 📍 wählen.

Im Dialogfenster *Ort bearbeiten* fassen Sie den Pin mit der Maus an und verschieben ihn einfach an die gewünschte Stelle. Wählen Sie das grüne Häkchen bei *Medien hier platzieren?* und bestätigen Sie die Aktion mit der Schaltfläche *Fertig* unten rechts.

Übrigens, wenn Sie später einmal weitere Bilder diesem Standort hinzufügen möchten, markieren Sie die Medienelemente, wie zuvor gezeigt, im linken Bereich der Ansicht Orte/Nicht Fixiert und ziehen Sie sie per Drag & Drop auf den Pin in der Karte, der die anderen Bilder bereits enthält.

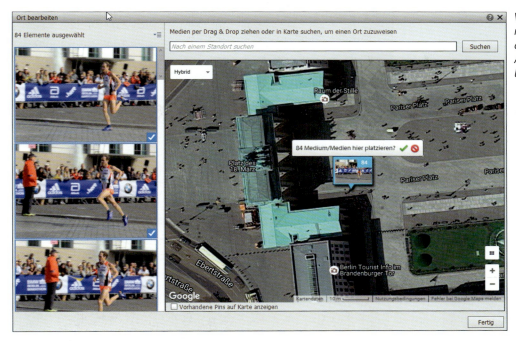

Verschieben des Pins mit den Marathon-Bildern auf die exakte Aufnahmeposition neben der Rennstrecke.

Individuell ausgewählte Bilder verorten

Wenn Sie die automatischen Bilderstapel nicht verwenden möchten, weil an einem Tag an mehreren Stellen fotografiert wurde und die Orte daher nicht nach Datum verteilt werden können, deaktivieren Sie die Checkbox *Nach Zeit gruppieren* ❶. Markieren Sie die Medienelemente anschließend im linken Fensterbereich ❷ und wählen Sie im Suchfeld über der Karte den gewünschten Ort aus (hier *Marsaxlokk, Malta*). Im Anschluss daran wird ein orangefarbener 🔶 Pin ❸ angezeigt. Diesen können Sie nun beliebig in der Karte verschieben, um den richtigen Ort exakt auszuwählen.

Um die Medienelemente schließlich in die Ortsbibliothek des Organizers einzufügen, wählen Sie das grüne Häkchen bei *Medien hier platzieren?* ❹ und bestätigen die Aktion schließlich mit der Schaltfläche *Fertig* unten rechts.

Übertragen von Ortsdaten auf ausgewählte Bilder.

Möglich ist auch, die Bilder im Ansichtsbereich *Medien* des Organizers auszuwählen und dann mit der Schaltfläche *Standort hinzufügen* 📍 aus der unteren Taskleiste fortzufahren.

Falsche Ortszuweisung ändern

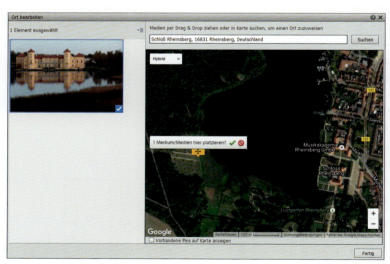

Verschieben eines falsch verorteten Bildes zum richtigen Aufnahmeort.

Sollte eine Mediendatei versehentlich mit einem falschen Ort verknüpft worden sein, navigieren Sie zu dem Ort in der Kartenansicht *Orte/Fixiert* 📌. Öffnen Sie die Bilder durch Doppelklick auf den Pin in der Kartenansicht. Markieren Sie nun das falsch zugeordnete Bild und wählen Sie das Symbol *Ort bearbeiten* 📍 aus der Taskleiste. Im nächsten Dialogfenster können Sie den Pin mit der Maus anfassen und auf der Karte verschieben oder im Suchfeld einen anderen Ort angeben und den Pin dann dort platzieren. Möglich ist natürlich auch, die Ortsdaten mit *Entfernen* ✖ zu löschen.

16.8 Ereignisse dokumentieren

„Anfang des Jahres, im Februar glaube ich, da waren wir doch in Basel und haben uns mitten in den Trubel der Basler Fasnacht gestürzt, stimmt's?" „Genau, such doch mal schnell die Bilder dazu raus." Solche oder ähnliche Situationen sind die perfekte Voraussetzung für die Ereignis-Plattform des Organizers. Daher sortieren Sie doch gleich einmal die wichtigsten Ereignisse entsprechend ein. Das dauert auch gar nicht lange.

Ereignisse hinzufügen

Beginnen Sie damit, die Fotos und Videos im Medienbrowser zu markieren, und wählen Sie anschließend einfach das Symbol *Ereignis hinzufügen*  aus der Taskleiste. Sogleich wandern alle Bilder in die gefilterte Auswahlansicht und gleichzeitig in die Mediensammlung des Ereignis-Bedienfelds auf der rechten Seite des Organizers.

Geben Sie bei *Name* einen aussagekräftigen Titel ein (hier *Basler Fasnacht 2016*). Tragen Sie anschließend das Datum vom Beginn der Veranstaltung bis zum Ende ein, sofern es nicht automatisch auf Basis der Aufnahmedaten richtig gesetzt wurde. Dazu schreiben Sie

Hinzufügen eines Ereignisses.

das Datum entweder ins Textfeld oder suchen es sich nach einem Klick auf das Kalender-Icon ▦ aus dem Kalender aus. Nun können Sie dem Ereignis noch eine Beschreibung verpassen, damit auch ganz genau klar ist, um was es sich handelt. Wenn Sie einzelne Bilder wieder aus der Auswahl entfernen möchten, markieren Sie das oder die Vorschaubilder in dem Medienbereich rechts und klicken das Mülleimersymbol 🗑 an. Bestätigen Sie die ganze Aktion mit der Schaltfläche *Fertig*.

Ereignisse aufrufen und bearbeiten

Um die Bilder, die Sie mit bestimmten Ereignissen verknüpft haben, schnell wiederzufinden, können Sie im Bereich *Tags/Info* 🏷 und dort bei *Ereignis-Tags* die Checkbox 🏛 des entsprechenden Ereignis-Symbols 🎫 anklicken.

Bildersuche über die Ereignis-Tags.

Über die Ansichtsschaltfläche *Ereignisse* des Organizers gelangen Sie schnell zur Übersicht über alle gespeicherten Ereignisse. Hier werden die verschiedenen Events jeweils als Bilderstapel präsentiert, zusammen mit dem Titel und dem Zeitraum. Über das Info-Zeichen ⓘ an der unteren rechten Ecke eines Ereignisses können Sie sich die zugehörige Beschreibung schnell mal anzeigen lassen.

Auflistung der gespeicherten Ereignisse mit Angabe der Titel, des Zeitraums und der ausklappbaren Beschreibung. Mit dem Kalender-Icon unten rechts kann das Kalender-Bedienfeld ein- und ausgeklappt werden.

Das Bedienfeld im rechten Organizer-Bereich enthält eine Kalenderfunktion, die Sie mit dem Symbol *Kalender* ⊞ ganz unten rechts ein- und ausblenden können. Der Kalender bietet die Möglichkeit, über das Drop-down-Menü *Alle Jahre* einzelne Jahre anzuwählen. Alle Monate, denen im gewählten Jahr Ereignisse zugewiesen wurden, werden blau eingefärbt. Klickt man die einzelnen Monate an, werden die Tage blau umrandet, an denen Bilder oder Videos im Ereignisstapel vorliegen.

 Neueste/Älteste zuerst

Ob beim Öffnen eines Ereignisses das Medienelement mit dem neuesten oder dem ältesten Datum zu Beginn erscheint, können Sie bei *Bearbeiten* (Windows) bzw. *Elements Organizer* (Mac OS)/*Voreinstellungen*/*Allgemein* (Strg)/(cmd)+(K)) im Bereich *Datum (neueste zuerst)* bestimmen.

Vielleicht hatten Sie nicht gleich alle Bilder gefunden, die zum gerade neu erstellten Ereignis gehören. Das ist kein Problem. Wählen Sie das Ereignis einfach aus, klicken Sie doppelt auf den Bilderstapel und klicken Sie dann auf die Schaltfläche *Medien hinzufügen* ![icon] aus der Taskleiste unterhalb des Medienbrowsers. Sie können Bilder aber auch einfach im Medienbrowser markieren und auf das entsprechende Ereignis-Tag ![icon] ziehen.

Automatische Ereignisvorschläge

Photoshop Elements kann automatische Ereignisvorschläge unterbreiten, die sich am Aufnahmedatum der Bilder orientieren. Dazu wechseln Sie oberhalb des Medienbrowsers von *Benannt* ![icon] in den Bereich *Vorgeschlagen* ![icon]. Mit dem Schieberegler *Anzahl der Gruppen* darunter lässt sich der vorgeschlagene Datumsbereich für die Bildergruppen beeinflussen. Bei *Max* werden die Tage einzeln aufgelistet und bei *Min* werden mehrere Tage bis hin zu Jahren zusammengefasst. Anschließend können Sie aus den vorgeschlagenen Gruppierungen neue Ereignisse erstellen, indem Sie rechts neben dem angegebenen Datum auf *Ereignis hinzufügen* klicken.

Einfügen eines neuen Ereignisses anhand automatisch vorgeschlagener Bilderstapel auf Basis des Aufnahmedatums.

16.9 Bilder in Alben sammeln

Eine Diashow zu gestalten macht viel Spaß, ist aber auch mit Arbeit verbunden. Die Bilder müssen gesichtet und ausgewählt werden. Da wäre es doch sehr praktisch, wenn es eine Art virtuelle Fotosammlung gäbe, über die sich die Bilder auch nach einer längeren Bearbeitungspause mit einem Klick wieder aufrufen ließen. Mit den Alben des Organizers ist dies problemlos machbar.

Bei den Alben handelt es sich quasi um Bildcontainer, die Sie zu Themen Ihrer Wahl anlegen können. Ein und dasselbe Foto kann auch mehreren Alben zugeordnet werden, ohne dass es an seinem Speicherort dafür kopiert und physisch in ein anderes Verzeichnis übertragen werden muss. Vergleichbar mit den Stichwort-Tags können Sie auch bei den Alben verschiedene Hierarchien aufbauen. So könnten Sie beispielsweise eine übergeordnete Albumkategorie *Diashows* erstellen und darin Alben zu verschiedenen Vortragsthemen einbinden. Für die Erstellung eines Albums klappen Sie zunächst das Bedienfeld *Alben*/*Ordner* mit dem Symbol *Anzeigen* ▶ ganz unten links im Organizer aus.

Neue Albumkategorie Diashows erstellen.

Klicken Sie im Bedienfeld *Alben* auf den schwarzen Pfeil neben dem grünen Pluszeichen ➕▾, um das Drop-down-Menü auszufahren. Wählen Sie *Neue Albumkategorie*. Geben Sie der Albumkategorie einen Namen, beispielsweise *Diashows*.

Mit der Albumkategorie können noch keine Bilder verknüpft werden, dazu müssen Sie erst ein Album erstellen. Wählen Sie dazu die Albumkategorie (hier *Diashows*) aus der Liste der Alben aus ❶. Klicken Sie wieder das grüne Pluszeichen ➕▾ ❷ an und tragen Sie im Bedienfeldbereich *Neues Album* ❸ den Namen des neuen Albums ein, zum Beispiel *Marokko*. Wählen Sie die gewünschten Fotos im Medienbrowser aus (einzelne mit gehaltener Strg/cmd-Taste, mehrere am Stück mit gehaltener ⇧-Taste) und ziehen Sie sie in den Medienbereich des Albums ❹, oder klicken Sie alternativ die Schaltfläche *Dem Medienbereich hinzufügen* ➡ in der Taskleiste an. Mit der Schaltflächen *Alle* ▦ ❻ können schnell alle aktuell aufgelisteten Bilder des Medienbrowsers hinzugefügt werden. Um versehentlich mit ins Album geratene Fotos wieder aus der Albumauswahl zu entfernen, klicken Sie das Mülleimersymbol 🗑 ❺ an. Bestätigen Sie die Erstellung des neuen Albums schließlich mit der *OK*-Schaltfläche.

Erstellen eines neuen Albums und Einfügen ausgewählter Bilder.

Um die Bilder eines Albums aufzurufen, reicht ein Klick auf das Album ![] aus. Alle darin enthaltenen Fotos werden im Medienbrowser angezeigt. Möchten Sie weitere Bilder hinzufügen, blenden Sie mit der Schaltfläche *Alle Medien* alle Dateien des Organizers ein. Markieren Sie die gewünschten Dateien und ziehen Sie die Bilder auf das Albumsymbol ![].

Um Fotos aus dem Album zu entfernen, markieren Sie eines oder mehrere Bilder der Albumauswahl. Klicken Sie dann mit der rechten Maustaste auf eines der markierten Fotos (ctrl + Klick bei Mac OS) und wählen Sie aus dem Kontextmenü *Aus Album entfernen/Name des Albums*.

Um den Namen des Albums zu ändern, klicken Sie mit der rechten Maustaste auf das Album ![] (ctrl) + Klick bei Mac OS) und wählen *Umbenennen* aus dem Kontextmenü aus. Darin finden Sie auch die Möglichkeit *Bearbeiten* oder *Löschen* des Albums.

16.10 Bildbewertung mit Favoriten-Sternen

Wenn Sie Ihre Fotos hinsichtlich der persönlich empfundenen Qualität einordnen möchten, um später ganz schnell nur die besten Bilder zu finden, vergeben Sie doch einfach mal Favoriten-Sterne ⭐ bzw. Favoriten-Tags. Bis zu fünf Sterne können verliehen werden, wobei es in der Praxis sinnvoll ist, sich auf drei, vier oder fünf Sterne zu beschränken. Die schlechteren Fotos, die gar keinen Stern erhalten haben, fallen dann automatisch durchs Raster.

Markieren Sie hierzu ein oder mehrere Bilder im Medienbrowser, die die gleiche Anzahl Sternchen verdient haben. Klicken Sie nun entweder mit der rechten Maustaste auf eines der Bilder (⌃ctrl⌄ + Klick bei Mac OS) und wählen zum Beispiel *Bewertungen*/*4 Sterne* aus dem Kontextmenü. Oder blenden Sie zuerst die Detailansicht ein (*Ansicht*/*Details*, ⌃Strg⌄/⌃cmd⌄+⌃D⌄) und klicken danach mit der Maus auf die betreffende Sternchen-Zahl unterhalb des Bildes ❶. Das war's schon. Mit ⌃Strg⌄/⌃cmd⌄+⌃D⌄ können Sie das Adaptivraster des Medienbrowsers wieder einblenden.

Vergabe von Favoriten-Sternen und Auswahl von Bildern einer bestimmten Bewertung.

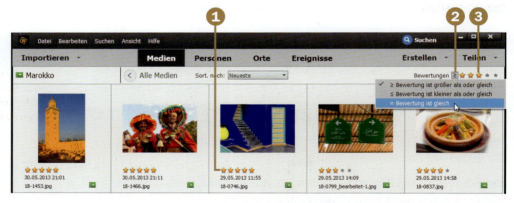

Möchten Sie anschließend nur die Bilder einer bestimmten Sternchen-Kategorie aufrufen, klicken Sie oben rechts über dem Medienbrowser die entsprechende Anzahl an Sternen an ❸. Sogleich werden alle zugehörigen Bilder angezeigt. Mit dem Drop-down-Menü ❷ können Sie zudem festlegen, ob nur Bilder mit exakt der gewählten Sternanzahl oder auch solche mit einer höheren oder niedrigeren Anzahl an Favoriten-Tags erscheinen sollen. Um wieder alle Fotos einzublenden, klicken Sie auf die Schaltfläche *Alle Medien* oben links oder heben die Auswahl auf, indem Sie die gleiche oder eine andere Anzahl an Sternchen wählen.

16.11 Suchen und Finden

Wer suchet, der findet. Ein toller Spruch, stimmt's? Wenn da nur nicht immer diese ewige Zeit wäre, die man mit dem Auffinden bestimmter Dateien verplempern würde. Gut, dass der Organizer in Sachen Suchen und Finden Einiges zu bieten hat. Das Finden wird damit doch schon um einiges leichter.

Das Suchfeld verwenden

Sehr komfortabel gestaltet sich die Suche mit dem Suchfeld 🔍, das Sie rechts oben in der Menüleiste finden. Klicken Sie hier einfach auf den Begriff Suchen und tragen Sie anschließend einen oder mehrere Suchbegriffe ein. Die Suche bezieht alles mit ein, den Namen der Datei, die Albumzugehörigkeit oder angehängte Stichwörter. Schon während des Schreibens können Sie am Dropdown-Menü ablesen, welche Art von Tags (Stichwörter, Personen, Orte, Ereignisse) mit dem jeweiligen Kriterium verbunden sind. Hier haben wir mit dem Begriff *christian* **1** einen gleichnamigen Personen-Tag **2** gefunden und den Eintrag daher gleich einmal angeklickt.

Mit den Begriffen **christian** *und* **kyra** *und der Verknüpfungsart* **UND** *ließen sich in Sekundenschnelle alle Bilder finden, auf denen beide Personen zu sehen sind.*

Geben Sie nun weitere Begriffe ein. Hier haben wir beispielsweise mit *kyra* eine weitere Person gesucht und den gleichnamigen

Personen-Tags angeklickt **3**. Über die Schaltfläche zwischen den Suchbegriffen **4** haben Sie stets die Möglichkeit, einen sogenannten Operator auszuwählen, der die Art der Verknüpfung zwischen den Suchbegriffen definiert. Mit einer *ODER*-Verknüpfung werden alle Medien ausgewählt, in denen einer der Begriffe vorkommt. Bei der gezeigten Suche würde der Organizer alle Bilder auflisten, in denen eine von beiden Personen oder beide zusammen auftauchen. Mit dem Operator *AUSSCHLIESSEN* können Sie eine Nichtverknüpfung herstellen. Es sollen also alle Medien gesucht werden, die einen bestimmten Begriff enthalten, einen anderen aber nicht. Darüber würden sich alle Bilder von Christian finden lassen, in denen Kyra nicht vorkommt. Mit *UND* werden schließlich nur Bilder selektiert, auf denen beide Personen vorkommen. Selbst Begriffsteile, wie ein versehentlich eingetipptes *mar*, nutzt der Organizer für die Suche aus, um zum Beispiel Dateien mit dem Ereignis-Tag ⬚ Berlin-Marathon, dem Ort-Tag 📍 Marrakesch und dem Kameratyp Canon G1 X Mark II zu finden. Auf diese Weise können auch ganz kreative Suchen entstehen, indem Sie einfach mal was eintragen, den Begriff mit der Eingabetaste ⏎ bestätigen, ohne einen Tag-Typ aus dem Dropdown-Menü auszuwählen, und sich überraschen lassen, was der Organizer so findet.

Um die Suchergebnisse zu behalten und sie im Medienbrowser anzeigen zu lassen, wählen Sie oben links die Schaltfläche *Raster* ⬅. Möchten Sie eine neue Suche beginnen, gibt es im Suchfeld rechts mit *Suche löschen* ⊗ eine passende Schaltfläche dafür. Über das kleine ×-Symbol neben den Suchbegriffen können Sie aber auch einzelne Begriffe aus einer Kombinationssuche entfernen.

Schnellsuche nach bestimmten Kriterien

Auf der linken Seite des aufgeklappten Suchfelds 🔍 verbergen sich noch weitere Suchmöglichkeiten. Darüber können Sie direkt nach bestimmten Smart-Tags ⚡ (automatisch vom Organizer vergebene Stichwörter), oder auch nach Personen 👥, Orten 📍, einem bestimmten Datum 📅, einem Ordner 📁, nach Stichwörtern 🏷, nach Alben 📘, nach Ereignissen 📇, nach Bewertung ⭐ oder nach Medientyp 🖼 (Fotos, Audio, Videos, Projekte) suchen. Legen Sie die Maus einfach auf eine der Kategorien und wählen Sie das gewünschte Suchkriterium aufgeklappten Menü aus.

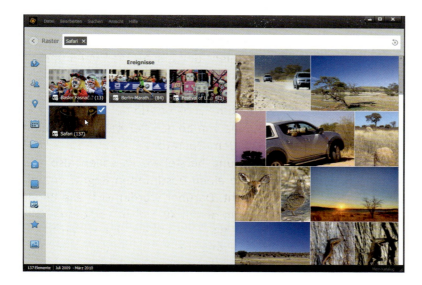

*Suche nach dem Ereignis **Safari**.*

Wenn Sie mehrere Kriterien anklicken, die sich auch in unterschiedlichen Bereichen befinden dürfen, werden die Suchbegriffe in der Suchzeile miteinander verknüpft. Auch hier können Sie wieder einen der drei Operatoren **UND**, **ODER** oder **AUSSCHLIESSEN** wählen, um die Suchergebnisse zu erweitern oder einzugrenzen. Hier haben wir nach dem Smart-Tag **Löwe UND** dem Stichwort-Tag **Auto** gesucht und genau das Bild gefunden, bei dem ein Löwe gerade im Begriff ist, die Anhängerkupplung unseres Autos zu klauen.

Suche nach Dateiname, Bildtitel oder Anmerkung

Im Menübereich *Suchen* des Organizers verbergen sich noch weitere Suchmöglichkeiten. Soll die Suche beispielsweise auf den Dateinamen beschränkt sein, wählen Sie *Suchen/Dateiname* (Strg/cmd+⇧+K) und geben den Begriff oder einen Teil des Dateinamens ein. Stichwörter oder andere verknüpfte Begriffe sind dann von der Filterung ausgeschlossen. Gleiches können Sie mit *Suchen/Bildtitel* oder *Anmerkung* (Strg/cmd+⇧+J) tun.

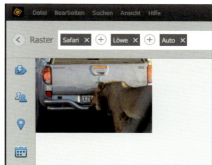

*Ergebnis der Kombinationssuche **Safari UND Löwe UND Auto**.*

Suche nach visueller Ähnlichkeit

Wenn Sie *Suchen/Visuelle Ähnlichkeit/Visuell ähnliche Fotos und Videos* wählen und ein Foto anklicken ❶, vergleicht der Organizer das gewählte Bild hinsichtlich Farbgebung und charakteristischen Formen mit dem gesamten Datenbestand Ihrer Fotosammlung. Auf diese Weise könnten Sie also zum Beispiel schnell und unkompliziert alle Landschaftsfotos aufrufen, die einen blauen Himmel besitzen. Das erste Bild der Liste ist das Ausgangsfoto, gefolgt von den für ähnlich befundenen Bildern. Der Grad ihrer Übereinstimmung wird jeweils mit einer Prozentangabe gekennzeichnet ❷. Über den Regler *Farbe/Form* ❹ können Sie die Suche weiter modifizieren. Auch können Sie zwei oder noch mehr Fotos auf die Suchleiste ❸ ziehen, die der Organizer dann mit einer UND-Verknüpfung in die Suche einbezieht.

Die Ähnlichkeitssuche hat Landschaftsbilder mit blauem Himmel gefunden.

Medienanalyse starten, um die Suche nach visueller Ähnlichkeit durchführen zu können.

Sicherlich, es mogeln sich auch Fotos ins Ergebnis, die nicht 100-prozentig passend sind. Aber schneller als die manuelle Suche oder das umständliche Anklicken mehrerer Stichwörter oder Alben ist die Ähnlichkeitssuche allemal.

Sollten Ihre Bilder noch nicht indiziert worden sein, weist Sie der Organzier zu Beginn darauf hin. Bestätigen Sie daher die Schaltfläche *OK, Indizierung starten* und warten Sie ab, bis die Medienanalyse abgeschlossen ist.

Suche nach Details (Metadaten)

Jedes digitale Bild erhält bei seiner Entstehung eine Reihe an Informationen. Dazu zählen das Aufnahmedatum, das Dateiformat, aber auch solche Dinge wie die Aufnahmeparameter (Blende, Zeit, Kameramodell...) oder GPS-Daten. Diese Informationen werden als Metadaten bezeichnet und eignen sich natürlich ebenfalls sehr gut für eine ganz genaue Suche nach einzelnen oder kombinierten Dateieigenschaften. Die Metadaten können Sie im Bereich *Tags/Info* im Bedienfeld *Informationen* bei *Metadaten* ablesen.

Um nach Metadaten zu suchen, wählen Sie einfach *Suchen/Details (Metadaten)*. In der anschließend präsentierten Suchmaske können Sie die gewünschten Kriterien festlegen. Dazu wählen Sie zunächst den Operator für die Verknüpfung, also UND bzw. ODER ❷, wobei das nur notwendig ist, wenn Sie mehrere Suchbegriffe nutzen wollen. Weitere Suchanweisungen können mit dem Plusschalter + hinzugefügt oder mit dem Minusschalter - auch wieder entfernt werden. Übrigens, wenn Sie die Kriterien öfter nutzen möchten, aktivieren Sie die Checkbox *Dieses Suchkriterium als gespeicherte Suche speichern* ❶ und geben der Suche einen Namen.

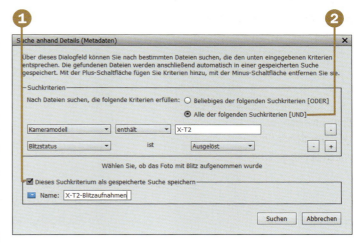

In unserem Fall sollen alle Bilder gefunden werden, die mit dem Kameramodell X-T2 und dem Blitzstatus Ausgelöst entstanden sind.

Nach Medientypen suchen

Zugegeben, die Suche nach Medientypen ist ein wenig grob gerastert. Aber wenn Sie beispielsweise nur wenige Filme im Bestand haben, können Sie diese über die Medientyp-Suche sehr schnell aufrufen. Dazu wählen Sie *Suchen/Medientyp* und bestimmen den Medientyp mit *Fotos* (Alt + 1), *Video* (Alt + 2), *Audio* (Alt + 3), *Projekte* (Diashows, Fotobücher etc., Alt + 4) oder *Elemente mit Audiokommentaren* (Alt + 6).

✓ Nach Medientyp sortieren

Alternativ zur Suche können Sie die Ansicht der Medientypen einschränken oder erweitern. Wenn Sie bei Ansicht/Medientypen nur einen Haken bei Video (Strg/cmd + 2) stehen lassen, blendet der Organizer alle anderen Medientypen aus.

Suchen per Bearbeitungsverlauf

Im Organizer werden so viele Projekte und Aktionen durchgeführt, da kann man schon mal die Übersicht verlieren. Wenn Sie aber noch wissen, dass Sie die gesuchte Datei beispielsweise vor einiger Zeit aus dem Organizer heraus per E-Mail verschickt hatten, ist das hilfreich. Denn auch nach solchen Parametern kann gesucht werden. Diese und ähnliche Optionen finden Sie bei *Suchen*/*Bearbeitungsverlauf*.

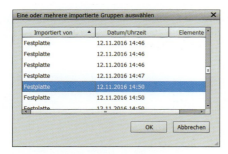

Es kann immer nur ein Importstapel aufgerufen werden.

- **Importiert am**: Nach einer kurzen Vorbereitungsphase werden alle Importstapel aufgelistet. Wählen Sie einen davon aus. Die Bilder, Videos, Audiodateien etc. werden daraufhin im Medienbrowser aufgelistet.

- **Per E-Mail gesendet an**: Hier werden alle aus dem Organizer heraus getätigten E-Mail-Versendungen aufgelistet, und zwar nach dem Namen des Empfängers. Es gibt die Möglichkeit, mit der Schaltfläche *Löschen* einzelne Einträge zu entfernen.

- **Gedruckt am**: listet die Druckaufträge auf. Einzelne Aufträge können auch aus der Auflistung entfernt werden.

- **Exportiert am**: zeigt die Exportvorgänge an, bei denen Dateien in ein anderes Verzeichnis exportiert wurden (*Datei*/*Als neue Datei(en) exportieren*, ⌊Strg⌋/⌊cmd⌋+⌊E⌋). Bilder, die zu Adobe Revel hochgeladen wurden, werden hierbei aber nicht aufgelistet.

- **Online weitergegeben**: Bilder und Videos, die mit dem Organizer beispielsweise auf Facebook, Flickr oder YouTube hochgeladen wurden, lassen sich mit dieser Option suchen.

- **In Projekten verwendet**: Online-Alben, Diashows, Fotobücher & Co. speichert der Organizer in sogenannten Projekten. Daher können Sie mit dieser Funktion die darin enthaltenen Medienelemente ausfindig machen.

 Mac OS

Zwei Funktionen sind bei Mac OS nicht integriert: die Suche nach *Gedruckt am* und *In Projekten verwendet*.

Fehlende Dateien finden

Der Organizer hält die Verbindung zum Speicherort der Originaldatei aufrecht. Wird die Datei jedoch außerhalb des Organizers in ein anderes Verzeichnis verschoben, geht diese Verbindung verloren. Gleiches gilt für Dateien, die auf externen Festplatten oder auf Datenträgern wie CDs, DVDs oder USB-Sticks liegen, die nicht am Computer angeschlossen sind. Der Organizer kann zwar noch das Miniaturbild anzeigen, aber die Datei kann zum Beispiel nicht mehr im Vollbildschirm aufgerufen oder im Fotoeditor bearbeitet werden.

Um zunächst einmal alle fehlenden Dateien gezielt ausfindig zu machen, können Sie *Suchen*/*Alle fehlenden Dateien* wählen. Die entsprechenden Medienelemente werden dann mit einem Fragezeichen markiert.

Navigieren Sie anschließend zu *Datei*/*Erneut verbinden*/*Fehlende Datei* oder *Alle fehlenden Dateien*. Es beginnt eine automatische Suche nach der Datei. Dabei werden alle Festplatten des Computers durchstöbert.

Suche nach fehlenden Dateien und Start des Dialogs zum erneuten Verbinden der fehlenden Dateien.

Der Suchprozess kann bei großen Festplatten sehr langwierig sein. Daher können Sie die Prozedur abkürzen, indem Sie auf *Durchsuchen* klicken und den Speicherort selbst aufsuchen – vorausgesetzt, Sie wissen, wo die Dateien liegen. Alle Dateien, die sich im gleichen Verzeichnis befinden, werden nach Anklicken der Schaltfläche *Erneut verbinden* ebenfalls aktualisiert.

Fehlende Datei erneut verbinden.

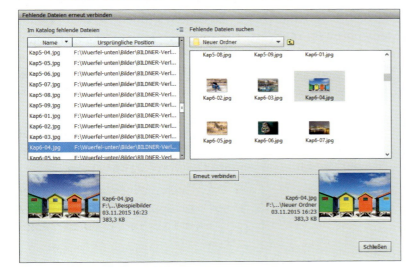

Datums- und Zeitleistensuche

Uns geht es häufig so, dass noch in etwa klar ist, wann welche Bilder aufgenommen wurden. Daher nutzen wir gern die Suche nach dem Aufnahmedatum. Um alle Bilder des Medienbrowsers dem Datum nach zu sortieren, können Sie zwischen einer aufsteigenden oder absteigenden Reihenfolge wählen. Hierfür nutzen

Sortierung der Bilder.

Sie einfach das Drop-down-Menü *Sort. nach* oben links über dem Medienbrowser und wählen *Älteste* oder *Neueste*.

Des Weiteren bietet Ihnen dieses Menü das Sortieren nach Importstapeln an. Darüber können Sie alle Bilder, die in einem Schwung in den Organizer importiert wurden, zusammengefasst auflisten. Über jedem Stapel stehen das Datum, die Uhrzeit und das Speichermedium, von dem die Dateien aus mit dem Organizer verknüpft wurden.

Eine weitere praktische Datumssortierung bietet die sogenannte Zeitleiste. Um diese einzublenden, wählen Sie *Ansicht*/*Zeitleiste* (Strg/cmd+L). Es wird eine Monatseinteilung eingeblendet, die mehrere Jahre überspannen kann. Nun können Sie einen bestimmten Zeitraum eingrenzen. Dazu versetzen Sie die beiden Schieberegler ❷ auf den gewünschten Bereich. Es werden dann nur noch die dazugehörigen Bilder im Medienbrowser aufgelistet. Möchten Sie die Bilder eines bestimmten Monats einsehen, klicken Sie den Monatsrahmen ❸ an. Hierbei wird der Balken, der die Menge an Bildern verdeutlicht, blau gefärbt und das erste Bild des Monats kurzzeitig mit einem grünen Rahmen ❶ im Medienbrowser markiert.

Das erste Bild des gewählten Monats wird für ein paar Sekunden grün umrahmt.

Über die Ordnerstruktur zum Ziel

Wer seine Bilder anhand einer gut aufgebauten Ordnerstruktur bereits im Computerverzeichnis vorsortiert, erinnert sich bestimmt recht schnell daran, wo die Daten der letzten Veranstaltung oder Reise zu finden sind. Um diese auch aus dem Organizer heraus ansteuern zu können, hält Photoshop Elements die Ansicht 📁 *Ordner* ❶ bereit. Mit der 🔲 Schaltfläche ❷ können Sie wählen, ob nur die importierten Ordner sichtbar sein sollen (*Als Liste anzeigen*) oder die gesamte Ordnerstruktur des Festplattenverzeichnisses (*Als Baumstruktur anzeigen*). Mit einem Klick auf den gewünschten 🖼 Ordner ❸ (oder überwachten Ordner 🖼) listet der Medienbrowser die darin enthaltenen Bilder auf. Das gilt jedoch nur für Ordner, deren Bilder in den Organizer importiert wurden. Die Ordnerstruktur präsentiert Ihnen somit nicht die gesamte Verzeichnisstruktur, was im Sinne der Übersicht aber auch ganz praktisch ist.

Mit einem Klick auf den richtigen Ordner werden schnell alle gewünschten Dateien aufgerufen.

Gespeicherte Suchen

Der Organizer bietet eine tolle Möglichkeit an, die verwendeten Suchkriterien später noch einmal wieder für einen Suchlauf zu nutzen. Dazu finden Sie in den Menüs der jeweiligen Suchart, zum Beispiel bei der Metadaten-Suche, den Eintrag *Dieses Suchkriterien als gespeicherte Suche speichern*, wie auf Seite 489 gezeigt. Um später mit exakt den gleichen Kriterien nach Medienelementen fahnden zu können, wählen Sie *Suchen*/*Nach gespeicherten Suchen*. Markieren Sie den gewünschten Eintrag und starten Sie die Suche mit der Schaltfläche *Öffnen*.

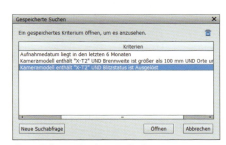

Gespeicherte Suchen aufrufen.

Um eine komplett neue Suchanfrage zu definieren, wählen Sie *Neue Suchabfrage* und tragen die Kriterien im nachfolgenden Dialogfenster ein. Dieses entspricht im Aufbau dem der Metadaten-Suche. Löschen können Sie die Suchen mit dem Mülleimersymbol 🗑.

16.12 Bilderstapel und Versionssätze

Nichts kann ärgerlicher sein, als der Verlust einer Originaldatei. Damit ist jetzt nicht ein versehentliches Löschen gemeint. Nein, es geht vielmehr um die Veränderungen, die per Bildbearbeitung unternommen wurden und nach dem Abspeichern und Schließen der Datei nicht mehr rückgängig zu machen sind. Behandeln Sie Ihre Originalbilder daher wie rohe Eier und speichern Sie Veränderungen immer als neue Datei oder zumindest als getrennte Ebene innerhalb einer TIFF- oder PSD-Datei. Der Organizer unterstützt Sie hierbei durch intelligente Bilderstapel-Systeme.

Die Stapelfunktion anwenden

Vermutlich haben Sie bereits Bilder, die in verschiedenen Versionen vorliegen. Das kann ein Foto in verschiedenen Speicherformaten sein, zum Beispiel eine TIFF- und eine JPEG-Variante, oder es handelt sich um unterschiedliche Bearbeitungsergebnisse, oder Sie haben das Motiv schlichtweg mehrfach fotografiert und die Bilder unterscheiden sich nur in Nuancen.

Jetzt würde der Organizer schnell total unübersichtlich werden, wenn all diese ähnlichen Versionen nebeneinander aufgelistet würden. Nicht so mit Anwendung der Stapelfunktion. Hierüber lassen sich ähnliche Bilder in einem Stapel zusammenfassen. Nur das oberste Bild des Stapels ist dann im Medienbrowser zu sehen, und die Übersichtlichkeit der Miniaturansichten bleibt gewahrt.

Bilderstapel eingeklappt (Adaptivraster).

Markieren Sie dazu die Miniaturfotos, die Sie zum Stapel verbinden möchten. Wählen Sie anschließend *Bearbeiten*/*Stapel*/ *Ausgewählte Fotos stapeln* (Strg/cmd+Alt+S). Die Miniaturvorschauen schnurren auf ein Foto zusammen und oben rechts wird ein Stapelsymbol 🗔 eingeblendet. Das jeweils im Datum neueste Bild landet hierbei an oberster Stelle und bleibt sichtbar.

Bilderstapel eingeklappt (Details-Ansicht).

Möchten Sie sich darüber informieren, welche Bilder im Stapel vorliegen, müssen Sie mit *Ansicht*/*Details* (Strg/cmd+D) die Rasteransicht aktivieren.

Klicken Sie dann auf den kleinen Pfeil am rechten Stapelrand ▶ oder wählen Sie *Bearbeiten*/*Stapel*/*Fotos im Stapel anzeigen* (Strg/cmd+Alt+R). Danach können Sie eines der Bilder auswählen und mit *Stapel*/*Als erstes Foto festlegen* an die erste

Position versetzen. Oder wählen Sie ein Foto innerhalb des Stapels für die Bildbearbeitung aus.

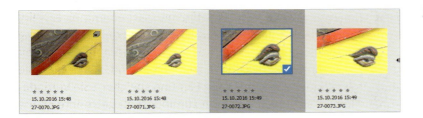

Bildstapel ausgeklappt (Details-Ansicht).

 Stapel reduzieren

Achtung! Mit dem Befehl *Bearbeiten/Stapel/Stapel reduzieren* bleibt nur die oberste Bildversion erhalten und alle anderen werden entfernt. Das ist so, als würden Sie die Ebenen eines Dokuments auf die Hintergrundebene reduzieren. Wenn Sie die Checkbox *Fotos auch von der Festplatte löschen* wählen, werden die Bilder auch von der Festplatte entfernt. Gehen Sie daher vorsichtig mit dieser Option um.

Automatische Stapelvorschläge

Die Stapelfunktion kann auch automatisiert vonstattengehen. Markieren Sie dazu eine größere Gruppe an Fotos oder gar Ihren gesamten Bildbestand und wählen Sie *Bearbeiten/Stapel/Fotostapel automatisch vorschlagen* ((Strg)/(cmd) +(Alt)+(K)). Das kann einiges an Zeit einsparen, läuft aber nicht immer fehlerfrei ab. Daher prüfen Sie die Vorschläge genau, und akzeptieren Sie nur fehlerfreie Vorschläge direkt mit der Schaltfläche *Stapeln* ❷. Werden zu viele Bilder als Stapel vorgeschlagen, markieren Sie nur die gewünschten Bilder ❹ und fassen diese mit Stapeln zusammen. Oder Sie verschieben einfach eines oder mehrere

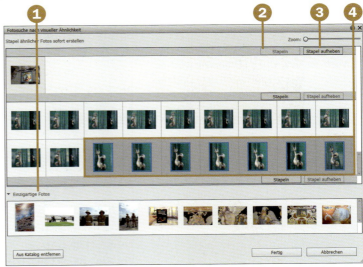

Bearbeiten der automatischen Stapelvorschläge.

Bilder mit der Maus in einen anderen Stapelvorschlag. Mit *Stapel aufheben* ❸ lassen sich bestehende Stapel auch wieder aufheben. Unten können Sie zudem den Bereich *Einzigartige Fotos* ❶ ausklappen. Bilder, die zu einem Stapel weiter oben passen, können per Drag & Drop dann in diesen verschoben werden.

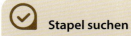
Bestätigen Sie die Stapelaktion nach der Prüfung aller Vorschläge mit der Schaltfläche *Fertig*. Die Stapel werden übernommen und sind im Organizer in gewohnter Stapelmanier aufgeführt. Auch jetzt können die Fotostapel mit den Optionen von *Bearbeiten*/*Stapel* umsortiert, aufgelöst, erweitert oder einzelne Fotos herausgelöst werden.

Stapeln als Versionssatz

Im Unterschied zur Stapelfunktion arbeitet die Versionssatz-Funktion automatisch. Hierbei werden Bilder, die Sie im Organizer oder im Editor verändert haben, ohne weiteres Zutun in einem Versionssatz mit dem Original zusammengefasst, erkennbar am Symbol 📝.

Versionssätze im Organizer erzeugen

Wenn Sie ein Bild beispielsweise mit den später dargestellten Korrekturfunktionen innerhalb des Organizers optimieren, landet das bearbeitete Foto mit der Dateierweiterung *_bearbeitet-1* ganz von allein mit dem Original im Versionssatz. Da kommen Sie also gar nicht drum herum. Die bearbeitete Datei wird auch im Computerverzeichnis als neue Datei angelegt. Das Original bleibt somit unverändert erhalten.

Nach der Korrektur im Organizer wird die bearbeitete Datei (links) mit dem Original im Versionssatz gestapelt.

Versionssätze im Editor erzeugen

Wenn Sie ein Bild im Fotoeditor bearbeiten, wählen Sie als Speicherform in jedem Fall *Datei*/*Speichern unter*. Nur so wird die Versionssatz-Automatik auch sicher durchgeführt. Aktivieren Sie zudem die Checkboxen *In Elements Organizer aufnehm.* und *Mit Original im Versionssatz speich.* ❶ Benennen Sie die Datei nach Belieben um, indem Sie den Namen ändern oder erweitern. Oder tun Sie nichts und behalten das von Photoshop Elements gewählte Anhängsel *_bearbeitet-1* ❷ bei. Legen Sie schließlich noch das Speicherformat fest. Bestätigen Sie die Aktion mit der Schaltfläche *Speichern*. Schließen Sie das geöffnete Bild. Zurück im Organizer wird nun die bearbeitete Version an oberster Stelle des Versionssatzes präsentiert.

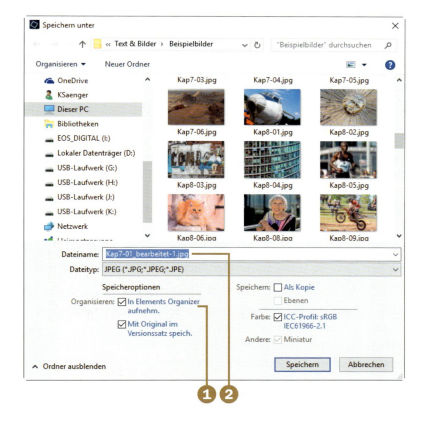

Speichern unter-Dialog mit aktivierter Versionssatz-Option.

> **Versionssätze bearbeiten und suchen**
>
> Analog zu den Bilderstapeln können Sie den Versionssatz in der Detailansicht des Medienbrowsers (Strg/cmd+D) aufklappen, Elemente daraus entfernen oder ein anderes Foto als erstes Bild festlegen. Die Menüfunktionen finden Sie unter *Bearbeiten*/*Versionssatz*/... Alle im Organizer abgelegten Versionssätze können Sie schnell mit *Suchen*/*Alle Versionssätze* (Strg/cmd+Alt+V) auflisten.

Übrigens, Versionssätze und Stapel können wie Einzelbilder verschlagwortet und bewertet werden. Führen Sie beispielsweise eine Bewertung durch, indem Sie auf die Sternchen ⭐ des geschlossenen Stapels klicken, weisen Sie dem Stapel ein Stichwort ⬆ zu, oder schieben Sie den Stapel in ein Album ▬. Soll ein Bild bearbeitet, gedruckt oder verschickt werden, wählen Sie entweder die Stapelminiatur, um nur das oberste Foto zu verwenden. Oder Sie öffnen den Stapel und markieren das betreffende Bild, um nur einzelne Fotos zu behandeln. Wenn Sie ein Bild innerhalb eines Stapels markieren, im Editor bearbeiten und unter einem neuen Namen im Versionssatz speichern, können Versionssätze innerhalb von Stapeln entstehen.

16.13 Umbenennen, aber wie?

In der Regel erhalten Ihre Bilder in der Kamera eine kryptische Bildbezeichnung wie *IMG* oder *PICT*, gefolgt von einer Seriennummer. Das ist natürlich nicht gerade besonders einfallsreich, geschweige denn eine gute Voraussetzung, einzelne Fotos später anhand des Bildnamens wiederzufinden. Nehmen Sie daher am besten eine Umbenennung vor.

Da der Organizer sämtliche Namensteile Ihres Bildes für die Suche heranziehen kann, ist es sinnvoll, die wichtigsten Informationen im Dateinamen unterzubringen, zum Beispiel: *2016_Berlin_Festival-of-Lights*. Aus diesem Namen kann Photoshop Elements bei der Suche sowohl den Ort als auch das Jahr und das Ereignis bequem herausfiltern und die Bilder aus einem umfangreichen Fotobestand superschnell zusammenstellen.

Um mehrere Dateien gleichzeitig umzubenennen, markieren Sie die Bilder im Organizer und wählen *Datei*/*Umbenennen*. Geben Sie den gemeinsamen Stammnamen ein, eine fortlaufende Nummer wird automatisch hinten angehängt.

Aber Vorsicht! Das Umbenennen der Bilder findet nicht auf der Organizer-Ebene statt, sondern betrifft die Originaldateien, die allesamt anschließend auch in der Verzeichnisstruktur des Computers mit dem neuen Namen auftauchen.

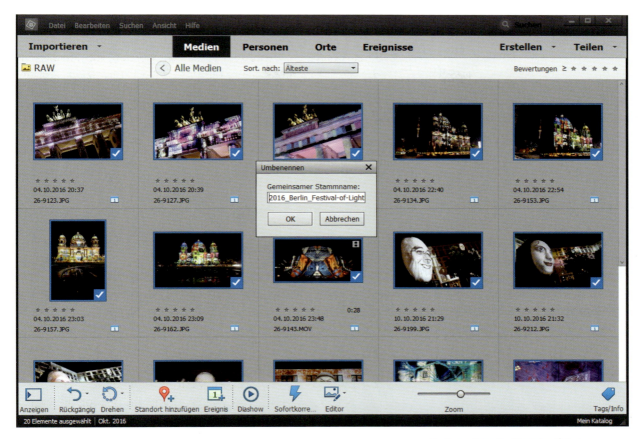

Umbenennen im Stapelverfahren.

 Umbenennen im Fotoeditor

Auch der Fotoeditor bietet mit seiner Stapelfunktion die Möglichkeit, mehrere Dateien umzubenennen (siehe ab Seite 450). Er offeriert hierbei sogar noch ausgefeiltere Möglichkeiten.

Präsentieren, drucken, online stellen

Es wäre doch wirklich zu schade, wenn die schönen Bilder, die vielleicht auch noch aufwendig optimiert wurden, in den Tiefen Ihrer Festplattenstruktur ein Stiefmütterchen-Dasein fristen müssten. Nutzen Sie lieber die vielseitigen Weitergabe-Optionen von Photoshop Elements. Bereiten Sie die Fotos auf den Druck oder das Hochladen ins Internet vor, oder erstellen Sie abwechslungsreiche Diashows. Egal wie, aber zeigen Sie Ihre Bilder und machen Sie die Welt ein wenig bunter!

17.1 Bilder schnell im Organizer optimieren

Sind die Ausgangsbilder gut gemacht, werden oftmals keine umfangreichen Bearbeitungen im Editor notwendig. Daher bietet der Organizer auch nur eine kleine, aber feine Palette an Optimierungsfunktionen an, mit denen Sie schnell und automatisch zum besseren Bildergebnis kommen können. Um diese aufzurufen, markieren Sie im Medienbrowser ein Bild und klicken Sie die Schaltfläche *Sofortkorrektur* ⚡ unten in der Taskleiste an. Sie können auch mehrere Bilder markieren, die dann alle der gleichen Korrektur unterzogen werden, eine Stapelverarbeitung ist somit auch möglich.

Am Beispielbild Kap7-01.jpg haben wir mit einem Klick die Belichtung optimiert (rechter Abschnitt). Das Bild wird automatisch im Versionssatz mit dem Original gespeichert.

Wählen Sie rechts die gewünschte Funktion aus ❶ und passen Sie sie an ❷. Möglich ist auch, das Bild über die Schaltfläche *Spiegeln* ❽ zu drehen. Mit dem Schalter *Vorher/Nachher* ❻ können Sie die Bearbeitung bequem mit dem Ausgangszustand des Bildes vergleichen, auch wenn Sie mehrere Korrekturen auf das Bild angewendet haben. Um alle Bearbeitungen wieder aufzuheben, wählen Sie *Zurücksetzen* ❼ oder verlassen Sie den Korrekturbereich mit ✓ *Fertig* ❸, und wählen im nächsten Dialog *Nein*, um das Bild nicht zu speichern. Mit *Speichern* ❹ können Sie das Ergebnis hingegen sichern, wobei das neue Bild stets im Versionssatz mit dem Original abgelegt wird, so dass Sie die Originaldatei nicht verlieren. Verlassen Sie das Korrekturfenster anschließend mit **Fertig**.

Wenn Sie das Bild aus dem Korrekturbereich heraus gleich im Fotoeditor noch umfangreicher weiterbearbeiten möchten, ist auch dies mit der Schaltfläche **Editor ❺** möglich. Sie werden dann gefragt, ob das Bild vorher gespeichert werden soll, dann arbeiten Sie im Editor mit dem neuen Bild aus dem Versionssatz weiter, oder nicht. Im zweiten Fall achten Sie darauf, dass das im Editor bearbeitete Bild mit **Datei/Speichern unter** (Strg/cmd +⇧+S) mit einem anderen Namen gespeichert wird, um das Original nicht zu verlieren.

Sicherlich, nicht immer treffen die Automatiken ins Schwarze, aber der ein oder andere Bearbeitungsschritt lässt sich schon mal zeitsparend anwenden:

- **Freistellen** 🔲: Aktiviert das Freistellungswerkzeug, mit dem Sie das Bild entweder unter Erhalt der vorhandenen Proportionen oder mit einem neuen Format zurechtschneiden können. Dazu wählen Sie ein Seitenverhältnis aus und ziehen den Rahmen um den gewünschten Motivausschnitt auf. Ein Drehen des Bildes, um den Horizont gerade auszurichten, ist nicht möglich.

- **Rote Augen** 👁: Entfernt rote Augenreflexe, was je nach Größe der abgebildeten Person unterschiedlich gut funktioniert. Manchmal werden eindeutig rote Augen auch gar nicht erkannt, dann führen Sie die Korrektur im Editor durch.

- **Effekte** 𝑓𝑥: Farbfilter, Farbverfremdungen oder Schwarzweiß-Umwandlungen sind in diesem Bereich möglich.

- **Intell. Korr.** 🖌: Mit der intelligenten Auto-Korrektur können Sie das Bild auf ganzer Linie optimieren. Es gibt aber keine Einstellungsmöglichkeit für die Stärke, daher können auch schon mal überzogene Ergebnisse entstehen.

- **Licht** ☀: Optimiert die Helligkeitswerte, ohne die Farben dabei zu beeinflussen.

- **Farbe** 🎨: Verbessert die Farbintensität, wenn die Farbsättigung etwas zu schwach oder stak ausgefallen ist.

- **Klarheit** ▮: Erzeugt einen schärferen Bildeindruck, indem vorhandene Motivkanten betont werden. Umgekehrt können auch leicht Weichzeichnungseffekte erzielt werden.

> ✓ **Bearbeiten von RAW-Dateien**
>
> RAW-Dateien können prinzipiell auch der Schnellkorrektur im Organizer unterzogen werden, allerdings müssen sie dazu in ein gängiges Dateiformat (JPEG, PNG, TIFF oder PSD) konvertiert werden. Dazu wählen Sie im sich automatisch öffnenden Dialogfenster für das Ausgabeformat eine Speicheroption. Bedenken Sie jedoch, dass Sie damit alle Vorteile des RAW-Formats verwerfen. Bearbeiten Sie die RAW-Datei lieber mit Adobe Camera Raw (siehe ab Seite 307).

17.2 Grußkarten, Bildband, Fotokalender & Co.

Mit den vielen schönen Bildern und Videos in Ihrem Organizer-Bestand kann eine ganze Menge kreativer Projekte angegangen werden. Photoshop Elements unterstützt Sie dabei mit allen notwendigen Arbeitsschritten und stellt kreative Designvorlagen, Icons und Grafiken zur freien Verfügung bereit. Probieren Sie's mal aus und entwerfen Sie Einladungs- oder Grußkarten, Kalender oder ganze Fotobücher.

Grußkarten und Flyer mit eigenem Design

Vielleicht steht demnächst ein größeres Fest ins Haus, die Familie hat Zuwachs bekommen oder Sie möchten mit einem Flyer auf Ihren nächsten Fotoworkshop aufmerksam machen. Da käme eine persönlich gestaltete Klappkarte, Postkarte oder ein Flyer im Postkartenformat mit eigenen Bildern und individuellem Stil doch gerade recht. Mit Photoshop Elements benötigen Sie hierfür auch nicht lange, kommen aber intuitiv zu einem erstklassigen Design. Anschließend können Sie die Dateien auf dem eigenen Drucker zu Papier bringen oder bei einem Online-Druckdienst professionell drucken lassen.

> **⊗ Größenanforderungen prüfen**
>
> Suchen Sie sich am besten erst einen Online-Druckdienst aus und schauen Sie nach, ob dort individuelle Grußkarten oder Flyer gedruckt werden können und welche Größenanforderungen angegeben werden, bevor Sie sich mit Photoshop Elements viel Arbeit machen und das Drucken dann schwierig wird, weil die Größe der Grußkarte so gar nicht zu den Angeboten des Online-Druckdienstes passen. Das größere Kartenformat (10 x 20 cm) von Photoshop Elements entspricht in etwa dem Format DIN lang plus (10,5 x 21 cm), sodass das Motiv für den Druck nur um 0,5 cm horizontal gestreckt werden muss.

Der fertige Flyer

Kap17-01.jpg

Grußkarten lassen sich recht intuitiv aus der Organizer-Oberfläche heraus erstellen. Es können bis zu drei Bilder verwendet werden, daher markieren Sie einfach ein bis drei Fotos im Organizer ❶ und wählen dann die Schaltfläche *Erstellen* und die Option 🖼️ *Grußkarte* ❷. Es können aber auch später noch Fotos ausgetauscht werden. Für die Beispielkarte haben wir das Bild der Quadriga (Kap17-01.jpg) im Organizer ausgewählt.

Bilder wählen und Erstellen einer Grußkarte starten

Der Fotoeditor  öffnet sich. Warten Sie ab, bis das Dialogfenster für die Grundeinstellungen der Grußkarte erscheint. Hier geben Sie das Kartenformat an (hier: ***200.00 × 100.00 mm (Flach, Querformat)***). Wählen Sie zudem ein Thema, zum Beispiel ***Bunt***. Mit der Option ***Mit ausgewählten Bildern automatisch füllen*** platziert Photoshop Elements die Fotos vollautomatisch im Layout. Bestätigen Sie den Dialog schließlich mit ***OK***.

Grundeinstellungen für die Grußkarte.

Das Grußkartenprojekt wird nun im Editor geöffnet und in der großen Vorschau angezeigt. Wählen Sie die Schaltfläche *Fotobereich* ![] aus der Taskleiste, um die ausgewählten Bilder im Projektbereich einsehen zu können. Der Palettenbereich rechts stellt verschiedene Layout-Möglichkeiten bereit: *Seiten* [], *Layouts* ![] und *Grafiken* ![]. Wenn Sie die Karte beispielsweise mit einem anderen Layout gestalten möchten, wählen Sie die Registerkarte ![] *Layouts* ❷ und klicken das gewünschte Layout ❶ doppelt an. Es wird sogleich auf die Grußkarte in der Vorschau angewendet. Um die Vorschau zu vergrößern, wählen Sie das Zoom-Werkzeug ([Z], [Q]) und nutzen das Hand-Werkzeug ([H], [✋]), um den Bildausschnitt in der vergrößerten Vorschau zu verschieben. Möchten Sie einen Bildplatzhalter entfernen, klicken Sie ihn an ❹ und drücken die [Entf]-Taste. Wählen Sie Gruppe und Inhalt ❸, um den Platzhalter und ein gegebenenfalls eingefügtes Bild zu löschen.

Auswahl des Grußkarten-Layouts und gegebenenfalls Löschen überzähliger Bildplatzhalter

Sollte der Ausschnitt des Bildes oder der Bilder anschließend noch nicht ganz optimal sein, klicken Sie das Bild einmal an. Anschließend können Sie den Platzhalter verschieben und drehen oder auch die Größe des gesamten Platzhalters variieren. Hier haben wir ihn auf die Breite der Karte erweitert.

Der Rahmen des Platzhalters wurde nach rechts gezogen, so dass sich das Bild über die gesamte Karte erstreckt.

Klicken Sie anschließend doppelt auf das Bild im Platzhalter. Nun können Sie das Motiv mit den Pfeiltasten der Tastatur pixelgenau innerhalb des Rahmens positionieren. Auch lässt sich die Vergrößerung der Bilder mit dem eingeblendeten *Zoom*-Regler verändern. Über das Symbol [Symbol] kann das Bild innerhalb des Rahmens gedreht werden, und mit dem Ordnersymbol [Symbol] können Sie das vorhandene Bild gegen ein anderes austauschen. Sind Sie zufrieden, klicken Sie den grünen Pfeil an oder drücken die Eingabetaste [←].

Skalieren und Verschieben des Bildes innerhalb des Positionsrahmens.

Da der Hintergrund entweder langweilig weiß ist und ausgetauscht werden soll, oder das Bild vielleicht einen peppigen Rahmen erhalten soll, wählen Sie am besten mit der Schaltfläche ❶ den *Erweiterten Modus*. Jetzt stehen Ihnen im Bereich *Grafiken* ➕ alle verfügbaren Grafikelemente in den Kategorien *Hintergründe*, *Rahmen* und *Grafiken* zur Verfügung. Wählen Sie beispielsweise einen geeigneten Hintergrund oder Rahmen aus und ziehen Sie dessen Miniatur einfach auf das Bild. Hier haben wir den Handy-Rahmen ❸ verwendet, der mit dem Rahmen-Ersteller gestaltet wurde (siehe Seite 123). Anschließend mussten wir das Bild der Quadriga doppelt anklicken, um es mit der Maus auf den Platzhalter des Rahmens ziehen zu können ❷.

Grußkarte mit dem Rahmen, in den das Bild überführt wird.

Anpassen des Rahmens an die Kartengröße

Als nächstes wurde der Rahmen über die Anfasser am Rand des Bild-Platzhalters an die Größe der Karte angepasst. Das Bild innerhalb des Rahmens, hier die Quadriga, können Sie wie zuvor gezeigt per Doppelklick positionieren und skalieren. Zudem können Sie nach Lust und Laune grafische Elemente in die Karte einfügen, die sich per Drag & Drop mit der Maus im Bild platzieren, drehen und skalieren lassen (hier *perlenbesetzte Nadel*, *rot* ❷ und Regal ❸ als Unterstrich für die Kartenüberschrift; siehe Bild auf der nächsten Seite).

Was jetzt noch fehlt, ist der Text ❶. Um diesen einzufügen, aktivieren Sie das Horizontale Textwerkzeug (T, T). Markieren Sie einen vorhandenen Textblock oder fügen Sie einen neuen hinzu (Klick an anderer Stelle in die Grußkarte). Wählen Sie die Schriftart, den Stil, die Größe, die Ausrichtung und die Farbe aus ❹. Um den Textblock zu verschieben, bestätigen Sie die Texteingabe mit der **Enter-Taste des Ziffernblocks** oder dem *grünen Häkchen* und wählen das Verschieben-Werkzeug (V, +).

Grußkarte mit dem Rahmen, Text und Grafiken.

> ✅ **Mit den Ebenen spielen**
>
> Wenn Sie erneut in den erweiterten Modus wechseln, können Sie das Ebenen-Bedienfeld ◆ öffnen. Hier sehen Sie Ihre Bilder, Texte und Grafiken auf einzelnen Ebenen liegen. Das birgt die Möglichkeit, der Grußkarte den letzten Feinschliff zu verpassen. Spielen Sie mit der Deckkraft der Ebenen oder mit den Mischmodi. Auch können Sie die Ebenen anders stapeln, um die Überlagerungen zu verändern.

Sichern Sie die Datei zum Schluss (oder auch zwischendurch) mit der Schaltfläche *Speichern* ⬇ im Photoshop-eigenen Projektformat PSE. Ganz am Ende können Sie entscheiden, ob Sie mit dem Projekt erst einmal fertig sind, dann wählen Sie die Schaltfläche *Schließen* ✖. Wenn Sie gleich in Druck gehen, wählen Sie die Schaltfläche *Drucken* 🖨.

Die Gestaltung eines Bildbands 🖼, Fotokalenders 📅, einer Fotocollage 🖼 oder das Design von CD/DVD-Etiketten 💿 und -Hüllen 🖼 läuft vom Prinzip her genauso ab, wie bei der gezeigten Grußkarte. Wählen Sie also das gewünschte Projekt mit der Schaltfläche *Erstellen* aus und lassen Sie sich durch die Menüs führen. Mit den jeweils erzeugten Ebenen können Sie anschließend weiter kreativ in die Gestaltung eingreifen.

Bei arbeitsintensiven Projekten, wie einem Bildband, ist es sinnvoll, sich vorab gut zu überlegen, wie und wo Sie das Vorhaben zu Papier bringen wollen. Die wenigsten Bilderdienste sind mit den Photoshop-Projektdateien (PSE) kompatibel. Außerdem bietet Photoshop Elements nur wenige Druckgrößen zur Auswahl an, die nicht immer mit den Druckformaten der Bilderdienste korrespondieren. Die meisten Online-Bilderdienste haben ohnehin ihre eigenen Programme und Vorlagen zur Gestaltung von Fotobüchern und Kalendern, das Photoshop-Design kann also nicht immer oder nur umständlich eins zu eins übernommen werden. Wenn Sie einen bestimmten Fotobuchanbieter im Auge haben, ist es meist am besten, das dort angebotene Designprogramm zu benutzen.

Adobe Partner-Dienste

Prinzipiell ist es mit Photoshop Elements möglich, Fotos, Grußkarten etc. direkt an einen Onlinedienst zu schicken, um professionelle Drucke zu bestellen. Zum Zeitpunkt der Drucklegung dieses Buches war jedoch kein Onlinedienst implementiert. Um zu prüfen, ob Adobe zukünftig Online-Dienste einbindet, können Sie im Organizer bei *Bearbeiten* (Windows) bzw. *Elements Organizer* (Mac OS)/*Voreinstellungen*/*Adobe Partner-Dienste* (Strg)/(cmd)+(K)) nach Diensten suchen. Mit der Schaltfläche *Aktualisieren* können eventuelle neue Dienste gleich geladen werden. Wenn Sie nicht in Deutschland wohnen, können Sie links über den Dialog *Land/Region auswählen* Ihr Land ändern.

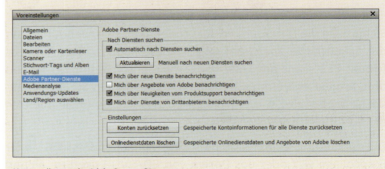

Voreinstellungen der Adobe Partner-Dienste.

17.3 Fotos bei Facebook & Co. präsentieren

Es muss ja nicht immer ein ganzes Online-Album sein, das Sie hochladen und für Freunde und Familie freischalten. Oftmals geht es nur um ein paar Bilder. Warum also nicht einfach die Fotos bei Flickr oder Facebook einstellen? Photoshop Elements leitet Sie dabei ganz elegant durch den Dschungel der Anmelde- und Hochladeprozeduren.

Bilder bei Facebook einstellen

Um Bilder direkt aus Photoshop Elements heraus in die Facebook-Chronik zu laden, wählen Sie das oder die gewünschten Fotos im Medienbrowser des Organizers aus. Legen Sie gegebenenfalls ein Album an, um die Bilder für Facebook darin übersichtlich zu sortieren.

Bild markieren und das Hochladen zu Facebook starten.

Anmelden bei Facebook.

Wählen Sie dann die Schaltfläche *Teilen* und darin die Option *Facebook* . Geben Sie Ihre Zugangsdaten ein oder lassen Sie sich durch die Registrierung führen, wenn Sie bislang noch nicht bei Facebook registriert sind. Nach dem Einloggen bestätigen Sie im nächsten Dialogfenster mit der Schaltfläche Als „Name" fortfahren, dass Photoshop Elements in Ihrem Namen auf Facebook

Freigabeeinstellungen und Autorisierung abschließen.

Bilder und Videos veröffentlichen darf. Legen Sie im nächsten Dialogfenster fest, wer die Bilder sehen darf, zum Beispiel Freunde oder Freunde (außer Bekannte). Schließen Sie den Internetbrowser danach wieder und wählen Sie – zurück im Organizer – die Schaltfläche **Autorisierung abschließen**.

Das Dialogfenster **Facebook** erscheint. Hier können Sie wählen, ob die Bilder einzeln oder in einem bestehenden oder einem neuen Album präsentiert werden sollen ❶. Geben Sie bei einem neuen Album den Namen ❷ und eine Kurzbeschreibung ❸ ein. Legen Sie zudem fest, wer die Bilder betrachten darf ❹. Bei **Einstellungen ❺** geben Sie an, ob vorhandene Personen-Tags aus dem Organizer mit hochgeladen werden dürfen (bei uns nicht aktiviert) und ob die Bilder im Standardformat oder im höher aufgelösten Format hochgeladen werden sollen, wobei die Standardversion in der Regel ausreicht. Möglich ist auch, den Bildern einen Ort-Tag ❼ oder Personen-Tag ❻ mit auf den Weg zu geben, der zuvor im Organizer noch nicht zugeordnet wurde. Mit einem Klick auf **Teilen** schicken Sie die Fotos auf den Weg – und bekommen hoffentlich bald nette Kommentare von Ihren Freunden.

Vorbereiten der Bilder für das Hochladen zu Facebook.

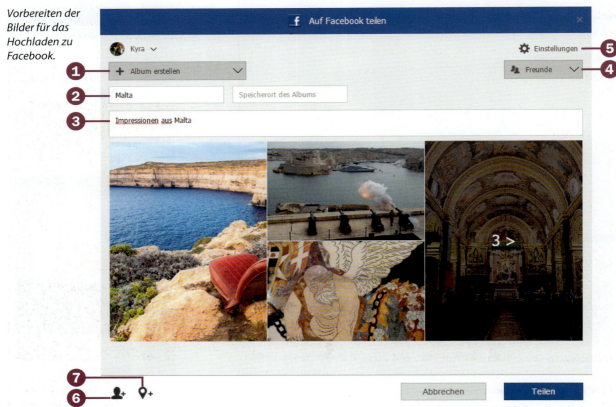

Twitter, Flickr, Vimeo und YouTube

Auch bei Twitter 🐦, Flickr 👀, Vimeo 🅥 oder YouTube 📺 können Sie Ihre Fotos und Videos einer breiten Masse interessierter Fotografen vorstellen oder auch nur bestimmten Personen die Ansicht erlauben. Die Vorgehensweise ist vom Prinzip her dem Facebook-Weg sehr ähnlich. Der Organizer muss autorisiert werden, Sie müssen ein Konto bei der jeweiligen Online-Plattform haben und sich einloggen, und es gibt jeweils ein Organizer-Dialogfenster, in dem Sie die Auswahl der Medienelemente vornehmen und Zusatzinformationen festlegen können. Folgen Sie also einfach den Anweisungen von Photoshop Elements bzw. den jeweiligen Plattformen. Sollte es zu Anmeldungsproblemen kommen, ist es ratsam, sich zuerst bei der jeweiligen Plattform einzuloggen, dann den Organizer zu starten und mit der Schaltfläche *Teilen* fortzufahren.

Facebook-Titelfotos gestalten

Neben der Möglichkeit, Bilder und Videos in der Chronik von Facebook zu präsentieren, spielt die Titelleiste des Facebook-Accounts natürlich ebenfalls eine große Rolle. Diese zeigt meist ein kleineres Profilfoto und ein breites Titelbild. Photoshop Elements kann Sie mit der *Option Facebook-Titelfoto* 📘 bei der Gestaltung Ihres Facebook-Auftritts unterstützen.

Wählen Sie dazu als Erstes einmal die benötigten Bilder im Organizer aus, also beispielsweise ein Profilbild und ein Hintergrundbild. Für den Hintergrund können Sie ein Einzelbild aussuchen, das im

*Mit der Themenkategorie **Mehrere Fotos** und dem Thema **Rein** können Sie klassische Facebook-Titelbilder mit einem Profil- und einem Titelfoto gestalten*

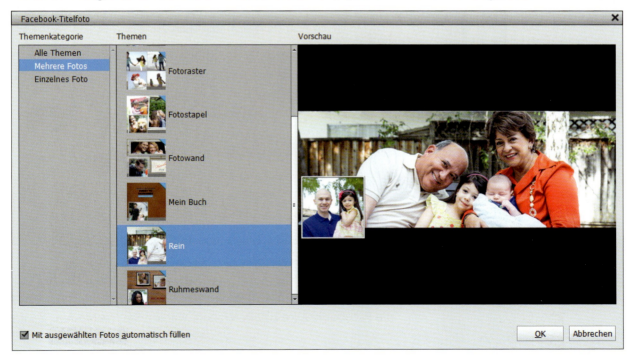

Panoramaformat gut rüberkommt. Je nach Layout können Sie von Photoshop Elements aber auch bis zu acht Bilder in die Titelleiste einbauen. Oder Sie stellen vorab eine geeignete Collage her, wobei eine Auflösung von 851 × 315 Pixel optimal ist. Wählen Sie dann *Erstellen* und *Facebook-Titelfoto* 🖼 und suchen Sie sich ein passendes Layout aus. Aktivieren Sie die Checkbox *Mit ausgewählten Fotos automatisch füllen*, um die Fotos nach dem Klick auf *OK* direkt in das Thema einbinden zu lassen.

Der Fotoeditor öffnet sich und präsentiert Ihnen die Bilder im gewählten Layout. Wenn Sie eines der Bilder doppelt anklicken, können Sie es innerhalb des Rahmens positionieren und skalieren oder das Bild über die Schaltfläche 🖼 auch austauschen. Zudem lässt sich das Design mit Hintergründen, Rahmen und Grafiken aus dem Bedienfeldbereich rechts weiter aufpeppen. Das funktioniert genauso wie beim Erstellen der Grußkarte des vorigen Unterkapitels.

*Facebook-Titelfoto, bestehend aus einem kleinen Profilbild, einem Titelfoto und der Grafik **Erdgrün** im Mischmodus Ineinanderkopieren (eingestellt über das Ebenen-Bedienfeld).*

Wenn Ihnen die Titelseite gefällt, sichern Sie das Projekt mit der Schaltfläche *Speichern* 🔽 im PSE-Format. Um die Bilder auf die Facebook-Seite zu übertragen, wählen Sie *Hochladen* 🔼. Im nächsten Dialogfenster können Sie noch einmal entscheiden, ob beide oder nur das Profilbild bzw. nur das Titelbild hochgeladen werden sollen. Klicken Sie danach auf *Weiter*. Das anschließende Dialogfenster präsentiert Ihnen eine kurze Anleitung zum Einbinden der Bilder in den Facebook-Titelbereich. Klicken Sie auf die Schaltfläche *Weiter*.

Hochladen des Profil- und Titelbildes in das Albumverzeichnis der eigenen Facebook-Seite. Nach dem Einloggen können die alten Bilder gegen das neue Profil- und Titelbild ausgetauscht werden.

Es öffnet sich der Internetbrowser mit Ihrer Facebook-Seite. Wählen Sie oben Ihren Namen aus, um die eigene Chronik zu öffnen, und tauschen Sie nacheinander das Profil- und das Titelbild aus. Wählen Sie hierbei die Option *Foto auswählen* oder *Aus meinen Fotos auswählen*. Das war's, Ihre Facebook-Seite präsentiert sich im neuen Design.

17.4 Diashows kreativ gestalten

Urlaubsgeschichten in familiärer Runde, bei Freunden oder auch mal eine kurze Präsentation in der Firma – es gibt viele Anlässe, bei denen Sie mit einer gut gemachten Diashow glänzen können. Für das Diashow-Projekt suchen Sie sich die Fotos am besten schon einmal heraus. Sehr einfach geht das, wenn Sie im Organizer ein *Album* anlegen und darin alle Fotos versammeln, die in der Diashow auftreten sollen. Markieren Sie alle gewünschten Bilder im Medienbrowser und gehen Sie über die Schaltfläche *Erstellen* zur Option *Diashow*. Im nächsten Menüfenster kön-

*Wir haben uns für **Klassisch Dunkel** entschieden, um die Bilder ruhig und formatfüllend präsentieren zu können*

nen Sie sich für ein Präsentationsthema entscheiden und dann *Weiter* anklicken.

Lassen Sie die Show im Anschluss einfach laufen oder klicken Sie die Schaltfläche *Bearbeiten* an, um die Präsentation weiter zu individualisieren.

Steuerkonsole einer laufenden Diashow.

Diashows individualisieren

Es öffnet sich das Fenster *Diashow erstellen*. Darin können Sie mit der Schaltfläche *Medien hinzufügen* weitere Bilder in die Show importieren. Um die Reihenfolge der Bildpräsentation zu ändern, markieren Sie einfach ein Foto ❶ (oder mehrere Bilder), fassen es mit der Maus an und ziehen es an die gewünschte Stelle ❷. Um Bilder zu entfernen, markieren Sie die Miniaturen, drücken die Entf-Taste und bestätigen die Nachfrage mit *OK* – oder nutzen Sie den Schalter *Löschen* ✖ aus der unteren Taskleiste.

Voreinstellungen für die Diashow.

Gefiel Ihnen das anfangs gewählte Diashow-Thema nicht? Kein Problem, ändern Sie es einfach mit der Schaltfläche **Themen** 🖳 um. Es stehen aber nur die eingangs gezeigten fünf Themen zur Verfügung. Mit der Schaltfläche **Audio** 🔊 können Sie die untermalende Musik entweder ausschalten (**Ohne Audio**), einen anderen Musiktitel wählen oder über die Schaltfläche **Durchsuchen** 📁 eigene Musik in die Diashow laden. Es kann aber immer nur ein Musikstück ausgewählt werden. Wenn Sie mehrere Musikstücke abspielen möchten, müssen Sie die Musik vorher zusammenstellen und in einer MP3-Datei zusammenfassen.

✅ **Musik nachladen**

Die von Adobe bereitgestellte Musik ist nur verfügbar, wenn Sie sie bei der Erstellung des Katalogs mit importiert haben. Nachträglich können Sie die Musikclips aber auch noch importieren (Verzeichnis bei Windows 10: C:\ProgramData\Adobe\ Elements Organizer\15.0\Music).

Musik für die Diashow auswählen, die unteren beiden Titel haben wir aus dem eigenen Musikbestand hinzugefügt.

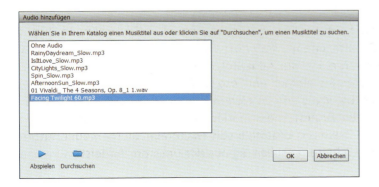

Für Diashows, die nicht live kommentiert werden können, ist es sinnvoll, einige Bildtitel einzufügen. Dies können Sie ganz einfach tun, indem Sie die Maus unterhalb eines Bildes platzieren. Es öffnet sich ein Textblock, in den Sie den Text eintragen können. Damit die Titel in der Show auch gezeigt werden, aktivieren Sie die Schaltfläche *Bildtitel EIN* .

Auch eine Textfolie können Sie mit der Schaltfläche ＋ an beliebiger Position in die Show integrieren, um der Präsentation einen informativen Titel oder eine kurze Erläuterung zu verpassen. Es ist aber nur ein einzeiliger Text mit ±40 Zeichen möglich.

Links: Bildtitel eintragen.
Rechts: Textfolie einfügen.

Die Diashow speichern und weitergeben

Sind Sie mit der Show zufrieden, speichern Sie das Projekt am besten zuerst einmal mit der Schaltfläche *Speichern* im PSE-Format ab. Die Diashow wird dann in den Medienbrowser aufgenommen, erkennbar am Symbol ⊙ in der oberen rechten Ecke der Vorschauminiatur. Per Doppelklick lässt sich das Bearbeitungsfenster der Show dann schnell wieder öffnen.

Die gespeicherte Diashow im Medienbrowser.

Um die Diashow außerhalb von Photoshop Elements präsentieren zu können, wählen Sie entweder aus der laufenden Präsen tation heraus die Schaltfläche *Exportieren* oder verwenden die gleichnamige Schaltfläche im Bearbeitungsfenster der Diashow oben rechts. Mit *Auf lokale Festplatte exportieren*  wird die Diashow als HD- (720 p) oder Full-HD-Video (1080 p) im Format MP4 im gewählten Verzeichnis abgespeichert. Sie kann dann per Doppelklick im Medienplayer Ihrer Wahl – wie dem Windows Media Player, dem VLC-Player, dem QuickTime Player oder anderen – geöffnet und abgespielt werden.

Mit der Exportvorgabe *Facebook* gelangen Sie direkt zum Dialogfenster für das Hochladen der Diashow in Ihren Facebook-Account. Dazu melden Sie sich am besten vorher schon bei Facebook an (mehr dazu ab Seite 511). Geben Sie nun einen Titel und eine Beschreibung ein und starten Sie den Prozess mit der Schaltfläche *Hochladen*. Mit *Fertig* können Sie die Aktion abschließen oder sich mit *Facebook besuchen* die Show gleich einmal in der Chronik anschauen.

Exportieren der Diashow in einen Festplattenordner.

Hochladen einer Diashow in die eigene Facebook-Chronik.

Diashow in Vollbildansicht starten

Aus dem Vollbildmodus des Organizers heraus können Sie auch ganz einfach eine Diashow abspielen lassen. Wählen Sie dazu im Medienbrowser ein Bild aus, das dann als Startbild verwendet wird. Sie können auch nur die gewünschten Bilder am Stück mar-kieren (+⇧+-Taste) oder Fotos unabhängig voneinander wählen (Strg/cmd-Taste) oder alle Bilder eines Albums (*Bearbeiten/Alles auswählen*, Strg/cmd+A). Gestartet wird die Diashow dann mit *Ansicht*/*Vollbildschirm* (F11) und einem Klick auf die *Playtaste* ❶ in der Steuerkonsole am unteren Bildrand.

Diashows aus der Vollbildansicht heraus starten.

Die Schau startet mit dem ersten ausgewählten Bild. Über den einblendbaren *Filmstreifen* ❸ können Sie aber auch ein ande-res Foto als Startaufnahme auswählen. Mit *Einstellungen* ❹ las-sen sich weitere Optionen für die Diashow festlegen, etwa die Musik oder die Dauer der Bildanzeige. Bei *Thema* ❷ können Sie aus vier Überblendungsarten wählen: Klassisch, Ein-/Ausblenden, Schwenk und Zoom und 3D-Auflösung.

17.5 E-Mails versenden

Die Zeiten, in denen Bilder bestellt, ein Brief geschrieben und die-ser zur Post gebracht wurde, sind – manch einer bedauert das vielleicht – weitestgehend vorbei. E-Mails sind doch viel beque-mer, lassen sich gleichzeitig an mehrere Leute schicken und kön-nen dank Photoshop Elements auch noch ansprechend gestaltet werden.

Den E-Mail-Dienst einrichten

Anlegen eines neuen E-Mail-Profils mit dem Namen ***Web.de****.*

Bevor Sie mit Photoshop Elements eine E-Mail versenden, müs-sen Sie aber erst einmal das E-Mail-Programm auswählen. Navi-gieren Sie dazu im Organizer zu *Bearbeiten* (Windows) bzw. *Elements Organizer* (MacOS)/*Voreinstellungen*/*E-Mail* (Strg/cmd+K). Wenn das angegebene Programm nicht das richtige ist, suchen Sie sich mit der Schaltfläche *Neu* aus dem Drop-down-Menü *Dienstanbieter* eine der vorgeschlagenen Optionen aus oder wählen *Sonstige*. Geben einen E-Mail-Profilnamen ein, hier *web.de*. Beim Ändern des Dienstanbieters erfolgt im nächs-ten Schritt die Eingabe aller notwendigen Zugangsdaten wie

E-Mail-Adresse, Name und Passwort. Die benötigten Informationen zum SMTP-Server, SMTP-Port und Verbindungssicherzeit erhalten Sie auf den Internetseiten des jeweiligen E-Mail-Anbieters. Klicken Sie anschließend auf *Validieren*, um die Verbindung zu prüfen. Bei erfolgreichem Verbindungsaufbau können Sie das Menüfenster mit der Schaltfläche *OK* wieder verlassen.

Eintragen der Zugangsdaten für das neue E-Mail-Profil.

Um nun eines oder mehrere Bilder als E-Mail-Anhang zu versenden, wählen Sie die Bilder im Organizer aus, klicken auf *Teilen* und dann auf *E-Mail* . Die ausgewählten Fotos erscheinen im Bedienfeld *E-Mail-Anhänge* oben rechts mit kleinen Vorschaubildern. Möchten Sie weitere Fotos hinzufügen, dann ziehen Sie diese einfach aus dem Medienbrowser in den Bedienfeldbereich hinein. Zum Entfernen von Bildern hingegen wählen Sie das Mülleimersymbol 🗑.

Kontaktliste

Ganz bequem außerhalb des Versendeprozesses können Sie Ihre E-Mail-Kontaktliste auch mit dem Befehl *Bearbeiten*/*Kontaktliste* aufbauen und pflegen.

Auswählen der E-Mail-Anhänge und der Bildgröße für den Versand.

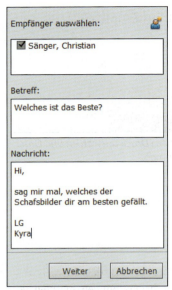

Auswahl des Empfängers und Eingabe von Betreff-Text und Nachricht.

Erstellen einer PDF-Diashow für den E-Mail-Versand.

Im Bereich unten rechts können Sie das Speicherformat einstellen. Bei Fotos empfiehlt es sich, die Checkbox **Fotos in JPEGs konvertieren** zu aktivieren, damit der Anhang nicht zu groß wird. Bei **Maximale Fotogröße** können Sie die Pixelmaße der Bilder festlegen. Je nach Größe ändert sich das Speichervolumen des Anhangs. Auch mit dem Regler **Qualität** können Sie Einfluss auf die Größe des Anhangs nehmen. In der Regel sind Werte zwischen 6 und 9 gut geeignet, um die Bilder ohne sichtbare Qualitätseinbußen zu verschicken. Klicken Sie auf **Weiter**.

Im nächsten Fenster können Sie mit der Schaltfläche 👤 bereits bereits eingetragene E-Mail-Empfänger aus der Kontaktliste auswählen oder erst neue Kontakte eintragen und sie dann als Empfänger festlegen. Geben Sie nun einen passenden Betreff-Text und eine Nachricht ein und versenden Sie die E-Mail mit der Schaltfläche **Weiter**. Je nach gewähltem E-Mail-Client wird die Nachricht entweder direkt versendet oder es öffnet sich zuvor das E-Mail-Programm, sodass Sie einen weiteren Klick benötigen, um die Nachricht abzuschicken.

Versenden einer PDF-Diashow

Die PDF-Diashow ist eine weitere gute Möglichkeit, Bilder zu versenden. Der Vorteil ist, dass die Diashow eine optisch angenehme Präsentationsform ermöglicht und dass PDF-Dateien in der Regel auf den meisten Rechnern lesbar und somit universell einsetzbar sind.

Wählen Sie hierfür im Menü **Teilen** die Option **PDF-Diashow** 📄. Im Einstellungsbereich auf der rechten Seite des Organizers finden Sie bekannte Felder wieder, die auch schon beim Versenden von E-Mail-Anhängen vorkamen. Hinzu gesellt sich eigentlich nur das Eingabefeld **Dateiname für PDF-Anlage**, in dem Sie der Diashow einen aussagekräftigen Namen geben können.

Nach dem Versand erhält der Empfänger eine E-Mail mit Anhang. Dieser beinhaltet die PDF-Datei, in unserem Fall also die Datei **Marokko-Impressionen.pdf**. Per Doppelklick lässt sich die Datei öffnen, und die Bilder werden als Diashow präsentiert. In der Vollbildansicht können Sie mit einem Klick auf das Bild von Foto zu Foto navigieren.

17.6 Flexible Druckoptionen

Die Bilder zu Papier zu bringen, kann sehr vielseitigen Zwecken dienen. Mal werden nur kleine Vordrucke benötigt, mal sollen qualitativ hochwertige Bilder auf Fotopapier entstehen, um sie zu verschenken oder ins eigene Wohnzimmer zu hängen. Um Bilder aus dem Organizer heraus zu drucken, wählen Sie die Bilder im Medienbrowser aus und navigieren dann über die Schaltfläche *Erstellen* zum Eintrag *Fotoabzüge* und weiter zu *Auf lokalem Drucker drucken* . Alternativ können Sie auch einfach *Datei/Drucken* (Strg)/(cmd)+(D)) wählen. In beiden Fällen öffnet sich als nächstes das Menü *Abzüge*.

Wählen Sie den *Drucker* ❶ aus der Drop-down-Liste aus. Stellen Sie die *Druckeigenschaften* ❷ ein (nur Windows), also den Papiertyp, die Druckqualität und das Papierfach. Das *Papierformat* ❸ und die Orientierung werden im nächsten Menübereich eingestellt. Die *Abzugsart* ❹ legt fest, ob einzelne *Fotoabzüge* , *Bildpakete* (mehrere Kopien eines Foto, zum Beispiel geeignet für den Druck von Visitenkarten) oder *Kontaktabzüge* (mehrere Bilder in kleinem Format, zum Beispiel als Übersichtsseite für Archivordner) erstellt werden sollen. Mit dem *Druckformat* ❺ bestimmen Sie die Größe des gedruckten Bildes. Wenn Sie *Benutzerdefiniert* wählen, können Sie die Druckgröße in Zentimetern angeben oder das Bild mit *Auf Mediengröße skalieren* formatfüllend drucken. Außerdem lässt sich die Auflösung in dpi selbst bestimmen. Für qualitativ hochwertige Drucke sind 300 dpi bis 400 dpi gut geeignet (mehr dazu ab Seite 291). Beim formatfüllenden Druck geben Sie mit der Checkbox *Zuschneiden* ❻ an, ob das Bild proportional vergrößert werden soll, um das Papier vollständig auszufüllen. Es bleiben dann keine unschönen weißen Ränder stehen.

Mit dem *Zoomregler* ❽ können Sie die Bildansicht vergrößern, um nur einen Bildausschnitt zu drucken. Fassen Sie die Bildvorschau dann mit der Maus an und schieben Sie den Ausschnitt an die gewünschte Stelle. Im Bereich *Weitere Optionen* ❾ lässt sich festlegen, ob zusätzlich auch Text mit gedruckt werden soll, ob formatfüllende Drucke angestrebt werden oder ob bestimmte Farbmanagement-Einstellungen geändert werden sollen. Falls das Bild falsch herum positioniert sein sollte, können Sie es drehen ❿. Mit *Seite einrichten* ⓫ gelangen Sie in das druckerspezifische Menü, um dort weitere Einstellungen hinsichtlich Papier-

Bilder für den Druck auswählen und Druckart bestimmen.

> **✓ Mac OS**
>
> Egal, ob Sie aus dem Editor oder aus dem Organizer heraus drucken möchten, es wird in jedem Fall über den *Editor* gedruckt. Daher muss Photoshop Elements installiert sein, der Elements Organizer allein ist nicht ausreichend.

Dialogfenster
Abzüge *zur*
Einstellung der
Druckaufträge.

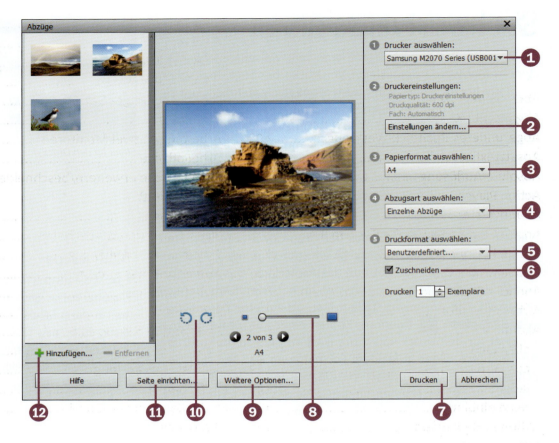

format, Qualität etc. vornehmen zu können. Es können dem Druckauftrag auch weitere Bilder hinzugefügt werden ➕ **⑫**. Diese lassen sich aus dem Medienbrowser des Organizers holen. Die Bilder können mit dem Menü **Erweitert** aber auch anhand von Alben, Stichwort-Tags und Bewertungen herausgesucht werden. Mit der Schaltfläche **Drucken** **⑦** wird der Auftrag schließlich an den Drucker gesendet.

 Drucken aus dem Editor heraus

Das Druckmenü des Editors ist vergleichbar mit dem des Organizers, und auch der Menüweg dorthin ist gleich: *Datei*/ *Drucken* (Strg/cmd+P).

Stichwortverzeichnis

T